Jeffrey Greenblatt

Mit der richtigen Tradingtaktik den Markt schlagen

Jeffrey Greenblatt

MIT DER RICHTIGEN
TRADINGTAKTIK
DEN MARKT SCHLAGEN

Mit bahnbrechenden Strategien
die lukrativen Chancen erkennen

FinanzBuch Verlag

> Bibliografische Information der Deutschen Bibliothek:
> Die Deutsche Bibliothek verzeichnet diese Publikation in der Deutschen Nationalbibliografie;
> detaillierte bibliografische Daten sind im Internet über **http://dnb.ddb.de** abrufbar.

Original edition copyright © Jeff Greenblatt, 2007.
Die Originalausgabe erschien 2007 unter dem Titel »Breakthrough strategies for predicting any market« bei Marketplace Books Inc. All rights reserved.

Übersetzung: Horst Fugger
Lektorat: Natascha Lenz-Trautmann
Satz und Layout: Druckerei Joh. Walch, Augsburg
Druck: GGP Media GmbH, Pößneck

JEFFREY GREENBLATT · MIT DER RICHTIGEN TRADINGTAKTIK DEN MARKT SCHLAGEN
1. Auflage 2009
© 2009 FinanzBuch Verlag GmbH
Nymphenburger Straße 86
80636 München
Tel.: 089 65 12 85-0
Fax: 089 65 20 96

Alle Rechte vorbehalten, einschließlich derjenigen des auszugsweisen Abdrucks sowie der fotomechanischen und elektronischen Wiedergabe. Dieses Buch will keine spezifischen Anlageempfehlungen geben und enthält lediglich allgemeine Hinweise. Autor, Herausgeber und die zitierten Quellen haften nicht für etwaige Verluste, die aufgrund der Umsetzung ihrer Gedanken und Ideen entstehen.

Für Fragen und Anregungen:
greenblatt@finanzbuchverlag.de

ISBN 978-3-89879-382-7

Weitere Infos zum Thema
www.finanzbuchverlag.de
Gerne übersenden wir Ihnen unser aktuelles Verlagsprogramm.

Für meine Frau Jeanne, meinen Sohn Josh und meinen Vater Henry. Sie waren immer für mich da, in guten wie in schlechten Zeiten. Ich möchte dieses Buch zudem dem Gedenken an Beatrice Heffron widmen.

Inhaltsverzeichnis

Vorwort 9

Danksagung 15

Einführung 19

Kapitel 1: Die Lücke schließen 25
    Impulswellen 27
    Korrekturwellen 29
    Dreiecke 32
    Diagonale Dreiecke 35
    Das Sentiment 36
    Meine Erfahrungen mit Elliott 38

Kapitel 2: Ein neuer Blick auf die Sprache der Elliott-Wellen 41
    Einführung in zeitliche Relationen 43
    Die Untersuchung von Korrekturen 46
    Dreiecke unter der Lupe 52
    Die Überlappungsregel 55

Kapitel 3: Rotation an den Märkten 63
    Baisse-Rotationen 65
    Der gesamte Zyklus von der Hausse- bis zur Baisse-Rotation . . 70
    Fortgeschrittene Setups 72
    Seitwärtsmärkte 81

Kapitel 4: Candlesticks und das Zeitelement 85
    Unterstützung und Widerstand 86
    Polaritätslinien und -zonen 96
    Zusammenfassung: Zeitlicher Widerstand 98

Kapitel 5: Divergenzen 105
    MACD und Divergenzen 106
    Intraday-Fallstudien 112

Kapitel 6: Umsatzstudien, gleitende Durchschnitte und der Zeitfaktor . 129
    Gleitende Durchschnitte und zeitliche Cluster 130
    Die Rolle der Umsätze 133
    Die Beobachtung von Aufwärts- und Abwärtstrends 135
    Das Timing von Tasse-mit-Henkel-Mustern 137

Kapitel 7: Bewegliche Ziele treffen – Kurszielprognosen auf Basis der Fibonacci-Zahlen 149
    Wie man Prognosen erstellt 150
    Einführende Fallstudien 151
    Fortgeschrittene Fallstudien 165

Kapitel 8: Fortgeschrittene Projektionstechniken 173
    Die Extrameile gehen 174
    Extensionen auf der Basis von Korrekturen 176
    Variationen über Gartley bei Korrekturmustern 177
    Das Zeitelement kommt hinzu 183
    Ausdehnungen nach Ausbrüchen aus Dreiecksformationen 191
    Projektionen größeren Ausmaßes 193
    Fortgeschrittene Berechnungen 196

Kapitel 9: Timing am Forex-Markt 203
    Die Untersuchung der Charts 204

Kapitel 10: Mentale Zähigkeit 219
    Den Müll rausbringen 220
    Die Zone 225
    Die Entwicklung mentaler Zähigkeit 228
    Wie man ein Nonkonformist wird 233
    Leben in der Gegenwart 235
    Die Erforschung anderer Vorgehensweisen 238

Kapitel 11: Übung bringt Gewinne 243
    Seien Sie geduldig 244
    Setups mit hoher Erfolgswahrscheinlichkeit in Verbindung mit MACD-Divergenzen 245
    Die Berechnung von Kurszielen mit hoher Erfolgswahrscheinlichkeit 253
    Kauf bei Rückschlägen und Verkauf in Rallyes 264
    Der Kauf nach Korrekturen 270

Kapitel 12: Zusammenfassung 273
    Literaturverzeichnis 275
    Glossar 277
    Register 289
    Über den Autor 299

Vorwort

Ich empfinde es als Privileg, das Vorwort für ein Werk schreiben zu dürfen, das ich für das ultimative Buch über Timing an der Börse halte. Durch ein Interview wurde ich vor einigen Jahren auf Jeff Greenblatt und den *Fibonacci Forecaster* aufmerksam und nutzte seinen brillanten, kostenlosen Börsenbrief. Ich habe den Brief immer noch abonniert und freue mich schon auf die Auswirkungen, die Jeffs Buch in der Trading-Szene haben wird.

Nachdem ich als völlige Anfängerin 1960 meine ersten Investments am Aktienmarkt getätigt hatte, wurde mir die Bedeutung des richtigen Timings voll bewusst. Der Broker sagte mir, die Kurse seien hoch. Ich wusste nicht, was er meinte, fand es aber bald heraus, als die Standardaktien 1961 infolge der Holt-Kreditklemme abstürzten. Ich hatte am Top einer neunjährigen Hausse gekauft! Damals merkte ich, dass ich mehr über die Börse lernen musste. Ich meldete mich am Mosman-Abendkolleg an und besuchte einen Einführungskurs, den die Börse Sydney veranstaltete. Nachdem ich einige Jahre lang das Wichtigste über die Fundamentaldaten, die Kurs-Gewinn-Verhältnisse, die Dividendenrenditen und dergleichen gelernt hatte, bemerkte ich, dass ich immer noch nichts über Timing wusste. Jeder aus unserer Gruppe investierte fünf Shilling für ein Abonnement von *Trendex*, einem technischen Börsenbrief, und dann studierten wir das Buch *Technical Analysis of Stock Trends* von Edwards und Magee. Das war die Grundlage für eine aufregende Karriere, die ich nun schon seit 1964 genieße. Ich war die erste technische Analystin, die von einem australischen Brokerhaus angestellt wurde. Später wechselte ich von Aktien zu Rohstoffen und Devisen.

Ich denke, dass mich meine Erfahrung mit etlichen guten und schlechten Börsenphasen dafür qualifiziert, den Wert von Jeffs erstaunlichem Beitrag zur Technischen Analyse zu würdigen. Ich habe an der Börse in Sydney die ersten Vorträge über Technische Analyse gehalten und regelmäßig Artikel in Zeitungen, Börsenbriefen und Zeitschriften über Futures veröffentlicht. Ich bin auch Gründungsmitglied der Australian Technical Analysts Association. Zu meinen

Mentoren im Lauf der Jahrzehnte gehörten Ian Notley, J. Welles Wilder, Dr. Harry D. Schultz, David Fuller und Phyllis Kahn, die mich auf die Arbeiten W. D. Ganns aufmerksam machte. Ich halte Gann für den einflussreichsten Menschen auf den Gebieten der Marktmethodologie, der Geometrie und der Bedeutung des Timings an der Börse. Mein eigener »Ruhm« ist Folge der Tatsache, dass ich den Aktiencrash von 1974 vorhergesagt und unter Verwendung von Charts die spätere Bodenbildung bis auf vier Punkte genau prognostiziert habe.

Angesichts der unglaublichen Vielfalt von Büchern über Börse und Geldverdienen ist es eine sehr schwierige Aufgabe, das richtige Buch zu finden. Jeffs Buch füllt die Lücke, die viele technische Tradingsysteme hinterlassen, und man wird es nicht im Regal stehen lassen. Man kann und sollte dieses Buch regelmäßig als Referenz benutzen, weil die Märkte auch weiterhin herausfordernde Muster hervorbringen werden.

Ich bin keine Elliott-Anhängerin; ich finde seine Methodenlehre zu subjektiv und überlasse sie daher lieber anderen. Allerdings bin ich mir über dem Wert der Fibonacci-Retracements völlig im Klaren. Sie sind heute schon in den meisten Software-Paketen enthalten und genießen bei den Marktteilnehmern hohes Ansehen. Jeffs Hinzufügung der Lucas-Serie ist ein zusätzlicher Vorteil und meiner Meinung nach ein Sprung nach vorn auf dem Gebiet der Timing-Techniken.

Das Buch enthält leicht verständlichen Text mit ausgezeichneten Chartbeispielen. Jeff beschreibt Chartmuster und weist auf den Fehler hin, den die meisten Elliott-Anhänger bei der Analyse von Dreiecken machen. Seine Methode zur Beschreibung, wann man mit solchen Mustern rechnen sollte, ist einzigartig: Die Zeitbalken bestätigen das Muster in der Regel, und die meisten Dreiecke werden nach der korrekten Anzahl von Fibonacci- oder Lucas-Zeitbalken vervollständigt.

Ein wichtiger Abschnitt über Elliott-Wellen liefert explizite Regeln und geht über die Grundlagen der Elliott-Mustererkennung weit hinaus. Jeff zeigt, dass die zeitlichen Elemente auf jedem Chart existieren, um Ihnen ins Bewusstsein zu rufen, wie Präzision an der Börse aussieht. Sie beschäftigen sich mit der spezifischen Sprache der Börse – Hausse- und Baisse-Phasen jeder Ausprägung haben einzigartige Merkmale.

Die vielen ausgezeichneten Chartbeispiele verwenden Candlesticks, die mehr über das Marktverhalten verraten als die normalen Liniencharts. Jeff erklärt, dass der beste Weg zur Identifikation wichtiger Trendwenden die Kombination des Zeitelements mit der Candlestick-Methode ist. Dieser Technik ist ein eigenes Kapitel gewidmet, damit der Leser die Charts im Gesamtkontext der Marktbedingungen richtig interpretieren kann.

Das Kapitel über Divergenzen legt dar, dass einer der größten Fehler der Trader darin besteht, dass sie Tops und Tiefs zu früh zu erkennen glauben. Jeff zeigt, wie man die Wellen voneinander unterscheiden kann – unter besonderer Berücksichtigung des MACD. Im Einklang mit dem Thema des Buches erklärt

Jeff, *wann* man mit Divergenzen rechnen kann. Er schildert Studien über Umsätze und gleitende Durchschnitte und betont dabei die Wichtigkeit des gleitenden 200-Tage-Durchschnitts. Oft befinden sich diese gleitenden Durchschnitte, sowohl der 200-Tage-Durchschnitt als auch der von institutionellen Investoren bevorzugte 50-Tage-Durchschnitt, im Einklang mit einem Fibonacci-Retracement-Punkt, und das ist ein Punkt, wo vieles für eine Trendwende spricht.

Das extrem wichtige Kapitel über Fibonacci-Kursrelationen geht über akademische Studien und Fundamentalanalyse hinaus. Jeff erörtert, wie man Projektionen mit hoher Erfolgswahrscheinlichkeit auf Basis der natürlichen Tendenzen des universell gültigen Gesetzes erstellt. Er betrachtet Unterstützungs- und Widerstandslinien sowie gleitende Durchschnitte. Oft liegt der 50- oder der 200-Tage-Durchschnitt nur wenige Pennys von den Fibonacci-Retracement-Punkten entfernt.

Dann ist da noch eine brillante Erörterung über Gold und Goldaktien, die am Beginn des Jahrzehnts an der Börse für Aufregung gesorgt haben. Es gibt aus diesen Zeiten wunderbare Beispiele für Fibonacci-Retracement-Techniken und die Bedeutung des Marktsentiments. Ein weiteres Highlight dieses Buches ist die Illustration von Ganns bestem Ratschlag für Trader: Die besten Tradingchancen ergeben sich nach den Retracements des ersten Trendabschnitts.

Das Kapitel über fortgeschrittene Projektionstechniken reduziert die Subjektivität der Elliott-Wellen mithilfe des Zeitfaktors. Elliott-Wellen funktionieren nicht immer, und das gilt auch für Fibonacci-Relationen. Deshalb ist dieses Buch so wertvoll. Die hier vorgestellten Techniken werden Ihnen helfen, von einem durchschnittlichen zu einem guten Trader zu werden, und das macht mittelmäßiges Wissen über Charts zu großartigem Wissen.

Bei dieser Übung geht es darum, Charts anders zu interpretieren, als es die klassische Elliott-Lehre 75 Jahre lang getan hat. Es wird gezeigt, dass wichtige Nachrichten oft exakt am zeitlich richtigen Punkt eines Charts veröffentlicht werden.

Eine spezielle Studie über BHP, eine sehr wichtige Aktie, die sowohl in den USA als auch in Australien gehandelt wird, liefert eine vollständige Analyse über Monats- und Wochenzeitrahmen mit einigen wirklich erstaunlichen Berechnungen. Auch hier kommt die Grundidee des Buches zum Tragen: eine neue Sichtweise von Charts. Jeff kann einen Chart nicht mehr betrachten, ohne die Balken zu zählen, und sein Ziel besteht darin, Ihnen eben dieses Niveau der Marktpräzision zu vermitteln.

Es wird alles besprochen, was Sie auf technischem Gebiet brauchen, und diese neue Sprache wird Sie dazu befähigen, auf bessere Setups zu warten. Wenn Sie Ihre Ausdehnungslinien einzeichnen und die Balken zählen, werden Sie Trendwenden antizipieren können, aber nicht aktiv werden, ehe die Kerzen Ihre verschiedenen Kurs- und Zeitcluster bestätigen. Wenn sie dies tun, ist es Zeit zum Einstieg.

Sie werden lernen, dem Chart und der Methode zu vertrauen und mutig genug sein, in Ihrem Trade engagiert zu bleiben. Und im Lauf der Zeit werden Sie zudem viel Spaß haben! Der Autor weiß das, weil es ihm selbst passiert ist!

Es gibt sogar ein spezielles Kapitel über die Forex. Wenn Sie ausschließlich auf fundamentale Analyse vertrauen, werden Sie dort wahrscheinlich Schiffbruch erleiden. Sie vermittelt zwar eine gewisse Vorstellung vom größeren Trend, ist aber nutzlos, was spezielle Ein- und Ausstiege betrifft. Die vielen Neulinge am Forex-Markt brauchen eine vernünftige Grundlage, wenn sie verstehen wollen, wie die Märkte funktionieren. Der Autor bezeichnet sich zwar ausdrücklich nicht als Forex-Experten, aber seine gründlichen Nachforschungen haben bewiesen, dass exakt die gleichen Zyklen auch bei Währungen funktionieren. Die zeitlichen Unterschiede an der Forex werden erklärt; bessere Setups treten häufiger zu bestimmten Tageszeiten auf. Es gibt ausgezeichnete Charts des australischen Dollar, die unter anderem auch Intraday-Chartmuster zeigen. Und es gibt hier mehr zeitliche Cluster mit MACD-Divergenzen als in jedem anderen Abschnitt des Buches. Es gibt heftigste Ausschläge mit Hebelwirkungen von 1000-1, bei denen man vorsichtig sein muss. Nur diese Methode vermittelt Ihnen das nötige Selbstvertrauen, um in diesen Gewässern zu navigieren.

Nun zur Psychologie: Ohne die richtigen mentalen Voraussetzungen kann keine Methode der Welt funktionieren. In Kapitel 10 geht es um die Lektionen, die der Autor von verschiedenen Mentoren über Psychologie gelernt hat und um mentale Zähigkeit. Das sind unbezahlbare Hilfsmittel – nicht nur beim Trading, sondern in sämtlichen Lebensbereichen. Die Geschichte lehrt, dass Menschen ohne formales Training mit dem Trading beginnen, um reich zu werden. Sie denken, das sei ganz einfach, lernen aber sehr schnell, dass sie sich da gewaltig täuschen.

Ein Großteil des Materials und die Charts in diesem Buch muss man stundenlang studieren. Nur so werden Sie wirklich verstehen, wie die Finanzmärkte funktionieren. Aber dann werden Sie einen Chart nie wieder so anschauen wie zuvor. Sie werden lernen, sehr profitabel zu traden, und wenn Sie schon profitabel sind, werden Sie sogar noch besser abschneiden. Sie werden die Fähigkeit erwerben, zur richtigen Zeit das Richtige zu tun. Es gibt an der Börse jede Menge Lärm, und die Stimme der Masse, die einen verrückt machen kann, ist Ihr zweitgrößter Feind (der größte sind Sie selbst). Man muss auf diese Stimme achten, sie dennoch ignorieren und interpretieren, was sie wirklich bedeutet.

Im Rohstoffbereich ist absolute Furcht in der Regel mit einem Top verbunden, am Aktienmarkt dagegen mit einem Boden. Wenn Ihnen die Experten sagen, dass die Aktienkurse in den Himmel steigen werden, ist es Zeit, über Leerverkäufe nachzudenken. Man muss aber das richtige Signal abwarten. Wir müssen uns dazu trainieren, in einem psychologisch unangenehmen Umfeld intelligente Trades durchzuführen. Der Autor bezeichnet *Trading in the Zone* von Mark Douglas als bestes Buch über die Psychologie des Tradings. Zudem nennt er *New Trading Dimensions* von Bill Williams. Beide Bücher bereiten Sie darauf vor, in einen »fließenden« Geisteszustand zu kommen, alle Ablenkungen und Ängste auszublenden und Gleichklang mit dem Maximum Ihres Potenzials zu erreichen. Das bedeutet auch, dass man eine ganze Menge mentalen Mülls loswerden muss.

Dieses Kapitel gehört zu den besten, die ich je über die psychologischen Aspekte des Tradings gelesen habe; es erklärt, wie man mit den Problemen umgeht, die man hat, wenn man vor der Entscheidung für oder gegen einen Trade steht. Wir müssen wissen, woher wir kommen und wohin wir gehen. Trading wird niemals einfach sein, aber es kann simpel sein, und dieses Kapitel sollte Ihnen die mentale Vorbereitung vermitteln, um am Trading teilnehmen zu können.

Das letzte Kapitel zeigt einige der Setups mit der höchsten Gewinnwahrscheinlichkeit, damit Sie sofort mit der Anwendung dieser wunderbaren Methode beginnen können. An dieser Stelle gratuliert Ihnen der Autor, weil Sie immer noch weiterlesen, denn das Buch ist keine leichte Lektüre und soll es auch nicht sein. Dutzende von Charts wollen immer wieder studiert werden, bis Sie sie verstanden haben. Um Geld zu verdienen, müssen Sie sich auf den P-R-O-Z-E-S-S einlassen. Das bedeutet den Erwerb vollständigen Wissens darüber, wie Finanzmärkte funktionieren – das Ziel dieses Buches. Ob Sie nun Elliott-Anhänger sind, gleitenden Durchschnitten oder Umsatzstatistiken folgen – es geht immer darum, *was* man tun soll. In diesem Buch werden Sie lernen, *wann* Sie es tun sollten. Kurz: Sie halten nun ein unglaubliches Mustererkennungssystem in Händen, vielleicht das beste der Welt!

Die Beherrschung der Finanzmärkte erfordert eine Menge Zeit und Energie während und nach den Handelsstunden. Jeff studiert die Zyklen und die Indizes jeden Tag, um zu wissen, was vor sich geht. In diesem Buch wird immer wieder betont, dass man diese und seine eigenen Charts ständig studieren muss, um die richtigen Setups zu finden. Das erfordert Hingabe und Arbeit, aber wenn Sie den nötigen Aufwand investieren, werden Sie sehen, dass dieses Buch Sie zu einem besseren und profitableren Trader machen wird, weil Sie die Sprache des Marktes fließend zu sprechen lernen.

Wenn ich hier einmal eine gewagte Prognose abgeben darf, dann würde ich sagen, dass man Jeff Greenblatt in Zukunft zu den wahren Börsenmeistern des 21. Jahrhunderts zählen wird. Dieses Werk verdient einen Platz im Bücherregal jedes Traders und Investors.

Dawn Bolton-Smith

Danksagung

Die Natur verabscheut ein Vakuum. Alles Wichtige entsteht nur durch die Arbeit anderer. In meinem Fall möchte ich den folgenden Menschen für ihre Hilfe danken.

Zunächst möchte ich Evan Greenberg erwähnen. Vor einigen Jahren forderte ich ihn bei 1510 KFNN in Phoenix, Arizona, heraus. Er wurde nicht wütend, sondern lud mich in seine Show ein, wo ich dann eine Stunde lang über Technische Analyse sprach. Das erforderte einigen Mut. An diesem Tag gab mir Sinclair Noe, der Moderator von KFNN, einen der besten Ratschläge, die ich je im Leben erhalten habe. Wenn ich etwas tun wollte, so sagte er, dann sollte ich das einfach tun. An diesem Tag begann ich mit meinem *Fibonacci-Börsenbrief*. Drei Jahre später kam ich wieder in Sinclairs Show; er verdient Anerkennung dafür, dass er einem relativ Unbekannten wie mir eine Chance gab.

In der frühen Phase meiner Karriere gaben mir Gary Kaltbaum, Mark Leibovit und Sean Balog die nötige Ermutigung, um weiterzumachen.

Später war es Yelnick, der mich in seinen exzellenten Blog aufnahm. Er hielt von meinen Arbeiten so viel, dass er sie mit bekannteren Elliott-Theoretikern verglich, und das verhalf mir zu einer breiteren und internationalen Aufmerksamkeit. Die Arbeiten über Timing, die Sie lesen werden, sind ein vorauslaufender Indikator. Bei einer Rallye sagte ich meinen Lesern einige Wochen im Voraus, dass der Kursanstieg an einem bestimmten Tag enden würde. Als das tatsächlich geschah, wurde mein E-Mail-Fach am folgenden Tag mit Anfragen aus den ganzen USA und aus Australien überschwemmt. Ich wusste nicht, was da vor sich ging, aber es war Yelnick, der dafür gesorgt hatte. Sie sollten sich einmal Planet Yelnick auf www.Yelnick.typepad.com ansehen.

Zu den Menschen, die sich an diesem Tag meldeten, gehörte auch Dawn Bolton-Smith von der australischen Zeitschrift *Your Trading Edge*. Ich hatte noch nie von dieser Zeitschrift gehört, aber einige Leser teilten mir mit, dass Dawn in ihrer Kolumne freundliche Dinge über mich schrieb. Bald fand ich heraus, dass *Your Trading Edge* ein hervorragendes Trading-Magazin vom anderen Ende der Welt war. Dawn versteht von der Börse mehr als fast jeder Mensch auf der Welt und sie ist eine unglaubliche Persönlichkeit. Ich möchte auch Aimee Sargent danken, die mir bei YTE die erste Kolumne verschafft hat, und auch Chelsea Reid, die Aimees Nachfolgerin war. Aber Dawn hat die Sache immer zusammengehalten.

Ich möchte auch Dickson Yap vom Magazin The Trader's Journal in Singapur dafür danken, dass er mich einlud, für seine Zeitschrift zu schreiben und meine Arbeit im Leitartikel der Ausgabe vom November 2006 vorzustellen. Die Präsenz in dieser hervorragenden Zeitschrift half dabei, meiner Arbeit internationales Flair zu verleihen.

Manchmal muss man in der Fremde als Fachmann anerkannt werden, um im eigenen Land Beachtung zu finden. Nach meinen ersten Veröffentlichungen in Australien war es das Magazin Futures, das Interesse an meinen Arbeiten über Lucas zeigte. Mein spezieller Dank gilt Dan Collins und Ginger Szala, weil sie genug Vertrauen in mich setzten, um meine Arbeiten in der September-Ausgabe 2006 in Futures zu veröffentlichen.

Einer der wichtigsten Gründe, warum dieses Buch geschrieben wurde, war die Art, wie Prophet.net den Tageshandel im NASDAQ-E-mini-Kontrakt beobachtet. Durch die Art, wie Prophet das nächtliche Geschehen ausblendet, erreichte ich eine unglaubliche Präzision dabei, die Intraday-Balken von einem Tag auf den nächsten zu verfolgen. Besonderer Dank gilt Tim Knight, dem Präsidenten von Prophet, der mir die Veröffentlichung seiner Charts in diesem Buch erlaubt hat. Mr. Knight hat auch einen exzellenten Blog, den Sie sich auf http://tradertim.blogspot.com ansehen können.

Da man nur glaubt, was man sieht, musste ich auch einige Fallstudien vom Forex-Markt für diejenigen Leser in das Buch aufnehmen, die dort tätig sind. Die Esignal-Charts werden im Kapitel über die Forex verwendet und sind ebenfalls exzellent. Ich möchte mich bei Julie Craig von Esignal für die Unterstützung meiner Arbeit und die Überlassung der Esignal-Charts bedanken.

Mein spezieller Dank gilt Marty Mchale, der mir bei der Powerpoint-Präsentation für die DVD geholfen hat. Ich danke auch Dru Johnson für ihre Ermutigung und Unterstützung bei der Arbeit an diesem Buch.

Eine sehr wichtige Stütze war mir natürlich Jody Costa von Marketplace Books. Sie war die Erste bei Marketplace, die meine Arbeit unterstützt hat und sie tut das noch immer. Auch Jody arbeitet aber nicht in einem Vakuum, und ich möchte auch John Probst, John Boyer und Chris Myers dafür danken, dass dieses Buchprojekt realisiert werden konnte.

Der größte Dank geht natürlich an meine Familie. Mein Vater hat mich immer unterstützt. Meine Schwiegermutter Beatrice Heffron fand immer freundliche Worte der Ermutigung. Bea lebte in einem Pflegeheim, und ihr Gesundheitszustand verschlechterte sich in eben der Woche, als ich den Verlagsvertrag für dieses Buch unterschrieb. Die Krankenschwestern im Heim sagten uns, dass Bea nichts mehr aß, und wenn sich das nicht änderte, würde sie keine Woche mehr leben. Wir fuhren sofort zu ihr und erzählten ihr die Neuigkeiten. Sie lebte auf und begann wieder zu essen, was die Pflegekräfte erstaunte. Sie freute sich sehr darüber, dass dieses Projekt nun realisiert wurde, und versprach, dass sie lange genug leben werde, um das fertige Buch noch in Händen zu halten. Sie hat das nicht ganz geschafft, aber sie lebte lange genug, um meinen Namen 2007 auf der Rednerliste der Traders Library Hall of Fame Awards in Washington, D. C., zu lesen. Ohne meine Frau Jeanne und meinen Sohn Josh hätte ich dieses Buch niemals schreiben können. Ich liebe sie alle. Meine Mutter wäre stolz auf mich, und ich weiß, dass sie mir von einem schöneren Ort aus zuschaut.

Einführung

Willkommen bei der Technischen Analyse des 21. Jahrhunderts! In *Mit der richtigen Tradingtaktik den Markt schlagen* werden wir Mythen erschüttern, heilige Kühe schlachten und eine bessere Mausefalle bauen. In den vergangenen Jahrhunderten haben sich Techniker vorwiegend auf Studien über Kurse und Umsätze verlassen, die sie für die wichtigsten Chartfaktoren hielten. Verstehen Sie mich nicht falsch: Natürlich sind diese Faktoren sehr wichtig. Aber sie zeigen uns kein vollständiges Bild. Studien über den Faktor Zeit werden am wenigsten verstanden, und doch sind sie ein entscheidendes Element der Technischen Analyse. Trader verstehen ihre Kursziele zwar sehr gut, aber die meisten haben kaum eine Vorstellung davon, wodurch Trendwechsel eigentlich verursacht werden. Fragen Sie sich manchmal, warum ein Chart ein bestimmtes Kursziel erreicht und es tagelang dauert, bis er schließlich absinkt? Warum sinkt er an diesem Tag und nicht an einem anderen? Dieses Gebiet war für Trader schon immer eines der größten Probleme. Die Mission dieses Buchs besteht darin, diese Lücke zu schließen. Dabei werden Sie auch ein tieferes Verständnis darüber erlangen, warum sich Kursbewegungen so verhalten, wie sie es tun. Es ist eine wundervolle Welt voller Chancen.

Ich habe die Märkte Tausende von Stunden beobachtet und Tendenzen mit hoher Gewinnwahrscheinlichkeit entdeckt, die immer wieder auftreten. Obwohl sich diese Tendenzen wiederholen, sind niemals zwei Muster genau gleich. Die Gewinnwahrscheinlichkeiten sind dennoch hoch genug, um als Basis für einen profitablen Tradingplan dienen zu können. Sie nutzen dieses Buch am besten, wenn Sie die Charts studieren und dann Ihren Lieblingschart in Echtzeit beobachten. Traden Sie nicht, beobachten Sie nur. Wie lange sollten Sie den Chart beobachten? So lange, bis Sie seine Botschaft verstanden haben. Abhängig von Ihrem Zeitrahmen kann das ein paar Tage bis einige Monate dauern. Danach sollten Sie sich die Charts in diesem Buch noch einmal anschauen. Immer wenn Sie diesen Vorgang wiederholen, werden Sie Dinge entdecken, die Sie zuvor nicht gesehen haben. Im Prinzip programmieren Sie dabei Ihr

Gehirn neu, um visuelle Beobachtungen zu sammeln, die Sie nie zuvor erfahren haben.

Es ist nicht leicht, zu einem wirklichen Verständnis der Finanzmärkte zu gelangen. Es dauert Jahre, bis man versteht, was diese Charts einem mitteilen. Und es dauert ebenfalls jahrelang, die nötige Disziplin zu entwickeln und das Wissen zu sammeln, um zum richtigen Zeitpunkt ein- und wieder auszusteigen. Die in diesem Buch beschriebene Methodik ist das Ergebnis jahrelangen Lernens aus Fehlern und ständiger Verfeinerung, wenn es zu entscheidenden Schnitzern kam. Ich habe beim Trading an den Terminmärkten schon 10.000 Dollar an einem Tag verdient, während die Tagesverluste auf 1000 Dollar begrenzt blieben.

Sie werden aus jeder Erfahrung lernen. Was mich persönlich betrifft, hatte ich die Chance, an den Terminmärkten Tradingpartner einer sehr reichen Persönlichkeit zu werden. Ich hatte ein Büro in seinem Haus, wo ich eine Auswahl von Aktien tradete. Er selbst tradete den ND, also den auf dem NASDAQ-Index basierenden Futures-Kontrakt. Jeden Morgen legten wir unsere Marktstrategie fest. Der *Fibonacci Forecaster*, der heute weltweit verbreitet ist, war damals eine auf Elliott-Wellen basierende Analyse der NASDAQ, die ich exklusiv für diese eine Person erstellte.

Mein Partner tradete einen bis drei Kontrakte, die 100 Dollar pro Punkt wert waren. Einem institutionellen Trader mag das wenig erscheinen, aber ich kann Ihnen versichern, dass es hier um eine ganze Menge Geld geht – vor allem nach dem Einstieg in den Trade. In der Regel startete mein Partner einen Trade, beobachtete ihn eine Stunde lang und widmete sich dann seinen anderen Geschäftsinteressen. Manchmal bekam er auch nur einen Telefonanruf. Dann musste ich das Management des Trades übernehmen. Für mich war das oft so, wie bei einem Baseballspiel eingewechselt zu werden, das kurz vor der Entscheidung steht. Ich weiß, wie sich Mariano Rivera fühlen muss. Oft lief der Trade nicht gut oder es war noch zu keiner starken Bewegung gekommen. Ich musste also wichtige Entscheidungen treffen, seine Verluste zu begrenzen oder, falls der Trade gut lief, nicht zu früh auszusteigen. Ich stand unter beträchtlichem Druck, weil mein Einkommen von dem abhing, was ich da tat.

Damals lernte ich, dass ich Druck aushalten kann, und das war eine der wichtigsten Lektionen meines Lebens. Sie gab mir das nötige Selbstvertrauen, all das zu tun, was danach kam.

Andererseits erleiden wir alle Verluste und müssen aus ihnen lernen. Einer meiner frühen Fehler war der Kauf von Call-Optionen auf die Aktie von Gateway, als sie 1999 ihren Höchststand erreichte. An die genauen Zahlen erinnere ich mich nicht mehr, aber Gateway war aus dem Bereich um 50 Dollar bis auf 80 Dollar gestiegen. An diesem Tag kaufte ich die Call-Optionen zu 9 Dollar. Am Ende dieses Tages war Gateway auf 76 Dollar gesunken, und meine Optionen notierten bei 6 Dollar. Ich hatte damals keine Methode und keine Technik, aber mir wurde klar, dass ich, sollte ich die nächsten beiden Tage als Trader überleben, dringend lernen musste, was ich da überhaupt tat. Immer wenn ich auf ein Hindernis stieß, nahm ich mir vor, es zu überwinden.

Ohne die entsprechende Ausbildung wird niemand Arzt oder Rechtsanwalt. Man muss jahrelang die Universität besuchen, um die entsprechende Zulassung zu bekommen. Und darüber hinaus braucht man eine Lehre in der realen Welt, wenn man in irgendeinem Bereich wirklich gut sein will. Warum sollte das beim Trading anders sein? Die Geschichte hat uns gezeigt, dass Menschen mit dem Trading beginnen, um reich zu werden, ohne jemals eine formale Ausbildung durchlaufen zu haben, und dass sie denken, das sei sehr leicht. Sie lernen sehr schnell, dass dies ein Irrtum ist.

Zum Trading braucht man keinen höheren Schulabschluss, und das ist einer der wichtigsten Gründe, warum die Leute so denken. Jeder, der einen Computer oder ein Telefon besitzt, kann mitmachen. Ich ärgere mich unbeschreiblich, wenn ich diese nächtlichen Werbesendungen sehe, in denen behauptet wird, dass jeder an einem einzigen Wochenende lernen kann, wie man profitabel tradet. Auch die Hausse um die Jahrhundertwende hat viele Menschen vollkommen in die Irre geführt. Leichte Gewinne aufgrund einer Spekulationsblase erzielt man nur einmal im Leben. Manche von Ihnen werden dieses Buch ins Regal stellen, ohne einen Nutzen daraus gezogen zu haben. Andere werden es einmal durchlesen und einige gute Ideen daraus ziehen. Aber in Wirklichkeit habe ich dieses Buch für diejenigen geschrieben, die es wirklich ernst meinen und alles herausholen wollen, was darin steckt. Die meisten Charts in diesem Buch muss man stundenlang studieren, wenn man sie wirklich verstehen will. Sie werden sie studieren, zu Ihren eigenen Charts übergehen, Ihre Beobachtungen machen und später immer wieder zu diesen Charts zurückkehren. Nur so können Sie lernen, wie die Finanzmärkte wirklich funktionieren.

Verstehen Sie: Ich behaupte nicht, dass Sie den Stoff dieses Buchs an einem Wochenende meistern können. Ich behaupte aber: Wenn Sie diesen Stoff meistern, werden Sie einen Chart nie mehr so betrachten, wie Sie es früher getan haben. Sie werden das Potenzial erlangen, sehr hohe Gewinne zu erzielen. Wenn Sie heute schon erfolgreich sind, sollten Sie dann noch besser abschneiden.

Dieses Buch soll Ihnen den profitablen Tradingplan vermitteln. Wenn Sie es gelesen haben, werden Sie besser vorbereitet sein, effektiver als zuvor mit allen Marktbedingungen zurechtzukommen. Sie können dann nicht nur Marktchancen nutzen, sondern Sie werden auch im Voraus erkennen, wann Sie passiv bleiben sollten. Nehmen wir an, Sie haben sich gerade ein neues, silberfarbenes Auto gekauft. Zuvor hatten Sie immer blaue Autos. Jetzt aber, da Sie ein silbernes Auto fahren, merken Sie, wie viele andere silberne Wagen unterwegs sind. Vielleicht sind Sie überrascht, weil es wesentlich mehr sind, als Sie erwartet hatten. Wenn Sie beginnen, mit Zeitzyklen zu arbeiten, werden Sie überrascht sein, wie schnell das funktioniert. Sie werden auch erkennen, wenn Zeitzyklen kein schlüssiges Bild ergeben. Dann sollten Sie passiv bleiben. Sie wissen ja, dass man nicht in jedem Börsenumfeld Geld verdienen kann.

Dieses Buch führt das Zeitelement in die Charts der Technischen Analyse ein und verbindet es mit bereits existierenden Methoden, die Sie schon anwenden. Wir gehen dabei langsam von einem Kapitel zum nächsten vor. Es gibt andere Bücher, die sich mit der Zeitdimension beschäftigen, aber die Lucas-Daten werden nirgends so intensiv behandelt wie hier. Mein Ziel ist es, diese Daten derart zu vereinfachen, dass sie eine praktische Erweiterung der Technischen Analyse ergeben.

Die Arbeiten Ganns sind größtenteils nicht bei der Masse der Trader angekommen, weil sie sehr kompliziert sind. Es dauert Jahre, bis man sie verstanden hat. Ich werde Sie damit nicht behelligen. Ich sehe meine Aufgabe darin, sehr komplexe Sachverhalte auf praktische Weise zu präsentieren, sodass sie keine jahrelangen Studien erfordern. Sie dürfen aber »einfach« nicht mit »leicht« verwechseln. Diese Sachverhalte erfordern harte Arbeit, aber meiner Meinung nach sind sie der Mühe absolut wert. Das kann gut oder weniger gut funktionieren, wenn es Ihnen aber keinen Spaß macht, sollten Sie es auch nicht in Ihren Tradingplan einarbeiten.

Wenn Sie dieses Buch durchgearbeitet haben, werden Sie von Elliott-Wellen erheblich mehr verstehen als jetzt. Sie werden einen großen Teil der damit verbundenen Subjektivität eliminieren und Formationen auf Basis des Zeitelements von Charts bestätigen können. Sie werden Tops und Böden ebenso erkennen wie die vielen kleineren Trendwenden an den Märkten. Beim Blick auf einen Chart werden Sie dessen Richtung leichter als zuvor erkennen. Sie werden diese Methode mit anderen bekannten Indikatoren kombinieren und sie effektiver anwenden können.

Im ganzen Buch baue ich sehr stark auf Candlestick-Charts. Es gibt viele gute Bücher über Candlesticks, insbesondere empfehle ich die Arbeiten von Nison (1991). Außerdem habe ich gleitende Durchschnitte verwendet, wenn es um Umsätze oder Trendfolgesysteme ging. Ich selbst habe zunächst exponentielle, später aber einfache gleitende Durchschnitte verwendet, und in diesem Buch habe ich sie, wenn es um kürzere Zeiträume ging, abwechselnd verwendet. Bei kurzen Durchschnitten gibt es kaum Unterschiede zwischen exponentiellen und einfachen Durchschnitten, aber beim 200-Tage-Durchschnitt ist der Unterschied beträchtlich.

Das Wichtigste: Ich werde Ihnen ein praktisches, sehr präzises System der Mustererkennung vermitteln, mit dem Sie beständig Geld verdienen können. Wie viel Geld? Das hängt allein von Ihnen ab. Es hängt von Ihrer Hingabe ab. In diesem Buch geht es nicht um Geld. Technische Bücher von Edwards, Magee und anderen behandeln nicht speziell das Thema, wie man Geld verdient. Vielmehr vermitteln sie Tendenzen mit hoher Gewinnwahrscheinlichkeit, die gut funktionieren. In diesem Buch ist es nicht anders. Es geht um den Prozess. Meine Meinung: Wenn Sie nicht an den Gewinn denken, werden Sie ihn erzielen. Natürlich weiß ich, dass das Ziel letztlich darin besteht, beständige Gewinne zu erzielen. Aber das schafft man nur, wenn man die Grundlagen wirklich beherrscht.

Im Profisport geht es darum, die Meisterschaft zu gewinnen. Aber wie viel Zeit verbringen die Profis damit, über den Gewinn der Meisterschaft zu reden? Nicht viel! Allerdings reden sie oft über eine meisterliche Einstellung zu ihrer Arbeit. Sie reden über Fundamentaldaten, Mechaniken, Einstellung und Training. Hauptsächlich über Training und noch mehr Training. Warum trainieren sie so viel? Alles dreht sich um den letzten Schritt, die Ausführung. Sie trainieren so hart, damit es ihnen zur zweiten Natur wird, im entscheidenden Moment das Richtige zu tun. Tiger Woods schafft diesen schwierigen Schlag, weil er ihn tausendmal trainiert hat und ihn sich wahrscheinlich noch einmal tausendmal vorgestellt hat. Wenn er ihn dann ausführen muss, übernehmen seine Impulse die Kontrolle. Er weiß, was er tun muss. Und weil er es schon so oft getan hat, weiß er auch, dass er es schaffen wird. Einige von Ihnen werden sich das Material in diesem Buch für ihren Tradingplan zu eigen machen. Andere werden es passiv lesen, über seine Präzision staunen, aber nichts damit anfangen. Alles hängt von Ihnen selbst ab. Jedenfalls kann ich Ihnen versichern, dass Sie nach der Lektüre dieses Buchs Strategien zur Verfügung haben werden, die Sie in Ihrem Trading sofort anwenden können.

Wenn es um Mustererkennung geht, müssen Sie immer daran denken, dass niemals zwei Muster exakt gleich sind. Das ist nicht anders als bei Schneeflocken. Allerdings wiederholen sich Tendenzen. Ihre Aufgabe in unserem gemeinsamen Unternehmen besteht darin, diese Tendenzen zu erlernen. Denn dann können Sie Muster erkennen, die Ihnen dabei helfen werden, Geld zu verdienen. Ich habe Merkmale entdeckt, die sich ständig wiederholen. Viele von Ihnen wissen gar nicht, dass sie existieren. Der Zweck dieses Buchs besteht darin, diese Dinge bekannt zu machen. Ich gebe Ihnen das Auto, aber den Zündschlüssel müssen Sie selbst umdrehen.

Jeff Greenblatt

KAPITEL 1

Die Lücke schließen

In den 1920er- und 1930er-Jahren schrieb Richard W. Schabacker mehrere Bücher, die auf der Dow-Theorie basierten. Er stellte mit Erfolg die Hypothese auf, dass gewisse Muster in den bedeutenden Indizes auch für einzelne Aktien relevant seien. Sein Schwager Robert D. Edwards setzte seine Arbeit fort. Viele Menschen unserer Generation sind vertraut mit den Büchern über Markttechnik von Edwards und seinem Partner John Magee (Magee, 1994, ix-xv). Die beiden gelten als Väter der modernen Technischen Analyse. Wie wir wissen, ist die Technische Analyse eine Momentaufnahme des kollektiven Verhaltens der Marktteilnehmer. Weil es hier um menschliche Emotionen geht, wiederholen sich diese Muster kollektiven Verhaltens ständig. Man kann sie erkennen und dazu nutzen, zukünftige Marktbewegungen zu antizipieren. Zudem lassen sich diese Muster in natürlich wiederkehrende Wellen und Berechnungen unterteilen.

Die Grundstruktur der Finanzmärkte besteht aus einem Katalog sich wiederholender Muster, die von Ralph Nelson Elliott entdeckt und im Lauf der Zeit von bekannten Elliott-Anhängern wie Robert Prechter verfeinert wurden. Das Wellenprinzip ist ein gutes System der Mustererkennung. Keine zwei Muster sind jemals gleich, aber sie haben sich wiederholende Tendenzen. Innerhalb dieser Wellen gibt es universelle Berechnungen, die in den Kriterien von Kurs und Zeit gemessen werden. Diese Messungen beruhen auf Fibonacci-Relationen. Ein großer Teil der Studien über das Element der Zeit basiert auf den Arbeiten von W. D. Gann, der als Begründer dieser Forschungsrichtung gelten kann. In seiner Nachfolge haben es moderne Fibonacci-Analysten glänzend verstanden, die Methodik zu vereinfachen, sodass Trader sie heute problemlos anwenden können.

Die Elliott-Methodik baut so sehr auf den Fibonacci-Relationen auf, dass ein Trader die eine eigentlich nicht ohne die anderen anwenden kann. Weil das Wellenprinzip auf den Fibonacci-Berechnungen basiert, wäre es für Anwender von Fibonacci-Retracements sinnvoll, Muster im Kontext von Elliott-Wellen zu erkennen. Dieses Buch führt das Zeitprinzip in die von Fibonacci und Elliott geprägte Denkweise ein und bietet traditionelle Technische Analyse. Ich bin

Edouard Anatole Lucas

Die Lucas-Serie ist nach dem im 19. Jahrhundert lebenden französischen Mathematiker Edouard Anatole Lucas benannt, der durch seine Forschungen auf dem Gebiet der Zahlentheorie berühmt wurde. Als er an der Fibonacci-Zahlenreihe arbeitete (von der es heißt, er habe sie so benannt) entdeckte er diese sehr ähnliche Serie. Die Definition der Lucas-Serie ist fast mit derjenigen der Fibonacci-Reihe identisch. Jede Zahl ist die Summe der beiden vorhergehenden, mit Ausnahme der ersten beiden Zahlen der Serie;
f(n) = f(n-2) + f(N-1). Die Lucas-Serie beginnt mit 2 und 1 statt mit 1 und 1. Der Unterschied scheint gering, aber die Abweichung ist deutlich:

Lucas-Serie:
2, 1, 3, 4, 7, 11, 18, 29, 47, 76, 123, 199, 322, 521 …

Fibonacci-Reihe:
1, 1, 2, 3, 5, 8, 13, 21, 34, 55, 89, 144, 233, 377 …

Wie bei allen Fibonacci-ähnlichen Zahlenreihen nähert sich die Lucas-Serie dem Goldenen Schnitt Phi, φ, an (1,618 …). Es gibt noch viele weitere Relationen zwischen beiden Reihen; die Forschungen darüber halten noch heute an. Nach Clark Kimberling, Professor für Mathematik an der University of Evansville, muss man zum Beweis der Richtigkeit der folgenden Lucas-Fibonacci-Identitäten die beiden Sequenzen als L(0), L(1), L(2) … und F(0), F(1), F(2) … schreiben. Dann gilt für alle nicht negativen ganzen Zahlen n:
$L(n) = (F(n+2) - F(n-2)$
$L(4n) + 2 = (L(2n))^2$
$L(4n) - 2 = 5(F(2n))^2$
$F(n + m) + F(n - p) = F(n)L(m)$
wenn m eine gerade Zahl ist
$L(n - 1)L(n + 1) + F(n - 1)F(n + 1) = 6(F(n))^2$

In seinem Buch *Fibonacci and Lucas Numbers* (1969, S. 59–60) stellt Verner E. Hoggatt Jr. 47 solche Identitäten vor.

jedoch der Meinung, dass die Elliott-Fibonacci-Gemeinde einen wichtigen Teil der Gleichung ausgelassen hat. Einige Fibonacci-Berechnungen sind so kompliziert, dass sie in der Anwendung unpraktisch sind. Trader verwenden Fibonacci-Berechnungen, weil sie praktische Werkzeuge zur Mustererkennung sind. Was aber, wenn manche Kalkulationen so kompliziert sind, dass man sie nicht einfach erkennen kann? Wenn es nicht funktioniert, was tun wir dann? Bis zu einem gewissen Grad schließt dieses Buch die beschriebene Lücke.

In den meisten Büchern dieses Genres geht es um Elliott, Fibonacci und um Geometrie. Dieses Buch ist eine Erweiterung der Studien. Die hier präsentierte Methode basiert stark auf der mathematischen Lucas-Zahlenserie. Der französische Mathematiker Edouard Lucas (1842–1891) entdeckte diese Serie, die von der Fibonacci-Sequenz abgeleitet ist. In anderen Büchern wird sie kurz erwähnt, aber in diesem Buch werde ich sie sehr detailliert vorstellen. Ich bin zwar nicht der Erste, der die Lucas-Zahlen der Finanzwelt präsentiert, aber ich glaube, dass ihr starker Einfluss auf viele Charts in allen erdenklichen Trends bisher krass missverstanden und unterschätzt wurde. Hier will ich das korrigieren. Lucas' Arbeiten ersetzen Fibonaccis Werk nicht, sondern sie ergänzen es. Wie wichtig diese Ergänzung ist, wird von den meisten Tradern nicht verstanden. Anhand der hier präsentierten Studien werden Sie sehen, wie oft diese Ergänzung auftritt. Der Zweck der Verwendung der Zeitdimension besteht darin, ein sehr wichtiges Werkzeug zur Mustererkennung zu erhalten.

Ein Pilot würde niemals ohne die Instrumente starten, die es ihm ermöglichen, seine Maschine trotz schlechter Sichtverhältnisse sicher zu fliegen und zu landen. Da die Finanzmärkte höchste Anforderungen stellen, entspricht die Anwendung der Technischen Analyse als System zur Mustererkennung ohne die Zeitdimension dem Versuch, ein Flugzeug im Blindflug zu landen.

Ehe wir uns den »Instrumenten« zuwenden, müssen wir bei gutem Wetter navigieren können. An den Finanzmärkten beginnt die Navigation mit dem Verständnis des Wellenprinzips. Das Wellenprinzip vermittelt dem Trader einen guten Start auf dem Gebiet der Mustererkennung. Wer von Ihnen mit der von Edwards und Magee geprägten Technischen Analyse aufgewachsen ist, kann beide Methoden vergleichen und gegeneinander abwägen. In diesem Buch wird das Wellenprinzip nur als Anleitung verwendet, weil es recht komplex und in Echtzeit nicht absolut zuverlässig ist.

Wenn wir die Wellen betrachten, erhalten wir eine Vorstellung, in welchem Stadium eines Trends wir uns befinden. Ebenso können wir einschätzen, ob wir uns im Haupttrend oder in einer Bewegung befinden, die den Trend technisch »korrigiert«. Manchmal fällt eine Korrektur im Vergleich zum Haupttrend so stark aus, dass man wirklich nicht weiß, ob sich der vorherrschende Trend gedreht hat. Dies ist eines der schwarzen Löcher des Wellenprinzips, die dieses Buch klären will.

Es gibt zwei Grundmuster von Wellen. Die ersten nennt man »Impulswellen«, und sie entsprechen dem großen, vorherrschenden Trend. Die anderen nennt man »Korrekturwellen«, und sie bewegen sich entgegengesetzt zum Haupttrend. Beide Muster haben ihre eigenen, deutlichen Merkmale. In diesem Kapitel behandle ich nur die Grundlage; quasi als Zusammenfassung dessen, was Sie vielleicht anderswo schon gelesen haben. Später werde ich Ihnen zeigen, wie man Impuls- und Korrekturwellen allein dadurch erkennt, dass man die Zahlensequenz versteht.

Impulswellen

Impulswellen haben ihre eigenen und einzigartigen Merkmale. Der große, vorherrschende Trend gilt als Impulswelle, die man daran erkennen kann, dass sie sich in einer Fünf Wellen-Sequenz bewegt. Impulswellen können sich auch in Neun- oder 13-Wellen-Mustern bewegen. Nach Prechter (Prechter 1999, S. 30) gibt es nur drei eiserne Gesetze für Impulswellen.

Impulswellen

1. Welle 3 ist niemals die kürzeste Welle.
2. Welle 2 gibt niemals mehr als 99 Prozent von Welle 1 wieder ab.
3. Welle 4 überlappt nicht das Territorium von Welle 1.

1. Welle 3 ist niemals die kürzeste Welle.
2. Welle 2 gibt niemals mehr als 99 Prozent von Welle 1 wieder ab.
3. Welle 4 überlappt nicht das Territorium von Welle 1.

Lassen Sie mich einige Missverständnisse aufklären, was diese Regeln betrifft. Manche meinen, Welle 3 sei immer die größte, aber das ist einfach nicht der Fall. Es gibt zwar eine Tendenz, dass sie die längste ist, aber die Regel besagt nur, dass sie nicht die kürzeste sein darf. Wenn Sie die Wellen zählen, und die mittlere ist die kleinste, dann hat das andere Gründe. Diese Welle könnte eine Verlängerung der ersten sein, aber sie ist nicht die dritte *(Abbildung 1.1)*.

Bei der anderen Kontroverse geht es um Welle 4. Manche Mitglieder der Elliott-Gemeinde sagen, es dürfe keinerlei Überlappung der ersten und der vierten Welle geben. Ich kenne aber viele Fälle, in denen Welle 4 die Welle 1 berührt, streift oder leicht überlappt. Ich denke, man sollte in solchen Situationen

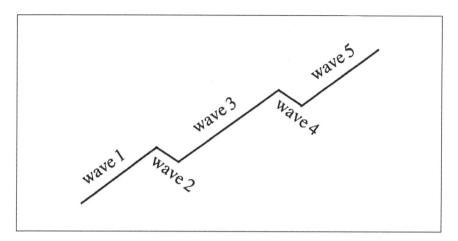

Abbildung 1.1:
Das Grundmuster von Elliott-Wellen

den gesunden Menschenverstand walten lassen. Wenn Welle 4 deutlich in das Territorium von Welle 1 eindringt, dann handelt es sich nicht um eine vierte Welle. Wenn es eine erste Welle gab, eine zweite in der Gegenrichtung, eine dritte mit einer deutlichen Richtungsbewegung und danach einen Pullback, der das Territorium von Welle 1 streift, ehe der Kurs nach oben dreht, dann kann man meiner Meinung nach darauf setzen, dass der Pullback Welle 4 war.

Ein weiteres Merkmal von Impulswellen ist die Alternierungsregel. Hierbei handelt es sich nicht um ein eisernes Gesetz, eher um eine Richtlinie. Sie besagt: Falls das Retracement in Welle 2 die Form einer scharfen Korrektur hatte, dann ist die vierte Welle eher eine flache Korrektur. Wenn die erste Welle die längste war, wird die fünfte die kürzeste sein. Wenn in einer größeren Bewegung aus fünf Wellen die dritte Welle eine Ausdehnungswelle ist, wird es in der nächsten Bewegung die erste oder die fünfte sein (Prechter 1999, S. 61).

Ausdehnungen sind ein weiteres wichtiges Merkmal von Impulswellen. Das bedeutet, dass unter den Wellen 1, 3 und 5 eine erheblich stärker ausgeprägt ist als die beiden anderen. Während ihrer Entstehung lassen sich Ausdehnungen nur schwer zählen; wirklich klar zu sehen sind sie erst in einem späten Stadium der Bewegung. Zeitzyklen können einen großen Teil dieser Unsicherheiten beseitigen und es Tradern und Analysten ermöglichen, besser zu beurteilen, in welchem Stadium sich die Bewegung befindet.

Einige verbreitete Relationen in einer Sequenz von Impulsen basieren auf Fibonacci-Zahlen. Meist ist die dritte Welle am stärksten ausgedehnt. Oft entspricht sie dem 1,618- oder dem 2,618-fachen von Welle 1, gemessen ab dem Tiefpunkt von Welle 2 (Prechter 1999, S. 125–138). In einigen Fällen entspricht Welle 3 sogar dem 4,23-fachen von Welle 1.

Falls Welle 3 die Ausdehnungswelle ist, beträgt die Relation zwischen den Wellen 1 und 5 tendenziell 0,618 bis 1,618. In seltenen Fällen kann Welle 5 eine 2,618-fache Ausdehnung von Welle 1 sein. Kürzlich trat diese Situation beim Goldindex XAU auf, und dabei war Welle 3 nicht die kürzeste. Wenn Welle 5 die

Ausdehnungswelle ist, umfasst sie in der Regel das 1,618-fache der Wellen 1 bis 3, wobei Welle 1 die kürzeste ist. In seltenen Fällen gibt es doppelte Ausdehnungen, bei denen sowohl Welle 3 als auch Welle 5 4,23-fachen Ausdehnungen von Welle 1 entsprechen.

Eine Ausdehnungswelle erkennt man am besten, indem man beobachtet, wie die Bewegung beginnt. Sobald es einen neuen Trend gibt, sehen wir eine erste Welle nach oben, ein Retracement und einen erneuten Aufwärtsschub. Wenn das zweite Retracement das Territorium der ersten Welle dieser Sequenz verletzt, sagt uns das eiserne Gesetz der vierten Wellen, dass es sich hier nicht um eine vierte Welle handeln kann. Es muss sich um den Beginn einer Ausdehnung oder einer größeren Bewegung handeln. Woher wissen wir, dass dies keine Korrektur ist? Beobachten Sie die Umsatzmuster. Wir müssen immer andere Indikatoren zur Bestätigung der Zählung von Wellen heranziehen. Wenn wir uns in einem Aufwärtstrend befinden, müssen die Umsätze an den schwachen Tagen im Durchschnitt niedriger sein als an den starken. Wenn es zum Beispiel einen langen Abwärtstrend gab, in dem die Stimmungslage ungewöhnlich negativ wurde, dann beginnt ein neuer Aufwärtstrend mit Tagen recht hoher Umsätze, wobei die Pullbacks niedrigere Umsätze aufweisen. Eine Welle mit geringeren Umsätzen, die die erste Welle leicht überlappt, ist wahrscheinlich eine gegen den neuen Trend gerichtete Korrekturwelle und Teil einer Ausdehnung in die neue Richtung. Die Zeitdimension liefert ebenfalls wertvolle Hinweise auf die vorherrschende Richtung. Mehr dazu in einem späteren Kapitel.

Korrekturwellen

Korrekturwellen haben ihre eigenen, einzigartigen Eigenschaften, die sie von Impulswellen unterscheiden *(siehe Abbildung 1.2)*. Korrekturwellen bewegen sich gegen den Trend. Es gibt zwei Arten von Korrekturwellen. Die eine Familie besteht aus scharfen, die andere aus flachen Korrekturen. Man könnte Dreiecke als dritte Art von Korrekturwellen einstufen, aber technisch gehören sie zu den flachen Korrekturen.

Scharfe Korrekturen gehören normalerweise zum 5-3-5-Wellenmuster. Sie werden anders benannt als Impulswellen – hier verwendet man Buchstaben statt Ziffern. Eine ABC-Korrektur enthält fünf kleine Wellen, die gegen den Trend verlaufen. Darauf folgt eine kleine, seitliche oder Dreiecks-Korrektur, und dann kommen erneut fünf Wellen. Man erkennt diese Wellen daran, dass sie die Überlappungsregel verletzen, weil die vierte Welle tief ins Territorium der ersten vordringt. Scharfe Korrekturen erkennt man daran, dass sie sehr unruhig verlaufen.

Wenn Sie die Wellen nicht verstehen und auch nicht wirklich vorhaben, daran etwas zu ändern, erkennen Sie Korrekturbewegungen am besten an ihrer Unregelmäßigkeit und an ihrem Mangel an Struktur. Ein weiteres Kennzeichen von Korrekturwellen sind im Durchschnitt niedrigere Umsätze als im vorherrschenden Haupttrend, der in die entgegengesetzte Richtung verläuft. Woher weiß man, dass man sich in einer Korrekturwelle befindet? Nehmen wir an, wir befinden uns in einer Baisse, und eine Erholung beginnt. Wenn es an den Tagen mit steigenden Kursen niedrige Umsätze gibt, wird die Erholung wahrscheinlich scheitern. So einfach kann Börse sein.

Scharfe Korrekturen umfassen 28, 50, 61, 78 oder 88,6 Prozent der vorherigen Kursbewegung. In seltenen Fällen sind es 23 Prozent. Vor einigen Jahren veröffentlichte der australische Elliott-Anhänger Rich Swannell eine Studie. Er hatte Millionen von Retracements in allen erdenklichen Trends ausgewertet und herausgefunden, dass 60 Prozent der Retracements der zweiten Welle unter der Glockenkurve zwischen dem 25- und dem 70-Prozent-Retracement-Niveau lagen (Swannell 2003, S. 34–35). Das erhöht die Komplexität, denn in 40 Prozent aller Fälle gibt es andere Retracements wie 14,6 oder sogar 88,6 Prozent. Ich bin mir nicht sicher, wie man eine zweite Impulswelle oder eine B-Korrekturwelle korrekt definieren kann.

Korrekturwellen

Korrekturwellen haben ihre eigenen, einzigartigen Eigenschaften, die sie von Impulswellen unterscheiden (siehe *Abbildung 1.2*). Korrekturwellen bewegen sich gegen den Trend. Es gibt zwei Arten von Korrekturwellen. Die eine Familie besteht aus scharfen, die andere aus flachen Korrekturen. Man könnte Dreiecke als dritte Art von Korrekturwellen einstufen, aber technisch gehören sie zu den flachen Korrekturen.

Das Niveau von 88,6 Prozent kommt daher, dass es sich hier um die Wurzel des 0,786-Retracements handelt. Bewegungen enden bei einem Retracement von 88,6 Prozent. Bei den meisten Retracement-Relationen passiert Folgendes: Es gibt eine Impulsbewegung in die eine Richtung, und das erste Retracement führt den Kurs um 38 Prozent dieser Bewegung in die Gegenrichtung. Das wäre dann eine A-Welle oder der erste Teil einer ABC-Sequenz. Eine kleine B-Welle

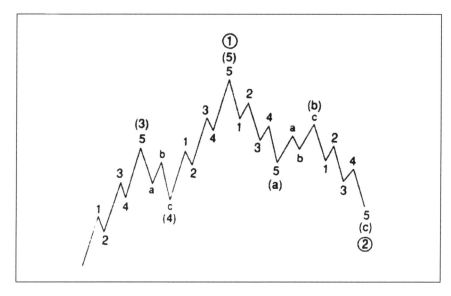

Abbildung 1.2:
Eine vollständige Wellensequenz

beginnt, und schließlich führt die C-Welle das gesamte Retracement auf ein Niveau von 50, 61 oder 78 Prozent.

Ein Beispiel: Die erste Bewegung gegen den Haupttrend entspricht einem Retracement von 61 Prozent. Das ist ein Hinweis, dass es sich vielleicht nicht um eine Korrekturbewegung handelt. Normalerweise bewegen sich A-Wellen nicht um 61 Prozent gegen den vorherrschenden Trend. Wahrscheinlich ist da etwas anderes im Gang. Was könnte das sein? Erste Trendabschnitte, die 61 Prozent erreichen, sind meist neue Trends in der Gegenrichtung. Es könnte sich aber auch um 100-prozentige Tests der vorherigen Bewegung handeln, die sich später zu Doppeltops oder Doppelböden entwickeln.

Flache Korrekturen *(Abbildung 1.3)* nennt man auch komplexe Seitwärtsmuster. Sie haben die Form eines Drei-Wellen-Musters, entsprechen aber in der Regel einem kleineren Unterset (3-3-5). Am besten erkennt man sie daran, dass alle drei Abschnitte zur Gleichheit tendieren. Die A-Welle verläuft entgegengesetzt zum vorherrschenden Trend, das Retracement liegt meist zwischen 23 und 38 Prozent. Die B-Welle verläuft dann wieder bis zu einem erneuten Test des Hochs oder Tiefs. Die C-Welle verläuft bis zum Unterstützungs- bzw. Widerstandsniveau der A-Welle, ehe der vorherrschende Trend sich fortsetzt.

Eines der gefährlichsten Muster, die es gibt, ist das irreguläre oder ausgedehnte flache Muster. Die Gefahr dabei: Die Wahrscheinlichkeit seines Auftretens ist zwar gering, aber doch hoch genug, um ein Problem darzustellen. Es gibt zwar keine statistischen Studien über ausgedehnte flache Muster, aber andere Elliott-Experten haben mir gesagt, dass es in etwa 30 Prozent der Fälle zur Bestätigung kommt. Dabei passiert Folgendes: Nach einer Impulswelle in der vorherrschenden Richtung folgt eine A-Welle mit einem Retracement von 38 Prozent. Dann kommt eine erneute Bewegung in Richtung des vorherrschenden Trends, die ein neues Kursextrem erreicht. Nehmen wir an, wir befinden uns in einem Aufwärtstrend. Die erste Bewegung nach unten führt zu einem Retracement von 38 Prozent. Dann dreht der Kurs wieder nach oben, und die Marktteilnehmer nehmen an, der vorherrschende Trend habe wieder eingesetzt. Es kommt zum Test des alten Hochs, und als dieses überwunden wird, kaufen die Marktteilnehmer die Aktie. Das ist ein Fehler, denn die Kursbewegung reicht nicht sehr weit.

Was nun folgt, ist schon fast kriminell. Nachdem die Börsianer ihre Long-Positionen erworben haben, setzt eine C-Welle in die Gegenrichtung ein. C-Wellen sind dabei immer die heftigsten Wellen von allen. Die C-Welle misst in der Regel das 1,618-fache der A-Welle, mit der das Muster begonnen hat. Wenn zum Beispiel die A-Welle 10 Punkte ausmachte und die B-Welle das alte Hoch um 2 oder 3 Punkte übertraf, führt die C-Welle zu einem Kurssturz von 16 Punkten, unter das alte Tief der A-Welle. Wer Long-Positionen erworben hat, wird entweder ausgestoppt oder erleidet massive Verluste. Und wenn die C-Welle schließlich das 1,618-fache der A-Welle erreicht hat, steigen neue Spieler ein, die überzeugt sind, hier handle es sich um einen neuen Trend in die entgegen-

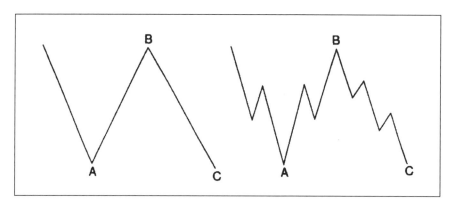

Abbildung 1.3:
Flache Muster

gesetzte Richtung. Sie tätigen Leerverkäufe, aber damit liegen sie ebenfalls falsch. Diesmal werden die Bären verprügelt, weil der vor der A-Welle vorherrschende Trend nun wieder einsetzt.

Das Problem beim Trading dieser Art von Mustern liegt darin, dass man sie zwar vermuten kann, dass dies aber nur in 30 Prozent aller Fälle funktioniert. Ein ausgedehntes flaches Muster erkennt man leider erst dann im Rückspiegel, wenn es bereits vollständig ist. Tut mir leid, aber wir reden hier nicht von einem Kinderspiel. Die gute Nachricht ist, dass wir dieses Muster besser identifizieren können, wenn wir die in diesem Buch beschriebenen Methoden anwenden.

Dreiecke

Dreiecke erscheinen in der vierten Welle von Impulsbewegungen und in B-Wellen von Korrekturbewegungen. Das bedeutet, dass Dreiecke jeweils die vorletzte Bewegung in einem Muster sind. Dreiecke als Teil der vierten Welle sind deshalb so komplex, weil vierte Wellen von Natur aus schwer zu zählen sind. Die dritte Welle, meist die kräftigste Bewegung des ganzen Musters, umfasst in der Regel den Punkt, an dem alle Marktteilnehmer bemerken, dass der Trend nach oben weist. Auch Gelegenheitsspekulanten und die breite Öffentlichkeit werden langsam darauf aufmerksam.

An einem bestimmten Punkt endet die dritte Welle, und es verbreitet sich ein Gefühl von Überraschung und Enttäuschung. Die Profis nehmen allmählich ihre Gewinne mit und verkaufen ihre Aktien an Nachzügler. Es sind aber immer noch genug Käufer da, um den Trend am Leben zu halten. Die wichtigste Botschaft eines Dreiecks ist, dass Bullen und Bären um die Vorherrschaft kämpfen. Da vierte Wellen schwer zu zählen sind, bemerken wir erst, dass wir in einem Dreieck stecken, wenn sich die Formation bereits zur Hälfte entwickelt hat. Nehmen wir an, wir befinden uns in einem Bullenmarkt. Als die Welle 3 endet und der Kurs sinkt, nehmen die Marktteilnehmer irrtümlich an, ein neuer Bärenmarkt sei ausgebrochen. Tatsächlich endet die erste Abwärtswelle vorzeitig, und die Börsianer denken, es handle sich dabei um eine automatische Fortsetzung des vorherrschenden Aufwärtstrends. Es gibt aber eine weitere Abwärtsbewegung, und die weniger überzeugten Trader verabschieden sich nun von der Aktie. Alles in allem geht der Kampf zwischen Bullen und Bären weiter, bis das Dreieck vollständig ist.

Die beiden verbreitetsten Varianten sind das symmetrische und das invers symmetrische Dreieck *(Abbildung 1.4)*. Es gibt einige wichtige Richtlinien bei der Identifikation valider Dreiecke. Bei symmetrischen Dreiecken muss die Fünf-Wellen-Sequenz zumindest zwei Wellen in gleicher Richtung aufweisen, die zueinander eine Relation von 1,618/0,618 aufweisen. Das bedeutet, dass entweder A und C oder D und E diesem Fibonacci-Verhältnis entsprechen. Bei invers symmetrischen Dreiecken ist die Relation umgekehrt; die Wellen werden im Musterverlauf also größer.

Die meisten Elliott-Anhänger machen den Fehler, das Dreieck mit dem komplexen Seitwärts- oder dem ausgedehnten flachen Muster zu verwechseln. In diesem Fall entsteht zwar der größte Teil des Dreiecks, die Formation wird aber vor ihrer Vollendung zerstört. Hier sind einige Richtlinien, wie man sich davor schützen kann:

1. Denken Sie daran, dass das Dreieck die vorletzte Bewegung innerhalb eines Musters ist. Dreiecke treten nur selten in der Frühphase eines Trends auf.
2. Suchen Sie immer nach den eben erwähnten Fibonacci-Relationen. Wenn sie nicht vorhanden sind, wird das Dreieck wahrscheinlich nicht bestätigt werden.
3. Ein Dreieck muss wie ein Dreieck aussehen. Elliott und Prechter weisen beide darauf hin, der wichtigste Aspekt jeder Wellenzählung sei es, dass das Muster das richtige Aussehen aufweist.
4. Hier ist eine Regel, die aus meiner eigenen Erfahrung stammt: Die Zeitbalken bestätigen meistens das Muster. Das ist keine eiserne Regel, aber eine recht starke Richtlinie. Die meisten Dreiecke vervollständigen sich mit der korrekten Anzahl von Fibonacci- oder Lucas-Zeitbalken.

Ich habe festgestellt, dass sich Dreiecke in 47, 55, 76, 78 oder 89 Balken der Intraday-Zeitrahmen vervollständigen. Wie Sie sehen, handelt es sich hier um eine Mischung aus Lucas und Fibonacci. Die hier beobachteten Zeiträume sind 1, 5, 15 und 60 Minuten und dann Tages-, Wochen-, Monats- und Jahrescharts.

Einige symmetrische Dreiecke enthalten ein Konzept namens »Thrust Measurement«. In bestimmten Fällen, wenn das Dreieck in der vierten Welle sichtbar wird, können wir eine senkrechte Linie zwischen dem Anfangspunkt der A-Welle zu einer in die Zukunft ausgedehnten Trendlinie ziehen, die ein potenzielles Kursziel für das Ende der fünften Welle darstellt. Ich habe einige Beispiele in dieses Buch aufgenommen, aber nehmen wir an, die Breite des Dreiecks

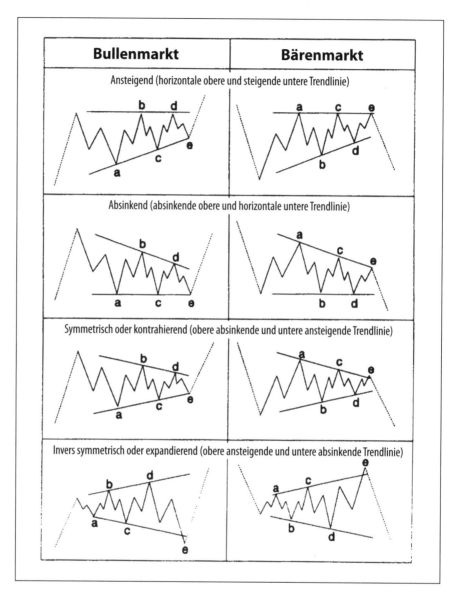

Abbildung 1.4:
Dreiecksmuster
Beachten Sie: Jedes dieser Muster kann in steigender und in sinkender Position auftauchen.

von seinem Beginn bis zu einer senkrecht nach unten gezogenen Linie betrage 15 Punkte. Nehmen wir weiter an, die dritte Welle der XYZ-Aktie ende bei 60, das A-Tief liege bei 52 und das Dreieck werde durch die E-Welle später bei 55 vervollständigt. Elliott-Anhänger nehmen irrtümlich an, das Thrust Measurement entspreche der Länge von Welle A, also 8 Punkte. Wenn wir aber die untere Trendlinie bis zu dem Zeitpunkt ziehen, als die Welle begann, sehen wir, dass sie sich bis zu einem Chartpunkt in der Nähe von 45 ausdehnt. Wenn das Dreieck bei 55 vervollständigt wurde, kann man für die fünfte und letzte Welle ein Kursziel von 70 prognostizieren.

Diagonale Dreiecke

Diagonale Dreiecke *(Abbildung 1.5)* gelten als Impulswellen und sind die einzigen Wellen, bei denen eine Überlappung zwischen der ersten und der vierten Welle zulässig ist. Diagonale Dreiecke werden deshalb den Impulswellen zugeordnet, weil sie oft als fünfter Wellenteil des großen, übergeordneten Trends auftreten.

Man würde sie auch deshalb nicht als Korrekturwellen einschätzen, weil sie so oft die letzten Wellen eines Musters sind. Man kann sie mit Korrekturwellen verwechseln, weil es starke Überlappungen gibt. Schließlich durchbricht die dritte Welle den Widerstand, aber wenn der Kurs weiter steigt, entdeckt man eine keilartige Form mit konvergierenden Trendlinien. Zudem werden sie deshalb mit Korrekturwellen verwechselt, weil jeder Abschnitt ein Drei-Wellen-Muster aufweist und wie eine A-Welle aussieht.

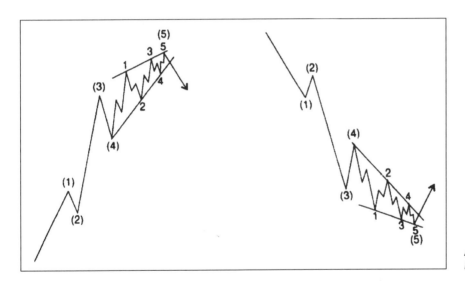

Abbildung 1.5:
Diagonale Dreiecke

Die meisten diagonalen Dreiecke treten am Ende des Musters auf, aber in seltenen Fällen können sie auch die erste Position (A-Welle) einnehmen. Der Unterschied: Am Ende des Musters hat das Dreieck die Form 3-3-3-3-3, am Anfang die Form 5-3-5-3-5. Im letzteren Fall sind die Umsätze hoch, doch wenn ein Dreieck am Ende des Musters auftritt, lassen sie deutlich nach, was auf das Ende der Bewegung hinweist.

Das Sentiment

In jeder Welle treten charakteristische Emotionen auf. Wenn ein neuer Trend beginnt, hat sich die Masse der Anleger an den alten gewöhnt. Am Ende eines Bärenmarkts haben die Leute seit Jahren Geld verloren, und die Stimmung ist entsprechend schlecht. Falls Sie sich noch an die 1970er-Jahre erinnern können: Das Sentiment war so schlecht, dass die großen Brokerhäuser einen großen Teil ihres Verkaufspersonals entließen. Das ist in einer Rezession ein normales Verhalten, aber in diesem Fall ging es so weit, dass man sogar Neulingen davon abriet, hier einzusteigen. Die Menschen waren von Aktien so enttäuscht, dass sogar Ökonomen und andere Experten nur wenig Hoffnung hatten, der Markt werde sich je erholen. Am Ende eines Bärenmarkts sind die meisten Leute davon überzeugt, dass die Kursbewegung ein Fass ohne Boden ist und die Kurse in alle Zukunft weiter sinken werden. Daran erkennt man einen echten Boden. Tops sind das andere Extrem. Erinnern Sie sich an den März 2000, als alle dachten, die Kurse an der NASDAQ würden in den Himmel steigen.

Wenn ein neuer Bullenmarkt beginnt, stößt er auf Zweifel und Unglauben. Die Börsianer meinen, die neue Bewegung sei nur eine Korrektur, und der übergeordnete Trend werde zu neuen Tiefs führen, weil das schon seit Jahren so war (oder welchen Zeitrahmen wir auch betrachten). Wenn die erste Welle schließlich endet, sehen wir ein Retracement, dessen technischer Zweck der Test des Tiefs ist. Das bedeutet nicht, dass der Kurs wieder genau bis zum Tief sinken muss. Das Sentiment während eines Retracements der zweiten Welle lautet: »Jetzt geht es also wieder los«. Man kann Retracements der zweiten oder der B-Welle daran erkennen, dass die Stimmung während der letzten Welle des alten Trends wieder auflebt (Prechter, 1999). Daher glauben die Leute während einer Bärenmarktrallye, der Markt befinde sich in der Frühphase einer neuen Hausse. In der Frühphase eines Bullenmarkts glaubt fast niemand an eine Hausse.

Gut, wir haben nun also unser technisches Retracement, und die Leute merken, dass ihnen der Himmel nicht auf den Kopf fällt. Wenn bezüglich Kurs und Zeit alle technischen Anforderungen an eine zweite oder eine B-Welle erfüllt sind, gibt es für den Kurs nur noch eine Richtung, und zwar den zu einem neuen Extrem in der entgegengesetzten Richtung. Wenn die dritte Welle einen Widerstand oder das Hoch der ersten Welle erreicht, sind die Sentiment-Indikatoren immer noch größtenteils negativ, weil die Marktteilnehmer an ein nahes Top glauben. In Wirklichkeit aber ist der Markt dem Boden viel näher als dem Top. In der letzten großen Hausse der 1980er-Jahre waren die Leute bis 1985 davon überzeugt, der Markt befinde sich nahe an seinem Top. Heute kann man sich das kaum vorstellen, aber als der Dow zwischen 1000 und 2000 Punkten notierte, meinten die Leute, der Gipfel sei allmählich erreicht. Wenn das Sentiment negativ ist, steht noch viel Geld bereit, das noch nicht investiert worden ist.

Woher kommt dieses Geld? In der Frühphase einer neuen Hausse hat die Realwirtschaft den Boden schon hinter sich gelassen, und relativer Wohlstand ist zurückgekehrt. Bullenmärkte zeichnen sich dadurch aus, dass neue Unternehmen mit neuen Technologien auftauchen. Im Lauf der Zeit werden die Menschen optimistischer, was ihre Zukunftsaussichten angeht und beginnen ihr Einkommen zu investieren. An einem bestimmten Punkt setzt das Momentum ein, und immer mehr Menschen bemerken endlich, dass sich der Trend gedreht hat. Das ist in der Regel der Mittelpunkt der dritten Welle, der als »Erkennungspunkt« bezeichnet wird.

Wie wir wissen, entspricht die Ausdehnung der dritten Welle einer Fibonacci-Relation zur ersten Welle. Marktbedingungen, ökonomische Faktoren, Demografie und Technologie bestimmen Größe und Umfang des Zyklus. Eine dritte Welle umfasst in der Regel das 1,618-, 2,618-, 4,23- oder 6,83-fache der ersten Welle. In bestimmten Fällen kann die dritte Welle sogar einer doppelten 4,23-Ausdehnung der ersten entsprechen. Wie sonst hätte der Dow von 2000 Punkten in den früher 1980er-Jahren auf 7000 bis 11.000 Punkte zwischen 1998 und 2000 steigen können?

Wenn wir den Erkennungspunkt hinter uns haben, kommen die Leute ins Spiel, die schnelles Geld verdienen wollen. Menschen, die nichts über die Börse wissen und sich nicht dafür interessierten, zeigen nun plötzlich Interesse. Wenn Taxifahrer mit Aktien Geld verdienen, sind wir in der Spätphase einer Bewegung. Wenn auf Cocktailpartys jeder über die Börse spricht, ist es schon sehr spät. Die Sentiment-Indikatoren sind nun positiv geworden und haben bullishe Extreme erreicht. Wenn bestimmte Kurs- und Zeitziele erreicht sind, endet die dritte Welle.

Wie schon erwähnt, sind die vorherrschenden Gefühle während einer vierten Welle Überraschung und Enttäuschung (Prechter, 1999). Konsolidierungen in Form einer vierten Welle sind sehr komplex. Bill Williams, ein anderer bekannter Elliott-Anhänger schrieb 1998: Wenn man am Morgen aufwacht und nicht weiß, wie man die Wellen zählen soll, dann handelt es sich wahrscheinlich um eine vierte Welle. Vierte Wellen zeichnen sich durch viele widersprüchliche Strömungen aus. Manche sind überzeugt, die Hausse sei vorbei. Andere wollen bei nachgebenden Kursen kaufen. Am Ende sind die Umsätze geringer als bei der dritten Welle, und der Kursrückgang ist nicht überzeugend genug, um als neuer Trend in die Gegenrichtung gelten zu können. An einem bestimmten Punkt lässt der Verkaufsdruck nach und die fünfte Welle beginnt.

Der Sentiment-Zyklus

Boden:
Das Extrem des emotionalen Sentiments. In einer Baisse hat man das Gefühl, der Markt sei ein Fass ohne Boden; in einer Hausse nimmt man an, die Kurse könnten in den Himmel steigen.

Beginn des neuen Trends:
Zweifel und Unglauben sind die vorherrschenden Emotionen. Die Gefühlslage ist noch durch den alten Trend bestimmt.

Ende der ersten Welle:
Eine Gegenbewegung testet das Tief.

Zweite oder B-Welle:
Das Retracement führt zu einem Sentiment, das an die letzte Welle des alten Trends erinnert.

Dritte Welle:
Der Boden erweist sich beim erneuten Test als stabil. Bis zum Erkennungspunkt erreicht das Sentiment neue Extreme.

Vierte Welle:
Überraschung, Verwirrung und Enttäuschung herrschen vor. Niemand ist sicher, in welche Richtung sich der Markt entwickeln wird.

Fünfte Welle:
Im Vergleich zur dritten Welle sind die Umsätze niedriger. Wenn schließlich jeder von der Richtung des Trends überzeugt ist, dann ist er wahrscheinlich vorbei und reif für eine Korrektur.

Fünfte Wellen sind technisch schwächer als dritte, aber das Sentiment erreicht neue Extreme. Nicht nur, dass die Taxifahrer jetzt als Day-Trader arbeiten, sondern auch Großmütter beteiligen sich am Börsengeschehen. Viele völlige Neulinge kaufen zum ersten Mal Aktien. Technisch handelt es sich um ein Muster, in dem sich alle Divergenzen entwickeln. Die erste ist, dass die Advance/Decline-Linie nicht so stark aussieht wie bei der dritten Welle. Immer weniger Aktien nehmen an der Bewegung teil. Eine weitere Divergenz tritt auf, weil die Kurse steigen, aber die Umsätze sinken. Während der Berichtssaison sind schon alle hohen Erwartungen in den Kursen eingepreist, und wenn diese Erwartungen nicht erfüllt werden, fallen die Kurse ins Bodenlose. Wir befinden uns aber immer noch in der fünften Welle. Die Kurse erholen sich meist wieder, wenn auch nicht so kraftvoll und überzeugend wie während der dritten Welle.

Wenn die Märkte trotz bearisher Divergenzen, schwächerer Umsätze oder Marktinterna steigen, ist jeder davon überzeugt, dass es noch weiter nach oben gehen wird. Warum? Weil die gute Stimmung zu einer sich selbst erfüllenden Prophezeiung wird. Am Ende der fünften Welle sind Beweise für den Trend sichtbar, und trotz früher Anzeichen von Problemen steigt der Markt weiter. Am Ende sind die Marktteilnehmer überzeugt, dass die Kurse nur noch eine Richtung kennen. Eines Tages kommt dann zum Beispiel die Nachricht, dass die Zentralbank die Zinsen nicht erhöhen wird, und die sogenannten Experten im Fernsehen werden ankündigen, dass weiteren Kurssteigerungen nichts im Weg steht. Und genau dann ist die Bewegung wahrscheinlich vorbei. An den Böden von Bärenmärkten ist es exakt umgekehrt. Die Leute sehen den Markt als ein Fass ohne Boden. Bei Tops dagegen ist jeder überzeugt, dass die Kurse in den Himmel steigen werden. An diesem Punkt endet der Anstieg.

Meine Erfahrungen mit Elliott

Zweifelsohne liefern die Elliott-Wellen eine universelle Struktur für alle freien Finanzmärkte. Sie sind ein exzellentes System zur Mustererkennung. Alle Akademiker sind widerlegt, die uns in den vergangenen 60 Jahren einreden wollten, dass Kurse sich rein zufällig entwickeln. Wenn Sie aus diesem Buch nichts anderes lernen, dann wenigstens dies, dass die Random-Walk-Theorie obsolet ist. Burton Malkiel schreibt in *A Random Walk Down Wall Street* (Malkiel, 1973, S. 24), dass künftige Marktbewegungen nicht auf der Basis vergangener Ereignisse prognostiziert werden können. Wenn Ihnen jemand erzählt, Timing an den Finanzmärkten sei unmöglich, dann fehlen ihm ganz einfach die nötigen Fähigkeiten dafür. Die Elliott-Schule des 20. Jahrhunderts, von Elliott selbst bis Prechter, hat ein stabiles Fundament für das Verständnis geschaffen, wie die Finanzmärkte funktionieren. Das Wellenprinzip war die erste wirklich populäre Verteidigungslinie gegen die Random-Walk-Theorie, aber sie hat natürlich Fehler und Lücken.

Der erste Makel besteht darin, dass die Interpretation der Wellen so subjektiv ist. Die strikte Elliott-Interpretation enthält die Notierung von Wellen in Trendgraden, die vom großen Superzyklus bis hinunter zu Mikro-Wellen auf 1-Minuten-Charts oder noch kürzeren Zeiträumen reichen. Man kann sehr viel Zeit mit der Frage verbringen, ob man sich nun in Welle 1 von Welle 2 oder doch noch in Welle 5 von Welle 1 befindet. Die Akademiker des Wellenprinzips verwenden auch viel Mühe auf die richtige Bezeichnung mit Buchstaben, Zahlen, römischen Zahlen und römischen Zahlen in Klammern. Ich fand das unnötig, weil es mir nie dabei half, auch nur einen Cent zu verdienen. Ich möchte den Elliott-Verfechtern dieser Generation nicht zu nahe treten, aber ich denke, sie haben sich zu sehr mit der lehrbuchmäßigen Präsentation der Wellen beschäftigt, und ihre Prognosen sind in der Regel falsch. Das sollte für Sie nichts Neues sein.

Das Beste, was Sie mit Elliott tun können, ist, Ihren gesunden Menschenverstand auf die Situation anzuwenden. In Echtzeit ist die beste Elliott-Anwendung, sie als eine Art Führung zu verwenden. Man braucht beim Zählen von Wellen keine Sicherheit. Man muss aber eine Vorstellung davon haben, wo man sich befindet. Es ist wichtig zu wissen, ob man sich in einer ersten, dritten oder fünften Welle befindet. Man muss auch den Unterschied zwischen Impuls- und Korrekturwellen kennen. Wenn man in einem so wichtigen Punkt recht behält, kann man sich beim Zählen der Wellen kleine Fehler leisten. Solange Sie sich auf der richtigen Seite des Marktes befinden, werden Sie Gewinne erzielen.

Die Anführer der Wellen-Gemeinde haben gute Arbeit dabei geleistet, das Fundament zu legen und die nächsten Entwicklungen auf diesem Gebiet vorzubereiten. Sie haben uns die lehrbuchartigen Wellenbewegungen, Impuls- und Korrekturbewegungen gezeigt. Sie haben uns aber nicht mitgeteilt, wie man diese problemlos erkennen kann. Hätten sie das getan, dann gäbe es keine solche Debatte. Um eine Analogie aus dem Sport zu verwenden: Wenn die Mets das heutige Spiel mit 4:3 gewonnen haben, gibt es keine Diskussion. Wir können das Spiel hinsichtlich Strategie, Offensive und Ballwurf analysieren, aber was wirklich zählt, sind die Tatsachen. Das Ergebnis! Über das Endergebnis eines Spiels kann man nicht diskutieren. Wenn der RSI bei 70 steht, dann steht er bei 70. Da gibt es keine Debatte. Wenn wir uns ein abstürzendes Candlestick-Muster ansehen, dann ist es, was es ist. Aber wenn wir uns über eine Wellenzählung nicht einigen können, dann haben wir ein Problem.

Die Random-Walk-Theorie

Auf der Basis von Burton Malkiels berühmtem Buch *A Random Walk Down Wall Street* behauptet die Random-Walk-Theorie, man könne aufgrund vergangener Ereignisse keine Marktprognosen erstellen. Auf der Grundlage der Studien Maurice Kendalls (1953) besagt die Theorie, dass die Schwankungen von Aktienkursen voneinander unabhängig sind und dieselbe Häufigkeitsverteilung aufweisen, dass die Kurse aber in langen Zeiträumen einen Aufwärtstrend zeigen (Investopedia.com, 2007).

Ein echter Anhänger der Random-Walk-Theorie würde sagen, dass es unmöglich ist, besser abzuschneiden als der Markt. Wenn jede Aktie die gleiche Wahrscheinlichkeit aufweist, sich nach oben oder nach unten zu bewegen, und wenn das Resultat stets zufällig ist, dann folgt daraus, dass jede Analyse, sei sie fundamentaler oder technischer Art, eine riesige Zeitverschwendung ist. Der einzige Rat Malkiels an seine Anhänger lautet, Aktien zu kaufen und langfristig zu halten, ohne den Versuch, das Ergebnis durch Timing zu verbessern.

Obwohl über diese Theorie auch heute noch debattiert wird, haben diejenigen, die sich intensiv mit technischer Analyse beschäftigen, schon längst herausgefunden, dass sie obsolet ist.

Die Methodik in diesem Buch leistet einen großen Beitrag, diese Lücke zu schließen. Was hier und in den nächsten Kapiteln präsentiert wird, hebt die Genauigkeit ihres Verständnisses von Elliott und von Mustererkennung auf ein neues Niveau. Der große W. D. Gann begann seine Arbeit vor fast 80 Jahren, aber während des größten Teils des 20. Jahrhunderts wurde sein Werk unter den Teppich gekehrt – zumindest in den USA.

KAPITEL 2

Ein neuer Blick auf die Sprache der Elliott-Wellen

Ehe Sie zum ersten Mal lesen und schreiben konnten, mussten Sie das Alphabet lernen. Heute scheint es Ihnen selbstverständlich, aber als Sie drei oder vier Jahre alt waren, wussten Sie nicht, wie das Alphabet aussieht. Schließlich bemerkten Sie, dass es so etwas wie ein Alphabet gibt, aber Sie konnten nichts damit anfangen. Dann lernten Sie ein paar Wörter und setzten sie zu Sätzen zusammen. Als Ihr Wortschatz wuchs, lernten Sie Rechtschreibung und Grammatik. Wir verfolgen hier das gleiche Konzept, indem wir diese neue Sprache des Marktes zu Wörtern und Sätzen verbinden.

Dieses Kapitel soll Ihnen zeigen, wie man mit Wellenzählungen auf Basis der Zeitdimension arbeitet. Wir wissen, dass Elliott sehr subjektiv ist. Der größte Vorteil der Arbeit mit diesen zeitlichen Relationen ist, dass sie leichter zu erkennen sind als Wellen. Wellen sind schwierige Systeme zur Mustererkennung, weil sie sich über einen längeren Zeitraum entwickeln. Wenn wir das Zeitelement beobachten, folgen wir wiederholbaren Tendenzen, die leicht zu erkennen sind, wenn wir wissen, wonach wir suchen. In diesem Kapitel werde ich Ihnen zeigen, wie man Wellenzählungen anhand von Zeitbalken bestätigt.

Zählen Sie die Wellen im Dow zwischen 2002 und 2006, und Sie werden von jedem einzelnen Elliott-Anhänger eine andere Einschätzung erhalten. Wie wir wissen, war das Geschehen damals so kompliziert, dass wir vielleicht nie zu einer guten Wellenzählung gelangen werden. Für Akademiker mag das eine vergnügliche Übung sein, aber wie können wir mit solchen Informationen Geld verdienen?

Einfache Antwort: Man kann es gar nicht. Wie in Kapitel 1 dargelegt, müssen wir bestimmte Regeln beachten, was die Struktur der Märkte betrifft. Wir befolgen diese Regeln nicht, um die Note »sehr gut« im Abschlussexamen am College zu bekommen. Wir befolgen sie, damit wir eine Vorstellung davon gewinnen, wie sich der Markt von jedem beliebigen Zeitpunkt an entwickeln kann. Wenn wir nicht sehr diszipliniert dabei vorgehen, werden wir wohl kaum jemals eine feste Vorstellung davon entwickeln, was als Nächstes kommt. Für einen Trader oder einen Investor sind Überzeugung und das Vertrauen in seinen Plan die wichtigsten emotionalen Komponenten. Wenn Sie nicht wissen, was Sie tun, gehen Sie kopflos vor und haben keine Chance auf Erfolg.

Ehe wir zu den Charts kommen, werden wir uns noch einige Regeln und Richtlinien ansehen. Es ist umstritten, ob man lieber Handelstage oder Kalendertage heranziehen sollte. Wie Sie sehen werden, kommen in vielen Beispielen Intraday-Daten zum Einsatz. Das Ziel war, die Daten möglichst anschaulich darzustellen. Das Zeitprinzip gilt universell, also habe ich mich an das gehalten, was der Chart zeigte. Die hier gezeigten Informationen beziehen sich ausschließlich auf Balken von Handelstagen, ohne Rücksicht auf die Gesamtzeit. Wenn wir zu den Tages-Zeitsegmenten kommen, sollten Sie daran denken, dass Kalendertage in einem bestimmten Prozentsatz der Zeit funktionieren, aber eine andere Art der Berechnung erfordern. Beide Datensets funktionieren nebeneinander, aber Sie werden die Methode leichter erlernen, wenn wir uns auf ein Datenset konzentrieren. Nach meiner Beobachtung sind Balken von Handelstagen präziser, und daher bleiben wir bei ihnen. Wenn Sie die Grundlagen verstanden haben, können Sie selbst mit Kalendertagen experimentieren. Dann werden Sie sehen, was ich meine.

Regel 1

Alle zeitlichen Relationen sind (+ /– 1) Einheit.

Regel 2

Je mehr zeitliche Relationen sich an einem bestimmten Punkt sammeln oder aufreihen, desto höher ist die Wahrscheinlichkeit einer Trendwende oder eines Ausbruchs.

Regel 3

Je mehr Zeit- und Kursrelationen an einem bestimmten Punkt auftreten, desto höher ist die Wahrscheinlichkeit einer Trendwende oder eines Ausbruchs. Wenn aber das durch diese Ansammlung entstandene Widerstands- oder Unterstützungsniveau durchbrochen wird, dann kann dies nur durch einen sehr starken Trendabschnitt geschehen. Sie werden in diesem Buch noch sehen, dass die kraftvollsten Tops und Böden bei Ansammlungen (Clustern) sowohl zeitlicher als auch kursbezogener Relationen auftreten. Wir arbeiten hier mit der Chaostheorie. Die Märkte können und werden tun, was sie wollen und wann sie es wollen. Wir wollen Tendenzen mit hoher Erfolgswahrscheinlichkeit identifizieren. Nichts funktioniert in 100 Prozent aller Fälle. Sie werden in den Charts noch sehen, dass solche Cluster sehr zuverlässig sind. Allerdings machen Sie manchmal in allen Graden von Trends stärkeren Bewegungen Platz. Wenn das passiert, geht es wahrscheinlich noch viel weiter. Zum Beispiel entstand das Hoch der wichtigsten Indizes im Mai 2006 an einer sehr starken Ansammlung zeitlicher Relationen. Das Ergebnis war eine sehr starke Korrektur. Das Hoch des Dow wurde dann um fast 1000, das Hoch des S&P-500 um über 100 Punkte überboten.

Bei der Mustererkennung müssen wir mit Tendenzen und Wahrscheinlichkeiten flexibel umgehen. Sie sollten sich an bestimmte Richtlinien halten, die sich auf Fibonacci- und Lucas-Zeitprinzipien beziehen.

Richtlinie 1
Die meisten Trendwenden und Ausbrüche treten an einem wichtigen Zeitbalken auf. Wenn kein signifikanter Zeitbalken vorhanden ist, wird sich der Trend wahrscheinlich fortsetzen. Auf diese Weise können wir falsche Ausbrüche erkennen.

Richtlinie 2
Die meisten Korrekturmuster wie Dreiecke oder komplexe flache Ausdehnungen werden an einem bestimmten Zeitbalken bestätigt oder beendet.

Richtlinie 3
Das Muster wird nicht nur an einer zeitlichen Hoch-zu-Tief- bzw. Tief-zu-Hoch-Progression vollendet, sondern auch an einer Hoch-zu-Hoch- oder einer Tief-zu-Tief-Progression.

Richtlinie 4
Eine Bewegung an einem wichtigen Zeitbalken wird sich wahrscheinlich fortsetzen, wenn es sich nicht um das ultimative Hoch oder Tief handelt. Zum Beispiel kann ein Kurs ein Top an einer 55-Balken-Sequenz bilden, sich dann seitwärts bewegen und dieses Hoch noch einmal prüfen. Dieser erneute Test kann um einen einzigen Tick am Top scheitern, aber schließlich zu einem Kursverlust am 61. Balken führen.

Am Ende des Kapitels werde ich alle beobachteten Zahlenbalken auflisten, an denen eine Trendwende wahrscheinlich ist. Dabei handelt es sich eher um Tendenzen als um Regeln.

Einführung in zeitliche Relationen

Sehen wir uns das erste Beispiel an. *Abbildung 2.1* zeigt ein 5-Wellen-Impulsmuster bei Motorola. Zunächst fällt das Aussehen auf. Elliott und andere haben wiederholt betont, dass ein Muster das korrekte Aussehen haben muss. Hier haben wir eine lehrbuchmäßige 5-Wellen-Sequenz, in der Welle 3 nicht die kleinste ist und Welle 4 das Kursterritorium von Welle 1 nicht überlappt. Das sind unsere Grundlagen. Nun wollen wir uns alle Relationen in diesem Muster ansehen.

In *Abbildung 2.1* ist zunächst bemerkenswert, dass die erste Welle ihr Top nach 38 Stunden erreicht; ein wichtiger Zeitbalken, weil 38,2 als Quadratwurzel von 0,618 ein Fibonacci-Niveau ist. Wenn wir uns mit Zeitzyklen beschäftigen, ist jede Fibonacci- oder Lucas-Relation ein guter Tipp für eine Wende, um welche Trendgrade es auch gehen mag. Auf die 38-Stunden-Welle folgt eine Korrektur von 11 Stunden. 11 ist nicht nur eine Lucas-Zahl, sondern wenn wir 11 durch 38 teilen, erhalten wir 28,9 Prozent. In zeitlicher Hinsicht bedeutet dies, dass es sich um ein 29-prozentiges zeitliches Lucas-Retracement handelte.

Von diesem Tief aus erreichte die dritte Welle nahezu das übliche 1,618-fache Ausmaß der ersten. Das ist nicht perfekt, aber die zeitliche Relation erklärt teilweise, warum die dritte Welle dort endete, wo sie es tat. Wenn wir zur ersten Welle zurückkehren, dann wissen wir, dass das Top nach 38 Stunden und der Boden der zweiten nach 48 Stunden erreicht wurde. Das Top der dritten Welle folgte nach 147 Stunden; es handelte sich also um eine 99-Stunden-Welle.

Abbildung 2.1:
5-Wellen-Impuls bei Motorola

Wenn wir die zeitliche Relation zwischen erster und dritter Welle ermitteln (99/38), dann erhalten wir als Ergebnis 2,605 – nur um ein Haar entfernt von der bekannten Fibonacci-Relation 2,618.

In diesem Fall haben wir also ein Zeit/Kurs-Cluster aus einer fast perfekten kursbezogenen (1,618) und zeitlichen (2,618) Relation.

Die vierte Welle endete nach 161 Stunden der Bewegung. Bei kleinen Korrekturwellen kommt es oft vor, dass sie entweder an einer wichtigen Zahl wie 161 enden oder dass die Korrektur selbst an der korrekten Balkenzahl oder an einer Ansammlung zeitlicher und kursbezogener Relationen ihr Ende findet. In diesem Fall endet die Bewegung am 14. Stundenbalken, einem Derivat des 14,6-prozentigen Retracement-Niveaus. In zeitlicher Hinsicht taucht die Zahl 14 bei wichtigen Trendwenden nicht oft auf. Die fünfte Welle dauert 45 Stunden und endet am 206. Stundenbalken. In diesem Fall gibt es keine perfekten allgemeinen Relationen, aber wenn wir zur Tages-Zeitperiode übergehen, sehen wir, dass sich die ganze Bewegung in 29 Tages-Lukas-Balken vollzog.

Aus diesem Beispiel lernen wir, dass wir in Echtzeit keine perfekten Fibonacci-Relationen in unseren Wellen finden. Wir brauchen eine Methode, die Wellen zu »röntgen«, um zu verstehen, was sich unter der Oberfläche abspielt. Wir sehen zwar eine gut ausgeprägte 5-Wellen-Sequenz, aber wir könnten uns verzetteln, wenn wir nach lehrbuchmäßigen Fibonacci-Relationen suchen. Wenn wir die zeitlichen Relationen untersuchen, sehen wir, dass die Sequenz voller guter zeitlicher Relationen steckt. Sie sind unser Kompass zum Verständnis der Wellen, unabhängig davon, was uns die Zählung der Wellen sagt.

Der nächste Chart in *Abbildung 2.2* zeigt das lehrbuchartige Beispiel eines Dreiecks, das mit der korrekten Zahl von Balken komplettiert wurde. Dies ist wahrscheinlich das beste Beispiel für Richtlinie 2 und unsere Einführung in den bedeutenden Einfluss, den Lucas-Zahlen jeden Tag auf die Märkte ausüben. Die Situation entstand im 15-Minuten-Chart des NASDAQ-E-mini (NQ) vom 11. bis zum 12. Dezember 2005. Diese Sequenz trat zeitgleich mit einer Zinsankündigung der Fed auf. Der NQ hat die Tendenz, seine Muster auf Basis eines 47-15-Minuten-Zyklus zu verändern. Am Montag, dem 11. Dezember, erreichten wir ein neues kurzfristiges Hoch bei 1719, aber da der Markt damals in einer Hausse-Bewegung steckte, folgte eine Seitwärtskonsolidierung, die die Form eines Dreiecks annahm. Bei Dreiecken ist es erforderlich, dass zumindest zwei ihrer Abschnitte zueinander eine Relation von 0,618/1,618 aufweisen. In diesem Fall kommen A und C dieser Relation sehr nahe. Bei diesem Dreieck ist aber besonders wichtig, dass die Bestätigung im 47-Balken-Fenster erfolgt. In diesem Fall trat das 46-47-Balken Fenster exakt zeitgleich mit der Nachricht von der Fed auf.

> **Richtlinie 2**
> Die meisten Korrekturmuster wie Dreiecke und komplexe flache Ausdehnungen werden an einem bestimmten Zeitbalken bestätigt oder enden dort.

Dieses Muster zeigte während des größten Teils der beiden Handelstage eine Seitwärtskonsolidierung. Als das Dreieck vollständig war, sprang der Markt während der nächsten beiden Zeitbalken um 16 Punkte. Innerhalb des Musters se-

Abbildung 2.2:
Lehrbuchmäßiges Dreieck bei NQ

hen wir, dass Welle A 8 Balken umfasste, B erreichte ihr Top bei 13, C dauerte 7 Balken und D 16 Balken (das Doppelte von – oder ein Derivat von – 1,618). Nicht alle Dreiecke kommen derart in Geschenkpapier verpackt daher, aber viele weisen ähnliche Relationen wie dieses auf und sind leicht zu entdecken, wenn man weiß, wonach man sucht.

Die Untersuchung von Korrekturen

Unser nächstes Beispiel zeigt eine gewöhnliche scharfe ABC-Korrektur bei Google. Die *Abbildungen 2.3* und *2.4* zeigen solche Korrekturen, zunächst im Kontext einer viel größeren Aufwärtsbewegung von November 2005 bis Januar 2006. *Abbildung 2.4* zeigt ein kurzfristigeres Bild und die innere zeitliche Abfolge dieser Bewegung.

Beachten Sie in *Abbildung 2.3* dieses Muster aus einer A-Welle nach unten, gefolgt von einem Dreieck als B-Welle und einer kürzeren C-Welle nach unten. Was den Kurs betrifft, entspricht die C-Welle dem 0,618-fachen der A-Welle. Bei starken Bewegungen nach oben oder unten ist es üblich, dass die C-Welle hinsichtlich des Kurses weniger umfangreich ausfällt als die A-Welle. Interessant ist auch die Beobachtung, dass die A-Welle 5 Stunden, die C-Welle aber 8 Stunden dauerte, was ebenfalls der 0,62/1,62-Relation entspricht, nach der wir suchen. In zeitlicher Hinsicht war die C-Welle zwar länger, aber der Kursrückgang entsprach nur dem 0,618-fachen des Rückgangs bei Welle A. Das funktioniert an den Märkten genauso, wie es die Umsätze tun. Während eines Pullbacks kann man beobachten, dass das Verkaufsvolumen austrocknet, was ermöglicht, dass sich die übergeordnete Bewegung fortsetzt. In diesem Fall war der Trendabschnitt für längere Zeit nach unten gerichtet, aber es gab keinen Verkaufsdruck.

Die Welle endete in der Nähe eines 61-prozentigen Retracement-Niveaus; wichtiger ist aber, dass sie 56 (Fibonacci 55 + 1) Stunden dauerte.

Die interne Zählung des Dreiecks ist ein wenig kompliziert, aber es ist in etwa 45 Stunden abgeschlossen. Insgesamt gibt es 56 Balken, wobei auf die Wellen A und C 13 Stunden entfallen. Wenn wir 13 durch 45 teilen, erhalten wir 0,288889, was sehr nahe an der Lucas-Zahl 29 liegt. Aber vertiefen Sie sich nicht zu sehr in diese komplexen Berechnungen – wenn Sie einen Trade starten

Abbildung 2.3: ABC-Korrektur bei Google

Abbildung 2.4: Nahaufnahme der ABC-Korrektur bei Google

wollen, sollten Sie nicht zuviel darüber nachdenken. Ich habe dies hier nur deshalb dargestellt, weil alle Dreiecke wichtige zeitliche Berechnungen enthalten. Bei manchen ist das ganz offensichtlich, bei anderen nicht. Innerhalb dieses Dreiecks gibt es kleinere Zyklen von Hoch zu Hoch, die leichter zu erkennen sind. Zum Beispiel sehen wir nach dem Wellenhoch von 437 drei 7-stündige Hoch-zu-Hoch-Zyklen hintereinander. Und wenn Sie nach dem größeren Tief der A-Welle bei 420 29 Balken abzählen, sehen Sie die große schwarze Kerze bei 432, wo der endgültige Kursrückgang bis 414 beginnt.

Das Wichtigste hier – und wir werden im Kapitel über Candlesticks noch darauf zu sprechen kommen – ist der Aspekt der Mustererkennung. Vom Tief der A-Welle bis zu den Stunden 29 und 30 sehen wir diese große schwarze absinkende Kerze – bei weitem der wichtigste Punkt auf dem Chart.

Die komplexe Seitwärtskorrektur

Das nächste Beispiel in *Abbildung 2.5* ist ein flaches Muster, auch bekannt als komplexe Seitwärtskorrektur. Aus Kapitel 1 wissen Sie ja noch, dass bei diesem Muster alle Abschnitte in etwa gleich sind. In diesem Fall betrachten wir den

Stundenchart der Citigroup-Aktie Ende 2005 in einer längeren ABC-Abwärtsbewegung. Das flache Muster ist die B-Wellen-Konsolidierung vor einem stärkeren Kursverlust. Das alte Top liegt links vom Chart bei 49,70. Von dort aus gab es einen ersten Rückgang (A-Welle) bis etwa 49,05. Ab diesem Punkt beobachten wir die Ereignisse.

Die Aufwärtsbewegung der A-Welle dauerte 5 Stunden. Flache Muster in Echtzeit sind schwierig zu erkennen, weil das Ergebnis erst dann feststeht, wenn das Muster größtenteils fertig ist. Am besten zählt man die Balken auf Basis Hoch-zu-Hoch oder Tief-zu-Tief.

Das funktioniert in jedem Zeitsegment. Wir sehen, dass der Chart nach 11 Stunden nahe an einer Unterstützung ein Tief erreicht (a). Zu diesem Zeitpunkt wissen wir wirklich noch nicht, womit wir es zu tun haben, außer mit einem Tief-zu-Tief-Zyklus, der an einem Lucas-Balken vervollständigt wird. Man kann nun mit einer Gegenreaktion rechnen, und schon innerhalb von zwei Balken springt der Kurs mit einem Gap nach oben. Es folgen eine Trendwende und ein Scheitern an einem Widerstand, wobei ich von einem schwachen Zeitcluster sprechen würde. Die große weiße Kerze, die in der Nähe des Widerstands scheitert (b), folgt 23 Stunden nach dem ursprünglichen Hoch, weist aber keine gute Relation zum

Abbildung 2.5:
Eine komplexe Seitwärtskorrektur bei Citigroup

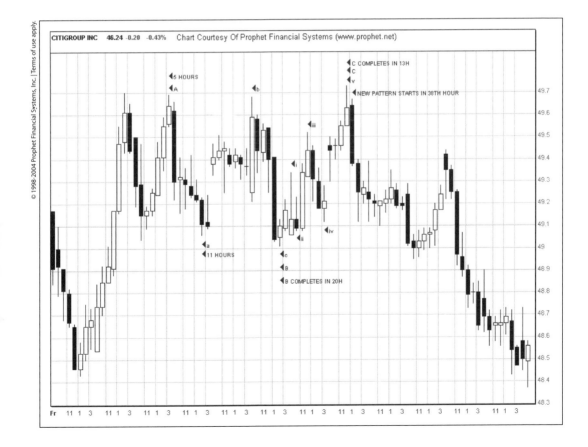

Hoch der A-Welle auf. Der nächste Trendabschnitt nach dem Scheitern am Widerstand reicht bis zum Boden der Kursspanne. Wie Sie sehen, ist die B-Welle 20 Stunden nach dem Hoch der A-Welle komplett, womit die Fibonacci-Zahl 21 nur knapp verfehlt wird. Es gibt auch ein Cluster an diesem Tief, weil es in der 28. Stunde nach dem Top erreicht wurde, knapp neben der Lucas-Zahl 29.

Die C-Welle bildet in der 13. Stunde ein neues Hoch. Mit der nächsten schwarzen Kerze scheitert der Kurs endgültig am Widerstand. Die schwarze Kerze entsteht 38 Stunden nach dem Tief der Welle A bei 49,05, wo die größere C-Welle einsetzt. Beachten Sie, dass die C-Welle des flachen Musters ein neues Hoch erreicht. Manchmal verletzt ein flaches Muster das Top der vorherigen fünften Welle. Wie wir wissen, haben zweite und B-Wellen den Zweck, das Sentiment des vorherigen Trends zu reproduzieren. In diesem Fall sehen wir eine emotionale Reaktion, die das Hoch kurzfristig auslöscht.

Die ausgedehnte flache Korrektur

Abbildung 2.6:
Eine ausgedehnte flache Korrektur bei Gold

Abbildung 2.6 bringt uns zur ausgedehnten flachen Korrektur. In diesem Fall hatten wir von Anfang März bis Ende Mai 2005 ein ABC-Korrekturmuster als Teil

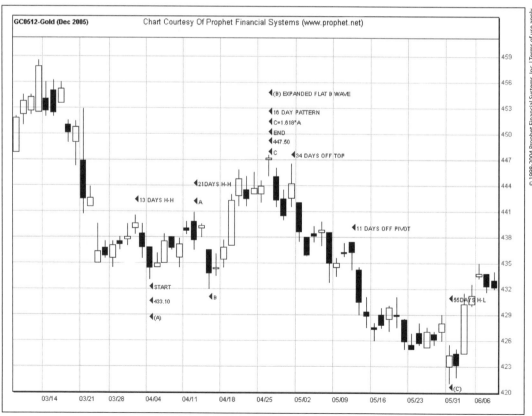

eines größeren Dreiecks, das im Dezember 2004 begann und acht Monate später im August 2005 vervollständigt wurde. Wir konzentrieren uns hier auf die B-Welle. Wir beginnen am Tief der A-Welle bei 433,10 Anfang April. Dieses Muster zeigt einen nach oben gerichteten Abschnitt, der eine Kurslücke füllt, die in der vierten Märzwoche entstanden ist, dann nach unten dreht und ein neues Tief erreicht. Nach einer erneuten Wende steigt der Kurs auf 447,50, vervollständigt die C-Welle und beendet das Korrekturmuster, ehe er auf 421 sinkt.

Das Verwirrende an diesem Muster: Wenn man zum achten Balken ab dem Hoch zurückgeht (eine kleine weiße Kerze, die in der Woche um den 21. März einen Docht nach oben hinterlässt), sieht es so aus, als könnte da ein Dreieck entstehen. Das könnte der Fall sein, aber die internen Berechnungen sprechen weniger für ein Dreieck als für ein ausgedehntes flaches Muster.

Ein Teil der Elliott-Gemeinde beschäftigt sich extrem mit dem akademischen Aspekt dieser Wellen, wie ich schon im letzten Kapitel erwähnt habe. Jeden Tag erhalte ich E-Mails von Menschen, die Wellen bis in solche Details untersuchen, dass sie wohl vergessen haben müssen, worin überhaupt der Zweck solcher Untersuchungen liegt. Hier im Buch blicken wir auf ein vollständiges Muster. In Echtzeit ist die Situation deutlich komplizierter. Es geht im Wesentlichen darum, sich nicht so sehr mit dem exakten Muster zu beschäftigen, das jeweils vorliegt, sondern eine allgemeine Vorstellung davon zu entwickeln, womit wir es überhaupt zu tun haben. Ob Sie das Muster während seiner Entstehung für ein Dreieck oder für eine ausgedehnte flache Korrektur gehalten haben, spielt keine Rolle. Wenn Sie nach irgendeiner Art von B-Wellen-Korrektur gesucht haben, sind Sie in beiden Fällen auf der richtigen Seite. Das Ziel dieses Kapitels besteht darin, Ihnen den ganzen Katalog von Mustern in Echtzeitanwendungen zu zeigen, damit Sie sie leichter erkennen, wenn Sie sie wieder einmal sehen. Wie Sie sehen, unterscheiden sich die Echtzeitanwendungen ein wenig von den Darstellungen im Lehrbuch.

In jedem Fall kommt dieses ausgedehnte flache Muster der allgemeinen Fibonacci-Kursrelation sehr nahe, für die gilt: $C = 1{,}618 * A$. In diesem Diagramm wird es nicht gezeigt, aber die C-Welle des ausgedehnten flachen Musters endet mit einem 61-prozentigen Retracement, gemessen ab dem Top der Bewegung. Das ganze Muster dauert 16 Handelstage. Ist es wirklich ein ausgedehntes flaches Muster oder doch ein Dreieck? Beachten Sie die Kurse, mit denen das Muster beginnt und endet. Das Tief der A-Welle beträgt 433,10 und das Hoch der B-Welle 447,50. Die Bewegung umfasst also exakt 14,40 Punkte. Das ist ein Zehntel von 144 – eine sehr wichtige Zahl bei Fibonacci und in der Finanzgeometrie.

Sehen wir uns nun ein weiteres wichtiges Konzept an. Viele Bewegungen werden nicht nur in der korrekten Zeitsequenz abgeschlossen, sondern der Umfang der Bewegung entspricht auch einer Lucas- oder einer Fibonacci-Zahl. Passiert das immer? Nein, aber oft genug, um Nutzen zu bringen. Wir sehen ganze Bewegungen, die 13, 61 oder 144 Punkte umfassen. Auf Intraday-Charts sind es

Abbildung 2.7:
Ein typisches ABC-Muster bei Citigroup

4,70 oder 0,47 Punkte. Auch dies ist eine Richtlinie, derer man sich bewusst sein sollte und die man anwenden kann. Verbeißen Sie sich nicht zu sehr darin, aber beachten Sie den Aspekt der Mustererkennung.

Schon im ersten Kapitel habe ich geschrieben, ein Zweck dieses Buches bestehe darin, den Elliott-Wellen einen großen Teil ihrer Subjektivität zu nehmen. Wo beginnt eine Welle und wo endet sie? Vielleicht erhält man den entscheidenden Hinweis, wenn man sich die Kursentwicklung ansieht und eine Korrelation zu einem bestimmten Zahlenmuster entdeckt. In diesem Fall liefert die Zahl 14,40 den Hinweis, dass diese B-Welle ein ausgedehntes flaches Muster mit hoher Gewinnwahrscheinlichkeit ist.

Dreiecke unter der Lupe

Wir wollen die Dreiecke nun genauer untersuchen. *Abbildung 2.7* zeigt Citigroup in einem typischen ABC-Muster, wobei das Dreieck die B-Welle ist. Ab dem Top von A wird das Muster innerhalb von 18 Stunden bestätigt. Vom Tief bei 45,60 bis zum Hoch bei 47,52 weist C eine Kursrelation von 1,618/0,618 zu

A auf. Innerhalb des Dreiecks hat die Abwärtsbewegung von C eine Relation von 0,618/1,618 zu A.

Obwohl dies ein Musterbeispiel dafür ist, wie sich ein kleines Dreieck mit der richtigen Zahl von Balken vervollständigt, gibt es auch noch einige andere wichtige Relationen. Sehen wir uns zunächst an, wie die C-Welle bei 47,50 ihr Top erreicht. Beachten Sie das Gap nach unten von 48 auf 47,50 vier Tage zuvor. Dieses Gap könnte ein Widerstand sein, dazu bedarf es allerdings der Prüfung und Bestätigung. Die C-Welle scheitert direkt am Widerstand. Das bestätigt diesen, aber auf dem Chart gibt es noch eine andere, weniger offensichtliche Relation. Gehen Sie zurück zum Beginn der Abwärtsbewegung bei 49,52 und zählen Sie die Balken. Sie werden herausfinden, dass diese C-Welle in der 76. Stunde nach dem Hoch ihr Top erreicht. Im nächsten Kapitel werde ich Ihnen zeigen, dass diese Zyklen von Hoch zu Hoch sehr gute Hinweise zur Identifikation des vorherrschenden Trends liefern können. Alles in allem sehen wir hier ein kleines ABC-Muster und eine scharfe Korrektur in einem Abwärtstrend. Das ABC-Muster enthält ein 18-stündiges B-Wellen-Dreieck, das bestätigt wird. Zudem wird die Korrektur mit den üblichen Fibonacci-Relationen vervollständigt, die einen Gap als Widerstand identifizieren, und dies erfolgt innerhalb der richtigen Anzahl von Stunden im übergeordneten Trend. Brauchen wir noch weitere Informationen? Der Kursverlust am Gap zeigt ein Candlestick-Umkehrmuster, Evening Star, das einen Trade mit gutem Chance/Risiko-Verhältnis ermöglicht, wenn man den Stopp einen Tick über dem Hoch platziert.

Thrust Measurement

Abbildung 2.8 zeigt den Stundenchart eines Dreiecksmusters bei Google und illustriert einige sehr wichtige Prinzipien bei Dreiecken. Beachten Sie, dass die Abwärtsbewegungen bei A und C zueinander etwa im Verhältnis 1,618/0,618 stehen. Das ist nicht immer der Fall, aber oft genug, um der Aufmerksamkeit wert zu sein. Betrachten Sie die verschiedenen Zeitrelationen, die dieses Dreieck bestätigen. Das Hoch der B-Welle erreicht sein Top in einem 29-stündigen Zyklus von Hoch zu Hoch, und das Tief von C wird in der 55. Stunde des Musters erreicht. Die E-Welle wird in der 77. und der Ausbruch in der 78. Stunde vervollständigt.

Dieses Muster zeigt ein Thrust Measurement. Thrust Measurement (TM) ist ein Werkzeug zur Prognose eines Kursziels für die Vervollständigung der fünften Welle. Man geht dabei so vor, dass man die Vervollständigung des Dreiecks abwartet und eine Linie zieht, die die Tiefs der A- und der C-Welle miteinander verbindet. Wir verwenden dazu nicht die Kursspanne der A-Welle, sondern den Zeitpunkt, als das Dreieck begann (das Ende der vorherigen Aufwärtsbewegung), ziehen eine Linie senkrecht nach unten und verlängern die Linie, die die Tiefs der Wellen A und C miteinander verbindet.

Abbildung 2.8:
Ein Dreieck bei Google, Stundenchart

In diesem Fall haben wir eine TM-Linie von 394 bis 432, etwa 38 Punkte. Die Bewegung am Ende des Dreiecks begann etwa bei 411 und erreichte bei 447 (plus 36 Punkte) ihr Hoch. Manchmal funktionieren solche Projektionen perfekt, meistens ermöglichen sie eine recht gute Abschätzung, wo die fünfte Welle enden wird.

Wenn Sie wollen, dass dieses Werkzeug funktioniert, müssen Sie Ihren gesunden Menschenverstand einsetzen. Es funktioniert am besten bei Dreiecken in der vierten Welle nach einer ausgeprägten Kursbewegung. Es funktioniert in der Regel nicht bei B-Wellen-Dreiecken am Beginn von Korrekturbewegungen. Nehmen wir an, es beginne eine Gegentrend-Bewegung nach einer vollständigen Fünf-Wellen-Sequenz im Umfang von 1000 Dow-Punkten nach oben oder nach unten. Die A-Welle umfasst 200 Punkte und ein Pullback beginnt. Nehmen wir weiter an, dass die Bewegung mit einer 61-prozentigen Korrektur getestet wird. Das bedeutet, dass wir mit einer Gegentrend-Bewegung von etwa 660 Dow-Punkten zu rechnen haben. Wenn die A-Welle 200 Punkte umfasst, für einige Tage eine Seitwärtsbewegung einsetzt und das TM nur zu einem Retracement von 50 Prozent oder 100 Punkten führt, ist es sehr wahrscheinlich, dass das TM hier nicht funktionieren wird.

Hier haben wir es mit zwei Prinzipien zu tun. Eine A-Welle von 200 Punkten lässt auf eine Ausdehnung der C-Welle von 1,618 oder 2,618 schließen. Das bedeutet eine Bewegung von 323 bis 523 Punkten ab der Vervollständigung des B-Wellen-Dreiecks. Wenn die B-Welle 100 Punkte umfasst, können Sie das Thrust Measurement vergessen. Andererseits können wir mit seinem Funktionieren rechnen, wenn der größte Teil der Bewegung bereits abgeschlossen ist. Falls die A-Welle nur 200 von möglichen 660 Punkten umfasst, ist es offensichtlich, dass ein 100-Punkte-Retracement kein Kursziel für das Ende dieses Trendabschnitts liefern kann. Die Zahlen passen nicht zueinander. Nehmen wir an, dass während dieser theoretischen Korrektur um 523 Punkte die C-Welle die dritte Welle vervollständigt und dass ein kleines Dreieck entsteht. Nun können wir darüber nachdenken, das Top der Bewegung anhand des TM zu prognostizieren. Die Moral von der Geschichte: Thrust Measurement funktioniert nach starken Kursbewegungen besser als davor.

Das Wichtigste bei Dreiecken ist das richtige Aussehen. Außerdem wollen wir sehen, dass zumindest zwei der Wellen zueinander ein Kursverhältnis von 1,618/0,618 aufweisen. Das ist nicht immer so, aber doch in sehr vielen Fällen. Zum Schließen der Lücke und zur Bestätigung des Musters betrachten wir das Zeitelement. Ich achte darauf, ob die Vervollständigung des Musters mit einer zeitlichen Relation zusammenfällt. Wenn das auf dem Tageschart nicht der Fall ist, dann doch in der Regel auf dem Stundenchart oder in einem noch kürzeren Zeitraum. Wenn die zeitliche Relation aus irgendeinem Grund bei der Vervollständigung nicht besteht, kann es dennoch teilweise Relationen geben: Mindestens ein Abschnitt weist eine perfekte zeitliche Relation auf, und höchstwahrscheinlich entspricht mindestens einer der korrekten Anzahl von Balken in einem Zyklus von Hoch zu Hoch oder von Tief zu Tief. Wenn demnächst wieder ein Elliott-Anhänger Hypothesen über bestimmte Muster aufstellt, können Sie seine Argumente anhand der zeitlichen Bestätigung überprüfen.

Denken Sie daran

Zum Schließen der Lücke und zur Bestätigung des Musters betrachten wir das Zeitelement.
Ich achte darauf, ob die Vervollständigung des Musters mit einer zeitlichen Relation zusammenfällt.

Die Überlappungsregel

Die Überlappungsregel ist sehr wichtig für das Verständnis des Elliott-Prinzips und für die Frage, ob es zu einem Kursausbruch nach unten oder nach oben kommen wird. Im ersten Kapitel war schon davon die Rede, aber ich möchte dieses Prinzip anhand einiger realer Beispiele illustrieren.

Abbildung 2.9 zeigt eine Pullbackwelle nach dem Tief eines Ausverkaufs im NDX Anfang Juni 2006. Diesen Abschnitt würde man wohl als ABC-Abwärtsbewegung werten. Zu Anschauungszwecken habe ich die Bewegung jedoch absichtlich als Wellen 1 bis 5 bezeichnet, damit Sie die Überlappung erkennen können. Wie Sie sehen, dringt Welle 4 in die Kursspanne von Welle 1 ein. Unter solchen Um-

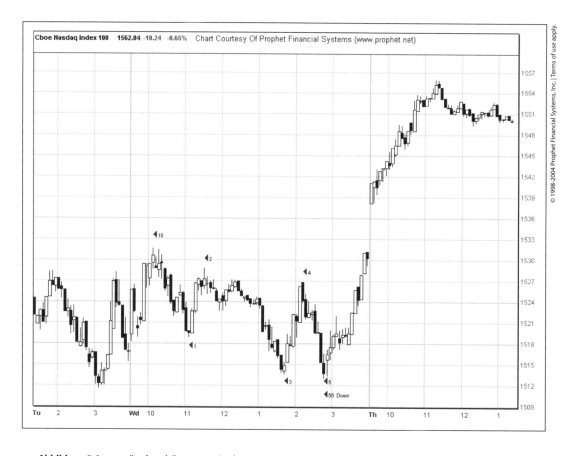

Abbildung 2.9:
NDX; Beispiel für eine Überlappungskorrektur

ständen können wir davon ausgehen, dass es sich um ein Korrekturmuster handelt und dass die Bewegung sich danach fortsetzen wird. In diesem Fall sehen wir nach Erreichen des Bodens eine Kursbewegung von 18 Balken. Wie man diese Korrektur auch bezeichnet, es handelt sich jedenfalls um eine überlappende Welle 5, die ein Tief bestätigt. Sicher ist, dass das Muster nach 56 Balken vollständig ist. Das ist eine Tatsache. Und wie Sie sehen, folgt darauf ein explosionsartiger Kursanstieg. Zuvor ging es nur um die Frage, wo die Überlappung enden würde. Unsere wahrscheinliche Tendenz gab uns einen guten Hinweis darauf.

Abbildung 2.10 zeigt exakt das gleiche Prinzip. Es handelt sich um einen Rohöl-Stundenchart. Wir sehen fünf sich überlappende Wellen nach oben, die ein Widerstandsgap testen. Wieder habe ich die Wellen mit 1 bis 5 bezeichnet, damit Sie erkennen, wie Welle 4 ins Kursterritorium von Welle 1 eindringt. Sobald die fünfte Welle (in Wirklichkeit nur eine kleine C-Welle eines ABC-Musters) endet, kommt es zu einem Retracement der gesamten überlappenden Sequenz und zu einem neuen Tief.

Obwohl es hier eigentlich darum geht, Ihnen zu zeigen, wie die Überlappung funktioniert, werde ich auch auf einige zeitliche Relationen eingehen, damit Sie sehen, wie offensichtlich diese sind. Was ich als Welle 3 nach oben bezeichnet

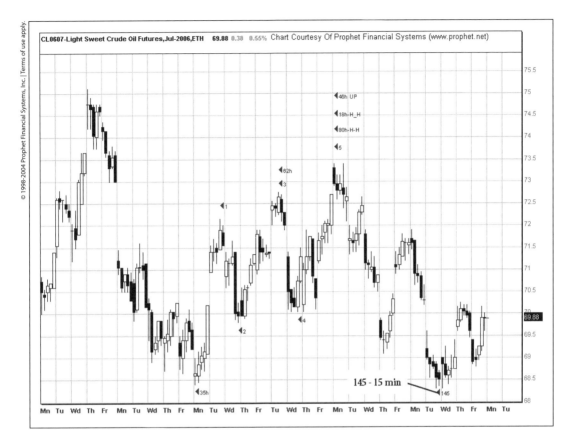

Abbildung 2.10:
Überlappungs-
korrektur bei Rohöl
(Stundenchart)

habe vervollständigt einen kleinen 62-stündigen Zyklus von Hoch zu Hoch, wobei das ursprüngliche Hoch in der Nähe von 75 liegt. Es gab schon eine kleine vierte Welle nach unten, die Welle 1 überlappt, aber die fünfte Welle der Sequenz vervollständigt einen 18-stündigen Zyklus von Hoch zu Hoch. Dieser fällt auch mit der gesamten Fünf-Wellen-Sequenz zusammen, die sich innerhalb von 46 Stunden vervollständigt. Beachten wir, dass es hier um einen 80-stündigen Zyklus von Hoch zu Hoch geht, der keine Fibonacci-Sequenz ist. Man könnte argumentieren, dass ein 80-Stunden-Zyklus der Fibonacci-Relation 8*10 entspricht, aber das wäre eine Übertreibung. Wichtig ist hier, dass die Kursbewegung dort endet, wo zwei Zeitrahmen zusammenfallen. Aus technischer Sicht füllt sie den Gap nach unten und scheitert am Top einer Widerstandszone. Schließlich endet die ganze Bewegung 145 15-Minuten-Balken (Fibonacci 144 + 1) entfernt vom ursprünglichen Top.

Abbildung 2.11 zeigt die Dow-Korrektur von 2004 (an der NASDAQ gab es ein ähnliches Muster). Man nahm damals an, die Hochs vom Januar und vom Februar 2004 repräsentierten das Ende der großen Rallye von 2003, und die Baisse von 2000 bis 2002 werde sich nun fortsetzen. Das erwies sich als falsch, denn diese Kursbewegung war sehr erratisch, und es gab ständig Überlappungen.

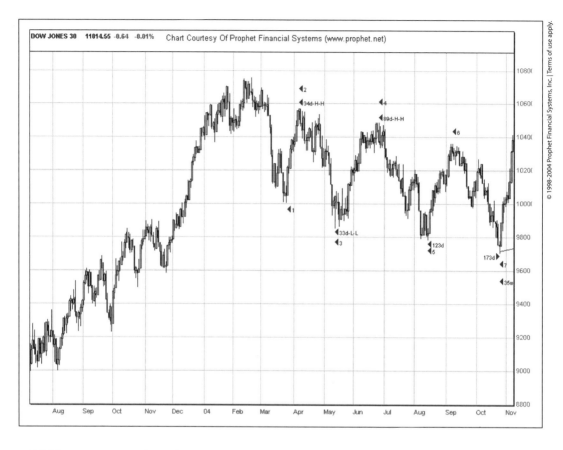

Abbildung 2.11:
Überlappungskorrektur im Dow Jones 2004

Diese Phase repräsentiert ein weiteres wichtiges Elliott-Konzept. Als Impulswellen gelten 5er, 9er und 13er – obwohl 13er selten sind. Korrekturabschnitte sind 3er, 7er und 11er. Wie Sie sehen, handelt es sich hier eindeutig um eine 7. Es gibt hier auch etliche gute zeitliche Relationen. Die ersten beiden Zyklen von Hoch zu Hoch dauern 34 bzw. 55 Tage. Sie vervollständigen einen größeren, 89 Tage umfassenden Zyklus von Hoch zu Hoch. Das vorletzte Tief ereignet sich nach 123 Tagen (Lucas-Relation). Das ganze Muster umfasst 173 Tage (kein korrekter Zeitbalken). Wenn wir uns aber den Wochenchart anschauen, dann umfasst das komplette Muster 35 Wochen (Fibonacci 34 + 1). Der gesamte Abschnitt nach dem Baisse-Tief dauert etwa 71 Wochen; mit einem 35 Wochen dauernden Pullback sehen wir ein zeitliches Retracement von etwa 50 Prozent. Das hört sich so an, als müssten Sie sich nun viel merken, aber das ist immer so, wenn man etwas Neues lernt. Wenn Sie erst einmal ein Gefühl dafür bekommen haben, werden Ihnen diese Konzepte zur zweiten Natur. Wir werden in diesem Buch noch einige Konzepte vereinfachen und uns die wichtigsten Dinge ansehen, nach denen man suchen muss. Jetzt legen wir das Fundament. Auf diesem Chart kombinieren wir das Zeitprinzip mit Mustern, mit denen Sie vielleicht schon jahrelang arbeiten.

Das diagonale Dreieck

Das letzte Muster im Elliott-Katalog ist das diagonale Dreieck. Dieses Muster hat die Form eines Keils und ist das einzige, das Überlappungen erlaubt und trotzdem als Impulswelle gilt. Wie schon erwähnt, kann die Überlappung bei diesem Muster dazu führen, dass Marktteilnehmer es irrtümlich für eine Gegentrend-Korrektur halten. Das Problem dabei ist, dass es sich vervollständigt und dann in die andere Richtung verläuft.

In der Literatur zu Elliott-Mustern liest man, dieses Muster habe Maße von 5 (0,618*3) und 3 (0,618*1). Auf dem Papier sieht das großartig aus, aber in der Realität funktioniert es nicht immer so. Die wichtigsten Konzepte in dieser Diskussion sind das Aussehen und die Form. Konvergieren die Trendlinien? Wenn ja, geschieht das in einer C-Welle oder in einer fünften Welle, damit es ein Endmuster sein kann? Diese Erwägungen sind weit wichtiger als exakt lehrbuchgerechte Maße.

Das Thema dieses Buches ist, dass alle Muster mit einem Zeitelement zusammenpassen sollten. Als Beispiel dient der 30-Minuten-Chart beim Kakao (Abbildung 2.12). Diese Welle ist die fünfte Welle einer B- oder zweiten Wellen-

Abbildung 2.12: *Diagonales Dreieck in einem 30-Minuten-Kakaochart*

bewegung, die ein Tief bestätigt. Hier wird nicht das gesamte Muster gezeigt, aber Sie sehen, was passiert, wenn sich die Keilformation vervollständigt.

Fibonacci	Lucas	Relation	Quadratwurzel	Ableitung der Wurzel	144
5	7	0,146	0,382	118	36
8	11	0,236	0,485	121	72
13	18	0,382	0,618	129	108
21	29	0,618	0,786	134	180
34	47	0,786	0,886	141	216
55	76	1,270	1,120	147	288
89	123	1,618	1,270	155	324
144	199	2,618	1,618	176	360
233	322	4,236	2,058	189	
377	521	6,854	2,618	236	
610	843				

Tabelle 2.1

Dieses besondere Muster vervollständigt sich in 48 (Lucas 47 + 1) Balken, aber wenn Sie sich den ersten und den letzten Balken genau ansehen, erkennen Sie, dass beide sehr schnelle Kurswenden zeigen. Man darf also behaupten, dass das Muster 47 vollständige Balken (nach unten) umfasst. Die interne Zählung zeigt einen Kursabsturz im Umfang von 16 Balken, gefolgt von zwei weiteren 16-Balken-Zyklen von Tief zu Tief. Es folgt eine fantastisch aussehende Impulswelle nach oben, wo Sie fünf Impulswellen erkennen können. Dieses Muster hat das richtige Aussehen und wirkt sich lehrbuchmäßig aus.

Wenn wir nun im Buch voranschreiten, sollten Sie sich an *Tabelle 2.1* halten. Ich habe hier die wichtigsten Zahlen für die Zeitfenster aufgelistet. Alle Fibonacci- und Lucas-Zahlen können als Fenster mit hoher Wahrscheinlichkeit gelten. Auch die genannten Relationen und Quadratwurzeln sind wichtig. Das bedeutet, dass ein Kursverlauf nach 61, 78, 127, 146, 161, 261, 423 und 685 Zeiteinheiten die Richtung ändern kann. Gleiches gilt für die Quadratwurzeln und Ableitungen der Fibonacci- und Lucas-Zahlen. In diesem Buch geht es nicht um harmonische Vibrationen, aber ich habe auch die am häufigsten beobachteten Bruchteile und Vielfachen von 144 aufgelistet. Hier werden alle diese Zahlen immer wieder auftauchen.

Die Märkte sprechen eine einzigartige Zahlensprache. Diese Zahlen korrespondieren nicht nur mit bedeutenden Wendepunkten, sondern oft ändert sich auch die Richtung der Kursentwicklung an Lucas- oder Fibonacci-Preispunkten. Sie ändert sich oft auch an Daten, die mit diesen Zahlen korrespondieren. Erinnern Sie sich an die Marktwende am 8.10.2002? Was ist das für ein Datum? 10/8 oder 108, nicht wahr? Noch einige Beispiele? Da gab es den 13. August 2004, also 8 und 13 (Fibonacci-Zahlen), und 2006 erreichten die Märkte am 18. 7. ihr Tief. Der SOX erreichte 2006 sein Hoch am 27. Januar (1,27). Diese Zahlen sind für Ihr Trading zwar zweitrangig, aber an den Finanzmärkten gibt es keine Zufälle.

Was haben wir in diesem Kapitel geschafft? Wir sind über die grundlegenden Methoden der Erkennung von Elliott-Mustern hinausgegangen, und ich habe Ihnen gezeigt, dass diese Zeitelemente tatsächlich existieren. Da Sie nun eine Vorstellung davon haben, wie Präzision an den Märkten aussieht, können Sie anfangen, dieses Wissen anzuwenden. Aber das ist nur der erste Schritt. Da Sie jetzt wissen, dass diese Sequenzen existieren, müssen Sie lernen, sie zu interpretieren.

KAPITEL 3

Rotation an den Märkten

Da wir nun die Grundlagen kennen, wie der Zeitfaktor Elliott-Muster bestätigt, können wir uns ein wenig Spaß gönnen. Vergessen Sie für eine Minute das Trading und die Finanzmärkte und stellen Sie sich vor, Sie seien der Spielmacher oder der Trainer Ihres Lieblingsclubs im professionellen Football. In der National Football League (NFL) gibt es 32 Teams, und sie alle holen sich ihre Nachwuchstalente am selben Ort. Jedes Jahr im Februar fahren alle Trainer zum Scouting Combine nach Indianapolis (Indiana) und analysieren dieselben Spieler. Wenn aber alle aus derselben Quelle schöpfen, warum treffen dann die einen eine bessere Wahl als die anderen?

Wenn sich die einzelnen Teams vom Talentniveau her nicht großartig unterscheiden, warum sind dann manche erfolgreicher als andere? Warum gewinnen manche Trainer immer, für welches Team sie auch arbeiten? Wie überall im Leben spielt dabei das Glück eine gewisse Rolle, ebenso wie Verletzungen und falsche Schiedsrichterentscheidungen. Aber das sind Ausreden. Sportmannschaften können Ausreden finden, warum sie nicht gewinnen, und Trader können Ausreden finden, warum die Märkte sich gegen sie gewendet haben. Echte Gewinner aber beklagen sich nicht.

Es hat mich immer fasziniert, dass Dick Vermeil von Anfang bis Ende der Saison 18 Stunden auf dem Trainingsgelände verbracht und dann auf einer Couch in seinem Büro übernachtet hat. Ich bin sicher, dass dies seiner Ehe nicht gerade förderlich war, aber im Football hatte er auf jedem Niveau mit seinen zeitlosen Techniken und Strategien Erfolg. Er brachte die Philadelphia Eagles 1980 ins Endspiel um die NFL-Meisterschaft. Dann trat er zurück, kam 14 Jahre später zurück und gewann die Meisterschaft.

Was trennt das Mittelmäßige vom Guten und das Gute vom Großartigen? Vorbereitung. Das ist es. Auf einem Gebiet, wo die Konkurrenten gleich talentiert sind, geht der Sieg an diejenige Gruppe, die sich am besten vorbereitet. Alle Trainer studieren stundenlang Filmaufzeichnungen, um sich diesen Vorteil zu erarbeiten. Sie erforschen das Verhalten der Konkurrenten. Sie wollen wissen, was die XYZ-Mannschaft in verschiedenen Spielsituationen tut. Sie verbringen Stunden mit der Ausarbeitung von Strategien für jede erdenkliche Situation. Sie wollen Schwächen und Stärken der Gegner kennen, um einen erfolgreichen Spielplan entwickeln zu können.

Bill Walsh war der erste Trainer, der exakte Spielzüge entwarf. Er wusste, dass der Gegner seine Absichten erkennen wollte, und daher entwarf er für jede Begegnung 15 Anfangsspielzüge. Unabhängig von der Situation führte sein Team immer diese 15 Spielzüge aus, ob es nun gerade sinnvoll erschien oder nicht. Warum tat er das? Er wollte nicht durchschaubar sein. Das war eine gute Strategie, weil die Gegner ihn niemals wirklich durchschauten.

In diesem Kapitel werden wir uns mit dem Konzept der Rotation beschäftigen, das Sie so in keinem anderen Börsenbuch finden werden. Die Rotation kann man definieren als die Organisation der Kursbalken, die einen Aufwärts- oder Abwärtstrend bzw. eine Seitwärtskorrektur bestimmt. Denken Sie an Wettermuster. Manche Bedingungen sind besser organisiert als andere. Stellen Sie sich einen Hurrikan vor. Worüber spricht der Wetterfrosch im Fernsehen? Er spricht darüber, wie gut die Spirale des Sturms organisiert ist. Starke Stürme der Kategorien 3 bis 5 weisen eine viel engere Rotation auf als solche der Kategorie 1 oder tropische Tiefs. Bei Stürmen der Kategorie 1 ist die Spirale rund und das Auge des Wirbelsturms schwach. Man kann das Auge kaum erkennen. Vielleicht erinnern Sie sich, wie deutlich das Auge bei starken Orkanen wie Andrew oder Katrina zu sehen war.

Die Finanzmärkte funktionieren ebenso. Je besser die Organisation der Balken, desto stärker der Trend. Hausse-Phasen weisen eine andere Rotation auf als Baisse-Phasen. Die meisten Techniker und Elliott-Anhänger wissen, dass eine Hausse-Phase oberhalb eines gleitenden Durchschnitts stattfindet, letzten Endes aber wieder zum Mittelwert zurückkehrt. Mit anderen Worten: Eine Hausse-Phase ist ein Zyklus von Tief zu Hoch und wieder zum Tief. Wir bezeichnen das kurz als Zyklus von Tief zu Tief. Eine Baisse-Phase ist genau das Gegenteil. Sie beginnt an einem Hoch, der Kurs sinkt um X Punkte unter den Mittelwert oder den gleitenden Durchschnitt und steigt dann wieder bis auf deren Niveau an. Es handelt sich also um einen Zyklus von Hoch zu Hoch. Viele Fibonacci-Analysten verfolgen die Balken von oben nach unten oder umgekehrt.

Wir geben uns damit nicht zufrieden, sondern absolvieren die gesamte Reise. Warum? Finanzmärkte bewegen sich in Trends, die die Form von Dreiecken haben. In diesem Fall meine ich kein ansteigendes oder absinkendes Dreieck im Sinne des Wellenprinzips. Ziehen Sie eine Linie von irgendeinem bedeutenden Tief zu einem Hoch und zurück zum nächsten wichtigen Tief. Was kommt dabei heraus? Es ist in jedem Fall ein Dreieck.

Die meisten Menschen bemerken nicht, dass Zyklen an den Finanzmärkten entweder mit einem Lucas- oder einem Fibonacci-Zeitbalken komplettiert wer-

---

Rotation

Die Rotation kann man definieren als die Organisation der Kursbalken, die einen Aufwärts- oder Abwärtstrend bzw. eine Seitwärtskorrektur bestimmt.

Je besser die Organisation der Balken, desto stärker der Trend. Hausse-Phasen weisen eine andere Rotation auf als Baisse-Phasen.

den. Wenn wir diese Tatsache kennen, haben wir die wichtigste Tendenz an den Finanzmärkten entdeckt. Ich nenne diese Spiralen »Wellenrotation«; es kann sich dabei um eine bullische oder eine bearishe Rotation handeln. In frühen Phasen von Kursbewegungen, wenn noch nicht klar ist, ob der vorherige Trend abgeschlossen ist, dient die Erkennung der Wellenrotation als wichtiger Hinweis, ob sich der Trend wirklich gedreht hat.

Die wichtigste Übung bei dieser Methode ist die genaue Beobachtung der Balken. Das ist nichts anderes als die Beobachtung der Wellen oder der Form und Größe eines Candlesticks. Zunächst muss man die Balken ständig zählen. Das bedeutet zusätzliche Arbeit und auf den ersten Blick eine Belastung. Aber viele Trader beobachten vier oder fünf technische Indikatoren, die oft widersprüchliche Informationen liefern. Ist das nicht auch recht mühselig? Warum nicht lieber eine Methode anwenden, die effektiver ist und zeigt, was die Kursbewegung tatsächlich antreibt?

Denken Sie daran, dass das Zählen der Balken Sie nur bis zur Startlinie bringt. Das ist etwa so wie das Erlernen des Alphabets. Ohne das Alphabet kann man keine Wörter bilden, aber um über dieses Niveau hinauszukommen ist zusätzliches Training erforderlich. Jeder einzelne Balken hat seine Bedeutung und Auswirkungen auf die Gesamtsituation. Die gute Nachricht lautet, dass wir uns mit der Bedeutung JEDES EINZELNEN BALKENS nicht lange aufzuhalten brauchen.

Nehmen wir an, Sie akzeptieren, dass das Zählen der Balken eine lohnende Beschäftigung ist. Nun werden wir diesen Balken Bedeutung verleihen.

Baisse-Rotationen

Unser erstes Beispiel, *Abbildung 3.1*, zeigt eine Baisse-Phase bei Newmont Mining (NEM). Alle Aktien, Indizes, Futures und Währungspaare an der Forex funktionieren gleich. Ich rate Ihnen, diesen Chart des Öfteren zu studieren. Wenn Sie das Prinzip verstanden haben, können Sie die Konzepte auf Ihre bevorzugten Märkte und Aktien anwenden.

Die erste Sequenz ist ein Zyklus von Hoch zu Hoch, der 11 (Lucas-)Stunden umfasst. Sie sehen, dass in Stunde 11 ein Hanging-Man-Candlestick erscheint, gefolgt von einem langen bearishen Balken. Das legt nahe, dass der erneute Test des Hochs gescheitert ist. Dieses Hoch ist nun ein starker Widerstand. Beachten Sie, dass es in der 18. Stunde des Trends zum nächsten Aufwärtsschub kommt. Das meine ich mit Rotation oder Spiralbildung. In einer Baisse-Phase kommt es bei einer Fibonacci- oder Lucas-Zahl, plus oder minus ein Balken, zu einem Aufwärtsschub oder einem Hoch im Chart. In Tausenden Stunden der Beobachtung habe ich herausgefunden, dass es zu den stärksten Bewegungen kommt, wenn der Aufwärtsschub genau bei der richtigen Zahl kommt. Der dritte Aufwärtsschub in dieser Sequenz vervollständigt sich in der 8. Stunde nach dem Schub

Abbildung 3.1:
Newmont Mining (NEM) Baisse-Rotation

in der 18. Stunde. Bis zu diesem Zeitpunkt gab es drei Chancen für Leerverkäufe: Es waren die Zyklen von Hoch zu Hoch, die nach 11, 7(18) und 8(26) Stunden abgeschlossen waren.

Beobachten Sie die Entwicklung der dritten Welle. 13 Stunden nach dem Kursschub in der 26. Stunde erscheint ein kleineres Tief mit einer Hammer-Kerze. Dieses Tief tritt 39 Stunden nach dem Hoch (Fibonacci 38,2) und 143 15-Minuten-Balken nach dem Top auf. Das nächste Hoch erscheint etwa acht Stunden später, also in der 46. Stunde nach dem Top. Mit anderen Worten: In der 47. Stunde beginnt die letzte Kursbewegung nach unten, und diese Bewegung dauert 18 Stunden. Es ist im Chart zwar nicht zu sehen, aber der ganze Trend vervollständigt sich in 235 15-Minuten-Balken, also nur zwei mehr als 233. In diesem Chart finden sich innerhalb von zehn Tagen nicht weniger als zwölf wichtige zeitliche Relationen. Wahrscheinlich wären es noch wesentlich mehr, wenn ich untersuchen würde, was sich auf dem 5-Minuten-Niveau ereignet hat.

In diesem Chart gibt es noch einige weitere Relationen. Die Kursentwicklung verläuft ein wenig erratisch; es handelt sich wohl eher um eine ABC-Abwärtsbewegung als um einen Fünf-Wellen-Impuls. Das liegt daran, dass die Aufwärtsbewegungen in der 18. und in der 26. Stunde in die Kursspanne der ersten kleinen Abwärtsbewegung nach dem Top eindringen. Das entspricht der Überlappungsregel.

Dennoch gibt es in dieser Bewegung noch drei weitere bedeutende Kursschübe. Bei strikter Anwendung der Elliott-Regeln würden die erste und die fünfte Welle kein Kursverhältnis von 0,618/1,618 aufweisen. Allerdings dauern beide Abschnitte je 18 Stunden. In zeitlicher Hinsicht könnte man also sagen: 1 = 5. Wenn man diesen Teil der Kursbewegung vom Top den ganzen Weg nach unten bis zur Hammer-Kerze im 39. Stundenbalken misst, erkennt man allerdings eine Relation von 1,618/0,618 mit der letzten Bewegung, die in der 47. Stunde beginnt. Also spricht man hier am besten von einer ABC-Abwärtsbewegung, wobei gilt: C = 0,618*A. Ich habe die Wellen nicht als solche bezeichnet, denn hier geht es darum, Ihnen die Rotation der Balken und die feineren Details der Marktinterpretation aufzuzeigen. Es gibt hier keinerlei Subjektivität. Ebenso wie ein Sportresultat ist ein Aufwärtsschub in der 46. Stunde genau das, was er ist: nicht mehr und nicht weniger.

> Stellen Sie sich die folgende Frage: Müssen Sie die genaue Wellenzahl kennen, wenn Sie eigentlich nur die Tendenzen dessen zu verstehen brauchen, was die Balken tun können?
>
> Falls Sie verstehen, wenn in einem bestimmten Balken ein Aufwärtsschub erfolgt, dann bedeutet dies, dass Sie dem Geschehen vertrauen, weil dies die spezifische Sprache des Markts ist.

Stellen Sie sich die folgende Frage: Müssen Sie die genaue Wellenzahl kennen, wenn Sie eigentlich nur die Tendenzen dessen zu verstehen brauchen, was die Balken tun können? Falls Sie verstehen, wenn in einem bestimmten Balken ein Aufwärtsschub erfolgt, dann bedeutet dies, dass Sie dem Geschehen vertrauen, weil dies die spezifische Sprache des Markts ist.

Die schnelle Baisse-Bewegung

Abbildung 3.2 zeigt, wie man sich in einer Welle ohne klare Konturen verirren, aber dennoch seinen Weg durch das Labyrinth finden kann. Es handelt sich um einen Tageschart von Intel, repräsentativ für die schnellen Abwärtsbewegungen, die wir in den vergangenen Jahren gesehen haben. Obwohl diese Wellen nicht erratisch verlaufen, wäre es schwierig gewesen, sie in Echtzeit zu zählen. Das Problem dabei: Wenn man das Top verpasst, ist es sehr schwer, einen guten Einstiegspunkt zu finden. Wie schafft man es, sich in einem solchen Chart nicht zu verirren?

Die Antwort liegt im Verständnis, wie die Wellen rotieren. Bei einem solchen Abschnitt einer Kursbewegung ist es sehr wichtig, die Balken exakt zu zählen. Wenn wir vom Top ausgehen, sehen wir, dass der erste Kursschub nach einem Lucas-Cluster von sieben Tagen, aber nach elf Tagen des Zyklus von Hoch zu Hoch erfolgt. Bei einem solchen Cluster ist die Wahrscheinlichkeit extrem hoch, dass sich der Trend von dort an fortsetzen wird. Da wir aber auf eine Bestätigung warten sollten, erhalten wir diese in Form einer hübschen schwarzen Kerze im nächsten Balken. Versuchen Sie übrigens nicht, auf Basis der bisher be-

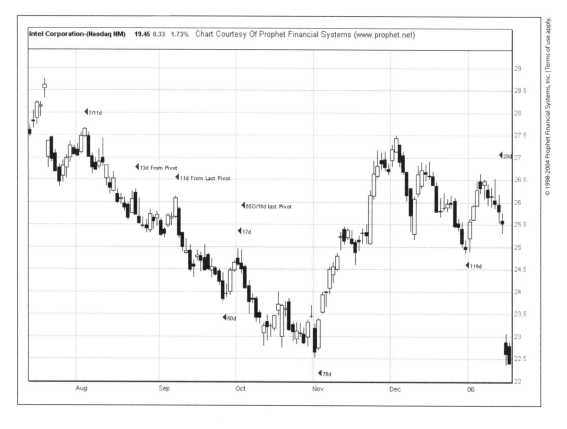

Abbildung 3.2:
Baisse-Rotation bei Intel (Tageschart)

handelten Informationen zu traden. Warten Sie, bis Sie das letzte Kapitel gelesen haben, das alles zusammenfasst.

Der weitere Fortgang der Bewegung zeigt, dass jeder einzelne Kursschub exakt auf einem Fibonacci- oder Lucas-Balken erfolgt oder auf einem Balken, der unmittelbar daneben liegt.

Schließlich erfolgt die letzte Kurswende nach unten am 54. Tag nach dem Top, der Kurs beginnt am 55. Tag der Gesamtbewegung zu fallen. Die Bewegung endet am 75- bis 76-Tage-Fenster. Wenn Sie die Balken also sorgfältig mitgezählt haben, bot Ihnen der Markt auf seinem Weg nach unten drei bis vier gute Möglichkeiten für Leerverkäufe. Wenn Sie diese Tendenzen nicht kennen, besteht ein beträchtliches Risiko, dass Sie beim falschen Balken einsteigen und ausgestoppt werden. Obwohl Sie alles richtig gemacht haben, bleibt dies ein komplizierter Prozess und Sie können dennoch ausgestoppt werden. Das Problem ist, dass einer dieser Kursschübe nach oben sich gegen Sie richten kann. Wir werden das nun kurz erörtern.

Falls Sie ein Swing-Trader sind und der Entwicklung auf diesem Tageschart folgen, sollten Sie zu einem Stundenchart wechseln und exakt dieselbe Formel anwenden. Im stündlichen Zeitrahmen werden Sie wahrscheinlich eine ähnliche Entwicklung oder Rotation der Balken vorfinden. Auf diese Weise können

Sie einen viel präziseren Einstieg finden. Wie alle Methoden ist auch diese nicht perfekt, aber wenn Sie sich nach der Balkenzählung und den Kerzenformationen richten, werden Sie erkennen, dass Sie seltener ausgestoppt werden und dauerhaft bessere Chance/Risiko-Verhältnisse haben. Im Lauf der Zeit führt diese Methode zu höherer Disziplin. Sie werden sehen, dass Sie selektiver und mit mehr Selbstvertrauen traden. Warum? Wenn es auf einem Balken einen Kursschub gibt, der weder ein Fibonacci- noch ein Lucas-Balken ist, dann ist dieser Schub wahrscheinlich noch nicht vorbei und Sie müssen noch nicht aktiv werden. Geduld ist eine Eigenschaft, die man im Lauf der Zeit entwickeln kann, und Sie müssen warten, bis der Markt zu Ihren Gunsten läuft. Wenn Sie einsteigen, erwischen Sie wahrscheinlich den Beginn einer Kursbewegung. Sie werden feststellen, dass Sie ständig in Trades einsteigen, deren Chance/Risiko-Verhältnis 3/1 oder 4/1 zu Ihren Gunsten beträgt.

In stärkeren Bewegungen aller Größenordnungen von Trends gibt es bei diesen Rotationsbalken Zyklen von einem Wendepunkt zum nächsten. Oft bewegt sich der Kurs 13, 18 oder 21 Balken mit dem Trend, dann folgt ein Pullback oder ein Spike, es entsteht eine dreiecksförmige Formation im Umfang von 18, 21, 26 oder 29 Balken und der Trend setzt sich fort. Manchmal gibt es eine Bewegung von sieben Balken in Richtung des Trends und einen Pullback von vier bis sechs Balken, wodurch ein Zyklus von elf (Lucas-) oder 13 (Fibonacci-)Balken entsteht. Das passiert an jedem einzelnen Tag in jedem einzelnen Chart. Die meisten Menschen bemerken es nur nicht.

Der erste Kursschub oder Pullback ist bei weitem der wichtigste. Beim Trading geht es nicht darum, in jedem Einzelfall recht zu behalten, sondern darum, dass man, wenn man richtig liegt, die Gewinne wachsen lässt, sodass unter dem Strich die Gewinne höher sind als die Verluste. Die C-Wellen oder dritten Wellen wollen wir beständig erwischen. Die bei weitem beste Gelegenheit in dieser Sequenz war das Scheitern am Top des 7/11-Clusters. Natürlich wissen wir nicht mit Sicherheit, dass darauf eine starke Bewegung folgen wird. Aber der gesunde Menschenverstand spricht dafür, dass das allererste Scheitern und die Bestätigung einer Bewegung vom Top nach unten zur besten Kursbewegung dieser Sequenz führen könnten. Wir wissen nicht, was sich daraus entwickeln wird, aber wenn wir in der Nähe dieses 7/11-Balkens einen Trade begonnen hätten, dann läge unser Stopp etwa 1,00 bis 1,50 Dollar davon entfernt. Eine 1,618-fache Ausdehnung der ersten Welle hätte den Kurs aber bis auf etwa 24 fallen lassen. Das bedeutet ein Chance/Risiko-Verhältnis von mindestens 2/1 oder 3/1. Und dieses Verhältnis wäre bei einem Wechsel auf einen Stundenchart sogar noch besser geworden.

Der gesamte Zyklus von der Hausse- bis zur Baisse-Rotation

Der nächste Chart, *Abbildung 3.3*, ist nicht so kompliziert wie der Intel-Chart, aber nicht weniger bedeutsam. Er zeigt einen kompletten Zyklus von Tief zu Tief. Zunächst gibt es eine bullische Rotation, der Markt dreht sich und es kommt zu einer bearishen Rotation. Und am Ende sehen wir, wie sich der gesamte Zyklus vervollständigt. Wir sehen einen Fünf-Minuten-NASDAQ-Chart vom Dezember 2005. Das war damals eine Korrekturperiode in der Spätphase einer Hausse. Im Lauf eines einzigen Handelstages gab es eine scharfe Rallye, einen unerwarteten Pullback und eine Gegenbewegung zum Handelsschluss. Woher kam diese Volatilität? Die beste Erklärung lautet, dass diese Entwicklung typisch für einen reifen Markt ist.

Wie auch immer, jedenfalls war das ein turbulenter Börsentag, den man nur dann gut überstehen konnte, wenn man die Rotation der Kursbalken verstand. Wie erwähnt gibt es die besten Chance/Risiko-Verhältnisse nach dem ersten Pullback und dem erneuten Test eines Tiefs. Das ist ein lehrbuchmäßiger Fall. Im letzten Kapitel haben wir erörtert, dass die grundlegende Elliott-Theorie

Abbildung 3.3:
Fünf-Minuten-NASDAQ-Chart vom Dezember 2005

nicht auf Trendwenden hinweist. Nach dem Top im 34. Balken wissen wir nicht wirklich, ob der Trend gedreht hat, bis wir sehen, dass die Balken auf einer Basis von Hoch zu Hoch zu rotieren beginnen – im Gegensatz zur Rotation von Tief zu Tief im ersten Teil der Sequenz.

Gleich am Anfang explodiert die dritte Welle mit einer schönen weißen Kerze auf dem 7. Balken und erreicht ein Hoch auf dem 17. Balken, knapp neben der Lucas-Zahl 18. Nichts ist jemals perfekt, und in diesem Fall wäre Ihr Einstieg etwa bei 1678 erfolgt, nahe am Top der vorherigen schwarzen Kerze. Ihr Risiko an diesem Punkt betrug nur zwei Punkte, weil das Sekundärtief bei 1676 lag. Dieser Trendabschnitt erreichte sein Hoch bei 1684. Das entspricht einem guten Chance/Risiko-Verhältnis von 3/1, aber auch sechs Indexpunkten in weniger als einer Stunde. Bei 20 Dollar je Punkt ist das kein schlechter Lohn für eine Stunde Arbeit. Wenn Sie diese Methode beim ND anwenden, dem großen Futures-Kontrakt, bei dem ein Punkt 100 Dollar entspricht, dann hätten Sie gerade 600 Dollar gewonnen. Der Dollarbetrag ist allerdings weniger wichtig als die Erkenntnis, dass es sich hier um eine grundsätzlich vernünftige Methode handelt, um an diesen Märkten zu agieren. An einem turbulenten Tag wie diesem liefert sie Ihnen einen unerschütterlichen Kompass.

Wenn wir uns dieses Beispiel weiter ansehen, dann wurde ein weiterer kleiner Pullback am 21. und der ganze Zyklus am 34. (Fibonacci-)Balken komplettiert.

Was die Baisse-Seite betrifft, scheiterte der Kurs am Widerstand, fiel ab dem 7. Balken und bildete am 13. (Fibonacci) ein kleines Tief. Das ist der Hinweis darauf, dass es sich nicht um eine fünfte oder um eine C-Welle handelt, sondern um eine neue Bewegung nach unten. Der Chart zeigte am 16. Balken einen kleinen Zyklus von Hoch zu Hoch und beendete den Abwärtstrend am 29. (Lucas-)Balken. Wichtiger ist aber, wie der Gesamtzyklus im Fenster des 61. und 62. Balken seinen Abschluss fand.

> **Denken Sie daran**
>
> Viele Lehren und Beobachtungen aus diesem Chart wiederholen sich an allen Finanzmärkten und in allen Größenordnungen von Trends. Zur Rotation kommt noch die Dreiecks-Natur der Zyklen.
>
> Charts finden ständig Hochs und Tiefs auf Basis der Lucas- und der Fibonacci-Zahlen. Diese Muster kann man mit Schneeflocken vergleichen – keines gleicht vollkommen dem anderen. Aber die Tendenzen sind gleich.

Viele Lehren und Beobachtungen aus diesem Chart wiederholen sich an allen Finanzmärkten und in allen Größenordnungen von Trends. Zur Rotation kommt noch die Dreiecks-Natur der Zyklen. Theoretiker, die an statische Zyklen glauben, behaupten, dass Aktien sich nach exakten Zeiträumen richten. Dabei geht es um den Vierjahreszyklus, den 50-Monats-Zyklus oder den 39-Monats-Zyklus. Das alles ist Unsinn. Die Wahrheit: Was Sie eben auf einem 5-Minuten-Chart gesehen haben ist für sämtliche Zeitrahmen repräsentativ. Charts finden ständig Hochs und Tiefs auf Basis der Lucas- und der Fibonacci-Zahlen. Diese Muster kann man mit Schneeflocken vergleichen – keines gleicht vollkommen dem anderen. Aber die Tendenzen sind gleich. Studieren Sie diesen Chart gründlich, denn Sie werden für den Rest Ihres Lebens ähnliche Bewegungen in den Charts finden, die Sie untersuchen.

Die Rotation und die Elliott-Wellentheorie

Die nächste Lektion ist ausschließlich für Elliott-Anhänger gedacht. *Abbildung 3.3* ist ein wenig erratisch. Auf dem Weg nach oben sehen Sie, dass der Pullback am 21. Balken die Kursspanne der ersten Aufwärtswelle berührt. Wenn es sich um eine vierte Welle handelt, dürfte sie nicht ins Territorium von Welle 1 eindringen, sie tut es aber. Daher könnten Sie nun ein wenig verwirrt sein und annehmen, Balken 17 sei das Top der Bewegung – falls wir gerade eine kleine ABC-Bewegung nach oben gesehen haben. Zudem heißt es, die vierte Welle dürfe nicht in das Hoch der ersten eindringen. Ich aber sage Ihnen, dass das keine Rolle spielt. Spielt die Zählung der Wellen wirklich eine Rolle, wenn Sie versuchen, diesen Chart in Echtzeit zu traden? Sie können gar nicht so schnell denken, wie der Kurs sich bewegt.

Auf dem Weg nach oben sind die Balken 1 bis 4 (Welle 1) die einzige Kursrelation, die funktioniert, gemessen vom Boden der Welle 2 (Balken 7) ergibt sich eine Bewegung von 1,61, die dem Top am Balken 34 sehr nahe kommt. Später werden wir noch sehen, dass viele dieser Charts uns keine perfekte Fibonacci-Berechnung liefern, aber wir werden später noch zu fortgeschritteneren Konzepten kommen. Der einzige völlig klare Faktor ist die Zählung der Balken.

Wenn Sie diese Wellen genau betrachten erkennen Sie auf dem Weg nach unten zwei sehr kleine Fünf-Wellen-Sequenzen, die für eine scharfe ABC-Korrektur stehen könnten. Aber warten Sie! Wenn der Kurs auf seinem Weg nach oben in Balken 21 das Territorium von Welle 1 berührt, dann sollte – nach der Elliott-Logik – die entsprechende Kursbewegung nach unten das Tief von 1674 unterschreiten. Das geschieht aber nicht! Man könnte argumentieren, dass es hier Korrekturbewegungen in beide Richtungen gibt. Allerdings befanden wir uns am 20. Dezember 2005 im Tageschart inmitten einer Korrektur, die vom 6. bis zum 30. Dezember dauerte. Korrekturbewegungen sind oft verwirrend und können tagelang anhalten. Aber was wollen Sie tun? Nicht traden? Die Zählung der Balken eliminiert die Subjektivität und ersetzt sie durch Tendenzen mit hoher Erfolgswahrscheinlichkeit.

Wir sehen hier natürlich, dass vieles, was wir aus der vorhandenen Elliott-Literatur gelernt haben, eher auf die akademische als auf die reale Welt zutrifft. Ich will hier niemandem zu nahe treten, aber eines der Ziele dieses Buches besteht darin, soviel Subjektivität wie möglich zu eliminieren.

Fortgeschrittene Setups

Sie kennen nun das Konzept der Rotation und haben gesehen, wie bullishe und bearishe Zyklen funktionieren. Daher können wir nun den nächsten Schritt tun. Beim Trading geht es darum, die Erfolgswahrscheinlichkeit von Trades zu erhöhen. Offensichtlich sind manche Trendabschnitte besser als andere. Der nächste Chart ist eine Illustration einer bullishen Rotation mit Clustern, die sich an derselben Stelle sammeln. Ich habe ja schon am Anfang gesagt: Je mehr Relationen sich an einem bestimmten Punkt ansammeln, desto höher liegt die Wahrscheinlichkeit einer Trendwende. Sinngemäß kann man natürlich auch sagen: Je mehr Relationen sich an einem Spike oder einem Pullback sammeln, desto höher ist die Wahrscheinlichkeit, dass sich der Trend fortsetzen wird.

In *Abbildung 3.4* sehen Sie einen 15-Minuten-Chart des XAU. Sie werden zwar den XAU selbst nicht traden, aber dieses Chartbild lässt sich auf jede Goldaktie und jeden anderen Chart übertragen. Der erste Pullback führt zu einer großartigen Kaufchance am 11. Balken. Wie Sie sehen, endet der Pullback am Zeitfenster des 11. und 12. Balkens, während eine weiße Kerze auf steigende Kurse schließen lässt. Achten Sie sehr genau auf die folgende Sequenz. Der Chart bildet einen Halbkreis, der wie ein Dreieck aussieht. Der nächste Pullback endet am 28.-29. Balken nach dem Tief. Das reicht schon aus, um ein Kaufsignal auszulösen. Es gibt aber noch mehr Relationen. Die weiße Kerze in der Nähe des Tiefs bei 126 markiert auch den 11. Balken des kleinen Pullbacks. Und da ist noch mehr! Der 29. Balken (die schwarze Kerze unmittelbar vor der großen weißen Kerze, an der die Bewegung erst richtig beginnt) ist der 18. Balken nach dem letzten Tief. Dieses Fenster am 28. und 29. Balken ist ein Cluster von drei Rela-

Abbildung 3.4:
Cluster in einer Aufwärtsbewegung des XAU (15-Minuten-Chart)

tionen, die sich am selben Ort sammeln. Wenn Sie ein wenig konservativer eingestellt sind, schlage ich Ihnen vor, dann einzusteigen, wenn zwei Relationen an derselben Stelle auftauchen, aber eine dritte ist schon fast eine Gewinngarantie!

Am Beginn dieses Kapitels stand ein Vergleich mit Wetterprognosen. Je besser ein Sturm organisiert ist, umso mehr Schaden richtet er an, nicht wahr? An den Finanzmärkten ist ein Cluster desto besser organisiert, je mehr Relationen es umfasst. Ich weiß nicht, warum das so ist, und habe auch keine Erklärung, warum manche Wellen besser organisiert sind als andere, aber ich weiß, dass es so ist. Wenn Sie Wellen sehen, die auf diese Weise organisiert sind, müssen Sie den Mut und die Überzeugung aufbringen, auf diese Kursbewegung zu setzen. In diesem speziellen Fall geht es um den internen Aufbau der großen Aufwärtsbewegung bei den Goldminenaktien 2005 und 2006.

Im Verlauf der Bewegung verliert die Organisation ein wenig an Stärke. Man kann das mit einem Sturm vergleichen, der schließlich auf die Küste trifft. Der nächste kleine Kurswendepunkt ist immer noch organisiert, als der letzte kleine Balken nahe 128 den 8. Balken des Pullbacks markiert. Zwei Balken daneben liegt der 38. Balken nach dem ersten Wendepunkt bei Balken 11. Wenn Sie einen früheren Einstieg verpasst haben, besteht das Ziel darin, die Balken von einem Zwischentief bis zum nächsten zu verfolgen. Wenn ein Pullback nach der richtigen Balkenzahl endet und zusammen mit einem bedeutenden Wendepunkt auftritt, der aus einer früheren Trendphase stammt, handelt es sich um eine positive Entwicklung. Wenn gleich am nächsten Balken ein Ausbruch nach oben erfolgt, ist das ein wichtiger Hinweis, dass sich die Bewegung fortsetzen wird.

Eine Warnung: Kurslücken (Gaps)

Ich behaupte nicht, dass es sich um ein perfektes System handelt. Die nächste Sequenz zeigt, wie die Sache schiefgehen kann. Am Ende der Bewegung gibt es ein Gap nach oben, weil ab dem Tief eine weitere Bewegung von 28 bis 29 Balken erfolgt, aber denken Sie daran, dass ein Gap ein zweischneidiges Schwert ist.

Achtung
Nach Pullbacks darf man nur kaufen und nach Aufwärtsschüben nur verkaufen, wenn man glaubt, dass die Bewegung zu einer dritten oder einer C-Welle führen wird.

Es ist recht wahrscheinlich, dass ein Gap ausgefüllt oder auf irgendeine Art getestet wird. Ich würde in der Endphase einer Bewegung nach einem Gap keinen Trade durchführen, selbst wenn es ein korrektes Cluster gäbe, weil man nie weiß, auf welche Weise das Gap getestet wird. Es könnte ganz oder teilweise gefüllt werden. Je später in einer Bewegung das Gap auftritt, desto schlechter ist das Chance/Risiko-Verhältnis.

Meine Regel lautet: Nach Pullbacks darf man nur kaufen und nach Aufwärtsschüben nur verkaufen, wenn man glaubt, dass die Bewegung zu einer dritten oder einer C-Welle führen wird. Das schützt vor fragwürdigen Situationen. Wir werden noch darauf zu sprechen kommen, dass ein wichtiger Zeitbalken immer mitten in der Kursbewegung entsteht. Ich glaube, es war Bernard Baruch, der sagte, er würde gern auf die ersten und die letzten zehn Prozent einer Kursbewegung verzichten, wenn er die anderen 80 Prozent haben könne. Je weiter der Trend fortgeschritten ist, desto geringer wird die Erfolgswahrscheinlichkeit. Nur die aggressivsten Trader unter Ihnen sollten in der Spätphase einer Bewegung noch neue Positionen aufbauen. Es ist nicht meine Aufgabe, Ihnen diesbezüglich Vorschriften zu machen. Es kommt allerdings immer ein Zeitpunkt, an dem das Beste kurz bevorsteht. Meist passiert das nach 30 bis 50 Balken. Nach 89 Balken auf einem Intraday-Chart oder nach 61 Balken auf einem Tageschart ist eine Bewegung schon weit fortgeschritten.

Dann treten auch Divergenzen auf, und Sie werden mit dem zufrieden sein müssen, was der Markt Ihnen gewährt. Im Intraday-Chart tritt am 78. bis 79. Balken einer Bewegung ein Gap nach oben auf, das zu einer Konsolidierung führt.

In dieser Sequenz gab es zwei gute Gelegenheiten zum Einstieg mit sehr günstigen Chance/Risiko-Verhältnissen. Die beiden weißen Kerzen am 11. beziehungsweise am 28. und 29. Balken umfassten weniger als einen Punkt. Die Wendepunkte bieten sich zum Setzen von Stopps an. In diesem Fall hätte man bei der dritten Aufwärtswelle der Bewegung gekauft. Das Verlustrisiko lag bei etwa einem Punkt, das Gewinnpotenzial bei mindestens drei Punkten.

Das große Stigma der Elliott-Methode entstand dadurch, dass ihr führender Verfechter nicht in der Lage war, ein Top zu erkennen. Daher sagte man den Elliott-Anhängern nach, sie hätten eine der stärksten Kursbewegungen der Börsengeschichte verpasst, und das hat dem Ansehen der Methode unermesslichen Schaden zugefügt. Viele Leser meines Börsenbriefs, die sich selbst als Fibonacci-Anhänger bezeichnen, sehen geringschätzig auf das Wellenprinzip herab. Das ist sehr schade, denn beide Ansätze gehen Hand in Hand. Wenn Sie zwischen 1995 und 2000 ein Börsenneuling gewesen wären (und das waren viele), wenn Sie eine Methode gesucht hätten, die Sie gewinnbringend durch dieses Labyrinth leitet, wie viel Vertrauen hätten Sie heute in das Wellenprinzip, dessen Verfechter die ganze Zeit über fallende Kurse prognostizierten? Zum Glück ändert sich das. Heute gibt es andere Lehrer, die gelernt haben, sich dem Marktgeschehen anzupassen.

Die Entstehung meiner Methode war ein Resultat des Scheiterns der Elliott-Gemeinde in diesen beiden Zeiträumen. Der *Fibonacci Forecaster*, mein Prognosedienst, vertrat zwischen 2003 und 2006 meist einen bullishen Standpunkt.

Bullishe Rotationspunkte

Die nächste Chartserie zeigt, wie sich Zeitcluster in verschiedenen Größenordnungen von Trends ansammeln, um mit größter Wahrscheinlichkeit ein mittelfristiges Top auszulösen. Sie müssen die Nebengeräusche der Börse ignorieren und erkennen, wie ein echtes Top aussieht.

Abbildung 3.5:
Topbildungs-Cluster an der NASDAQ (Tageschart)

Abbildung 3.5 zeigt beide Prinzipien, die wir in diesem Kapitel erörtert haben. Wir haben eine bullishe Rotation nach oben und ein Cluster von Relationen, die zum Hoch führen. Hier handelt es sich um einen NASDAQ-Tageschart; er zeigt den 2006 erfolgten Abschnitt der Rallye seit dem Tief von 2002. Nach dem Tief zu Jahresbeginn wurde am 11. Januar ein Zwischenhoch erreicht, auf das ein Pullback folgte. Es gab zwei Wendepunkte: einen im Februar und dann einen erneuten Test im März. Beide Böden entsprachen Lucas-Relationen zum Tief vom Januar.

Das Februar-Tief ereignete sich 29 Tage, der Wendepunkt im März 47 Tage nach dem Tief. Mein Prognosebrief hatte beide Tage korrekterweise als Punkte bezeichnet, an denen die Bedingungen reif für eine Fortsetzung des Aufwärtstrends sein würden. Ausgehend vom Tief bei 2240 im März gab es in wenig mehr als einem Monat einen Anstieg bis auf 2375. Und nun wurde es interessant. In diesem Zeitraum wiesen alle Indizes auf den Wochencharts Relationen auf, die hier nicht gezeigt werden. Bleiben wir vorerst bei unserem Chart. Anfang April lag das Januar-Tief 75 Tage, das Februar-Tief 46 Tage und das März-Tief 29 Tage zurück. Der große Kursrückgang begann am 47. Tag nach dem Wendepunkt vom Februar und 76 Tage nach dem Tief vom Januar. Dieses Top des NASDAQ-Index entstand durch ein dreifaches Cluster von Relationen, die alle auf drei verschiedenen Lucas-Relationen beruhten. Im Kapitel über Momentum-Indikatoren werden wir uns diesen Chart noch einmal anschauen, da der MACD während des größten Teils dieses Trendabschnitts eine negative Divergenz zeigte. Aber der Trend blieb ungebrochen.

Ehe wir weiter voranschreiten, wollen wir uns die Seitwärtskorrektur ansehen, die am 11. Januar begann. Es gab eine ABC-Abwärtsbewegung, die entweder am Wendepunkt im Februar oder am Tief im März beendet wurde. Ich habe diese mögliche flache Korrektur in *Abbildung 3.5* mit A?, B? und C? bezeichnet. Was sagen die Zyklen darüber? Das A?-Tief war nicht nach 21, sondern nach 22 Tagen vollständig. Beim C?-Tief geschah dies nach 40 Tagen, also außerhalb des Zeitfensters von 38 bis 39 Balken. Denken Sie daran, dass wir beim Trading in Echtzeit nicht den Luxus haben zu wissen, was als Nächstes kommen wird. Wir können den B?-Abschnitt nach oben nicht anhand einer eventuellen zukünftigen Aufwärtsbewegung messen, von der wir gar nicht wissen, ob sie kommen wird.

Rotation
In Bullenmärkten dominiert der Zyklus von Tief zu Tief als der stärkere Zyklus. In Bärenmärkten ist es genau umgekehrt.

Wir wissen allerdings, dass diese Korrektur nach unten nicht sehr gut organisiert ist. Dieses Konzept ist nicht leicht zu verstehen, aber da Sie dieses Buch nun schon so weit gelesen haben, weiß ich, dass Sie es begreifen können. Unsere Diskussion über Rotationen hat sich auf Zyklen von Hoch zu Hoch und von Tief zu Tief konzentriert. In Bullenmärkten dominiert der Zyklus von Tief zu Tief als der stärkere Zyklus. In Bärenmärkten ist es genau umgekehrt. Ich weiß, dass das nach Haarspalterei klingt, aber wenn Sie am Januar-Tief beginnen, werden Sie sehen, dass der Wendepunkt vom Februar 29 Tage von einem Tief-Wendepunkt, aber auch 22 Tage von einem Hoch-Wendepunkt entfernt ist. Welche Relation ist die stärkere? Mit Sicherheit ist die 29-Tage-Rotation stärker als die 22-Tage-Rotation. Der nächste Wendepunkt ist die 47-Tage-Rotation, die stärker ist als der 40-Tage-Zyklus nach unten. Dies ist eine weitere Möglichkeit, die Dominanz des Trends zu bestimmen. An diesem Punkt können wir feststellen, dass wir uns immer noch im Aufwärtstrend befinden. Aber ist das Muster vom Januar-Hoch bis zum März-Tief eine ABC-Seitwärtsbewegung? Wohl nicht, weil die beiden Trendabschnitte nicht gleich sind. Noch wichtiger aber: Dieser Zeitraum wird nicht durch eine Fibonacci-Zahl bestätigt.

Machen Sie sich keine Sorgen, wenn diese Diskussion Sie verwirrt! Sie können diesen Chart immer wieder studieren, bis Sie alles verstanden haben. Beobachten Sie nur die Balken. Die Einfachheit dieser ganzen Methode beruht auf der Zählung der Balken. In diesem Fall mussten Sie nur wissen, dass ein Tief nach 29 Tagen und ein weiteres Tief nach 47 Tagen erreicht wurde.

Wie man das Hoch des Zyklus trifft

Abbildung 3.6 zeigt den SPX-Wochenchart vom Tief im August 2004 bis zum Hoch im Mai 2006. Der *Fibonacci Forecaster* identifizierte tatsächlich die beiden

Tage mit der höchsten Wahrscheinlichkeit einer Trendwende, indem er zum Tageschart überging und das Kursziel nur um zwei Punkte verpasste. Der Chart illustriert auch die Konzepte, die in diesem ganzen Kapitel erörtert werden. Auf dem 11. Balken gab es einen erneuten Test des Tiefs. Beachten Sie, wie sich das nächste wichtige Tief im April 2005 auf sieben Balken nach unten bildet, aber da dies 26 Wochen nach dem 11. Balken geschieht, bleibt der Aufwärtstrend intakt. Das nächste bedeutende Tief folgt im Oktober 2005. Dieser spezielle Wendepunkt ist die 61. Woche des Trends, liegt aber auch 26 Wochen vom letzten bedeutenden Wendepunkt entfernt.

Anfang 2006 wurde klar, dass da etwas Ungewöhnliches vor sich ging. Plötzlich konnten wir Anfang Mai als den Zeitpunkt bestimmen, an dem wir gleichzeitig 29 Wochen vom Oktober-Tief und 55 Wochen vom Tief im April 2005 entfernt sein würden. Wenn man die gesamte Kursbewegung betrachtet, liegen diese beiden Wendepunkte nur knapp außerhalb des 89-Wochen-Zyklus nach dem Tief vom August 2004. Am Beginn der 91. Woche des Trends gab es ein neues Hoch. Hier haben wir ein Beispiel dafür, dass übergeordnete Zyklen (wöchentlich) sich nicht anders entwickeln als die 5-Minuten-, 15-Minuten- oder Stundenbalken, die wir in diesem ganzen Buch betrachten.

Abbildung 3.6:
SPX-Wochenchart vom Tief im August 2004 bis zum Hoch im Mai 2006

Im Juni 2006 gab es im S&P-500 ein Tief, das einen 35-wöchigen Tief-zu-Tief-Zyklus mit dem Tief vom Oktober 2005 bildete. War der Aufwärtstrend noch intakt? Damals war das noch nicht klar, weil NASDAQ und Dow bis Mitte Juli weiter sanken. Was den S&P-500 betraf, bildete das Tief vom Juni einen schönen 35-wöchigen Zyklus von Tief zu Tief, er lag aber nur sechs Wochen entfernt von einem sehr gut organisierten Top. Beim Indexstand hatte es seit dem Tief vom August 2004 ein Retracement von gut 38 Prozent gegeben, aber was den zeitlichen Aspekt betraf, schien dieses Retracement nicht lang genug zu sein. Diese Märkte funktionieren allerdings nicht in einem Vakuum. Der S&P-500 wird vom NASDAQ-Index beeinflusst, der einen Monat zuvor, am 20. April, ein Top gebildet hatte. Dieses spezielle Hoch erfolgte 424 Tage (Ableitung 423 + 1) nach dem Wendepunkt vom August 2004. Im wöchentlichen Zeitrahmen verlief der Zyklus an der NASDAQ nach dem Tief vom August 2004 88 Wochen lang nach oben und dann 13 Wochen lang nach unten. 13/88 ergibt 0,147, und das liegt extrem nahe an unserer minimalen Fibonacci-Tendenz eines 0,146-Retracements. Letztlich gab der NASDAQ-Index 61 Prozent der Gewinne seit August 2004 wieder ab, beim NDX waren es knapp über 61 Prozent.

> Wenn Sie wirklich verstehen wollen, was an einem Markt vor sich geht, dann müssen Sie die Ein-Minuten-Charts studieren.

Diese Diskussion läuft darauf hinaus, dass auf ein extrem gut organisiertes Hoch wie das vom Mai 2006 eines von zwei Ereignissen folgt. Erstens könnte es zu einem langfristigen Hoch führen. Zweitens könnte eine krasse mittelfristige Trendwende folgen. Hier war Letzteres der Fall, denn es gab einen der heftigsten Trendwechsel seit der Baisse von 2000 bis 2002. Obwohl es an den anderen Aktienmärkten eine mittelfristige Korrektur gab, war dies beim S&P-500 weder in zeitlicher Hinsicht noch vom Indexstand her der Fall. Wir wissen, dass der Markt immer recht hat; wie sollen wir also mit solchen Situationen umgehen? Erinnern Sie sich an Regel 3: Starke Cluster können nur von einer sehr kraftvollen Welle gebrochen werden. Wenn Sie also einen Chart mit einem Wendepunkt untersuchen, der durch ein starkes Cluster von Relationen entstanden ist, dann wird der erneute Test in der Regel scheitern. Scheitert er nicht, wird der Trend wohl noch lange anhalten. Einen Mittelweg gibt es hier nicht. Im Fall des S&P-500 lag das Mai-Hoch bei 1326. Als dieses Buch gedruckt wurde, stand der Index über 1500. Das Hoch im Dow vom Mai 2006 lag bei 11.670 und der Index stieg dann auf 13.300. Sogar der NASDAQ-Index zog um 150 Punkte an. Der Trend hielt also offensichtlich noch lange an.

Ein-Minuten-Charts

Unsere letzte Lektion über bullishe Rotation ist die Darlegung des ultimativen Röntgenstrahls der Marktbestimmung. Wenn Sie wirklich verstehen wollen, was an einem Markt vor sich geht, dann müssen Sie die Ein-Minuten-Charts studieren. Für viele Menschen hat Day-Trading einen sehr negativen Klang. Leider hörten wir in den Jahren der Spekulationsblase an der NASDAQ immer nur davon, dass Day-Trader ihre Jobs aufgaben und schließlich alles verloren. Die traurige Wahrheit ist, dass 99 Prozent von ihnen wahrscheinlich keine Ahnung von Wellenrotation oder Marktprognosen hatten.

In der Tat bewegt sich ein Ein-Minuten-Chart bei jedem Futures-Kontrakt sehr schnell. Wenn Sie nicht wissen, was Sie tun, bleibt das für Sie ein großes Geheimnis oder etwas Schlimmeres. Ein Ein-Minuten-Chart kann Ihr Ruin sein, das stimmt. Aber mit dem richtigen Training kann er auch Ihr Durchbruch sein, zum ersten Mal im Leben wirkliches Verständnis für präzise Marktprognosen zu entwickeln. Wenn wir diesen Chart gründlich untersucht haben, werden Sie wohl auch auf eigene Faust Minutencharts untersuchen und vielleicht sogar traden können. In Märkten ohne Trends kann das Verständnis dieses kürzesten aller Zeiträume vielleicht die einzige Möglichkeit zum Geldverdienen sein, bis sich die Marktbedingungen wieder ändern.

Wenn Sie bedenken, wie viele Minuten ein Börsentag hat, werden Sie verstehen, wie viele verschiedene Chartmuster in dieser Zeit auftreten können. Die gute Nachricht lautet: Selbst auf einem Ein-Minuten-Chart werden die in diesem Buch gelehrten universellen Gesetze mit unglaublicher Präzision befolgt.

Der erste Trendabschnitt in *Abbildung 3.7* erreicht sein Top nach 18 Minuten, es folgt ein Pullback von 13 Minuten. Der nächste Aufwärtsschub dauert eben-

Abbildung 3.7:
Ein-Minuten-Chart (NASDAQ-Mini-Future)

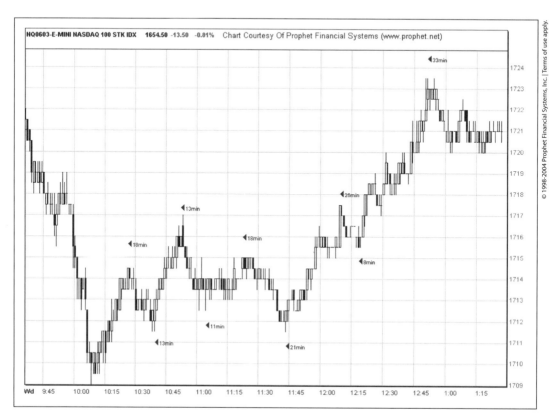

falls 13 Minuten; wir sehen also eine ABC-Aufwärtsbewegung von 18-13-13 Minuten. 44 Minuten sind vergangen. Wenn wir zu einem Fünf-Minuten-Chart wechseln, sehen Sie ein A-Wellen-Top in acht Fünf-Minuten-Balken. Das ist perfekte Marktpräzision.

Der Pullback umfasst elf Minuten (A nach unten), 18 Minuten (B nach oben) und schließlich 21 Minuten (C nach unten). Schon in dieser kurzen Sequenz stecken jede Menge zeitliche Relationen. Vom Hoch (1717) bis zum Tief (1712,50) und wieder zurück bis 1715 sehen wir einen kurzen, 29-minütigen Zyklus von Hoch zu Hoch, der dem letzten Kursrückgang der Bewegung (der 21 Minuten dauert) vorausgeht. Drei Trendabschnitte mit perfekter Präzision, aber sie enden nicht auf einer Fibonacci-Zahl – warum nicht? Es handelt sich um eine 50-minütige Korrektur, die mit zehn anderen Fünf-Minuten-Balken korrespondiert, nicht wahr? Wenn wir die ersten 44 Minuten zählen (acht Balken nach oben) und die folgenden 50 Minuten (zehn Balken nach unten), erhalten wir eine Fünf-Minuten-Skala mit einem weiteren aus 18 Balken bestehenden Zyklus von Tief zu Tief. Dieser 18-Balken-Zyklus im Fünf-Minuten-Zeitrahmen bereitet die Kursbewegung des Tages vor. Auf dem Weg nach oben sehen wir eine Bewegung von 26 Minuten, gefolgt von einem achtminütigen Pullback. Daraus entsteht ein 34-minütiger Zyklus von Tief zu Tief, der die allerletzte Chance darstellt, in diese Kursbewegung einzusteigen. Das Top folgt 33 Minuten später. Die gesamte dritte oder C-Welle dauert 67 Minuten oder 13 Fünf-Minuten-Balken. Die gesamte Aufwärtsbewegung bis zu diesem Punkt umfasst 31 Fünf-Minuten-Balken. Die Präzision kommt in diesem Fall zustande, weil der erste Abschnitt acht Fünf-Minuten-Balken und der große Abschnitt 13 Balken umfasst. Kurz: 8/13 entspricht der Relation von 0,61/1,61, nach der wir in unseren Kursrelationen ständig suchen.

Was machte Wayne Gretzky zum besten Eishockeyspieler aller Zeiten? Er war bestimmt nicht der schnellste oder der größte Spieler. Man hat ihm diese Frage in seiner Karriere bestimmt eine Million Mal gestellt. Seine Antwort lautete, dass die meisten Spieler dem Puck nachjagen. Gretzky aber antizipierte, wohin der Puck kommen würde, und daher stand er immer an der richtigen Stelle. Eishockey ist ein sehr schnelles Spiel. Sein Können und die Antizipation, wohin der Puck wahrscheinlich gelangen würde, erlaubten es Gretzky, das Spiel langsamer zu machen. Dieses Prinzip gilt auch hier. Ein Ein-Minuten-Chart verändert sich sehr schnell, und das bleibt auch so. Wenn man aber die Tendenzen antizipieren kann, verlangsamt sich das Geschehen, und man kann tatsächlich antizipieren, was als Nächstes geschehen wird.

Seitwärtsmärkte

Bisher haben wir besprochen, was bei Hausse- und Baisse-Rotationen passiert. Wir wissen aber, dass es an den Märkten nicht nur zwei mögliche Richtungen gibt, sondern drei. Märkte verlaufen über lange Zeiträume seitwärts. Nehmen wir an, Sie haben eine gute Methode und wissen, was Sie tun. Sie verwenden Stopps und gehören auch nicht zu denen, die stur an ihren Positionen festhielten und so 90 Prozent der während der Internetblase der 1990er-Jahre erzielten Gewinne wieder verloren. Starke Kursschwankungen sind das größte Hindernis auf dem Weg zur Profitabilität. Seitwärtsmärkte können sich wie eine chinesische Wasserfolter auswirken. Sie lassen das Konto langsam ausbluten. Obwohl es von entscheidender Bedeutung ist, Hausse- und Baisse-Bewegungen richtig zu identifizieren, ist die Erkennung von Seitwärtstrends vielleicht sogar noch wichtiger.

Die Zeitzyklen sind für diejenigen von Ihnen von größtem Nutzen, die starken Marktschwankungen aus dem Weg gehen wollen. Zunächst halten Sie sich aus dem übergeordneten Trend heraus. Wenn Sie zu einem kürzeren Zeitrahmen übergehen, können Sie zweitens wahrscheinlich profitabel traden, während andere passiv bleiben. Ein Dreieck oder ein flaches Muster im täglichen Zeitrahmen bieten Intraday-Tradern viele Möglichkeiten, von kleinen, begrenzten Zyklen zu profitieren. Wer sich auf längere Zeitrahmen konzentriert, wird in solchen Zeiten vielleicht ausgestoppt oder wartet auf einen Ausbruch nach oben oder unten, während Fünf- und 15-Minuten-Charts viele Gewinnmöglich-

Abbildung 3.8:
Dreieck im Biotech-Index (BTK)

keiten bieten. Der einzige Unterschied beim Trading auf Basis von Tages-, Stunden- oder kürzeren Charts besteht darin, dass man seine Ergebnisse viel schneller bekommt. In manchen Märkten kann Intraday-Trading für Tage oder Wochen die einzige Möglichkeit sein, Gewinne zu erzielen.

Wie erkennt man ein Seitwärtsmuster, während es sich entwickelt? Es ist die Antithese all dessen, was wir in diesem Kapitel besprochen haben. Nichts funktioniert richtig. Die Zyklen von Hoch zu Hoch einer bullishen Rotation entwickeln sich nicht, und Gleiches gilt für die bearishen Zyklen. Vielleicht werden Sie im Verlauf der Sequenz einmal ausgestoppt, aber über eines müssen Sie sich im Klaren sein: Wenn die Zyklen nicht funktionieren, ist es höchste Zeit, sich vom Markt fernzuhalten, weil man mit starken erratischen Schwankungen rechnen muss. Eines der schönsten Dreiecke, die ich in den vergangenen fünf Jahren gesehen habe, gab es im Biotech-Index (BTK). Auf dem Tageschart erstreckte sich dieses Muster über sechs Monate, und Ähnliches geschieht in kürzeren Zeitrahmen ständig.

Trader-Tipp

Die Zeitzyklen sind für diejenigen von Ihnen von größtem Nutzen, die starken Marktschwankungen aus dem Weg gehen wollen. Zunächst halten Sie sich aus dem übergeordneten Trend heraus. Wenn Sie zu einem kürzeren Zeitrahmen übergehen, können Sie zweitens wahrscheinlich profitabel traden, während andere passiv bleiben.

Sehen wir uns *Abbildung 3.8* einmal gründlich an. Auf einen 18-tägigen Kursrückgang folgt eine gut aussehende weiße Kerze mit einem Morning-Star-Muster. Am 26. Tag der Bewegung wird sogar ein Top erreicht. Ab dem 17. Tag nach dem Tief verläuft die Sache allerdings sehr zäh. Am 18. Tag sehen wir wiederum eine schöne weiße Kerze; nur wenige Tage nach dem 26-tägigen Zyklus von Hoch zu Hoch. Man erkennt schon, wie hier Gegenwind aufkommt. Das erste Zeichen für Probleme wird sichtbar, als der Markt den 17- bis 18-Tage-Zyklus nach oben fortsetzen sollte. Drei Tage später sinkt der Index und testet erneut das Tief – kurz nach diesem vielversprechenden Morning-Star-Muster. Gut, der 18-tägige Zyklus setzt sich nicht fort, aber das Tief wird auch nicht unterschritten. Die Bären sind sauer, dass das Tief nicht geknackt wird, obwohl der Index am Widerstand des 26-tägigen Zyklus von Hoch zu Hoch gescheitert ist. An diesem Punkt erhalten wir den ersten Hinweis darauf, dass nichts funktioniert. Zumindest im täglichen Zeitrahmen funktioniert es nicht. Sie müssen verstehen, dass derartige Muster ein Paradies für Intraday-Trader sind.

Am 29. Tag nach dem Sekundärhoch bei 480 sehen wir eine schöne schwarze Kerze nach einem 29-tägigen Zyklus von Hoch zu Hoch. Auch das funktioniert nicht, weil das Hoch in weniger als einer Woche übertroffen wird. Der Index steigt weiter, bis es zu einem Cluster-Hoch am 74. Tag des Trends, aber 31 Tage nach einem Sekundärtief und 56 Tage nach einem primären Tief kommt. Vergleichen Sie dieses Hoch mit den oben beschriebenen Hochs im NASDAQ-Tageschart und im SPX-Wochenchart. Sie können das nicht vergleichen, nicht wahr? Das ist gut, denn das Thema dieses Kapitels ist ja, dass manche Muster besser organisiert sind als andere. Der einzige Hinweis auf eine mögliche Trendwende ist die 56-tägige Aufwärtsbewegung. Es handelt sich nicht um ein gut definiertes Cluster, aber der Index geht tatsächlich nach unten. Wir finden ein Tief, weil es am 62. Tag nach dem Primärtief zu einem Hammer-Wendepunkt kommt. Es geht nach oben, aber wenn Sie alle andere bullishen Rotationen in diesem Kapitel studiert haben, erwarten Sie nun vielleicht eine starke Aufwärtsbewegung auf Basis des 62-tägigen Zyklus von Tief zu Tief. Wie Sie sehen, kommt es aber nicht dazu.

Wir finden kein Tief, bis die C-Welle am 37. Tag des Trendabschnitts ausläuft, der dem 110. Tag des Musters entspricht. Die Zahlen 110 (11 * 10) und 111 sind wichtige Ableitungen der Lucas-Zahl 11, aber ich habe sie nicht in die Tabelle aufgenommen, weil sie eine geringere Wahrscheinlichkeit aufweisen. Von diesem Punkt an sehen wir endlich, wie eine bullishe Rotation beginnt. Wie Sie sehen, bricht sie am 21. Tag nach diesem Tief aus.

Fazit: Wir wissen, dass Bullen- und Bärenphasen in jeder Trendkategorie einzigartige Merkmale aufweisen, die es uns erlauben, sie voneinander zu unterscheiden. Und wir haben zudem gelernt: Seitwärtsmuster verraten sich dadurch, dass sie nicht funktionieren.

Sie sollten mittlerweile eine recht genaue Vorstellung davon haben, wie der Zeitfaktor in der Technischen Analyse funktioniert. Obwohl es sich um eine gute und eigenständige Methode handelt, muss man sie nicht als die sprichwörtliche einsame Insel der Technischen Analyse behandeln. Die Finanzmärkte sind so kompliziert, dass wir nie genug Werkzeuge in der Scheune haben können. Diese Methode bietet sich zwar in erster Linie für Elliott-Anhänger und Fibonacci-Analysten an, aber das muss nicht so sein. Man kann sie mit jeder anderen Methode und mit vielen technischen Indikatoren kombinieren.

Im restlichen Teil dieses Buches wird es darum gehen, wie wir die Gewinnwahrscheinlichkeit unserer Trades weiter erhöhen können.

Sie werden schon bemerkt haben, dass alle Charts in diesem Buch Candlesticks verwenden. Candlesticks sagen mehr über das Marktverhalten aus als einfache Kursbalken. Bisher habe ich in allen Beispielen darauf hingewiesen, dass die Kombination des Zeitelements mit der Candlestick-Methode die beste Art und Weise ist, wichtige Trendwenden zu entdecken. Im nächsten Kapitel werden wir dieses Konzept detaillierter erörtern.

Denken Sie daran

Wir wissen, dass Bullen- und Bärenphasen in jeder Trendkategorie einzigartige Merkmale aufweisen, die es uns erlauben, sie voneinander zu unterscheiden. Seitwärtsmuster verraten sich dadurch, dass sie nicht funktionieren.

KAPITEL 4

Candlesticks und das Zeitelement

Beim Baseball verbringen Werfer und Fänger viele Stunden damit, die Schläger zu studieren und zu erfahren, welche Würfe ihnen liegen und welche nicht. Sie kennen die durchschnittliche Trefferquote bestimmter Schläger gegen Rechtshänder, Linkshänder, bei Heimspielen, bei Auswärtsspielen und so weiter.

Beim Pokern verbringen die Profis Stunden damit, die anderen Spieler am Tisch zu studieren und deren unbewusste Bewegungen zu deuten, mit denen sie vielleicht verraten, ob sie gute oder schlechte Karten haben. Diese Dinge sind nicht einfach, aber sie machen den Unterschied zwischen Gewinnen und Verlieren aus.

Der gemeinsame Nenner zwischen Sport und Pokern besteht darin, dass Wahrscheinlichkeiten eine entscheidende Rolle spielen. Trainer studieren Filmaufzeichnungen, um herauszufinden, was der Gegner in bestimmten Situationen gerne tut. Er wird das aber nicht in jedem Einzelfall tun. Trader tun dies auch – wir untersuchen Charts, um zu bestimmen, welche Bewegungen die Märkte in bestimmten Situationen vollziehen werden. Das ist nicht einfach, aber wir können die Informationen in den Charts dazu verwenden, die Gewinnwahrscheinlichkeit unserer Trades zu erhöhen. Candlestick-Charts in Verbindung mit dem Zeitelement sind ein sehr nützliches Werkzeug, wenn man herausfinden will, was die Konkurrenz macht.

Wenn wir die Candlestick-Technologie diskutieren, verwandeln wir nicht einfach simple Chartbalken in das fernöstliche System der Mustererkennung, das die Japaner perfektioniert haben. Die Kerzen selbst haben ihre eigene Bedeutung, aber diese Bedeutung kann nur im Gesamtkontext der Marktsituation korrekt interpretiert werden.

Ich werde hier keinen vollständigen Kurs über Candlesticks abhalten und nehme an, dass die meisten von Ihnen schon einiges darüber wissen. Falls nicht, muss ich Sie auf die Arbeiten Steve Nisons verweisen, weil er diese Methode viel besser lehrt, als ich es je könnte. Ich trage hier nur etwas zu seinem großartigen Werk der vergangenen 20 Jahre bei.

Japanische Candlesticks und Steve Nison

Die in der Technischen Analyse weitverbreiteten Candlestick-Charts entstanden im Japan des 18. Jahrhunderts und wurden von Munehisa Homma (auch Sakata genannt) entwickelt, der als Begründer dieser Technik gilt. Er analysierte die Preise von Reiskontrakten und erkannte als einer der Ersten, dass Marktbewegungen das Resultat der Massenpsychologie sind. Sakata erwarb sich auf dem Reismarkt mit seinen Methoden ein Vermögen und soll drei Bücher über Technische Analyse verfasst haben.

Steve Nisons erster Artikel über Candlesticks erschien 1989 in der Zeitschrift *Futures*. Er gilt als derjenige, der die Candlestick-Technik in die westlichen Länder brachte.

Er ist Autor der Bücher *Technische Analyse mit Candlesticks* (FinanzBuch Verlag, 2003) und *Der Candlestick-Kurs* (FinanzBuch Verlag, 2005). Nison gilt als führender Experte auf diesem Gebiet.

Wenn wir über Candlesticks sprechen, dann sprechen wir auch von Widerstands- und Unterstützungsniveaus. Es gibt viele verschiedene Arten solcher Niveaus. In der Elliott-Gemeinde denken wir an die Regeln und Richtlinien der Wellen. Die wichtigste Regel ist die Überlappungsregel. Eine Überlappung der vierten und der ersten Welle ist eine Form von Widerstand oder Unterstützung. Es gibt aber noch viele weitere Formen.

Wir können Fibonacci-Retracement-Niveaus als wichtige Linien betrachten. Zudem halten wir Trendkanallinien, frühere Hochs und Tiefs, gleitende Durchschnitte, Bollinger-Bänder und Gaps für die wichtigsten Chartregionen. Welche ist wichtiger? Das kann nur der Markt entscheiden. Wir erhalten aber einen Hinweis, wenn wir einen Punkt auf dem Chart finden, wo ein Cluster oder eine Ansammlung mehrerer Relationen an derselben Stelle erfolgt.

Wir suchen nach den Setups mit der höchsten Erfolgswahrscheinlichkeit. Wie wir schon wissen, sind manche Trendabschnitte besser organisiert als andere. Daher suchen wir nach erkennbaren Kerzenmustern in der Nähe wichtiger Unterstützungs- und Widerstandslinien, die zudem die richtigen Fibonacci- oder Lucas-Relationen am selben Punkt aufweisen. Wenn Sie sich nur darauf beschränken, werden Sie schon sehr gut abschneiden. Denken Sie aber daran, dass man Geduld braucht, wenn man auf solche Setups wartet.

Unterstützung und Widerstand

Abbildung 4.1 zeigt einen Fünf-Minuten-Chart des NASDAQ-100-Index aus dem Dezember 2005. Gegen Handelsende am Mittwoch wurde ein Hoch von etwa 1761,50 erreicht. Dann sinkt der Index 17 Balken lang auf 1752 und zieht wieder an. Ich werde nicht alle zeitlichen Relationen in diesen Charts besprechen, weil ich mich auf die Bestätigung der Candlesticks konzentrieren möchte. Beachten Sie, dass gegen 10.30 Uhr das Tief mit einer weißen Kerze erneut getestet wird. Diese Linie wird offensichtlich zu einer kurzfristigen Unterstützung.

Nach dem Tief beginnt eine sehr erratische Fünf-Wellen-Korrektur. In diesem Muster gibt es viele Überlappungen, bis das Top am 28. Balken erreicht wird. Der Index scheitert am Niveau von 1760, das auch dem Sekundärhoch des ersten Kursrückgangs entspricht. Man liest wenig darüber, wie wichtig Fibonacci- oder Lucas-Zahlen bei der Suche nach Widerstand und Unterstützung sind. In diesem Fall fungiert die Kraft der Zahl 60 am Preispunkt als Widerstand. In jedem Fall scheitert der Index am 28. Balken, was durch die nächste Kerze be-

Unterstützung und Widerstand

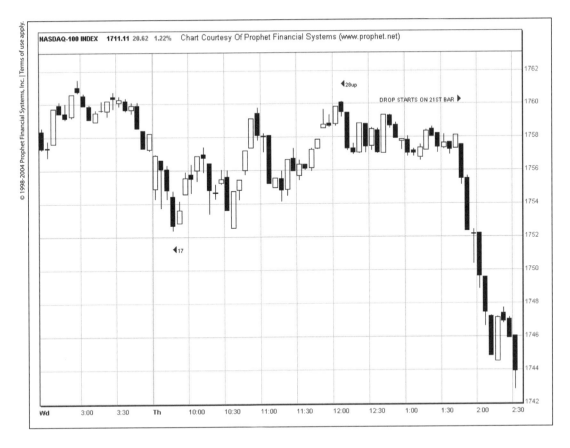

Abbildung 4.1:
Ein Scheitern
am Widerstand
(NASDAQ,
5-Minuten-Chart)

stätigt wird. Es handelt sich um eine schwarze Kerze, die das kleine Gap im Bereich von 1758 mehr als ausfüllt. Die Region um 1760 ist nun ein Widerstand, bestätigt durch eine schwarze Kerze. Dennoch sinkt der Index nicht ... noch nicht. Er entwickelt sich seitwärts bis zum 21. Balken nach dem Sekundärhoch. Das ist ein Beispiel für Richtlinie 4. Obwohl es in Balken 28 ein Sekundärhoch gab, erfolgt der richtige Kursrückgang erst 21 Balken später. Von dort an sinkt der Index um beachtliche 15 Punkte. Als die Unterstützung bei 1753 durchbrochen wird, sollten wir mit keiner weiteren Unterstützung mehr rechnen, bis diese dritte oder C-Welle das 1,618-fache des ersten Trendabschnitts nach dem Top erreicht hat.

Zum besseren Verständnis von Unterstützungs- und Widerstandslinien wollen wir uns den Citigroup-Chart aus dem Kapitel über Elliott-Wellen noch einmal ansehen, aber diesmal in einem anderen Zusammenhang *(Abbildung 4.2)*. Was die Wellen betrifft, so haben wir sie bereits als flaches Muster identifiziert. Wenn wir uns die Kerzen ansehen, versuchen wir im Chart Linien zu identifizieren, die als Widerstände oder Unterstützungen fungieren. Manche sind

Richtlinie 4

Eine Bewegung beginnt wahrscheinlich an einem wichtigen Zeitbalken, der nicht dem ultimativen Top oder Boden entspricht. Es kann zum Beispiel in einer 55-Balken-Sequenz zu einem Top kommen, worauf eine Seitwärtsbewegung und ein erneuter Test dieses Hochs folgen. Dieser Test kann nun nur um einen Tick am Top scheitern, worauf am 61. Balken eine Abwärtsbewegung beginnt.

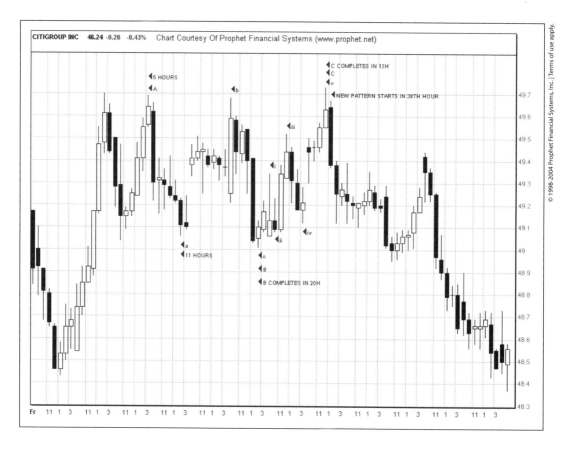

Abbildung 4.2: Citigroup

deutlich zu sehen, andere erkennen wir mithilfe der Werkzeuge unserer Methode.

Bei Citigroup gibt es in der Nähe von 49,70 eine Widerstandslinie. Der Kurs prüft diese Region an sieben Handelstagen vier Mal. Wenn wir am allerersten Hoch beginnen, sehen wir einen lehrbuchmäßig bearishen abstürzenden Balken. Dabei liegen beide Kerzenkörper auf demselben Niveau, aber die schwarze reicht weiter nach unten als die weiße. Der A-Abschnitt des flachen Musters vervollständigt sich an einem Cluster aus einem 8-stündigen Zyklus von Hoch zu Hoch und einem 5-stündigen Auswärtszyklus, ganz knapp unter der großen Widerstandslinie. Der nächste nach unten weisende schwarze Kerzenkörper bedeckt fast drei Stunden der Aufwärtsbewegung. Ein kleines »a« entsteht nach einem 11-stündigen Zyklus von Tief zu Tief.

Betrachten Sie die kleine schwarze Kerze mit Schatten (Docht) nach oben gleich rechts neben dem als a/11 HOURS bezeichneten Balken. Diese beiden Kerzen bezeichnet man als Harami-Trendwende. Von einem Harami spricht man, wenn ein kleiner Kerzenkörper auf einen großen folgt. Nachdem ein Trend fortgeschritten ist, endet die Kursbewegung, und der kleine Kerzenkörper drückt Unsicherheit aus. Der Harami ist in der Regel ein Trendwendemuster mit geringerer Wahrscheinlichkeit und nicht so kraftvoll wie ein Evening Star oder ein Morning Star. Je mehr von der Kursbewegung der großen Kerze die kleine wieder ausgleicht, desto besser stehen die Chancen auf eine Trendwende. Wenn dieser Anteil ein Drittel oder die Hälfte ausmacht, sind die Chancen gut; wenn das in Kombination mit einer guten zeitlichen Relation geschieht, sind sie noch besser.

Herami

Von einem Harami spricht man, wenn ein kleiner Kerzenkörper auf einen großen folgt. Nachdem ein Trend fortgeschritten ist, endet die Kursbewegung, und der kleine Kerzenkörper drückt Unsicherheit aus. Der Harami ist in der Regel ein Trendwendemuster mit geringerer Wahrscheinlichkeit und nicht so kraftvoll wie ein Evening Star oder ein Morning Star.

Zurück zu unserem Beispiel. Am oberen Ende der Kursspanne bei »B« sehen wir einen weiteren Harami. In diesem Fall bedeckt ein größerer schwarzer Kerzenkörper mehr als ein Drittel der großen Kerze mit dem weißen Körper. Dies ist das dritte Hoch in der Sequenz ohne bedeutende zeitliche Relation. Wie Sie sehen, handelt es sich um den 9. Balken nach einem kleinen Tief und den 15. nach einem vorherigen Hoch. Die einzige erfüllte Zeitrelation ist, dass er 23 Balken vom ursprünglichen Hoch entfernt liegt. Dieses kleine B-Wellen-Hoch kann mit drei Relationen ein Cluster bilden: Die erste ist der Trendabschnitt selbst, die zweite ist der Zyklus von Hoch zu Hoch mit dem vorherigen Wendepunkt, und dann gibt es noch die Relation zum ursprünglichen Hoch. Denken Sie an die erste Regel über Ansammlungen oder Cluster. Sagen wir es so: Hätte es an diesem Punkt drei Zeitrelationen gegeben, dann wäre das Muster wahrscheinlich genau dort gescheitert. Anderenfalls würde es wahrscheinlich zu einem erneuten Test dieses Kursniveaus kommen.

Der Chart vollzieht nun einen weiteren vollständigen Zyklus. Das Tief der B-Welle führt zu einem weiteren Harami 20 Stunden nach dem Hoch der A-Welle. Wie Sie sehen, besteht er aus einer großen schwarzen und einer kleinen weißen Kerze. Er hätte eine Kursbewegung nach oben einleiten können, die allerdings nur wenige Tage dauerte.

Das letzte Hoch dieser Sequenz beweist die Richtigkeit der Cluster-Regel. Ich habe hier zwei zeitliche Relationen im Chart markiert. Zunächst erreicht dieser letzte C-Abschnitt in 13 Stunden sein Top. Der nächste Balken, der die Bewegung in Gang setzt, beginnt 38 Stunden nach dem ersten Tief. Bei näherer Betrachtung erkennen wir, dass das Hoch der C-Welle nach einem 17-stündigen (Lucas 18 – 1) Zyklus von Hoch zu Hoch erreicht wird. An diesem Punkt gibt es drei gute zeitliche Relationen, während es am vorherigen Hoch nur eine gab. Der Kursabsturz im 38. Balken ist ein großer schwarzer, abstürzender Trendwendebalken. Das ist wichtig, weil es viele technische Elemente zu einem Setup mit hoher Erfolgswahrscheinlichkeit kombiniert. Zunächst sehen wir ein Scheitern an einer wichtigen Widerstandslinie. Zweitens zeigen die Kerzen vielversprechende Trendwendebalken, und wenn man diese beiden Elemente mit unserer Zeitmethode kombiniert, erhält man ein Setup mit niedrigen Risiken und großen Chancen.

Betrachten Sie die Kursentwicklung nach dem Top. Zählen Sie die Balken selbst: Was sehen Sie? Sie sehen einen kleinen Wendepunkt am 8. Balken nach dem Hoch und einen weiteren am 18. Balken. Die letzte Chance zum Einstieg in diesen Trade besteht am 18. Balken dieses kleinen Zyklus von Hoch zu Hoch nahe 49,40.

Das Scheitern am Widerstand

Abbildung 4.3, der Tageschart des Dezember-Bond-Futures-Kontrakts, zeigt ein weiteres gutes Beispiel eines Scheiterns an einer wichtigen Widerstandslinie. Nicht jedes Scheitern an einem Widerstand erfolgt – wie im Citigroup-Chart – exakt am Top. Oft sieht man einen erneuten Test des Hochs während der zweiten oder B-Welle, der am 78-prozentigen Retracement-Niveau scheitert. Vom Top aus sehen wir einen 17-tägigen Zyklus von Hoch zu Hoch, der das Scheitern am Widerstand bestätigt. Der 18. Balken nach dem Top ist die schwarze Kerze, die signalisiert, dass wir uns vom Top entfernen. Ich habe es schon mehrmals erwähnt: Die Bewegung nach dem erneuten Test einer Unterstützung oder nach dem Scheitern an einem Widerstand ist die wichtigste. In den Begriffen Elliotts ist dies das Ende der zweiten oder B-Welle. Andere Technische Analysten bezeichnen es lediglich als Bestätigung der Unterstützung oder des Widerstands.

Abbildung 4.3: Dezember-Bond-Futures

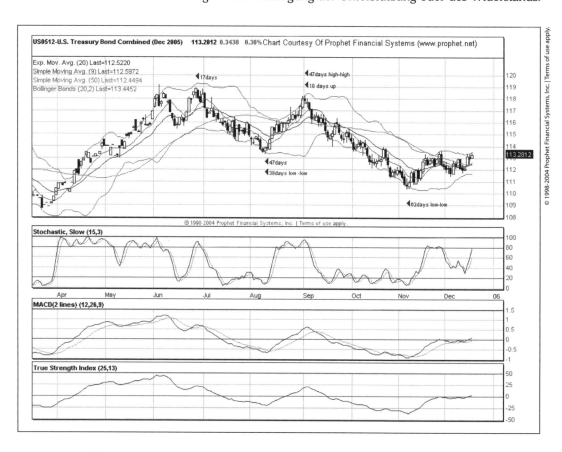

Wie dem auch sei: Der Setup ist jetzt reif für die stärkste Bewegung des Kursmusters.

In diesem Fall sinkt der Kurs bis zum 47. Tag des Zyklus. Er entspricht dem Ende eines 38-tägigen Zyklus von Tief zu Tief. Wenn Sie im Chart bis zum Mai zurückblicken, erkennen Sie eine Unterstützungszone bei 113, die einstweilen stabil bleibt. Diese Unterstützungszone wird zwei Tage später durch eine große weiße Kerze bestätigt.

Wegen des 38/47-Clusters, das durch die weiße Kerze bestätigt wird, sollten Sie auf der Long-Seite einsteigen. Es folgt ein 18-tägiger Aufwärtstrend, der zu einem 47-tägigen Zyklus von Hoch zu Hoch führt. Dieses zeitliche Cluster scheitert, und die Kerzen bestätigen dies zwei Tage später. Wir haben nun alle traditionellen Unterstützungs- und Widerstandslinien besprochen. Es gibt aber noch eine andere, die die meisten Leute nicht kennen. Derartige Cluster, zum Beispiel das gleichzeitige Auftreten eines 18-Tage-Trendabschnitts und eines 47-Tage-Zyklus, können als zeitlicher Widerstand wirken. Je mehr Relationen zu einer Trendwende führen, desto höher ist die Wahrscheinlichkeit, dass es zu einem zeitlichen Widerstand kommt. Wir haben das schon im letzten Kapitel beim Mai-Hoch an der NASDAQ und im S&P-500 gesehen. Die meisten Analysten verstehen nicht, wie solche zeitlichen Cluster zu unsichtbaren Widerstandszonen führen können. Tatsache ist: Je besser diese Zeitelemente organisiert sind, desto zuversichtlicher darf man sein, dass sie für lange Zeit nicht überwunden werden. Bei den Aufwärtsbewegungen des Dow und der NASDAQ von 2002 bis 2004 gab es eine zeitliche Übereinstimmung. Der erste Trendabschnitt dauerte etwa 233 Stunden, und die große Rallye 2003 dauerte (ungefähr) 233 Tage. Das durch diese Übereinstimmung entstandene Hoch wurde zehn Monate lang nicht übertroffen.

Unser Beispiel endet damit, dass der letzte Trendabschnitt nach unten nach einem 62-tägigen Zyklus von Tief zu Tief endet. Wenn man diese Wellen untersucht, erkennt man, dass hier wiederum das Zeitelement die beste Orientierung bietet, weil diese Wellen nicht mit den üblichen Fibonacci-Relationen übereinstimmen.

Wie man Trendwenden erkennt

Abbildung 4.4 zeigt eine vollständige Korrektur des XAU von November 2004 bis Mai 2005, bei der sich ständig Lucas-Relationen finden. Seit ich die Lucas-Zahlen allgemein bekannt gemacht habe, sind meine Erfahrungen so: Obwohl einige Elliott- oder Fibonacci-Anhänger von der Lucas-Sequenz gehört haben, haben sie doch keine Ahnung von deren enormem Einfluss auf den Finanzmärkten.

Dieser spezielle Chart ist das vollständige Bild einer ganz normalen mittelfristigen Korrektur, wie man sie an allen Finanzmärkten findet. Gut, es handelt sich um eine lehrbuchmäßige scharfe ABC-Korrektur. Sehen Sie sich die B-Welle an. Sie entspricht einem 76-tägigen Zyklus von Hoch zu Hoch. Die C-Welle dauert 47 Tage, das gesamte Muster 123 Tage.

In diesem Kapitel geht es allerdings um Candlestick-Linien. Wie beim letzten Chart über den Bondmarkt erkennen Sie auch in *Abbildung 4.4* ein Scheitern am Widerstand der Lucas-Zahlen. Am siebten Tag der Bewegung scheitert der Index erstmals am Widerstand. Balken 6 ist eine weiße Kerze, Balken 7 ist ein kleiner Schatten und Balken 8 ist eine große schwarze Kerze. Das Gap nach unten am 8. Balken löscht die nach oben gerichtete weiße Kerze vollständig aus. Wenn es sich hier nicht um das Top selbst handelte, wäre es ein exzellentes Evening-Star-Umkehrmuster.

Die A-Welle nach unten endet nach 56 Balken (Fibonacci). Am Beginn der B-Welle wollen wir zunächst die Linien der Fibonacci-Retracements einzeichnen, um abschätzen zu können, wie weit der erneute Test des Hochs gehen kann. Für mich weist ein Retracement von 61 Prozent immer die höchste Wahrscheinlichkeit für einen erneuten Test auf. Das Niveau von 78 Prozent weist eine geringere Wahrscheinlichkeit auf. In diesem Fall haben wir ein Widerstandsband am 50-Prozent-Niveau, entstanden durch die Seitwärtsbewegung während des größten Teils des Dezembers. Die Kursbewegung versuchte einen Ausbruch,

Abbildung 4.4: Lucas-Korrektur (XAU, Tageschart)

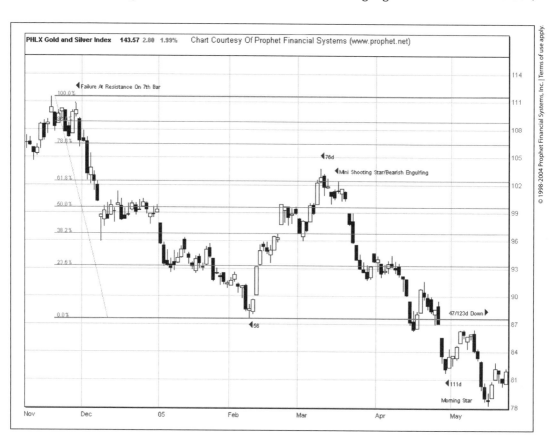

schaffte ihn aber nicht. Wenn wir das 61-Prozent-Niveau als Widerstandslinie betrachten, können wir die Balken im Voraus zählen und eine mögliche Trendwende auf diesem Niveau antizipieren. Das klappt nicht immer, aber hier haben wir eine vollständige B-Welle mit 21 Balken vom Tief bis zum Hoch, aber mit 76 Tagen von Hoch zu Hoch. Das Niveau von 61 Prozent wird leicht übertroffen, aber im Chart zeigt sich ein kleiner Shooting Star gefolgt von einem bearishen abstürzenden Balken.

Normalerweise reagieren wir nicht auf solche Signale. Wenn man sich nur nach den Kerzen richtet, ist dies nicht gerade das beste Signal für eine Trendwende. Es sieht gut aus, aber nicht gut genug, um einen Trade zu rechtfertigen. Wenn wir uns die Retracement-Niveaus ansehen, verstehen wir aber vielleicht, warum es nun zu einer Trendwende kommen könnte. Wenn man alle Faktoren einbezieht, spricht doch einiges für eine Trendwende. In diesem Beispiel gibt es ein Zeitcluster von 21/76 Tagen, dem 61-prozentigen Retracement-Niveau und den gemäßigt bearishen Candlesticks.

Trader-Tipp
Zeitliche Cluster schaffen unsichtbare Kurswiderstände, die fast nicht überwunden werden können. Ein gutes Zeitcluster hält wochen- oder monatelang.

In seinen Büchern rät Nison davon ab, Trades allein nur auf der Basis von Candlesticks auszuführen. Damit hat er recht, und dies ist ein lehrbuchmäßiges Beispiel dafür. Jetzt, da Sie den Zeitfaktor kennen, werden Sie zu antizipieren beginnen, wann es zu einer Trendwende kommen kann.

Diese Korrektur endet schließlich im Mai mit einem Cluster von 123/47 Balken. Danach folgt ein schönes Morning-Star-Muster.

Diese beiden Charts illustrieren ein Konzept, das vielen von Ihnen neu sein dürfte. Wie Sie wissen, gibt es viele Arten von Unterstützung und Widerstand. Ich möchte Ihnen das Konzept des zeitlichen Widerstands vorstellen. Auf beiden Charts erfolgt das Scheitern am Widerstand in der Nähe, aber nicht exakt auf einem bekannten Fibonacci-Kursniveau. Für normale Elliott- oder Fibonacci-Analysten ist dies gleichermaßen verblüffend. In beiden Fällen scheitert die B-Welle nach oben an einem Lucas-Zyklus von Hoch zu Hoch. Der Bond-Chart scheitert an einem 47-tägigen Zyklus von Hoch zu Hoch, der XAU scheitert an einem 76-tägigen Zyklus von Hoch zu Hoch. Im Fall des XAU habe ich auf die Niveaus der Fibonacci-Retracements hingewiesen. Eine B-Welle scheitert oft exakt an einem solchen Niveau, oft aber auch nicht. Sie scheitert, weil die Zeit vorbei war. Es ist wirklich so einfach. Aus irgendeinem Grund (wahrscheinlich wegen einer emotionalen Reaktion) überstieg der Kurs zeitweise die Region von 61 Prozent. Er überstieg sie nicht sehr deutlich, aber deutlich genug, um Trader zu verwirren, die speziell nach bestimmten Retracement-Niveaus suchen. Es gibt daher Charts, die das 61-Prozent-Niveau knapp übersteigen oder knapp darunter scheitern.

Der wichtige Punkt ist das gemeinsame Auftreten beider Relationen. Der 21-tägige Zyklus nach oben und der 76-tägige Zyklus von Hoch zu Hoch wirken auf die Kursentwicklung nicht anders als ein gleitender Durchschnitt oder ein

Fibonacci-Retracement-Niveau. In der Tat ist die Wirkung sogar noch besser. Diese zeitlichen Cluster schaffen unsichtbare Kurswiderstände, die fast nicht überwunden werden können. Ein gutes Zeitcluster hält wochen- oder monatelang. In diesem Bereich hält diese Art des Widerstands im Bereich um 103 sechs Monate lang. Die Korrektur endet im Mai, und der Widerstand wird erst überwunden, als der nächste Trendabschnitt nach oben wirklich in Schwung kommt. Im Fall des Bond-Charts könnte das im September 2005 entstandene Hoch der B-Welle jahrelang halten.

Die Bestätigung von Unterstützungen

Wir haben diesen Chart schon einmal als Beispiel für die Überlappung einer Korrektur gesehen. *Abbildung 4.5* ist auch ein exzellentes Beispiel dafür, wie eine Unterstützungszone bestätigt wird. Dieses Beispiel ist das exakte Gegenteil des Citigroup-Charts. Das Tief entsteht im Bereich von 1512 gegen Ende der Handelszeit am Dienstag. Es folgt eine Bewegung nach oben über 18 Balken, ehe es zur Korrektur mit der zweiten oder B-Welle kommt. Sehen wir uns an, was in Welle 5 geschieht. Wir sehen eine Abwärtsbewegung im Umfang von

Abbildung 4.5:
Überlappung im NDX (siehe Abbildung 2.9)

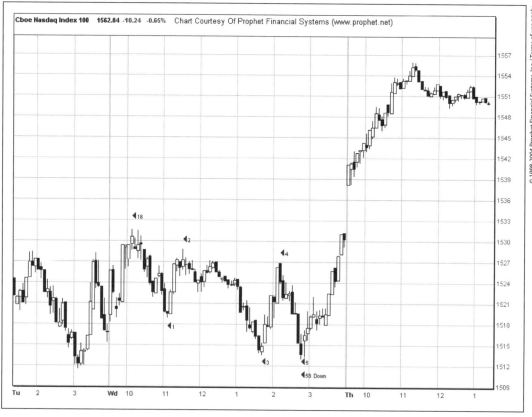

acht Balken, verbunden mit einer Abwärtsbewegung von 56 (Fibonacci 55 + 1) nach unten. Die fünfte Welle bestätigt das Tief oder die Unterstützungslinie bei 1512 vom Tag zuvor. Das einzige Problem, das ich mit diesem Chart habe, sind die Kerzen nach dem Tief. In diesem Zeitraum sehen sie nicht besonders gut aus. Es handelt sich allerdings um einen Fünf-Minuten-Chart. Wenn man zum 15-minütigen Zeitrahmen übergeht, sehen die Kerzen nach dem Tief wesentlich besser aus.

Beachten Sie, was nun bei der Aufwärtsbewegung geschieht. Am Punkt des früheren Widerstands gibt es ein Gap nach oben. Das ist ein sehr wichtiges Konzept. Nison nennt dies das Polaritätsprinzip (Nison 1991, S. 201–208) Das Polaritätsprinzip besagt ganz einfach, dass aus einem Widerstand eine Unterstützung werden kann – und umgekehrt. Warum funktioniert das? In diesem Fall scheinen viele Trader nach dem Kursanstieg bei 1530 verkauft zu haben, weil sie mit sinkenden Kursen rechneten. An diesem Tag gab es tatsächlich drei Gelegenheiten für Leerverkäufe. Leider handelte es sich um eine erratische Korrekturwelle, und Leerverkäufe wären ein großer Fehler gewesen.

In diesem Beispiel wissen wir nicht, ob die Unterstützung durchbrochen wird; auf Basis des Kursmusters erscheint es eher wahrscheinlich, dass sie sich

Abbildung 4.6:
NASDAQ vom August 2004 bis Anfang 2006; wöchentliche Polarität

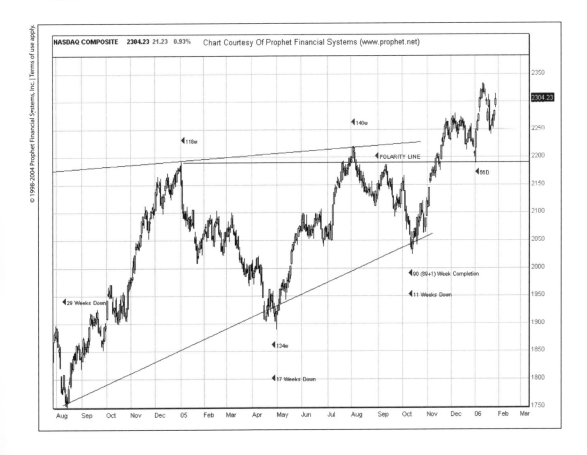

als stabil erweisen wird. Viele Trader sind gierig und tätigen vorzeitige Leerverkäufe, wenn sich der Kurs der Unterstützungslinie nähert. In diesem Fall sollten Leerverkäufer abwarten, bis eine Kerze die Unterstützungslinie durchbricht und unter ihr schließt.

Polaritätslinien und -zonen

Haben Sie schon einmal eine Position gekauft, die dann gegen Sie lief, und sich gedacht, Sie würden dieses Ding sofort wieder verkaufen, wenn Ihr Einstiegskurs wieder erreicht wird? Wenn das vielen Leuten passiert, könnte es als Polaritätslinie fungieren.

Abbildung 4.6 ist der Wochenchart der NASDAQ von August 2004 bis Anfang 2006. Das Hoch vom Januar 2005 bei 2191 Punkten hielt acht Monate lang. Im August wurde es zwar überwunden, aber das war nicht von Dauer. Erst beim nächsten Versuch im November 2005 wurde es endgültig überwunden. Ich zeige diesen Chart wegen des erneuten Tests. Wie Sie sehen, wirkte die Linie in der Nähe von 2200 Punkten ein ganzes Jahr lang als Widerstand. Erst beim vierten Versuch wurde sie dauerhaft überwunden, aber im Januar 2006 kam es zu einem erneuten Test. Der Pullback fand am alten Hoch vom Januar 2005 Unterstützung. Fast ebenso wichtig ist die Rotation der Balken nach dem Tief vom Oktober. Die Bewegung nach oben beginnt 56 Tage nach dem Wendepunkt vom Oktober und 18 Balken nach dem Hoch von Anfang Dezember. Da nun eine sehr wichtige Unterstützungslinie gesichert war, schossen die Notierungen explosionsartig nach oben.

Die andere wichtige Unterstützungslinie ist das Oktober-Tief selbst. Beachten Sie die Konsolidierung im Februar und im März 2005. Obwohl der Kurs einmal einbrach, was zum Tief vom April 2005 führte, blieb es offensichtlich nicht dabei. Das Tief vom Oktober beendete einen mittelfristigen Abwärtstrend von elf Wochen, aber auch ein Dreieck von 89 Wochen seit dem Hoch vom Januar 2004.

Der gleiche NASDAQ-Wochenchart in einem etwas anderen Zeitrahmen zeigt an den verschiedenen Wendepunkten einige Candlestick-Formationen *(Abbildung 4.7)*. Das Tief vom August 2004 vervollständigt einen 29-wöchigen Trendabschnitt (das Top ist hier zu sehen). In der Sprache der Candlestick-Analyse ausgedrückt, sehen wir ein Morning-Star-Muster mit einer nach unten gerichteten schwarzen Kerze, eine Bodenbildungs-Kerze mit kleinem Körper und eine große weiße Kerze, die zur Trendwende führt. Der nächste Trendabschnitt bis zum Ende des Jahres dauert 21 Wochen und endet mit einem riesigen bearishen Balken. Der erste Wochenbalken 2005 vollzieht die fünf vorherigen Wochenbalken nach oben nach. Die nächsten beiden Trendwendeformationen zeigen keine klassischen Kerzenformationen, aber die Kerzendochte zeigen in die richtige Richtung, mit Balken, die sich in diese Richtung fortsetzen.

Der entscheidende Aspekt des Hochs vom August 2005 ist der obere Kerzendocht, der den Widerstand des Januar-Hochs bestätigt. Wie Sie sehen, fällt die-

Abbildung 4.7: Anderer Zeitrahmen des NASDAQ-Wochencharts

ses Hoch nicht mit einem wirklich guten zeitlichen Cluster zusammen. Das könnte ein guter Grund dafür sein, dass es schließlich überwunden wird.

Das nächste Beispiel, *Abbildung 4.8*, illustriert die Polaritätslinie mehr als Zone denn als Linie. Der SOX verbrachte fünf Monate damit, die Zone von 420 bis 445 zu testen. Im Januar und im April sank er kurzfristig unter diese Zone. Schließlich testete der SOX, im Gleichschritt mit dem Rest des Markts, diese Zone noch einmal, ehe er auf Unterstützung stieß. Am 62. Tag der Korrektur sorgte ein kleiner Hammer im Tageschart für eine Trendwende nach oben; es folgte eine Bewegung um mehr als 140 Indexpunkte bis 560. Wir erkennen zwar die Trendwende am 62. Tag des Pullbacks, aber das Tief vom April tritt am 162. Tag des Trends auf, das Oktober-Tief am 289. Tag. Die Differenz beträgt 127 Tage (1,27 ist die Quadratwurzel von 1,618). An allen Zeitbalken können Trendwenden auftreten. Zusätzlich zu allen anderen Relationen, die im Oktober 2005 auftreten, sehen wir ein Cluster von 127 Tagen von Tief zu Tief und eines von 62 Tagen vom Hoch bis zum Tief. Der SOX erreichte sein Top im Januar 2006 und fiel dann auf ein wichtiges Tief in der Nähe von 430 Punkten. Als dieses Buch entstand, war das zeitliche Cluster vom Oktober 2005 immer noch in Kraft.

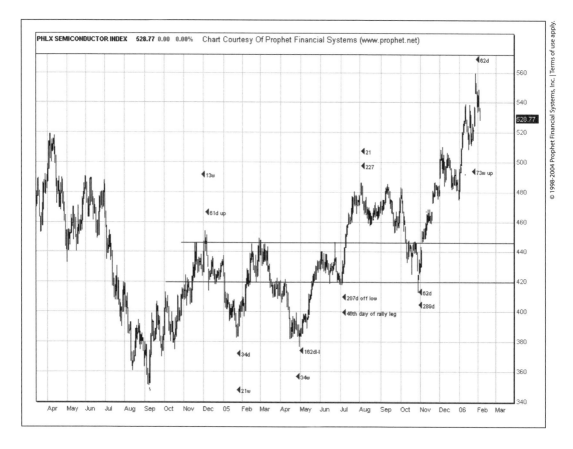

Abbildung 4.8:
SOX; Polaritätszone
im Tageschart

Zusammenfassung: Zeitlicher Widerstand

Der nächste Chart kommt dem Ziel sehr nahe, alle bisher diskutierten Prinzipien zu veranschaulichen. Ich habe Ihnen schon Berechnungen gezeigt, die im April und im Mai zur Trendwende von SPX und NASDAQ geführt haben. Vom Dow war bisher noch nicht die Rede.

Sehen Sie sich *Abbildung 4.9* an. Ab dem Tief vom Januar sehen wir eine bullishe Rotation, die im 13. Balken der Kursbewegung zu einer geradezu lehrbuchartigen umfassenden weißen Kerze führt. Genau nach diesen Bedingungen sollten Sie suchen – und das gilt für jeden Zeitraum in jedem Chart. Das Problem: Der Markt gibt Ihnen nicht immer so klare Muster. In den vorherigen Charts waren immer einige der gesuchten Elemente vorhanden, aber kaum einmal alle, und noch dazu auf so offensichtliche Weise. An diesem Beispiel will ich Ihnen zeigen, wie perfekte Bedingungen aussehen, damit Sie sie auch erkennen, wenn Sie sie das nächste Mal sehen und Ihren Nutzen daraus ziehen.

Wenn Sie nach einem Muster suchen, das nicht perfekt ist, aber doch viele der gesuchten Eigenschaften aufweist, brauchen Sie sich nur den nächsten

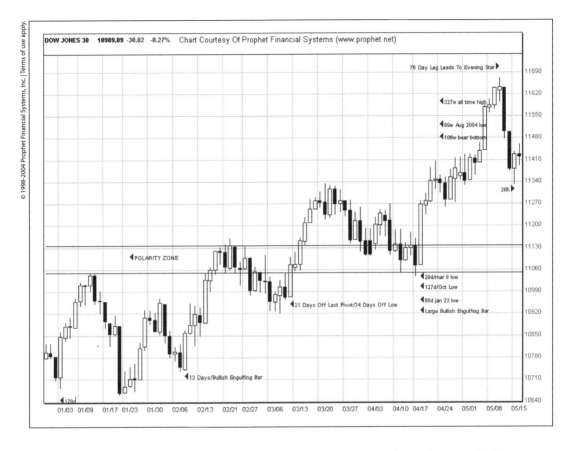

Abbildung 4.9:
Dow; Polaritätszone im Tageschart

Wendepunkt anzuschauen. Wie Sie sehen, tritt die nächste wirklich attraktive weiße Kerze am 21. Tag nach dem vorherigen Wendepunkt auf, das Cluster entsteht am 34. Tag nach dem Tief. Das Problem ist, dass die Kerze nicht das Tief markiert, das schon ein paar Tage zuvor bei 10.920 Punkten erreicht wurde. Warum passierte das? Ich weiß es nicht sicher, aber der Markt hat sich nun einmal so entwickelt. Wenn Sie sich diesen Trendabschnitt auf Intraday-Basis ansehen, erkennen Sie wahrscheinlich, dass die weiße Kerze am 21/34-Balken der Beginn einer kleineren dritten Welle ist. Der 19/32-Balken, der zu diesem Tief führte, war ein Hammer. Beide versuchten an diesem Tag, den Kurs nach unten zu drücken, um ein Tief erneut zu testen. Das Tief wurde kurzfristig durchbrochen, doch dann stieg der Index wieder an.

Der nächste Wendepunkt war aus mehreren Gründen interessant. Was Unterstützung und Widerstand betrifft, testete die Kursentwicklung eine potenzielle Polaritätszone aus Hochs, die zwischen dem 11. Januar und dem 21. Februar erreicht worden waren. Das Tief folgte unmittelbar auf das Januar-Hoch im Bereich von 11.060 Punkten. In Begriffen unserer Methode ausgedrückt, ergab sich ein zeitliches Cluster, das 29 Tage vom März-Tief, 60 Tage vom Januar-Tief und 127 Tage vom Oktober-Tief entfernt lag. Das Ergebnis dieses dreifachen

Das Unsicherheitsprinzip

Mark Douglas, einer der angesehensten Trading Coaches der Welt, warnt vor durch Analyse verursachter Lähmung.

Wenn Sie einen Trade durchführen wollen, brauchen Sie zunächst eine Vorstellung davon, was als Nächstes passieren wird. Im Gegensatz zur allgemein verbreiteten Meinung sagt Douglas, dass man mehr Gewinne erzielt, wenn man nicht weiß, was nun kommen wird. Er meint damit, dass »Alleswisser« mit Trading kein Geld verdienen. Wenn man mit der Einstellung an den Markt herangeht, dass alles passieren kann, geben wir unsere Kontrolle und das Bedürfnis auf, immer recht zu behalten.

Clusters war eine Bestätigung, dass sich ein früherer Widerstand auf beeindruckende Weise in eine Unterstützung verwandelte. Die weiße Kerze, die ausbrach, zeigt einen großen, umfassenden bullishen Balken, der die Kursbewegung der vorangegangenen sechs Tage abdeckte.

Dieses Cluster führte zum letzten Trendabschnitt nach oben. Als dies geschah, waren die zeitlichen Relationen auf Wochenbasis schon sehr weit fortgeschritten. Wir haben bereits gesehen, wie präzise der NASDAQ-Index mit verschiedenen Zyklen im April ein Hoch erreichte, ebenso wie der SPX im Mai. Ich beobachte viele Indizes, und obwohl sie nicht alle im Gleichschritt verlaufen, ist die Korrelation doch sehr hoch. Die Charts in diesem Buch sind von meinen persönlichen Charts abgeleitet, und Sie sehen genau, wo der Dow in Relation zum Hoch vom Januar 2000, zum Tief vom Oktober 2002 und zum Tief vom April 2005 stand. Wir haben schon gesehen, wie der Chart auf das Tief vom Oktober 2005 reagiert hat.

Als das Top erreicht wurde, entsprach dieser Trendabschnitt einer 76-tägigen Lucas-Relation nach oben, und die schwarze Kerze am nächsten Tag trat am 144. Tag nach dem Tief vom Oktober 2005 auf. Offensichtlich gab es an diesem Top keine Widerstandslinie. Dennoch reagierte der Dow auf ein Cluster von 76 Tagen nach dem Tief vom Januar und von 144 Tagen nach dem Tief vom Oktober. Die drei Balken am Top bilden also ein sehr gut aussehendes Evening-Star-Muster. Wir sehen eine Abfolge von einer weißen Kerze, einer High-Wave-Kerze mit kleinem Körper am Top und einer schwarzen Kerze am folgenden Tag, die die Evening-Star-Trendwende komplettiert. Falls Sie mit der Terminologie der Candlestick-Analyse bisher nicht vertraut sind: High-Wave-Kerzen weisen kleine Körper und Dochte auf beiden Seiten auf. Das lässt auf Unsicherheit oder Konfusion bei den Käufern schließen. Unsicherheit ist der Feind jeder Rallye, denn Hausse-Phasen in jeder Trendausprägung erfordern Überzeugung auf Seiten der Käufer.

Erkennen Sie den nächsten Chart *(Abbildung 4.10)*? Sehen Sie sich die bedeutende Widerstandslinie an, die durch die beiden Evening-Star-Muster entstanden ist. Der zweite Evening Star war ein Scheitern an einer sehr bedeutsamen Widerstandslinie. Zudem handelt es sich um ein Cluster zweier wichtiger zeitlicher Relationen. Erstens erkennen wir hier einen 34-tägigen Zyklus von Hoch zu Hoch und zweitens, noch wichtiger, einen Abstand von 122 Tagen zu einem sehr wichtigen Top. Der Kursrückgang beginnt am Lucas-Tag 123. Dieser Chart unterscheidet sich nicht wirklich von den anderen, die wir in diesem Kapitel betrachtet haben, nicht wahr? Wir haben die Wellen, die Widerstandslinien, die Kerzen und die richtigen zeitlichen Relationen.

Abbildung 4.10:
Eine bedeutende Widerstandszone im NASDAQ-Index

Wie in diesen Beispielen gezeigt wurde, sind manche Setups besser als andere, und die Märkte gewähren uns nicht immer den perfekten Setup. Manchmal braucht man allerdings nicht mehr als ein vernünftiges Muster. Vergessen Sie nicht, dass einer der wichtigsten Erfolgsfaktoren beim Trading darin besteht, nicht zu viele Annahmen zu haben. Mark Douglas nennt dies »Das Unsicherheitsprinzip«.

Ich halte Mark Douglas für den besten Trading Coach der Welt. In seinem Buch geht es darum, wie man von einem verlustreichen zu einem profitablen Trader wird. Wenn Sie schon profitabel traden, lernen Sie, noch höhere Gewinne zu erzielen. Wussten Sie schon, dass es möglich ist, zu viel zu wissen? Natürlich brauchen Sie eine Methode, der Sie vertrauen können, und dieses Buch vermittelt Ihnen die beste Mustererkennung der Welt. Douglas warnt jedoch vor durch Analyse verursachter Lähmung. Wenn Sie einen Trade durchführen wollen, brauchen Sie zunächst eine Vorstellung davon, was als Nächstes passieren wird. Im Gegensatz zur allgemein verbreiteten Meinung sagt Douglas, dass man mehr Gewinne erzielt, wenn man nicht weiß, was nun kommen wird. Er meint damit, dass »Alleswisser« mit Trading kein Geld verdienen. Wenn man mit der Einstellung an den Markt herangeht, dass alles passieren kann, geben wir unsere Kontrolle und das Bedürfnis auf, immer recht zu behalten. Wenn wir eine

Position erreichen, wo wir nicht immer richtig liegen müssen, tut es auch nicht so weh, wenn wir ausgestoppt werden. Wir können tatsächlich einen fließenden Zustand erreichen und interpretieren, was der Markt uns sagt, statt dem Markt unseren Willen aufzwingen zu wollen (88-3).

Warum komme ich ausgerechnet an dieser Stelle auf diese Diskussion über Trading-Psychologie zu sprechen? Inzwischen haben Sie wahrscheinlich bemerkt, dass der vorherige Chart sich von den anderen in diesem Kapitel unterscheidet. Er sieht nur aus wie irgendeine Widerstandslinie. Sehen Sie sich *Abbildung 4.11* an, die das »große Bild« der genannten Situation illustriert.

Sie sehen eine der größten bearishen dritten oder C-Wellen in der Geschichte der Aktienmärkte, den anschließenden Crash und das Platzen der Internet-Spekulationsblase. Die wichtigste Information aus diesem Chart lautet, dass niemand wirklich wusste, dass der Index von etwa 4300 bis auf 1100 Punkte abstürzen würde – aber er tat es. Wenn Sie nicht die Einstellung verinnerlichen, dass alles passieren kann, dann hätten Sie auch niemals an einem solchen Trade teilnehmen können.

Ich sage nicht, dass Sie nicht in diese Bewegung hätten einsteigen können, aber die meisten Leute, die dachten, sie wüssten, was da vor sich ging, lagen

Abbildung 4.11: NASDAQ, 2000 bis Februar 2001

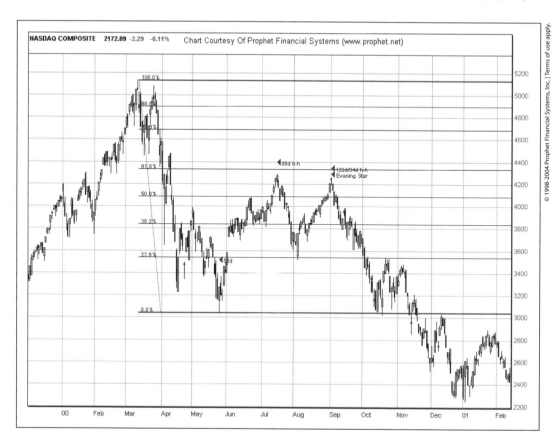

falsch, und 90 Prozent von diesen Leuten mussten schließlich 90 Prozent ihrer Gewinne wieder abgeben. Wenn man sich die Sache aus der Perspektive des Labor Day 2000 ansieht, gab es nur ein Scheitern an einem wichtigen Widerstand und einige klassische Kerzenformationen. Hätten Sie diese Informationen gehabt, dann hätten Sie leer verkauft. Manchmal hat man Glück, und deshalb sollte man seine Gewinne laufen lassen.

Was unsere Diskussion zeitlicher Widerstände betrifft, sehen wir, dass dieser Chart beide Male kurz vor dem 61-prozentigen Retracement-Niveau des gesamten ersten Trendabschnitts nach unten gescheitert ist. Nun verstehen Sie wohl, was ich mit guten, aber nicht perfekten Setups meine. Hätten Sie gewartet, bis der Kurs die 61-Prozent-Linie erreicht, dann hätten Sie zwei Einstiegschancen mit einer sehr günstigen Chance-Risiko-Relation verpasst. Wenn Sie sich den Chart noch einmal ansehen, werden Sie erkennen, dass auch alle anderen Voraussetzungen gegeben waren. Das erste Hoch scheitert am 88-tägigen (Fibonacci: 89 – 1) Zyklus mit dem Allzeithoch des NASDAQ-Index. Das nächste scheitert am 34/122-Lucas-Zyklus. Wenn die Kursentwicklung kurz vor einem wichtigen Fibonacci-Retracement scheitert, aber an einem Fibonacci-Zeitzyklus die Richtung ändert, sprechen wir von einem zeitlichen Widerstand.

Zeitliche Widerstände funktionieren auch in der entgegengesetzten Richtung. Sehen Sie sich das erste Abschnittstief in der Nähe von 3000 an. Es wird in 53 Tagen vervollständigt. 53 ist weder eine Fibonacci- noch eine Lucas-Zahl. Meine Erfahrung sagt: Wenn ein Trendabschnitt ohne eine gute zeitliche Relation endet, dann wird das Hoch oder Tief später überwunden. Wir haben in diesem Kapitel viele Widerstands- und Unterstützungslinien gesehen, die gehalten haben. Der Hauptgrund dafür ist, dass die Trendwende in Kombination mit einem guten Cluster zeitlicher Relationen erfolgte. Das ist kein unumstößliches Gesetz oder eine eiserne Regel; es ist mehr eine Richtlinie, die Sie immer im Gedächtnis behalten sollten.

Obwohl dieses Kapitel keineswegs eine umfassende Einführung in die Candlestick-Analyse ist, haben Sie nun wohl doch einige gute Arbeitsbeispiele in Trends aller Größenordnungen zur Hand, und das wird Sie dazu befähigen, folgende Dinge zu erkennen:

1. Bedeutende Unterstützungs- und Widerstandszonen;
2. Die wichtigsten Kerzen-Trendwendelinien;
3. Wie Unterstützung durch das Polaritätsprinzip zu Widerstand wird – und umgekehrt;
4. Wie man diese Disziplin mit dem Zeitfaktor kombiniert.

Sie wissen nun genug, um viele Setups mit hoher Gewinnwahrscheinlichkeit zu erkennen, die Sie zu Ihrem Vorteil verwenden können. Aber es gibt noch mehr. Wir können noch viele mittelmäßige Setups und das damit verbundene Ausgestopptwerden eliminieren. Um richtig gute Trendwenden zu erhalten, müssen wir erkennen können, wann ein Trend seinen Reifezustand erreicht. Das kann in jedem Zeitrahmen geschehen. Zum Beispiel reift ein Ein-Minuten-Trend in 34 Minuten. Wie wir bisher gesehen haben, gehören die Zählung der Wellen, die Messung der Zeit und ein gutes Kerzen-Trendwendemuster zu den entscheidenden Aspekten eines Charts. Der nächste Aspekt ist vielleicht der wichtigste, denn er impliziert, dass der Trend keine kurze Korrektur in Form eines Pullbacks vollzieht, sondern eine Richtungsänderung in größerem Maßstab.

KAPITEL 5

Divergenzen

Jedes Jahr wird ein hoch gehandelter Neuling mit allen athletischen und physischen Begabungen ausgewählt, als Quarterback in der National Football League (NFL) zu spielen. In jedem Team sind drei Quarterbacks, und bei 32 Teams gibt es folglich nur 96 solche Jobs im ganzen Land.

Im Vergleich zu den Spielern der College-Teams sind die NFL-Profis größer, schneller und klüger. Die Verteidigungstaktiken in der NFL sind sehr komplex, und die Geschwindigkeit des Spiels ist für einen Quarterback-Neuling die schwierigste Umstellung. Wie viele von Ihnen wissen, ist der Ballverlust das größte Verbrechen, das ein Quarterback begehen kann. Wenn die Würfe eines Quarterbacks im Vergleich zu seinen erfolgreichen Touchdown-Pässen zu oft vom Gegner abgefangen werden, ist seine Karriere bald vorbei.

Kaum ein Neuling in der Liga weiß genau, was er tun soll und wann er es tun soll. Sogar die besten Quarterbacks verzeichnen am Beginn ihrer Karrieren relativ viele Ballverluste. Diejenigen, die es schließlich schaffen, reifen im Lauf der Zeit. Dabei lernen sie, Situationen nicht zu erzwingen und das zu nehmen, was die Verteidigung ihnen ermöglicht. Wie reifen sie? Sie entwickeln Geduld.

Zum Glück sind Kurscharts nicht so komplex wie einige Verteidigungslinien in der NFL. Wenn Sie aber keinen Plan haben, kann es kompliziert werden. Ich würde nicht versuchen, ohne eine entsprechende Ausbildung ein Flugzeug zu fliegen, und Sie sollten nicht versuchen, ohne Ausbildung zu traden. Viele Quarterbacks sind gut genug, um in ein NFL-Team aufgenommen zu werden, aber nicht gut genug, um auch dort zu bleiben. Entsprechend kann auch jeder versuchen zu traden, der das nötige Kapital hat. Aber das Kapital macht einen noch nicht zum Trader, und jeder, der gut genug ist, dort eine Weile mitzumischen, kann sich an diesem Spiel beteiligen. Die Teilnahme allein reicht jedoch nicht aus. Sie müssen lange genug im Spiel bleiben können, müssen Ihre Fehler überwinden, um profitabel traden zu können.

Für einen Quarterback bedeutet das, die Quote seiner Ballverluste zu reduzieren. Für einen Trader bedeutet es, nicht mehr so oft ausgestoppt zu werden.

Verstehen Sie mich nicht falsch: Auch im besten Umfeld werden erfolgreiche Trader oft ausgestoppt. Solche Schwankungen sind nicht zu vermeiden. Allerdings müssen wir die dummen Fehler ausmerzen, die unser Tradingkonto ausbluten lassen.

MACD und Divergenzen

Einer der größten Fehler, die Trader begehen, besteht darin, Tops und Böden vorzeitig zu bestimmen. In diesem Kapitel geht es darum, dass Sie nicht mehr so oft ausgestoppt werden, weil Sie sich zu früh gegen den Trend gewendet haben. Es gibt für jeden Zeitraum einige magische Kugeln, die einen Trend töten können. Eine davon ist eine vollständige Fünf-Wellen-Sequenz. Entscheidend dabei ist, das Top der dritten Welle vom Top der fünften Welle unterscheiden zu können.

Neben dem Zeitfaktor ist die beste Methode zur Bestätigung einer Wellenzählung die Anwendung traditioneller Momentum-Indikatoren. Der beste davon ist der MACD (Moving Average Convergence Divergence). Er wurde von Gerald Appel in den 1960er-Jahren konzipiert und zeigt die Differenz zwischen einem langsamen und einem schnellen exponentiellen gleitenden Durchschnitt (EGD) der Schlusskurse. Appel verwendete Standardzeiträume von 12 und 26 Tagen.

Ein neuntägiger EGD des MACD,»Signallinie« genannt, wird über den MACD gelegt und dient als Auslöser von Kauf- und Verkaufssignalen. Wenn der MACD unter die Signallinie fällt, handelt es sich um ein bearishes Signal. Steigt er darüber, ist dies ein bullishes Signal. Der größte Nutzen des MACD besteht in der Abbildung des vorherrschenden Trends. Wenn der MACD mit der Kursentwicklung Schritt hält, ist der Trend intakt. Wenn der Kurs ein neues relatives Extrem (Hoch oder Tief) innerhalb der Bewegung erreicht, der MACD jedoch nicht, besteht die Möglichkeit eines Trendwechsels. Der MACD bestätigt die Wellen, weil er die Kursentwicklung bis zum Top der dritten Welle nachvollzieht. In der fünften Welle erfolgt keine Bestätigung durch den MACD, und dies ist das Signal, dass der Trend an Kraft verliert.

Das Problem vieler Trader besteht darin, dass sie eine Divergenz des MACD im Bereich von Tops fälschlich als Verkaufs- und im Bereich von Böden als Kaufsignal interpretieren. Dies trifft einfach nicht zu. Momentum-Divergenzen können tage-, ja sogar wochenlang anhalten. Trader können erhebliche Teile ihres Kapitals verlieren – und tun dies auch –, während sie darauf warten, dass der Trendwechsel endlich eintritt.

Der Zeitfaktor verhindert, dass man vorzeitig Tops und Böden bestimmt. Die traditionellen Überkauft- und Überverkauft-Indikatoren wie der MACD bleiben bestehen, bis der Zeitfaktor ins Spiel kommt. Wenn es ein signifikantes zeitliches Cluster gibt, dreht sich der Chart schließlich. Das ist fast so, als sei der Chart ein Sportereignis. Es gibt signifikante Umschwünge und Wendungen in diesem Spiel, aber es geht bis zum Schlusspfiff weiter. Erst dann ist die Zeit ver-

MACD und Divergenzen

strichen und das Spiel ist vorbei. An den Finanzmärkten ist der Trend vorüber, wenn die Zyklen auslaufen.

Unser erstes Beispiel ist der Tageschart von Biotech Holders Trust (BBH) in Abbildung 5.1. Wir sehen eine komplette Fünf-Wellen-Sequenz von November 2004 bis November 2005. Die Wellen sind deutlich zu sehen, und man kann dem Fünf-Wellen-Impuls sehr leicht folgen. Beobachten Sie den MACD genau. Zwar gibt es eine kleinere negative Divergenz, die nach dem Hoch vom September zu einem 10-prozentigen Kursrückgang führt, doch der wichtige Punkt ist hier der letzte Trendabschnitt nach oben. Die Divergenz am Hoch vom September ist ein Ereignis mit geringer Wahrscheinlichkeit. Dennoch wird das Top am 127. Tag der Bewegung nach dem Tief vom März erreicht. Der Chart zeigt eine scharfe Rallye nach dem Tief vom Oktober. Das sieht aus wie eine dritte Welle, aber letztlich handelt es sich um das Top der fünften Welle, weil der MACD das neue Kurshoch nie bestätigt. Die fünfte Welle dauert 28 Tage und endet 178 Tage nach dem zweiten Wellentief vom März.

Da dieser Chart zwei negative Divergenzen zeigt, hätte man am Balken 127 spekulativ leer verkaufen können, denn es gab eine negative Divergenz. Ich habe keine Zweifel, dass es auch im Stundenchart negative Divergenzen gab.

Abbildung 5.1:
Biotech Holders Trust (BBH); Divergenz im Tageschart

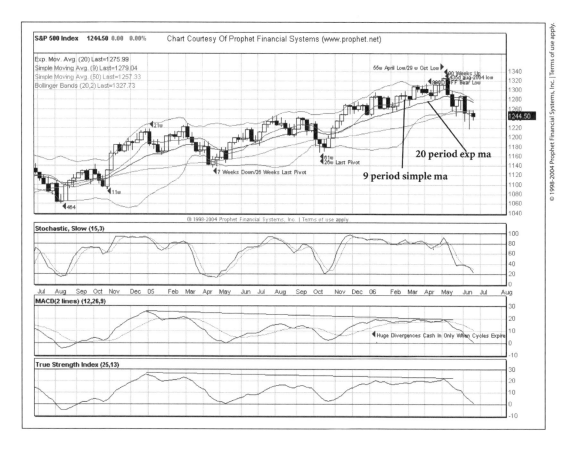

Abbildung 5.2:
SPX; MACD-Divergenz im Wochenchart Dezember 2004 bis Mai 2006

Die Dauer von Divergenzen

Abbildung 5.2 zeigt, wie lange eine Divergenz dauern kann. Das Momentum auf diesem Wochenchart des SPX erreichte im Dezember 2004 seinen Gipfelpunkt. Das Hoch wurde im Juli/August 2005 überstiegen. Es gab zwar eine Korrektur bis hinein in den Oktober 2005, doch die Divergenz dauerte bis Mai 2006 und umfasste 80 SPX-Punkte.

Da es sich um eine bedeutende Divergenz im wöchentlichen Zeitrahmen handelte, musste man lange warten, bis die Zyklen den MACD einholten. Schließlich holte ein Zusammenfluss von Wochenzyklen den SPX ein. Das dreifache Cluster von Relationen, die bis zum August 2004 zurückreichten, ermöglichte es Tradern, von dieser bedeutenden Trendwende zu profitieren.

Es gibt hier noch einige andere Konzepte vorzustellen. Die Stochastik (langsam; 15,3) habe ich schon in die Diskussion eingeführt. Einige Trader halten eine Überkreuzung der dunklen und der hellen MACD-Linien für Kauf- oder Verkaufssignale. Andere achten auf die Oszillation der Stochastik aus dem verkauften oder überverkauften Bereich in Kombination mit der Überschreitung der dunklen Linie als Kauf- oder Verkaufssignal. Diese Methode funktioniert zwar, aber leider nicht oft genug, um die Stopp-Quote niedrig zu halten. Ich empfehle, entweder den MACD oder die Stochastik-Überkreuzung mit dem Zeitfaktor zu kombinieren. Auf dem Wochenchart wäre diese Strategie für diejenigen hilfreich, die mehr Zeit haben, zum Beispiel für Fondstrader. In diesem Beispiel haben wir drei Fälle von MACD- und oder Stochastik-Überkreuzungen als Kaufsignale. In allen Fällen handelt es sich um einen der Wendepunkte, die wir in diesem Buch intensiv diskutiert haben. Die Kauf-Überkreuzungen im August 2004, im April und im Oktober 2005 weisen sämtlich exzellente zeitliche Relationen auf. Mit gleitenden Durchschnitten haben wir uns noch nicht beschäftigt, aber ich habe diesem Chart den exponentiellen gleitenden 20-Perioden-Durchschnitt hinzugefügt. Sie können ihn deutlich vom 9-Perioden-Durchschnitt unterscheiden und beide vergleichen. In einem Markt mit starkem Trend hält Sie der gleitende 20-Perioden-Durchschnitt auf der richtigen Seite des Trades, und daher versuchen Sie nicht, zu früh leer zu verkaufen. Wir sehen hier den exponentiellen Durchschnitt, aber ein einfacher gleitender Durchschnitt hätte auch keine anderen Ergebnisse gebracht.

Dieses Beispiel zeigt, wie der Zeitfaktor von den institutionellen Tradern gestützt wird. Diese merken das aber gar nicht. Die meisten großen Institutionen

Abbildung 5.3:
Dow; MACD-Divergenz im Tageschart bis Mai 2006

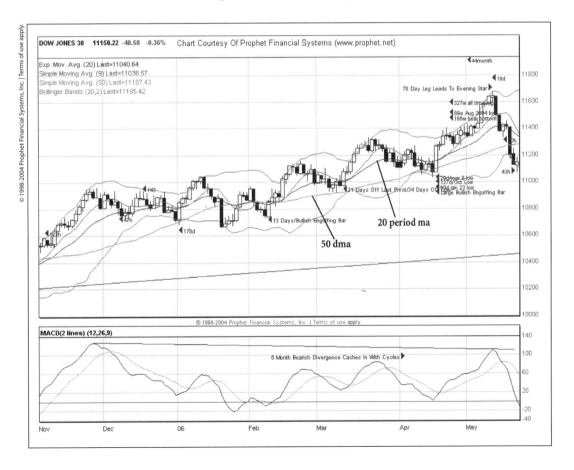

beachten Indikatoren wie die Stochastik und den MACD und agieren, wenn es zu Extremwerten und Überkreuzungen kommt. Die einfache Wahrheit ist, dass man sich mit dem Zeitfaktor einen Vorteil gegenüber den institutionellen Tradern verschaffen kann. Wenn die »großen Jungs« aufgrund dieser traditionellen Indikatoren handeln, hat die Bewegung schon begonnen, und die besten Chance-Risiko-Verhältnisse sind schon Vergangenheit. Sie können diese Balken beobachten, und wenn Sie diesen Chart in Echtzeit verfolgen, können Sie zum Tages- oder Stunden-Zeitrahmen wechseln, um einen günstigeren Kurs zu erhalten. Denken Sie daran, dass die Leute mit dem großen Geld nicht so flexibel sind wie Privattrader. Wir arbeiten mit vorlaufenden Indikatoren. Der MACD und die Stochastik aber sind nachlaufende Indikatoren. Ich habe das Konzept des gleitenden Durchschnitts als weitere Möglichkeit hier eingeführt, aufgrund einer Divergenz nicht zu früh einen Trade zu starten. Die Herausforderung besteht in dem Wissen, wann man auf eine Trendwende setzen sollte. Anstatt mit dem Ausstieg aus einer Position zu warten, bis der Kurs unter den gleitenden Durchschnitt fällt, werden Sie das Timing-Modell als vorauslaufenden Indikator erkennen können.

Ein ähnlicher Fall ist der Tageschart des Dow, der die letzten sechs Monate der Rallye bis zum Mai 2006 zeigt *(Abbildung 5.3)*. Die feineren Details haben wir schon im letzten Kapitel besprochen, aber hier können Sie sehen, wie die bearishe Divergenz des MACD seit November 2005 andauerte! Dieses Beispiel zeigt, wie Mustererkennung über das Timing-Modell mit den gleitenden Durchschnitten in einem unruhigeren Umfeld funktioniert. Ein gleitender 20-Perioden-Durchschnitt zeigte die Rückgänge nicht sehr deutlich (im Beispiel ist der EGD zu sehen, aber ein einfacher Durchschnitt hätte ähnliche Resultate erbracht). Der gleitende 50-Tage-Durchschnitt bildete die Rallye mit wenigen Einschränkungen ab. Wenn es eine lange anhaltende bearishe Divergenz gibt, vermittelt die Kombination von Candlesticks und Zeitbalken eine Vorstellung von Marktpräzision.

Die beiden letzten Beispiele zeigen, wie lange eine Divergenz anhalten kann und warum der Chart schließlich eine Trendwende aufweist. Mit diesem Spielplan bewaffnet, können Sie Geduld und das nötige Selbstvertrauen entwickeln, nicht der Massenpsychologie nachzugeben, die man im Fernsehen beobachten kann. Und das funktioniert in sämtlichen Zeitrahmen. Denken Sie daran: Während dies alles passiert, besagt das Sentiment, dass eine neue Hausse begonnen hat. Der Markt kann sich nur nach oben bewegen, und selbst objektive Trader, die sich nicht von Emotionen leiten lassen, haben keine Vorstellung davon, wo sich das Top befindet.

Zeitliche Cluster zur Vorhersage von Divergenzen

In den vergangenen Jahren war das Marktumfeld unruhig, und viele Trends an den verschiedenen Finanzmärkten waren sehr ausgeprägt. Bewegungen, die vor der Entstehung des Internets Monate dauerten, scheinen sich nun innerhalb weniger Tage oder gar Stunden abzuspielen.

Der nächste Chart, *Abbildung 5.4*, zeigt die Korrekturbewegung des XAU im Jahr 2006. In diesem Chart sind viele zeitliche Relationen verborgen, aber der Einfachheit halber konzentrieren wir uns hier auf das Thema der Divergenzen.

Das bearishe Momentum erreicht in der ersten Abwärtswelle seinen Höhepunkt. Wie in einigen zuvor besprochenen Beispielen, vor allem in der großen Baisse an der NASDAQ, wird der Trendabschnitt nicht in der korrekten Zahl von Stunden vervollständigt. Das ist ein Hinweis darauf, dass die Bewegung noch nicht vorbei ist. Denken Sie daran, dass der erste Abschnitt der NASDAQ-Baisse 53 Tage dauerte. Diesmal suchen wir nach 49 Stunden. Erinnern Sie sich daran, dass dies kein eisernes Gesetz ist, sondern lediglich eine Tendenz mit hoher Wahrscheinlichkeit. Die Korrektur- oder B-Welle nach oben im Anschluss an diese 49-Stunden-Welle wird nach 35 Stunden bestätigt und kann fast als Dreieck gelten.

Von der 84-Stunden-Marke aus finden wir schließlich ein Cluster am Boden bei 159/75 Stunden. Dies legt nahe, dass der Abwärtstrend an Kraft verliert. Der

> Trends laufen meist in der ersten Handelsstunde aus, weil sie ein Überbleibsel des Vortags sind. Wenn es Neuigkeiten gibt, zum Beispiel Arbeitslosenzahlen oder Inflationsdaten, erwarten wir daher eine Fortsetzung der Tendenz des letzten oder der letzten Tage, wobei es sich ebenfalls um ein Überbleibsel einer sehr starken Woche handelt.

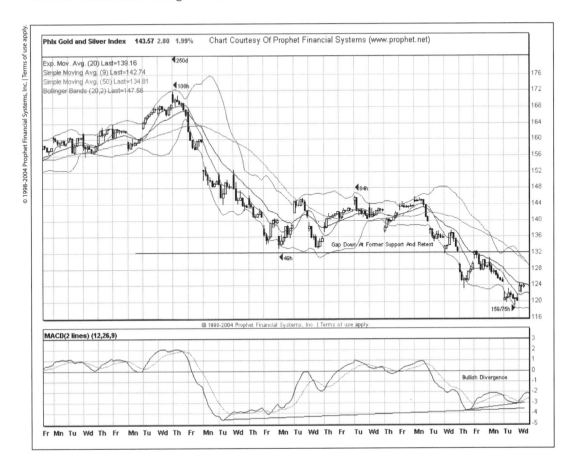

Abbildung 5.4:
MACD-Korrektur im XAU-Stundenchart 2006

Kurs beginnt genau am Anfang des 160-62-Stunden-Fensters zu steigen, zudem in der 76. Stunde nach dem Sekundärhoch. Der gleitende 20-Perioden-Durchschnitt bildet die Bewegung gut ab, wenn es einen starken Trend gibt. Wenn es am Boden zu einem zeitlichen Cluster kommt, kann man sehen, warum die Divergenz einsetzen wird. Ein zeitliches Cluster warnt auch davor, dass die gleitenden Durchschnitte die Trendwende nach unten nicht mehr aufhalten werden.

Intraday-Fallstudien

Ich erstelle tatsächlich Intraday-Prognosen, und die meisten E-Mails bekomme ich von Leuten, die wissen wollen, wann das Top erreicht sein wird. Bei Intraday-Tradern gibt es eine Tendenz, den Trend bekämpfen zu wollen und sich in Erwartung eines Pullbacks oder einer Kursspitze gegen ihn zu wenden. Intraday-Prognosen und Intraday-Trading sind eine zusätzliche Herausforderung, die in Tagescharts keine besonders wichtige Rolle spielt. Wir beschäftigen uns hier mit einem einzigen Tag, und daher ist es wahrscheinlich, dass es zu keinen bedeutenden Veränderungen mehr kommen wird, wenn die Würfel erst einmal gefallen sind. Die meisten Marktteilnehmer platzieren ihre Trades zu Handelsbeginn, motiviert durch irgendeine Emotionen auslösende Nachricht. Nach 45 oder 60 Minuten dreht sich der Trend. Wenn das geschieht, ist meist die Richtung für den Rest des Tages vorgegeben. Warum ist das so? Trends laufen meist in der ersten Handelsstunde aus, weil sie ein Überbleibsel des Vortags sind. Wenn es Neuigkeiten gibt, zum Beispiel Arbeitslosenzahlen oder Inflationsdaten, erwarten wir daher eine Fortsetzung der Tendenz des letzten oder der letzten Tage, wobei es sich ebenfalls um ein Überbleibsel einer sehr starken Woche handelt. Nehmen wir an, eine Rallye habe die ganze Woche lang angehalten. Dann, am Freitag vor Handelsbeginn, werden gute Arbeitsmarktdaten veröffentlicht. Wie erwartet ist die Reaktion positiv. Die Futures steigen senkrecht nach oben, und die gute Stimmung hält am Handelsbeginn an. Die Leute kaufen aufgrund der guten Nachrichten. Zu deren Unglück ist damit meist schon das Top erreicht. Innerhalb einer Stunde erfolgt die Trendwende nach unten. Der Hauptgrund dieser Richtungsänderung ist, dass wir ein wichtiges Intraday-Zeitfenster für eine Kurswende erreicht haben, das mit dem Tageschart ein Cluster bildet oder auch nicht.

Der entscheidende Punkt ist hier, sich nicht auf Diskussionen über Nachrichten einzulassen. Denken Sie einfach daran: Wenn es nach der ersten Stunde zu einer Trendwende kommt, ist meist die Tendenz für den gesamten Tag festgelegt. Und dann hat es keinen Sinn, gegen den Trend ankämpfen zu wollen. An diesem Punkt ist es am besten, dem Trend zu folgen, bis man die Entwicklung einer Divergenz erkennt. Um eine Divergenz zu sehen, muss sich zunächst ein Trendabschnitt entwickeln. Dieser Abschnitt ist die Fortsetzung desjenigen Trends, der der dritten Intraday-Welle entspricht, und er übertrifft in der Regel die Erwartungen der Marktteilnehmer. Schließlich kommt es zu einer kleinen

Pause oder Konsolidierung. Dann erfolgt eine Fortsetzung des Trends in der gleichen Richtung. Sobald das bisherige Hoch übertroffen wird, können wir nach Divergenzen Ausschau halten, die uns sagen, dass der Trend an Schwung verliert. Aber wir haben ja schon gesehen, dass Divergenzen lange dauern können. An diesem Punkt müssen wir auf ein Intraday-Trendwendefenster warten, ehe wir aus der Divergenz Kapital schlagen können.

Ich werde Ihnen nun keine Intraday-Beispiele zeigen. Wenn Sie sich an das eben Gesagte halten, sparen Sie Hunderte, wenn nicht Tausende Dollar, weil Sie nicht sinnlos ausgestoppt werden. Und Sie entgehen auch der damit verbundenen emotionalen Frustration und dem Ärger.

Der Dow-E-mini

Abbildung 5.5 zeigt den Chart des Dow-E-mini im Zeitraum von sieben Handelstagen. Es handelt sich zwar nicht um eine Regel, aber prüfen Sie die beiden bedeutenden Hochs im Chart. Beide traten kurz nach Handelsbeginn auf. Ich erinnere mich nicht mehr, welche Nachrichten es an diesem Tag gab, aber solche

Abbildung 5.5: Dow-E-mini; MACD-Divergenz im 15-Minuten-Chart

Bedingungen treten ziemlich oft auf. Betrachten Sie die Entwicklung nach dem Tief. Auf Intraday-Basis sehen wir eine Reihe von Kursanstiegen, gefolgt von einer Reihe kleiner Pullbacks und schließlich ein kleines Hoch in der Mitte des Donnerstags. Dieser Pullback ist aber nicht von Dauer, es folgt eine parabolische Aufwärtsbewegung. Beachten Sie, dass der MACD nach diesem starken Anstieg immer noch mit der Kursentwicklung übereinstimmt. Dieser Chart dreht sich am 63. Balken, knapp neben unserem 62-Balken-Fenster. Eine der Herausforderungen für Techniker, Prognostiker und Trader gleichermaßen besteht darin zu bestimmen, ob ein Hoch das Ende des Trends ist. Obwohl das 62-Balken-Fenster ein guter Platz für eine Intraday-Pullbackwelle ist, ist die Tatsache, dass noch keine Divergenz auftrat, unser Hinweis darauf, dass der größere Trend noch nicht vorbei ist. Wir müssen auch auf die Kerzen achten. Wir können zwar das 62-Balken-Fenster treffen, aber wenn die Kerzen es nicht respektieren, wird es keine Richtungsänderung geben. Wenn ein Zeitbalken mit hoher Erfolgswahrscheinlichkeit getroffen wird, müssen wir auch auf die gleitenden Durchschnitte achten. Die wirklich aggressiven Trader unter Ihnen können diese exzellenten Chartpunkte zum Scalping oder für sehr kurzfristige Trades nutzen.

Dieser spezielle Pullback gibt uns kein brauchbares Cluster, aber er wird am 127. Balken nach dem Tief vervollständigt. In diesem Fall wird der Pullback abgeschlossen, und es folgt ein weiterer Kursanstieg, der das vorherige Hoch übertrifft. Der Kerzendocht zeigt nach unten. Der Unterschied besteht darin, dass der MACD die Kursentwicklung nicht bestätigt. Man kann somit in 100 Prozent aller Fälle von einer Trendwende ausgehen. Hier erhöht sich Ihre Erfolgswahrscheinlichkeit. Die einzige Herausforderung besteht darin, dass man wissen muss, wann man aktiv werden soll. Und hier benötigt man Geduld.

Bei Intraday-Divergenzen erhält man nicht immer diese schönen Cluster, die wir auf Tagescharts gesehen haben, weil wir es mit Wellen zu tun haben, die vom Tages- auf den Intraday-Zeitrahmen reduziert worden sind. Es gibt verschiedene Ausprägungsgrade von Trends. Wenn wir nur bis zum Top einer größeren dritten Welle kommen, erhalten wir dieses große Cluster eventuell nicht. In dem Fall erreichen wir zum Beispiel im Tageschart nach sieben Tagen das Top, was gut genug ist. Der letzte Trendabschnitt umfasst 62 Balken, was sehr gut ist. Vom Tief bis zum Hoch sind es allerdings 190 Balken, wodurch das Fenster bei 189 Balken um einen Balken verfehlt wird. In diesem Fall sollte man der Zahl der Balken im letzten Trendabschnitt mehr Aufmerksamkeit widmen als dem gesamten Trend. Warum? Es könnte sein, dass wir es mit einem größeren Pullback zu tun haben, aber dieser Abschnitt könnte noch nicht das endgültige Top und das Ende des Gesamttrends sein.

Ich möchte nicht, dass es verwirrend klingt, daher wollen wir dieses Konzept sehr einfach halten. Wenn schon ein Hoch erreicht worden ist und es zu einem Pullback kommt, kann es zu einem erneuten Hoch kommen, und man muss der individuellen Zählung der letzten Welle höhere Aufmerksamkeit widmen, denn hier wird sich die Divergenz bestätigen. Wenn wir das Glück haben,

Abbildung 5.6: Dow-E-mini; 15-Minuten-Chart, derselbe größere Trend

dass die Zahl der Balken im Tageschart mit der Intraday-Zählung vom Tief bis zum Hoch UND mit der letzten Welle übereinstimmt, dann stehen die Chancen gut, dass sich eine bedeutende Trendwende anbahnt. Auch die Candlestick-Linien darf man nicht unterschätzen. In dem Fall haben wir am Balken 191 ein sehr gut aussehendes bearishes Trendwendemuster.

Der nächste Chart, *Abbildung 5.6*, zeigt einen anderen Abschnitt desselben größeren Trends im Dow. Die mit Zahlen bezeichneten Balken, die nicht mit einem 15-Minuten-Label bezeichnet sind, sind die zugrunde liegenden 5-Minuten-Markierungen. Ein Beispiel: Wo sich die zweite Welle auf 26-15-Minuten-Balken vervollständigt, gibt es auch ein Cluster von 75-5-Minuten-Balken, und die größere Bewegung beginnt am 76. (Lucas-)Balken. Es gibt dort auch eine bullishe Kerze. Jedenfalls wird das erste Hoch kurz vor Handelsschluss am Donnerstag erreicht. Nach einem kurzen Pullback geht es weiter nach oben, aber der MACD folgt der Kursentwicklung nicht. Dieses Hoch, das zudem in der ersten Handelsstunde erreicht wird, erfolgt an 113-15-Minuten-Balken, aber auch nach einem 47 Balken umfassenden Zyklus von Hoch zu Hoch. Es ist im Chart nicht so bezeichnet, aber dieser letzte unruhige Trendabschnitt nach oben umfasst 29 Balken. Sehen Sie sich die Kerzen an; wir haben hier einige High-Wave-Kerzen (kleiner Körper und Dochte auf beiden Seiten).

Dieses Prinzip wird hier dargestellt, weil der Pullback nicht nur am 134. Balken nach dem Tief endet, sondern weil es auch ein Cluster mit dem vorherigen Hoch gibt, wodurch ein 21 Balken umfassender Pullback entsteht (Balken 113 bis 134). Bei einem Pullback kauft man am besten, wenn es ein Cluster von mindestens zwei zeitlichen Relationen und eine Bestätigung durch eine Candlestick-Trendwendeformation gibt. In dem Fall ist es diese durchdringende bullishe Formation. Vielleicht wiederhole ich mich, aber hier handelt es sich um Setups mit hoher Erfolgswahrscheinlichkeit, die Sie wie Gold behandeln sollten. Der letzte Trendabschnitt übersteigt das vorherige Hoch am 62. Balken, wo eine bearishe Divergenz einsetzt. Die letzten Balken am Top weisen Dochte nach oben auf, es folgt eine weitere High-Wave-Kerze.

Rohöl

Abbildung 5.7:
Rohöl-Futures;
B-Welle, Divergenz I
im August 2006

Das nächste Beispiel, *Abbildung 5.7*, ist eine B-Welle in einer größeren Korrektur beim Rohöl in der ersten Jahreshälfte 2006. Der erste Trendabschnitt nach oben

ist nach 33 Balken abgeschlossen, was eine verbreitete Relation ist. Das Tief ereignet sich im Fenster zwischen dem 17. und dem 19. Balken. Wer die gleitenden Durchschnitte beachtet, bemerkt auch hier schon im Voraus, dass die Linien der Durchschnitte kurzfristig nicht halten werden.

Wir spielen hier mit Wahrscheinlichkeiten. In dem Fall erhalten wir ein höheres Hoch (das mittlere Hoch) am 67. Balken eines Zyklus von Hoch zu Hoch, der keine weiteren Relationen aufweist. Dieses mittlere Hoch wird noch einmal übertroffen, obwohl es eine bearische Divergenz gibt. Diesmal wird das Hoch am 162. Balken der Sequenz erreicht. Diese 162 Balken bilden mit den letzten 21 Balken ein schönes Cluster und ein sehr gut aussehendes Hoch. Sehen Sie sich den nächsten Chart an, um zu erkennen, was danach passiert.

Abbildung 5.8 zeigt die gesamte Abfolge der Ereignisse und die letzten Berührungen der A-Welle nach unten zusammen mit dem Beginn der C-Welle. Wenige Tage später wurde ein Tief bei 68,75 erreicht (im Chart nicht gezeigt).

Was ist der andere Hinweis darauf, dass es sich hier nur um eine B-Welle handelt, um eine 162 Balken umfassende Aufwärtsbewegung innerhalb eines größeren Abwärtstrends? Wir haben dies zwar schon diskutiert, aber dieser Chart zeigt fünf sich überlappende Wellen nach oben. Die vierte Welle nach unten dringt

Abbildung 5.8:
*Rohöl-Futures;
Die gesamte
Sequenz der
Ereignisse*

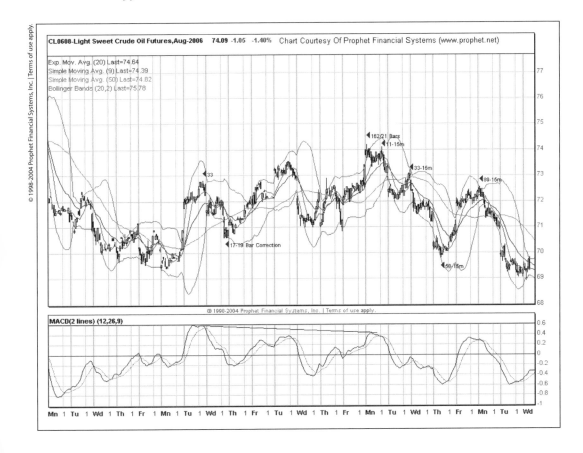

weit in das Territorium der ersten Aufwärtswelle ein. Sehen Sie sich also diese erste Welle nach oben an und beachten Sie das Gap nach oben bei 71. Beachten Sie auch, wo die Kursbewegung in Welle 4 endet – ganz in der Nähe von 71. Im Chart gibt es weitere Beispiele dafür, dass Kursspitzen oder Pullbacks genau im Gebiet anderer Gaps komplettiert werden und damit das bestätigen, was wir im Kapitel über Unterstützungs- und Widerstandslinien diskutiert haben.

US-Dollar

In diesem Buch geht es nicht um den Forex-Handel, aber das nächste Beispiel ist ein Chart des US-Dollar. Der Dollar-Chart zeigt exakt die gleichen Prinzipien wie viele Forex-Charts und weist eine gute Korrelation zum Wechselkurschart zwischen dem US-Dollar und dem japanischen Yen auf.

In diesem Beispiel *(Abbildung 5.9)* sehen wir eine Fünf-Wellen-Progression nach unten. Wir haben hier einen schwachen ersten Trendabschnitt, der sein Top nach einem 23 Stunden umfassenden Zyklus von Hoch zu Hoch erreicht. Beachten Sie die große schwarze Kerze; es handelt sich um den 34. Balken der Sequenz. Dieser Balken überwiegt sämtliche gleitenden Durchschnitte. Die drit-

Abbildung 5.9: US-Dollar; MACD-Divergenz im Stundenchart, September 2006

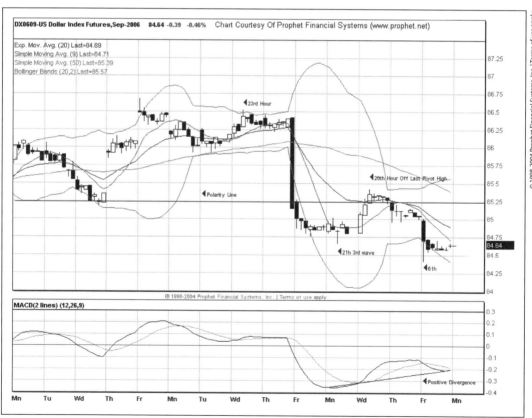

te Welle dauert 21 Stunden. Die vierte Welle nach oben vervollständigt sich nach 26 Stunden eines Zyklus' von Hoch zu Hoch nach dem letzten bedeutenden Wendepunkt am Top von Welle 2.

Wichtiger ist allerdings die Polaritätslinie; die frühere Unterstützung auf dem Weg nach oben wird nun zum Widerstand. Nachdem das Hoch der vierten Welle erreicht und das vorherige Tief unterschritten ist, suchen wir nach einem Signal, dass der MACD das neue Tief nicht bestätigt. Das ist unser Zeichen für eine potenzielle Trendwende, und schließlich setzt der 61-Balken-Zyklus ein. Das würde zumindest eine Chance auf einen Intraday-Trade anzeigen. In diesem Fall muss die Kursbewegung die Polaritätslinie noch einmal testen. Beachten Sie, dass wir zumindest auf Stundenbasis keinen guten Kerzen-Trendwendebalken haben, der zur Divergenz oder zur Balkenzahl passen würde. Wenn wir uns den nächsten Chart ansehen, werden Sie ein Gap nach oben erkennen, das den 61-Stunden-Zyklus bestätigt. Hier handelt es sich nur um einen Stundenchart, und eine Bewegung von 75 Basispunkten ist beim Forex-Trading nicht schlecht. Wir können aber noch nicht von einer bedeutenden Trendwende ausgehen.

Sehen Sie sich die Progression in *Abbildung 5.10* an. Wir haben hier bei weitem nicht nur die Polaritätslinie getestet. Der Chart zeigt ein Gap nach oben,

Abbildung 5.10: US-Dollar; Ein Gap nach oben bestätigt den 61-Stunden-Zyklus

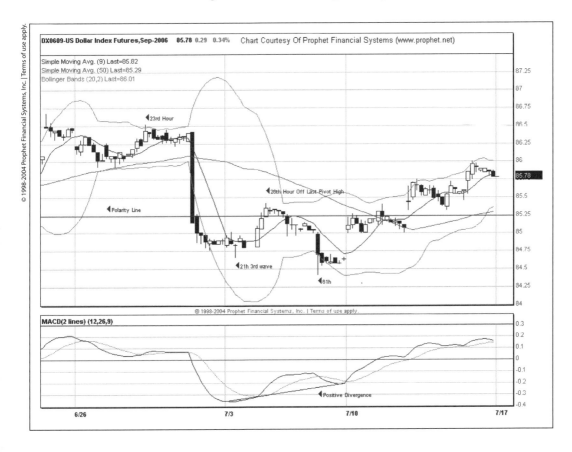

überwindet Widerstände auf Intraday-Basis, und der Kurs steigt bis 86. Diese Bewegung umfasst mehr als 1,50 Dollar, und ich denke, dass die meisten Forex-Trader damit sehr zufrieden wären. Der Trendabschnitt nach oben war so stark, dass das nächste Widerstandsniveau getestet wurde – das 61-Prozent-Retracement des 61 Stunden umfassenden Trendabschnitts nach unten.

Diese Progression zeigt, dass es möglich ist, mithilfe eines guten Candlestick-Trendwendemusters eine Divergenz perfekt zu erwischen. Ich will hier keine widersprüchlichen Dinge mitteilen. Manche Setups sind ganz offensichtlich aussichtsreicher als andere. Im stündlichen Zeitrahmen gab es keine vielversprechende Kerze. In diesem Fall sollten Sie auf einen kürzeren Zeitrahmen zurückgreifen. Der betreffende Chart wird hier zwar nicht gezeigt, aber als ich zu einem 15-Minuten-Zeitrahmen überging, fand ich eine Harami-Kerze, die ein Retracement von fast der Hälfte der letzten schwarzen Kerze auf dem Weg nach unten umfasste. Eine solche Kerze verspricht nicht die höchste Wahrscheinlichkeit einer Trendwende, aber immerhin ist sie besser als die Kerze im stündlichen Zeitrahmen.

Halliburton (HAL)

Mir ist klar, dass viele von Ihnen keine Indizes traden und dass Sie sehen möchten, wie sich diese Prinzipien bei Einzelaktien auswirken. Das Divergenzprinzip ist so wichtig, dass man gar nicht zu viele Beispiele dafür anführen kann. Die nächsten beiden Charts zeigen die Kursentwicklung von Halliburton (HAL).

Der erste Chart *(Abbildung 5.11)* zeigt eine sieben Punkte (68 bis 75) umfassende bullische Entwicklung auf 15-Minuten-Basis. Dieser Chart zeigt viele von denjenigen Prinzipien, die wir auf Indizes angewendet haben. Hier gibt es Argumente für eine Fünf-Wellen-Progression, aber es spricht auch einiges für eine Sieben-Wellen-Bewegung. Spielt das wirklich eine Rolle? Wenn wir uns an den Grundsatz halten, auf die stärkste Bewegung innerhalb der Sequenz abzuzielen, sehen wir, dass dieser Chart den erneuten Test des Trendabschnitts nach unten am 20. und 21. Balken beendet. In dem Fall steigt der Kurs an einem Tag von 70 auf 73. Natürlich wussten wir nicht, dass ein Gap nach oben erfolgen würde, aber der Einstieg an den Balken 20 bis 21 wäre bei weitem rechtzeitig gewesen.

Man kann leicht erkennen, dass der beste Teil der Aufwärtsbewegung im Bereich von 73 endet, wo eine bearische Divergenz einsetzt. Balken 46 bietet zwar eine Chance zum Einstieg, und auch der gleitende 20-Perioden-Durchschnitt spricht dafür, dass man hier ein paar Punkte gewinnen kann, aber Sie müssen hier vorsichtig sein. Wenn ein neues Hoch erreicht wird, bestätigt es der MACD nicht. Am 55. Balken der Bewegung kommt es zu einem kurzfristigen Kursumschwung. Wenn man dort leer verkauft hätte, wäre es zu einem kleinen Gewinn gekommen, und wenn man die Aktie behalten hätte, wäre man ausgestoppt worden. Wir leben nicht in einer perfekten Welt. Schließlich kommt es zu einem erneuten Anstieg, der letzte Kursabschnitt erreicht sein Top am 17. Balken

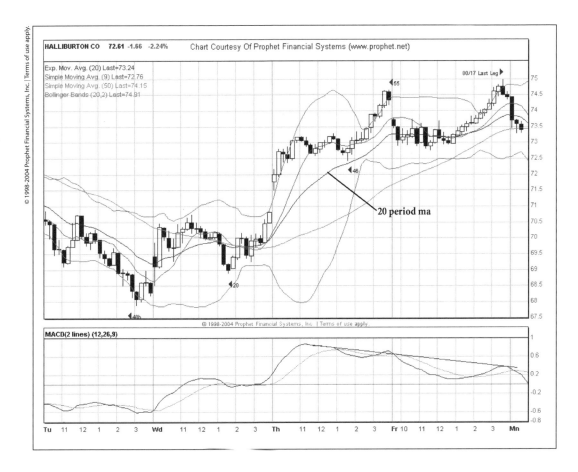

(Lucas 18 – 1), womit das 79-Balken-Fenster nur um einen Balken verfehlt wird. Der 80. Balken zeigt eine Kursspitze gleich zu Handelsbeginn, aber dann beginnt der Kurs zu sinken. Der 80. Balken ist eine bessere bearishe Formation als der Harami am 55. Balken. Die Entwicklung mit dem Kerzendocht am 80. Balken bestätigt die Region um den 55. Balken als entscheidenden Widerstand. Der nächste Chart, *Abbildung 5.12*, zeigt Ihnen, was für eine schöne Chance für Leerverkäufe diese Divergenz erzeugt.

Ist Ihnen aufgefallen, dass das Top ganz in der Nähe des Schlusskurses lag? Die Abwärtsbewegung weist nicht weniger als drei bullishe Divergenzen auf. Der neue Trend setzt bei 75 ein und erreicht am Montag in der Nähe von 71 ein vorübergehendes Tief. Am nächsten Tag wird dieses Tief unterboten, was zu einer kleinen bullishen Divergenz führt. Hätten Sie diesen Chart in Echtzeit beobachtet, dann hätten Sie bemerkt, dass der MACD nach Überwindung des Tiefs bei 71 nicht einmal in der Nähe seines Montagsstands von – 0,6 lag. Am 54. Balken der Sequenz kommt es zur Trendumkehr, was die Aggressiveren unter Ihnen zu einem Scalping-Trade genutzt hätten. Das Top wird wieder am 76. (Lucas-Wellen-) Balken des Musters erreicht.

Abbildung 5.11:
Halliburton; Eine bearishe MACD-Divergenz im 15-Minuten-Chart

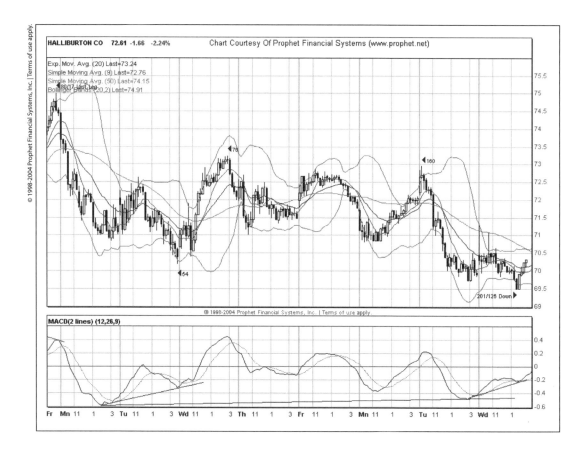

Abbildung 5.12:
Halliburton; Eine Divergenz eröffnet die Möglichkeit von Leerverkäufen

Der Kurs weist steil nach oben, dreht am 160. Balken des Trends und geht in den freien Fall über. Aggressive Trader würden in diesem Fall ihre Short-Positionen halten, konservativere Trader würden das wohl nicht tun, weil sich eine Divergenz abzeichnet. Dieses Muster führt zwar zu einem neuen Kursextrem, aber der MACD sinkt am Dienstag nicht unter das Tief der A-Welle. In diesem Fall haben wir es mit einer bevorstehenden Divergenz zu tun, die am folgenden Dienstag bestätigt wird, als das bisherige Tief unterschritten wird. Die meisten von Ihnen würden mit dem Kauf warten, bis der Zeitbalken die Divergenz auslöscht. Das nächste Tief wird am Ende des Handels am Mittwoch mit einer weiteren bullishen Divergenz unterschritten. Die gesamte Bewegung umfasst 201 Balken, knapp neben der Lucas-Zahl 199, aber die zweite Abwärtsbewegung erfolgt im Fenster zwischen dem 126. und dem 127. Balken.

Wie Sie sehen, treffen die gleichen Prinzipien auf Indizes, Währungen und auch auf Einzelaktien zu. Die einzigen Anpassungen erfolgen auf Intraday-Basis; wir zählen die einzelnen Balken des letzten Trendabschnitts. In diesem Fall wird übrigens das Hoch der Vorwoche bei 75 überschritten.

Der Ein-Minuten-Chart des Dow-E-mini

Wie bereits dargelegt, ist der beste Weg zum Verständnis des Markts die Verwendung von Minutencharts. Schneller kann man auf diesem Gebiet kein Geld verdienen, und das wird vor allem denjenigen unter Ihnen gefallen, die auf sofortige Belohnungen aus sind. In einem unruhigen Marktumfeld kann die Kursentwicklung eines einzigen Tages einem vollständigen Bullen- oder Bärenmarkt entsprechen.

Die folgende Entwicklung des Ein-Minuten-Charts des Dow-E-mini zeigt keine bedeutende Divergenz, aber ein neues Kurshoch auf einem Niveau, wo sich der MACD gerade einpendelt. Wie Sie sehen, unterscheidet sich die Ein-Minuten-Welt nicht großartig von anderen Zeitrahmen. Diese Ein-Minuten-Charts vermitteln eine gute Vorstellung von Marktpräzision, aber die gleitenden Durchschnitte werden erreicht oder auch nicht. Die MACD-Divergenzen liefern allerdings sehr wertvolle Hinweise. Beim zweiten Trendabschnitt gibt es ein Cluster aus dem 24 (23 + 1) Minuten umfassenden Zyklus von Tief zu Tief und der Korrektur von der 11. bis zur 13. Minute. Das Hoch der dritten Welle folgt 47 Minuten nach dem Tief. Als dieses Hoch überschritten wird, ist klar, dass der MACD diese Bewegung

Abbildung 5.13:
Dow-E-mini;
Der MACD setzt sich im Ein-Minuten-Chart ab

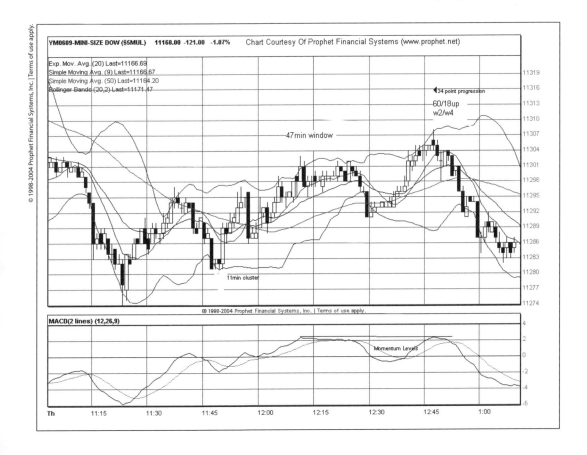

nicht bestätigt. Die letzte Aufwärtsbewegung dauert 18 Minuten, es ergibt sich ein Cluster 60 Minuten nach dem Sekundärtief *(Abbildung 5.13)*.

In *Abbildung 5.14* sehen Sie eine echte Divergenz des Dow-E-mini. In diesem Fall gibt es einen Doppelboden bei 11.065 Punkten, wo die Bewegung beginnt. Dieser Doppelboden weist seine eigene bullische Divergenz auf, die etwa um 9.00 Uhr einsetzt. Wenn Sie einen Doppelboden oder ein Doppeltief sehen, dann stehen in diesem speziellen Zeitrahmen die Chancen auf eine ausgeprägte Bewegung gut.

Abbildung 5.14 weist auch viele von den Eigenschaften auf, die wir diskutiert haben. Es gibt einen 21-minütigen Zyklus von Tief zu Tief nach dem Doppelboden. Die weiße Kerze signalisiert, dass mit einem Anstieg zu rechnen ist. Diese weiße Kerze bildet ein Cluster, weil der Kurs seit 13 Minuten gesunken ist. In einem Ein-Minuten-Chart kann man die Kerzen nicht so ernst nehmen wie in längeren Zeitrahmen, aber dennoch funktionieren sie. Diese Sequenz findet schließlich ihr Ende, als es zu einem gut aussehenden Doji-Balken als Teil eines Evening Star kommt, weil der MACD das höhere Hoch nicht bestätigt. Dieser letzte Trendabschnitt bildet kein so schönes Cluster wie der vorherige, aber dennoch kommt es nach 11 Minuten zur Trendwende.

Abbildung 5.14:
Dow-E-mini; Eine echte Divergenz im Gegensatz zu einem Einpendeln im Ein-Minuten-Zeitrahmen

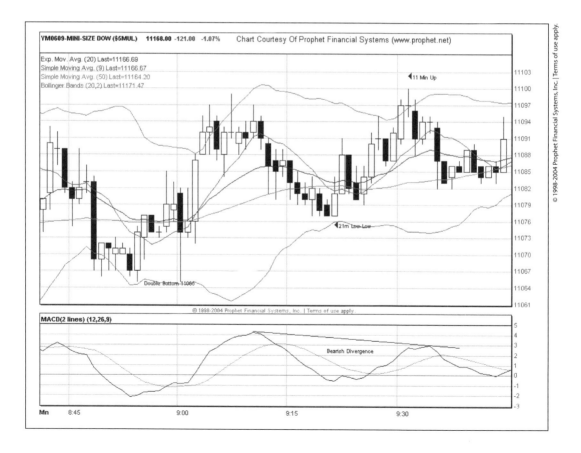

Beachten Sie auf diesen beiden Ein-Minuten-Charts, wie die Kursentwicklung auf die Bollinger-Bänder reagiert. Der Ein-Minuten-Zyklus reicht vom einen Ende der Bänder bis zum anderen, und als er das Band durchdringt, kehrt er zum Mittelwert zurück. Wenn das Band an einem Zeitbalken durchbrochen wird, stehen die Chancen auf eine Trendwende gut.

Der nächste Chart des Dow-E-mini *(Abbildung 5.13 auf Seite 123)* beleuchtet noch einmal die Herausforderungen, die wir in diesem Kapitel diskutiert haben. Es ist niemals besonders intelligent, sich gegen einen Trend zu stellen, der gerade begonnen hat. An einem Tag mit starkem Trend gibt es nicht einmal auf dem Ein-Minuten-Chart eine gute Divergenz. Wenn es aber zu einer Trendwende kommt, dann zeigt sich die erste Divergenz auf Minutenbasis. Wenn Sie nach einer Trendwende suchen und sie zumindest auf der Fünf-Minuten-Skala entdecken wollen, ist es klug, zunächst zu prüfen, ob sich auf der Ein-Minuten-Skala eine Wende abzeichnet. Wenn nicht, sollten Sie lieber mit dem Strom schwimmen.

In diesem Beispiel sehen wir einen Abwärtstrend, der fast vier Stunden dauert. Auch in diesem Chart gibt es einige gute zeitliche Relationen. Zumindest auf Ein-Minuten-Basis scheint der gleitende Neun-Perioden-Durchschnitt am besten zu funktionieren. Wegen der unruhigen Natur dieses Zeitrahmens sind gleitende Durchschnitte nicht besonders zuverlässig, wenn es keinen starken Trendabschnitt gibt. Die erste Bewegung ist eine 21-minütige Welle, gefolgt von einer 47-minütigen Korrektur. Am Balken des 47-Minuten-Hochs gibt es einen schönen Evening Star oder einen umfassenden bearishen Balken. Das ist ein mustergültiges Scheitern an einem Widerstand, und es folgt ein schöner Kursrückgang um 80 Punkte. Innerhalb dieses Rückgangs gibt es einen weiteren gescheiterten 46-Minuten-Zyklus von Hoch zu Hoch, der mit einer 26-Minuten-Korrektur ein Cluster bildet.

Es gibt noch ein weiteres Konzept; dabei handelt es sich nur um eine Tendenz, nicht um eine schnelle und harte Regel: das Verhältnis zwischen den Korrekturwellen innerhalb des größeren Trends. Ich achte nicht besonders darauf, weil es zu übertriebenem Nachdenken führt, aber wenn die Relation stimmt, ist es ein weiteres Puzzleteil eines Trades mit hoher Erfolgswahrscheinlichkeit. In diesem Fall haben wir Korrekturwellen, die 47 und 26 Minuten dauern. 26 entspricht 55 Prozent von 47. Ein Retracement-Abschnitt entspricht der Fibonacci-Relation eines anderen. Es dauert nur ein paar Sekunden, einige Tasten des Taschenrechners zu drücken. Ich würde einen Trade nicht deshalb unterlassen, weil die Relation nicht stimmt, aber wenn die Balken zueinander passen und eine Lucas- oder eine Fibonacci-Relation zueinander aufweisen, handelt es sich um einen Trade mit hoher Erfolgswahrscheinlichkeit.

Wenn wir diesem Trendabschnitt nach unten folgen, sehen wir, dass das bearishe Momentum kurz nach 2.00 Uhr seinen Höhepunkt erreicht, als es zum letzten Retracement nach oben kommt. Nach 3.00 Uhr, als das Tief unterschritten wird, kommt es schließlich zu einer Divergenz, die aber durch den MACD nicht bestätigt wird. Der ganze Abschnitt endet nach 29 Minuten der letzten Welle.

Kapitel 5: Divergenzen

Abbildung 5.15: Dow-E-mini, Tage mit starken Trends, Ein-Minuten-Zeitrahmen

Wie sehen nun wohl die Vorzeichen für den folgenden Tag aus? Wahrscheinlich wird das Sentiment am nächsten Morgen deutlich negativ sein, weil die »dummen« Marktteilnehmer eine Fortsetzung des Trends antizipieren. Ich behaupte nicht, dass sich Trends von einem Tag zum anderen drehen. Das tun sie nicht. Wenn es aber auf dem Ein-Minuten-Chart solche Divergenzen gibt, wie wir sie hier gesehen haben, ist die Wahrscheinlichkeit hoch, dass es am nächsten Handelstag für eine ganze Weile zu einer Bewegung in die entgegengesetzte Richtung kommt. Was passierte nun am folgenden Tag? Sehen Sie sich *Abbildung 5.14* mit dem Doppeltief bei 11.065 an. Am nächsten Tag gab es keinen klaren Trend, und ein Retracement bis in den Bereich von 11.100 Punkten nahm mehr als die Hälfte der Handelszeit ein. Das impliziert, dass es während eines Teils dieses Tages eine Bewegung infolge der Divergenz gab, aber denken Sie daran, dass wir es hier mit einem sehr kurzen Zeitrahmen zu tun haben (Ein-Minuten-Divergenz). Ab 11.100 Punkten brach die Kursbewegung erneut zusammen, durchbrach das Tief, erholte sich aber bis auf 11.135 Punkte. Es war einer dieser turbulenten Tage, an denen es ein fast vollständiges Retracement der Abwärtswelle gibt. In *Abbildung 5.14* ist dieser Teil der Kursbewegung nicht zu sehen.

Der MACD ist einer der zuverlässigsten Momentum-Indikatoren, aber bei weitem nicht der einzige. Man kann die entsprechenden Prinzipien auch auf die Stochastik, die relative Stärke oder den RSI anwenden.

Eine Diskussion über Divergenzen wäre unvollständig ohne die Frage, wann man mit ihnen rechnen kann. Momentum-Indikatoren messen die Stärke eines Trends in mehreren Kategorien. Es ist klar, dass sie in Trendmärkten funktionieren. Wenn es keinen Trend gibt, sollte man nicht mit Divergenzen rechnen. Wir haben schon über Seitwärtsentwicklungen gesprochen, und in diesen Situationen sollten Sie nicht mit Divergenzen rechnen. In einem Seitwärtsmarkt muss man sich mehr auf die Zählung der einzelnen Balken von Hoch zu Hoch oder von Tief zu Tief verlassen.

Trader-Tipp

Vorzeitiges Handeln vermeidet man am besten, indem man wartet, bis sich Divergenzen auswirken.

Außerdem gilt es die gleitenden Durchschnitte zu beachten. Denken Sie nicht an Leerverkäufe, solange der Kurs über dem gleitenden Durchschnitt liegt – außer es gibt ein gutes zeitliches Cluster.

Wenn Sie Seitwärtsmärkte nicht mögen, sollten Sie Ihren Zeitrahmen verkürzen. Man kann immer eine Hausse oder eine Baisse finden, auch wenn der Markt seitwärts tendiert. Wenn Sie sich dem Ein-Minuten-Chart zuwenden, finden Sie fast immer eine Divergenz, die Ihnen sagt, wann sich ein Trend drehen wird – selbst wenn es sich nur um 21 Minuten handelt.

Sie sehen: Vorzeitiges Handeln vermeidet man am besten, indem man wartet, bis sich Divergenzen auswirken. Außerdem gilt es die gleitenden Durchschnitte zu beachten. Denken Sie nicht an Leerverkäufe, solange der Kurs über dem gleitenden Durchschnitt liegt – außer es gibt ein gutes zeitliches Cluster. Es erfordert Geduld, auf das Ende eines Trends zu warten; vor allem an dessen Ende, wenn die Bewegung mühevoll wird und man der Meinung ist, ein Hoch oder ein Tief identifiziert zu haben. Meiner Erfahrung nach macht man die größten Verluste durch verfrühte Trades. Denken Sie daran: Trends dauern länger, als die meisten von uns es sich vorstellen können.

Sehen Sie sich als Quarterback; wenn Sie ausgestoppt werden, ist das wie ein Ballverlust. In der NFL lernen die Quarterbacks, den Ball ins Aus zu werfen, wenn kein Passfänger frei steht. Und ich rate Ihnen, passiv zu bleiben, bis Sie ein Setup erkennen, das eine hohe Gewinnwahrscheinlichkeit bietet (wie die in diesem Buch beschriebenen).

KAPITEL 6

Umsatzstudien, gleitende Durchschnitte und der Zeitfaktor

Der nützlichste Aspekt des Zeitfaktors ist meiner Meinung nach, dass ihn jeder anwenden kann. Ob er nun auf Fibonacci oder auf Lucas basiert, Techniker aus anderen Disziplinen können ihn ebenso anwenden wie jeder andere. Der Rest der Technischen Analysten hält die Elliott-Wellen für eine subjektive Methode. Ich habe in diesem Buch bewiesen, dass dies in der Tat zutrifft. Ich habe Ihnen aber auch einige Wege gezeigt, wie man die Subjektivität aus der Elliott-Methode eliminieren kann.

Wie sehr man diese Subjektivität aber auch eliminieren mag, gibt es doch einige Analysten, die die Wellen nicht verstehen oder nicht verstehen wollen. Ich kann ihnen das nicht verübeln, weil es Jahre dauert, die Elliott-Methode richtig zu lernen. Das Ziel dieses Buches besteht darin, Sie in möglichst kurzer Zeit in Ihrer eigenen Methode wesentlich besser zu machen.

Es gibt zahlreiche Techniker und Trader, die sich nach der Technischen Analysemethode William O'Neils richten. Ich halte O'Neil für einen der größten Innovatoren und Techniker des 20. Jahrhunderts. Ich selbst habe mein Handwerkszeug in *Investors Business Daily* (IBD) gelernt. O'Neil hat vielen Menschen, die nichts vom Aktienmarkt verstanden, eine funktionierende Methode beigebracht. Wir werden in diesem Kapitel nicht auf seine Relative-Stärke-Ranglisten von Aktien und Branchen eingehen. Sie passen nicht so recht zum Anliegen dieses Buches. Wenn Sie wissen wollen, welche Aktien und Branchen besser laufen als der Markt, brauchen Sie sich nur eine Ausgabe des IBD zu besorgen. In diesem Kapitel werden wir O'Neils Methoden ergänzen.

O'Neils Philosophie läuft darauf hinaus, Aktien von starken Unternehmen mit engen technischen Mustern zu kaufen. Sie verlässt sich stark auf die Erkennung zuverlässiger Muster wie zum Beispiel der Tasse-mit-Henkel-Formation (O'Neil 1995, S. 160–179). Auch zuverlässige Umsatzmuster und gleitende Durchschnitte spielen eine wichtige Rolle. Das alles sind vernünftige fundamentale Grundsätze der Technischen Analyse. Indem wir den Zeitfaktor hinzufügen, überführen wir die O'Neil-Methode ins 21. Jahrhundert. Ebenso wie im letzten Kapitel über Divergenzen geht es vor allem darum, seltener ausgestoppt zu werden, indem wir eine gute Methode noch weiter verbessern.

IBD betont die Bedeutung des einfachen gleitenden 200-Tage-Durchschnitts. Viele Trader und Vermögensverwalter fügen ihrem Repertoire noch den einfachen gleitenden 50-Tage-Durchschnitt hinzu. Gary Kaltbaum, der eine landesweit ausgestrahlte Radiosendung moderiert, bezeichnet sich als Anhänger O'Neils. Er betrachtet die genannten Durchschnitte als entscheidende Hinweise darauf, ob ein Trend seine Richtung verändert hat (O'Neil 1995, S. 55). Trader mit kürzerem Zeithorizont verlassen sich auf den gleitenden 20-Perioden-Durchschnitt. Elliott-Anhänger meinen, diese gleitenden Durchschnitte seien nur Linien in einem Chart. Die Leute mit dem großen Geld und die Trendfolger messen ihnen dagegen fast religiöse Bedeutung bei. Oft habe ich festgestellt: Wenn einer dieser gleitenden Durchschnitte zufällig mit einem Fibonacci-Retracement-Punkt übereinstimmt, dann hält diese Linie in der Regel auch. Dieses Kapitel ist allerdings denjenigen gewidmet, die mit Fibonacci-Retracement-Linien nicht vertraut sind und sich überhaupt nicht damit beschäftigen. Daher werden Sie in den folgenden Beispielen auch keine Fibonacci-Retracements sehen.

Gleitende Durchschnitte und zeitliche Cluster

Wenn ein neuer Baisse-Trend beginnt, lautet eine der entscheidenden Fragen, was passieren wird, wenn der 50- oder der 200-Tage-Durchschnitt erreicht wird. Wird die Linie halten oder nicht?

Abbildung 6.1 zeigt die Kursentwicklung in den sieben Monaten nach einem Top bei Google (GOOG). Bislang gab es eine 40-tägige Kursbewegung nach dem Top und einen 29-tägigen erneuten Test des Hochs, der scheiterte. Im Mai muss sich herausstellen, ob der gleitende 200-Tage-Durchschnitt halten wird. Der 50-Tage-Durchschnitt hat sich bislang wie Wackelpudding verhalten. Bei der ersten Abwärtsbewegung wurde der 200-Tage-Durchschnitt leicht unterschritten. Beim zweiten Mal wurde die Linie erneut getestet und hielt am Cluster des 89. Tages nach dem Top und dem 21-tägigen Kursrückgang nach dem Sekundärhoch.

Wir erkennen zudem, dass die Umsätze bei der Aufwärtsbewegung im Juni offenbar niedriger waren als beim ersten Abwärtsschub. Es sieht so aus, als trockneten die Umsätze der Käufe allmählich aus (174). Großartig! Das sagt uns, dass wir uns wahrscheinlich nicht im frühen Stadium einer neuen Aufwärtsbewegung befinden, zumindest nicht hier. Aber der Kurs ist doch um 60 Punkte gestiegen, und das ist kein guter Zeitpunkt für Leerverkäufe. Wann sollten wir leer verkaufen? Seien Sie geduldig und warten Sie auf die zeitliche Trendwende. Der aktuelle Trend nach dem Tief vom Mai geht 32 Tage lang nach oben, liegt

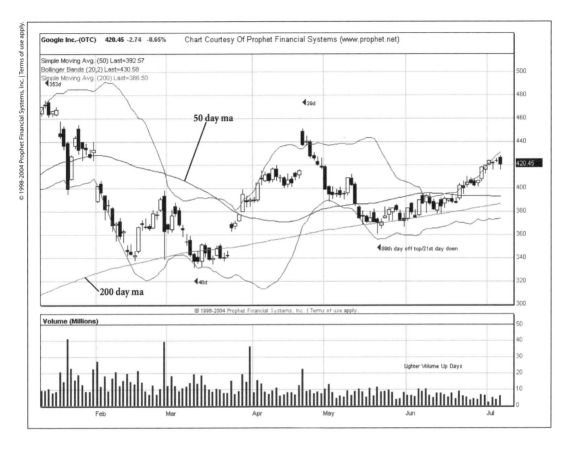

Abbildung 6.1:
Kursbewegung in den sieben Monaten nach dem Hoch bei Google

122 Tage vom Top entfernt, und es gibt einen 54 Tage umfassenden Zyklus von Hoch zu Hoch nach dem letzten Test des Widerstands.

Es sieht so aus, als kämen wir in die Nähe einer Trendwende. Das könnte schon beim nächsten Balken passieren, weil er 33 Tage (Fibonacci 34 – 1) nach dem letzten Tief liegt, 123 Tage nach dem Top (Lucas) und 55 Tage nach dem letzten Hoch. Es gibt hier zwei Möglichkeiten. Es ist sehr wahrscheinlich, dass es an diesem dreifachen Cluster zu einer Trendwende kommt. Die andere Möglichkeit ist, dass der Markt dieses exzellente Cluster ignoriert. Das wäre ein sehr bullishes Signal – ein Chart, der eine solche Chance für eine Trendwende ignoriert, will uns damit etwas sagen. Der Markt muss sich dieses Cluster als Wendepunkt aussuchen. Wenn es dazu kommt, dann an diesem Punkt. Wenn wir bei diesem Setup eine bearishe Kerze bekommen, dann ist die Erfolgswahrscheinlichkeit sehr hoch.

Hier sehen Sie den Chart einige Stunden später *(Abbildung 6.2)*. Er hat genau dort ein Top gebildet, wo wir es erwartet hatten. Das Beste an dieser Situation, das diese Methode so vielversprechend macht, ist, dass wir die Trendwende schon mehrere Tage zuvor erwartet hatten. Das Top liegt in Wirklichkeit einen Tag vor dem idealen 34/55/123-Tage-Cluster. Sie sehen im Chart, dass das Top

Abbildung 6.2: Google ein paar Tage später als Abbildung 6.1

am 33/54/122-Tage-Cluster liegt. Der Abwärtstrend begann exakt da, wo wir es erwartet hatten.

Diesmal möchte ich Ihnen auch den Stundenchart zeigen *(Abbildung 6.3)*. Hier sehen Sie die Kerze und die bearishe Konvergenz. Der Tageschart zeigt nicht das klarste Trendwendesignal, weil das Top aus einem Doji und einer schwarzen Kerze besteht, die unterhalb des Dojis schließt. Es gibt kein klares Signal, dass sich der Kurs vom Hoch entfernen wird, und die Bestätigung dauert fast fünf Tage. Wenn wir aber zum stündlichen Zeitrahmen übergehen, ist die Situation sehr klar. Die beiden Stundenbalken am Top schaffen eine dunkle Wolke, und gleichzeitig gibt es eine bearishe Divergenz im MACD. Was sonst? Vom Konsolidierungszonentief bei 401 – 402 bis zum Top wird der letzte Trendabschnitt in genau 46 Stunden vervollständigt. Wenn wir das alles zusammenrechnen, haben wir es mit einer Wende in drei Ausprägungsgraden des Trends zu tun. Es gibt ein Cluster von drei Relationen auf Tagesbasis, und der Stundenchart dreht exakt im richtigen Moment.

Die Rolle der Umsätze

Sehen wir uns nun die Rolle der Umsätze näher an. *Abbildung 6.4* ist ein Tageschart von Intel (INTC) am Ende der Baisse 2002. In diesem Chart gibt es einige entscheidende Punkte. Beachten Sie das riesige Kaufvolumen kurz nach dem Kursboden. Die durchschnittlichen Tagesumsätze lagen bei 65 Millionen Aktien pro Tag. An diesem wichtigen Tag sind die Umsätze aber fast dreimal so hoch. Dadurch wird der neue Aufwärtstrend ausgelöst.

Am 38. Tag erreicht dieser Aufwärtstrend den gleitenden 200-Tage-Durchschnitt. An diesem Punkt sehen wir eine gute bearische Kerzenformation. Es gibt ein Cluster von drei Gründen für Leerverkäufe. Zunächst ist da der 38-Tage-Zyklus. Zweitens dreht der Kurs genau am gleitenden 200-Tage-Durchschnitt. Und drittens kann man fünf Wellen nach oben erkennen. Denken Sie daran, dass das Sentiment an diesem Punkt ausgesprochen negativ war; man erwartete einen erneuten Test des Tiefs. In Kapitel 1 haben wir dargelegt, was bei erneuten Tests von Tiefs passiert. Das Sentiment nach dem Hoch vom Dezember kann man so beschreiben: »Es geht wieder los: Wir werden wahrscheinlich ein neues Tief erreichen; nicht nur bei Intel, sondern in jeder Situation.«

Abbildung 6.3:
Stundenchart von Google

Abbildung 6.4:
Der Tageschart von Intel (INTC) übersteigt am Ende der Baisse von 2002 die gleitenden Durchschnitte.

Der erneute Test des Tiefs dauerte bis in den Februar und endete am 47. Tag des Trends. Wenn man seine Short-Positionen noch 21 Tage lang hielt, erlitt man kaum Verluste, aber am 22. Tag hob der Markt ab. Am 23. Tag nach dem Tief vom Februar gab es ein Gap nach oben mit einer schönen weißen Kerze, nachdem zum ersten Mal seit längerer Zeit ein höheres Hoch gebildet worden war. Aus mehreren Gründen kann man dieses Setup nicht als Tasse-mit-Henkel-Muster bezeichnen; der beste davon ist der, dass das Verkaufsvolumen in diesem 47-tägigen erneuten Test des Tiefs nicht wirklich abflaute. Man musste schon ein Antizykliker sein, um zu diesem Zeitpunkt einzusteigen.

Die Anhänger dieser Methode betonen die Bedeutung von Über- oder Unterschreitungen gleitender Durchschnitte. Im April gab es ein solches Ereignis, und unser Timing-Modell spricht ebenfalls eine deutliche Sprache. Viele Trader verwenden Überschneidungen der 50-Tage- mit der 200-Tage-Linie als Kaufsignal, und das ist in Ordnung. Die technische Situation wird durch das Gap nach oben bestätigt, das vier Tage nach dem wichtigen 127. Tag des neuen Trends nach dem Tief vom Oktober auftritt. Dabei wäre dies ein guter Zeitpunkt für einen Kursrückgang gewesen. Beachten Sie, wie die Kursentwicklung den gleitenden

50-Tage-Durchschnitt an den Balken 126 und 127 berührt und sich dann wieder nach oben absetzt. Innerhalb einer Woche sehen wir diese Überkreuzung, die nahelegt, dass ein Kauf wohl keine ganz schlechte Idee wäre. Alles spricht für eine Trendwende, und unser Timing-Modell bestätigt dies. Unser 127-Tage-Fenster erweist sich als stärker als das Gap und die Überkreuzung.

Die Beobachtung von Aufwärts- und Abwärtstrends

Die Methode der gleitenden Durchschnitte setzt voraus, dass sich ein Trend vom Mittelwert absetzt, schließlich aber wieder zu diesem zurückkehrt. Bei Aktien mit hoher Marktkapitalisierung bedeutet das ein Retracement zum gleitenden 50-Tage-Durchschnitt. Dieser scheint bei Aktien mit hoher relativer Stärke am besten zu funktionieren. Allerdings spricht in der Realität vieles dafür, dass gleitende Durchschnitte des Öfteren durchbrochen werden. Wir brauchen ein Kontrollsystem zur Beantwortung der Frage, ob der Trend immer noch intakt ist. Der Zeitfaktor leistet uns hier gute Dienste. *Abbildung 6.5* zeigt das Sekundärtief bei Qualcomm (QCOM) im Jahr 2003.

Abbildung 6.5: Qualcomm; Gleitender Durchschnitt

Der erste wirkliche Pullback und Test des gleitenden 50-Tage-Durchschnitts endet mit einem 46-tägigen Zyklus von Tief zu Tief. Aus dem Kapitel über Rotation wissen wir, dass dies ein guter Zeitpunkt sein könnte, Positionen aufzubauen oder aufzustocken. Die Anhänger gleitender Durchschnitte erwägen zu diesem Zeitpunkt vielleicht Käufe, ohne die zeitliche Dimension zu kennen. Das ist in Ordnung, aber was spricht dagegen, mehrere Faktoren zu berücksichtigen?

Wie Sie sehen, verletzt der nächste Pullback nicht nur den 50-Tage-Durchschnitt, sondern auch den 200-Tage-Durchschnitt. Wenn Sie das Buch bisher aufmerksam gelesen haben, dann wissen Sie, dass ein 61-tägiger Zyklus von Tief zu Tief –, der mit einer weißen Kerze nach oben dreht, ein Muster mit hoher Erfolgswahrscheinlichkeit ist, ganz unabhängig von den gleitenden Durchschnitten. Ich schlage vor, dass man eine Kombination beider Methoden anwendet. Der Kurs fällt kurzfristig unter beide gleitenden Durchschnitte. Wir haben natürlich den Vorteil, dass wir uns den Chart im Nachhinein ansehen können. In Echtzeit werden Sie nicht so viel Glück haben.

Trader-Tipp

Bei Aktien mit stärkeren Trends dreht der Kurs meist an einem dieser gleitenden Durchschnitte und an einem wichtigen Zeitbalken. Wenn es ein Cluster aus gleitendem Durchschnitt und Zeitbalken gibt, hat man eine wesentlich stärkere Kombination.

Bei Aktien mit stärkeren Trends dreht der Kurs meist an einem dieser gleitenden Durchschnitte und an einem wichtigen Zeitbalken. Wenn es ein Cluster aus gleitendem Durchschnitt und Zeitbalken gibt, hat man eine wesentlich stärkere Kombination. Die wahre Herausforderung sind Aktien mit weniger starken Trends. Sie tendieren dazu, den gleitenden Durchschnitt zu durchbrechen, aber die Richtung am korrekten Zeitbalken zu ändern. In diesem Fall explodiert die Kursentwicklung noch einmal nach oben. Die 50-Tage-Linie wird nicht mehr getestet, bis es zu einer weiteren 54-Tage-Rotation nach dem 61. Balken der Bewegung kommt. Der 50-Tage-Durchschnitt wird knapp unterhalb von 22 Punkten verletzt, aber das wird durch die Zeitzyklen kompensiert, die direkt auf dem 134. Balken nach dem Tief liegen.

Langer Rede kurzer Sinn: Der Kurs in diesem Chart steigt wesentlich höher als der Rest des Marktes. Allerdings hält nichts ewig. Der nächste Chart *(Abbildung 6.6)* zeigt, was später geschah, am Ende der Aufwärtsbewegung. Wie Sie sehen, kommt es im Tages-Zeitrahmen zu einer bearishen Divergenz, die sich aber erst nach 33 Tagen des letzten Trendabschnitts auswirkt. An diesem Punkt sehen wir ein perfektes Evening-Star-Muster, und der Trend ändert die Richtung. Nun wollen wir uns den Abwärtstrend ansehen.

Nach dem Gap nach unten werden der 50- und der 200-Tage-Durchschnitt unterschritten. Nun warten wir auf eine Erholung bis zum Niveau der Durchschnitte, die scheitert, um die Aktie leer verkaufen zu können.

Die Frage lautet, wo und wann der Kurs sein Top erreichen wird. Das Top könnte exakt am 50- oder am 200-Tage-Durchschnitt liegen. Letztlich liegt es am allgemeinen Kursziel, wird aber erst erreicht, als der Kurs auf das zeitliche Cluster von 56 Tagen von Hoch zu Hoch und 16 Tagen Kurserholung trifft. Außerdem liegt das Top exakt am unteren Ende des Gaps nach unten vom Januar,

Abbildung 6.6: QCOM; Scheitern am gleitenden Durchschnitt und Zyklen

das einen sehr starken Widerstand bildet. In diesem Fall würde ich sagen, dass es genau an diesem Punkt vier exzellente Gründe für eine Trendwende gibt: die beiden gleitenden Durchschnitte, die Widerstandslinie, die durch das Gap nach unten entstanden ist, und schließlich den Zeitfaktor.

Das Timing von Tasse-mit-Henkel-Mustern

Ich stimme mit O'Neils Philosophie insofern überein, als wir beide große Anhänger von Mustererkennungssystemen sind (O'Neil 1995, S. 160–179). Das Tasse-mit-Henkel-Muster ist nichts anderes als eine kleine Kursbewegung nach einem Tief, gefolgt von einem gemäßigten Retracement, das man auch als Periode einer engen Bodenbildung charakterisieren könnte. Die besten Henkel entwickeln sich langsam und bei nachlassenden Umsätzen. Wenn die Umsätze geringer werden, was auf einen Mangel an Verkäufern schließen lässt, explodiert der Chart nach oben. Ich betrachte es nicht als meine Aufgabe, Tasse-mit-Henkel-Muster zu erklären oder zu behaupten, ich sei der definitive Experte auf diesem Gebiet. Ich möchte Ihnen hier zeigen, wie man sich eine Beobachtungsliste solcher Kursmuster anlegt und auf den besten Zeitpunkt für den Einstieg in den Trade wartet. Wie wir in diesem Buch schon dargelegt haben, ist der beste Einstiegszeitpunkt der Abschluss der zweiten oder B-Welle, weil dann die stärkste Kursbewegung unmittelbar bevorsteht. Die Tasse ist in der Regel Welle 1 des Musters, der Henkel ist die zweite oder die B-Welle. Hier kombinieren wir die Terminologie für die Elliott-Anhänger, die Fibonacci-Trader und für denjenigen Teil der Trader-Gemeinde, die *Investors Business Daily* abonniert haben.

Hologic Inc. (HOLX)

Die erste Fallstudie betrifft Hologic Inc. (HOLX). Wir sehen die vollständige Kursentwicklung über zwei Jahre *(Abbildung 6.7)*. Der Kurs steigt von unter vier auf mehr als 19 Dollar. Die nächsten beiden Charts *(Abbildungen 6.8 und 6.9)* illustrieren die Zyklenmuster ab dem Anfang der Kursdarstellung. In *Abbildung 6.7* sehen Sie eine recht enge Bewegung von 4 bis 12 und bei nachlassenden Umsätzen einen Pullback zurück in den Bereich von 9. Das wäre der Tasse-mit-

Abbildung 6.7: Die vollständige Kursentwicklung von Hologic über zwei Jahre

Henkel-Teil des Musters. In der Elliott-Terminologie könnte man dies als die Wellen 1 und 2 bezeichnen. Und wie Sie sehen, beginnt der aufregendste Teil der Kursbewegung nach der Henkel-Korrektur.

Abbildung 6.8 zeigt den ersten Teil der Bewegung nach der Bodenbildung. Deutlich zu sehen ist der erste Pullback, der am 17. Tag endet. Nach dem Lucas-Tag 18 kennt der Chart nur noch den Weg nach oben. Nach einem kurzen Zeitraum der Basisbildung, die man auch als Tasse-mit-Henkel-Formation kleineren Ausmaßes charakterisieren könnte, hebt der Chart am 47-Tage-Zyklus so richtig ab, den wir in diesem Buch in sämtlichen Trendausprägungen diskutiert haben. Zwischen dem 17. und dem 47. Tag entsteht eine Basis am Top einer anderen Basis, und zwar bei relativ niedrigen Umsätzen. Das impliziert einen Zeitraum der Basisbildung in der Mitte des Gaps Anfang Februar, das sich als Erschöpfungsgap herausstellt. Beachten Sie, dass das Gap am 48. Tag gefüllt wird und dass der Kurs dann ansteigt. Die Abonnenten von *Investors Business Daily* beachten die große weiße Kerze. Die nächsten beiden Wendepunkte sind der 83. und der 112. Tag, die sich annähernd in einer Rotation eines 35-tägigen Zyklus' von Tief zu Tief (nach Tag 47) befinden und von einem 29-tägigen (112–83) Zyk-

Abbildung 6.8:
Hologic:
Der erste Teil der Kursbewegung

lus von Tief zu Tief gefolgt werden. Auch diese Kursentwicklung erreicht ihr Top in 129 Tagen.

Abbildung 6.9 zeigt das größere Henkel-Gebiet. Am auffälligsten ist der Rückgang der durchschnittlichen Umsätze von April bis September. In der Elliott-Terminologie haben wir hier einen typischen ABC-Pullback, der mit einem typischen Doppelboden endet. Der Trendabschnitt bis Ende September entspricht exakt 0,618 des Kursrückgangs der A-Welle. In Hausse-Phasen vervollständigt sich die C-Welle während einer Korrektur meist in sehr kurzer Zeit. In einer Baisse-Phase geschieht das Gegenteil. Die C-Welle dauert am längsten und nimmt den größten Raum ein. Man könnte das sogar als laufende Korrektur bezeichnen, weil der zweite kurzfristige Ausbruch nach unten Ende September das Tief vom August nur um einen Cent verfehlt. Mit anderen Worten: Ein besseres bullishes Setup kann man sich kaum vorstellen.

In diesem Kapitel geht es darum, den präzisesten Einstieg in eine Fünf-Monats-Periode mit sinkenden Umsätzen zu finden. Der Henkel vervollständigt sich schließlich 61 Tage nach dem Hoch. Man sieht eine schöne weiße Kerze,

Abbildung 6.9:
Hologic;
das Gebiet des
größeren Henkels

und der Kurs steigt bei leicht zunehmenden Umsätzen. Wie Sie sehen steigen die täglichen Umsätze, bis es zum Gap innerhalb der parabolischen Aufwärtsbewegung kommt. Im Rückblick kann man hier von einem Pullback bei sinkenden Umsätzen mit enger Basis sprechen. In der Elliott-Terminologie endet die C-Welle am frühesten möglichen Punkt bei einer Kursrelation von 0,61 Prozent zur A-Welle. Für den richtigen Einstiegszeitpunkt brauchen wir nur noch den Zeitfaktor.

IBD-Fallstudien: Keithley Instruments und Skechers

Die nächsten beiden Aktien wurden vor einigen Jahren regelmäßig in *Investors Business Daily* besprochen. Beide Aktien zeigen viele, wenn nicht alle technischen Merkmale von Größe. Diese Bewegungen sind nicht so spektakulär wie die vieler Technologieaktien während der Spekulationsblase an der NASDAQ, aber dafür repräsentativer für eine normale Hausse.

Die erste Fallstudie zeigt die Kursentwicklung von Keithley Instruments 1999 und 2000. Die Aktie stieg vom Penny-Stock auf über 100 Dollar, obwohl es zwischenzeitlich einen Split im Verhältnis 2 zu 1 gab. Viele haben diese Art von Performance angesichts der Spekulationsblase wohl erwartet. Man kann allerdings von Zeit zu Zeit das Richtige tun und dabei Glück haben. Das Interessante an dieser Aktie ist, dass der parabolische Teil der Bewegung erst einsetzte, nachdem der Markt im Januar und im März 2000 sein historisches Hoch erreicht hatte. Keithley war eine der besten Aktien, die im IBD jemals präsentiert worden sind.

Wenn man sich den gesamten Kursanstieg ansieht, fällt der Zeitabschnitt gleich zu Beginn auf. Man erkennt dort noch nicht, was da vor sich geht *(Abbildung 6.10)*. Wenn wir uns die Frühphase der Kursentwicklung ansehen, können wir erkennen, wie die zeitlichen Zyklen Form annehmen.

Wir sehen uns die Kursentwicklung im Juli 2000 nach einem langen Prozess der Bodenbildung an *(Abbildung 6.11)*. Selbst bei einer Aktie, deren Kurs im Penny-Bereich liegt, können diese Bewegungen nicht zufallsbedingt sein. Was die Zeitzyklen wohl von den Elliott-Wellen unterscheidet, ist, dass es bei niedrigen Umsätzen sehr schwierig ist, eine zuverlässige Wellenzählung durchzuführen. Auch hier sind die Umsätze immer noch recht niedrig, aber die wirkliche Bewegung nach oben beginnt nach den ersten 76 Lucas-Tagen nach dem Sekundärtief vom April 1999.

Elliott-Anhänger würden die Bewegung nach der Bodenbildung als Serie kleinerer erster und zweiter Wellen bewerten. Umsatz-Enthusiasten würden von einer Reihe kleiner Böden sprechen, die aufeinander aufbauen. Beide müssen jedoch zur Kenntnis nehmen, dass jede Basis von abnehmenden Umsätzen gekennzeichnet ist. Und ich füge noch hinzu, dass jede Basis nach einer bestimmten Zeitzyklus-Sequenz vervollständigt wird. Die erste Basis, die zu den großen weißen Kerzen führt, ist nach 18 Tagen abgeschlossen. Die nächste wird am 126.

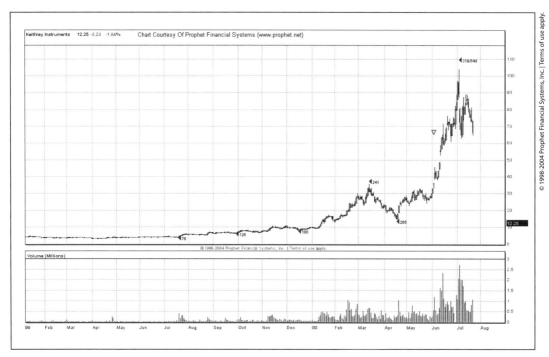

Abbildung 6.10: Keithley Instruments; der gesamte Kursanstieg

Abbildung 6.11: Keithley Instruments

Tag der Kursbewegung nach dem Sekundärtief vom April 1999 vervollständigt. Das 127-Tage-Fenster ist durch einen scharfen Umsatzanstieg gekennzeichnet. Die dritte Basis findet ihr Tief in der Woche zwischen dem 10. und dem 18. Tag mit der großen schwarzen Kerze am 17. Tag nach dem letzten Tief. Es handelt sich um einen Konsolidierungszeitraum, und es ist nicht völlig klar, was den Kurs nach oben treibt. Aber wir haben ein Zeitfenster vom 144. bis zum 147. Tag, wo der Chart dann wirklich abhebt. Woran es auch liegen mag, jedenfalls sinkt der Kurs nicht mehr auf die Unterstützungszone im 126/127-Tage-Zeitfenster.

Wenn man sich den ersten Chart der Gesamtbewegung ansieht *(Abbildung 6.10)*, erkennt man drei wichtige Wendepunkte. Der erste ereignet sich nach 76 Tagen, der nächste nach 126 Tagen und der letzte nach 180 Tagen. Den 180. Tag kann man nach Lucas interpretieren (18 mal 10), aber wichtiger ist die Differenz zwischen dem 126. und dem 180. Tag, der einen 54-tägigen Zyklus von Tief zu Tief impliziert. Am 55. Tag der Rotation nach dem 127-Tage-Zyklus setzt ein Aufwärtsschub ein, der in den folgenden 61 Handelstagen zu einer Verdreifachung des Kurses führt. Dann folgt ein 25-tägiger Pullback. Am 26. Tag setzt eine parabolische Entwicklung ein, die bis zum 319. Tag der Bewegung dauert. Die parabolische Welle dauert also exakt 54 Tage.

Die letzte Fallstudie in diesem Kapitel erschien erstmals im Januar 2001 im IBD. Skechers erlangte während der Frühjahrsrallye 2001 einige Prominenz, im Gleichschritt mit anderen Schuhherstellern. Ich halte nicht viel von fundamentalen Faktoren, aber das Unternehmen besaß ein einzigartiges Produkt, das

Abbildung 6.12:
Skechers;
Die gesamte Kursbewegung im Tageschart

Sportschuhe zu Modeartikeln werden ließ. Es war wohl dieser Faktor, der die Aufmerksamkeit der Investoren auf dieses Unternehmen lenkte. Jedenfalls handelte es sich auch hier um einen Penny-Stock, dessen Kurs um fast 1.300 Prozent stieg!

Die ersten beiden Charts *(Abbildungen 6.12* und *6.13)* zeigen die gesamte Kursentwicklung auf Tages- und auf Wochenbasis. *Abbildung 6.13* ist ein Wochenchart, in dem aber auch die täglichen Notierungen zu sehen sind. Man sieht, wie diese beiden Zeitrahmen ein Cluster bilden, das die verschiedenen Kaufsignale auslöst.

Die *Abbildungen 6.12* und *6.13* zeigen eine bullishe Rotation, und es gibt wichtige Wendepunkte an den Tagen 35, 62 und 96 (ein 34-tägiger Zyklus von Tief zu Tief). Der letzte Wendepunkt ist der 118. Tag, was eine übliche Relation ist. Der 96. Tag korrespondiert mit dem 21-wöchigen Zyklus von Tief zu Tief. Diese Aktie erschien im Januar 2001 im IBD, nachdem sie einen 11-wöchigen Pullback abgeschlossen hatte, der ein Cluster mit dem 46- bis 47-wöchigen Zyklus von Tief zu Tief bildete.

Die erste Hälfte der Bewegung *(Abbildung 6.14)* ereignete sich, als diese Aktie erstmals der Öffentlichkeit vorgestellt wurde. Dieser Chart enthält den gleitenden 50-Tage-Durchschnitt, um Ihnen eine Vorstellung zu vermitteln, wie man vergleicht und feststellt, wo die Zeitbalken in Relation zu den gleitenden Durchschnitten die Richtung ändern. Verschiedene gleitende Durchschnitte liefern natürlich auch unterschiedliche Ergebnisse. Es gab einen 164 Tage umfassen-

Abbildung 6.13:
Skechers;
die gesamte Kursbewegung
auf Wochenbasis

den Trendabschnitt, 46 Tage nach dem 118-Tage-Balken, wo sich schließlich eine mehrmonatige bearishe Divergenz auswirkte. Dieser Pullback führte nicht zum klassischen Austrocknen der Umsätze, aber die durchschnittlichen Umsätze wurden tatsächlich geringer, bis die Aktie nach einem Pullback von 56 Tagen einen Boden fand. Hier gab es ein Cluster mit den beiden wöchentlichen Zeitzyklen (11/46). Es gab hier drei wirklich gute Cluster, und das führte in den folgenden Wochen zu einem parabolischen Kursanstieg der Aktie. Im Wochenchart können Sie erkennen, dass die Umsätze von weniger als einer auf mehr als drei Millionen Stück pro Woche anstiegen.

Nach diesem Tief bildete sich noch eine weitere Basis, die am 29. Tag nach dem Wendepunkt vervollständigt wurde *(Abbildung 6.15)*, und der Rest ist Geschichte. Hinzufügen kann ich nur, dass das letzte Hoch gebildet wird, als es zur letzten bearishen Divergenz kommt, und man kann daraus Kapital schlagen, als der Chart am 39. Tag der großen Welle oder am insgesamt 338. Tag sein Top erreicht.

Ich will in diesem Kapitel darlegen, wie jeder diese Methode anwenden kann. Sie ist nicht denjenigen vorbehalten, die sich mit Elliott-Wellen auskennen. Schließlich gibt es in der Trader-Gemeinde mehr Leute, die die Wellen nicht verstehen als solche, die das tun.

Sehr viele Trader wenden die gleitenden 50- und 200-Tage-Durchschnitte an. Andere bevorzugen 20- und 50-Tage-Durchschnitte. Letzteres ist wahrscheinlich besser, wenn man mit kurzen Zeitrahmen arbeitet. Aber die Heraus-

Abbildung 6.14: *Skechers mit gleitendem 50-Tage-Durchschnitt*

forderung ist die gleiche. Wenn man gleitende Durchschnitte anwendet, sind sie nicht immer leicht zu interpretieren. Nur die stärksten Kursbewegungen führen dazu, dass schnelle Kursverluste durch Gegenbewegungen minimiert werden. Gleitende Durchschnitte funktionieren am besten, wenn sie in der Nähe eines der üblichen Fibonacci-Retracement-Punkte liegen. Das Problem dabei ist, dass viele Trader, die Fibonacci-Retracements anwenden, den gleitenden Durchschnitten keine Beachtung schenken. Und umgekehrt achten viele Trader, die gleitende Durchschnitte anwenden, wenig oder kaum auf Fibonacci-Retracement-Punkte. Ich rate denjenigen von Ihnen, die gleitende Durchschnitte anwenden und zum ersten Mal von dieser Methode hören, sich dieser Tendenzen bewusst zu werden. Manchmal passt der Zeitbalken zum gleitenden Durchschnitt und manchmal auch nicht.

Zu den besten Setups kommt es, wenn der Zeitbalken direkt auf dem gleitenden Durchschnitt liegt und es einen schönen Kerzen-Trendwendebalken gibt. Das ist nicht immer der Fall. Wenn es einen Pullback zum gleitenden Durchschnitt und einen anschließenden Kursrückgang gibt, oder einen Anstieg in einer Baisse-Phase, bei dem aber ein Zeitbalken vorhanden ist, dann wird an dieser Stelle die Wende stattfinden. Und wenn der gleitende Durchschnitt deutlich durchbrochen wird und der Kurs am Zeitbalken dreht, dann passiert es eben an dieser Stelle. Nun haben Sie neben dem Warten auf den gleitenden Durchschnitt ein weiteres Werkzeug zur Verfügung. Wenn Sie sich dieser Tendenzen bewusst sind, werden Sie bei Bewegungen einsteigen können, die Sie ansonsten vielleicht übersehen hätten.

Abbildung 6.15: Skechers mit gleitendem 50-Tage-Durchschnitt II

Diese Fallstudien zeigen, wie Sie den Überkreuzungen gleitender Durchschnitte, Unterstützung und Widerstand an gleitenden Durchschnitten, dem Studium der Umsätze und bewährten Mustern wie der Tasse-mit-Henkel-Formation höhere Präzision hinzufügen können.

In den vorherigen Kapiteln haben wir Candlesticks, Unterstützung und Widerstand und Momentum-Indikatoren mit ihren Divergenzen angewendet. Die Prinzipien, die wir auf Intraday-Charts der Indizes anwenden, sind exakt die gleichen wie diejenigen, die auf Aktien angewendet werden.

Und dabei muss es sich nicht einmal um die rege gehandelten hoch kapitalisierten Titel handeln, denn die meisten großen Aktien, die das Marktgeschehen bestimmen, fangen klein an.

Trader-Tipp
Zu den besten Setups kommt es, wenn der Zeitbalken direkt auf dem gleitenden Durchschnitt liegt und es einen schönen Kerzen-Trendwendebalken gibt.

Die Aktienauswahl ist das einzige Thema, auf das ich in diesem Kapitel nicht eingehe. Wenn Sie die IBD-Methode anwenden, finden Sie Ratingsysteme hinsichtlich der relativen Stärke und der Akkumulation beziehungsweise Distribution durch die großen Aktienfonds. Bei der Aktienauswahl geht es meist in erster Linie um Sektorenrotation. Man versucht einen Sektor zu finden, der vor einem Aufschwung steht und sucht sich aus dieser Gruppe die besten Aktien heraus. Denken Sie daran, dass ich hier nicht über das fundamentale Bild spreche. Ich rate Ihnen, im Kielwasser derjenigen besseren Aktien zu fahren, die die großen Marktteilnehmer für die besten Aktien halten. Sie werden bald bemerken, dass es sich dabei fundamental um ein und dieselben Aktien handelt. Sie haben mit Ihren neu erworbenen Fähigkeiten genug damit zu tun, das technische Bild zu beobachten, und können sich nicht auch noch um die Gewinn- und Verlustzahlen von Unternehmen kümmern.

Wir haben nun die wichtigsten Aspekte des Themas behandelt, wie man den Zeitfaktor mit der zeitgenössischen Technischen Analyse kombinieren kann. Der nächste Faktor, auf den wir uns konzentrieren werden, ist eher zukunftsbezogen. Da wir nun die Leute an Bord haben, die sich bisher nicht mit Elliott und Fibonacci beschäftigt haben, werde ich Ihnen zeigen, wie man Kursziele mit hoher Eintrittswahrscheinlichkeit konzipiert – sowohl für das Ende von Hausse-Phasen als auch für das Ende von Korrekturen.

KAPITEL 7

*Bewegliche Ziele treffen –
Kurszielprognosen auf Basis
der Fibonacci-Zahlen*

In jedem Bereich unseres Lebens machen wir Pläne und formulieren Ergebnisprognosen. Wenn wir nach dem Schulabschluss eine Hochschule besuchen wollen, schätzen wir ab, wie lange es dauern und wie viel es kosten wird. Wenn wir unser Leben im Griff haben, planen wir auch unsere Berufslaufbahn, unsere Finanzen, unsere Ferien und jeden Tag unseres Lebens. Das ist ein Teil des Zielsetzungsvorgangs, und die Erfolgreicheren von uns beschäftigen sich regelmäßig damit.

Wenn es aber um die Finanzmärkte geht, geschieht etwas Seltsames. In der Spekulationsblase der später 1990er-Jahre haben 90 Prozent der Marktteilnehmer 90 Prozent ihres Kapitals verloren. Woran liegt das? Emotionen spielen hier eine wichtige Rolle. Als Individuen sind wir alle intelligente Menschen und wissen, was wir tun sollten. Aber Gruppendruck und unsere natürliche Neigung, uns der Masse anzupassen, verleiten selbst die Besten und Klügsten von uns dazu, an den Finanzmärkten die dümmsten Dinge zu tun.

Es gibt hier aber noch einen anderen Aspekt. Akademische Studien haben viele von uns zu dem Glauben verleitet, Bewegungen an den Finanzmärkten seien rein zufallsbedingt. Ich denke, wir haben ohne den Hauch eines Zweifels bewiesen, dass die Random-Walk-Theorie nicht zutrifft. Wall-Street-Analysten, die die besten Universitäten besucht haben und jahrelang diesen finanziellen Unsinn erdulden mussten, erstellen immer noch Unternehmensprognosen auf Basis komplizierter Formeln von Umsätzen und Kurs-Gewinn-Verhältnissen. Sie haben keine Ahnung, wann diese Prognosen erreicht werden, aber sie erstellen sie trotzdem.

In diesem Kapitel werden wir die akademische Lehre und die Fundamentalanalysten hinter uns lassen. Wir werden lernen, wie man Kursprognosen mit hoher Erfolgswahrscheinlichkeit erstellt, und zwar auf der Basis natürlicher Tendenzen eines universellen Gesetzes. Es ist die gleiche Regel, aufgrund derer

Eine kurze Wiederholung

Die Wellen 1 und 5 tendieren zur Gleichwertigkeit oder weisen zueinander ein Verhältnis von 0,618/1,618 auf. Welle 3 ist niemals die kürzeste und umfasst das 1,618-, das 2,618- oder das 4,23-fache der Länge von Welle 1, gemessen ab dem Boden von Welle 2. In Hausse-Märkten mit einer ABC-Korrektur erreicht die C-Welle in der Regel den 0,618-fachen Umfang der A-Welle.

Die gegenseitigen Relationen der einzelnen Wellen in Dreiecken haben wir ebenso behandelt wie das Ausmaß ihrer Kursschübe.

ein Quarterback den Ball über die ganze Länge des Spielfelds wirft, weil er weiß, dass sein Wide Receiver 40 Meter in knapp fünf Sekunden laufen kann. Wenn dieser Ballfänger sieben Sekunden benötigt, um an einem Verteidiger vorbei zu kommen und die Seitenlinie entlangzulaufen, weiß der Quarterback, dass er sein Ziel im Lauf treffen muss. Er muss den Ball drei bis vier Sekunden, nachdem er ihn erhalten hat, werfen. Er plant, dass der Ball 40 Meter weiter vorn genau in dem Moment ankommen wird, wenn der Receiver dort angekommen ist. Genau auf diese Art trifft man ein bewegliches Ziel mitten im Lauf.

Im größten Teil dieses Buches haben wir dargelegt, wie lange ein Finanzinstrument braucht, um von Punkt A zu Punkt B zu gelangen. Um ein bewegliches Ziel zu treffen, müssen wir die Tendenzen verstehen, wie Charts ihre Zielzonen auswählen. Wir wissen, wie lange es dauert, bis sie dort ankommen. Der Quarterback weiß, wie lange der Receiver braucht, um von Punkt A zu Punkt B zu kommen. Seine Aufgabe besteht darin, den Ball vor dem Eingreifen der Verteidigungsreihe zu schützen. Weil uns die Zyklen sagen, wie lange es dauert, bis der Kurs am Ziel angekommen sein wird, müssen wir uns vor dem Einwirken unserer Emotionen und anderer Nebengeräusche schützen und die Geduld aufbringen, es der Kursbewegung zu erlauben, unser Ziel zu erreichen.

Erinnern Sie sich, was Wayne Gretzky zu einem so großartigen Spieler gemacht hat? Die anderen Spieler jagten dem Puck nach. Gretzky berechnete, wohin der Puck gelangen würde. Also war er allen anderen einen Schritt voraus. Am Ende dieses Kapitels werden Sie Ihren Konkurrenten hoffentlich auch einen Schritt voraus sein.

Wie man Prognosen erstellt

Die grundlegenden Fibonacci-Relationen haben wir zwar schon erörtert, aber eine kleine Wiederholung kann nicht schaden. Die Wellen 1 und 5 tendieren zur Gleichwertigkeit oder weisen zueinander ein Verhältnis von 0,618/1,618 auf. Welle 3 ist niemals die kürzeste und umfasst das 1,618-, das 2,618- oder das 4,23-fache der Länge von Welle 1, gemessen ab dem Boden von Welle 2. In Hausse-Märkten mit einer ABC-Korrektur erreicht die C-Welle in der Regel den 0,618-fachen Umfang der A-Welle. Die gegenseitigen Relationen der einzelnen Wellen in Dreiecken haben wir ebenso behandelt wie das Ausmaß ihrer Kursschübe.

Das Problem mit all diesen Möglichkeiten ist, dass wir nicht wissen, welche davon eintreten wird. Das ist eine gute Frage, und in der Quantenphysik lautet die Antwort, dass ein Markt, wann immer er will, tun wird, was immer er will.

Zum Glück gibt er aber Hinweise auf seine Tendenzen. Da es sich hier um ein Spiel mit Wahrscheinlichkeiten handelt, müssen wir den wahrscheinlichsten Fall betrachten.

Wie geht das? Wenn wir uns einen Kurschart ansehen, müssen wir wissen, wo die Unterstützungs- und Widerstandslinien und die gleitenden Durchschnitte liegen. Oft liegt der 50- oder der 200-Tage-Durchschnitt nur um wenige Pennys von einem Fibonacci-Retracement-Punkt entfernt. In diesem Fall treffen Fibonacci-Anhänger und IBD-Abonnenten exakt die gleichen Prognosen. Das liegt daran, dass der gleitende Durchschnitt genau am selben Punkt liegt wie der Fibonacci-Retracement-Punkt. Aber so funktioniert es nicht immer.

> Wir beginnen mit den Retracements und bestimmen den wahrscheinlichsten Punkt für eine Trendwende, indem wir Fibonacci-Retracement-Punkte von mehreren Wendepunkten entlang der Haupttrends einzeichnen. Wir stellen dabei fest, dass einige Retracement-Cluster an derselben Stelle liegen. Das ist der wahrscheinlichste Punkt für die Bestimmung einer Korrektur, ob es sich nun um eine Hausse- oder um eine Baisse-Phase handelt.

Wir beginnen mit den Retracements und bestimmen den wahrscheinlichsten Punkt für eine Trendwende, indem wir Fibonacci-Retracement-Punkte von mehreren Wendepunkten entlang der Haupttrends einzeichnen. Wir stellen dabei fest, dass einige Retracement-Cluster an derselben Stelle liegen. Das ist der wahrscheinlichste Punkt für die Bestimmung einer Korrektur, ob es sich nun um eine Hausse- oder um eine Baisse-Phase handelt.

Wenn wir keinen exakten Punkt ermitteln können, wo sich zwei Fibonacci-Kurspunkte treffen, warten wir auf den ersten Abschnitt des Retracements und suchen nach einer Kombination von Faktoren. Diese Vorgehensweise wird klarer, wenn wir uns die Charts ansehen.

Einführende Fallstudien

S&P-500

Abbildung 7.1 zeigt den Wochenchart des S&P-500 vom Tief im August 2004 bis zum Hoch von Anfang August 2005. Die Zeitzyklen lassen wir zunächst beiseite. Da wir eine Fünf-Wellen-Sequenz vom Tief bis zu den Hochs im März und im August 2005 erkennen, müssen wir eine Reihe von Fibonacci-Retracements vom Top bis zum Boden und vom Top bis zum Tief am ersten Wendepunkt im Oktober 2004 einzeichnen. In Wirklichkeit wissen wir nicht genau, welchen Teil der Bewegung das Retracement umfassen wird. Es handelt sich wirklich um einen Vorgang von Versuch und Irrtum.

Ein Hinweis könnte sein, dass es beim ersten Trendabschnitt nach unten ein Retracement (grüne Linie) von 23 Prozent der gesamten Aufwärtsbewegung gibt. Wenn wir uns ansehen, wie sich diese Retracement-Markierungen aufreihen, könnte unser erster Impuls darin bestehen, nach einem Pullback in den Bereich von 1150 zu suchen. Dies wäre ein 50-Prozent-Retracement der gesamten Bewegung, aber nur wenige Punkte vom 61-Prozent-Retracement nach dem Sekundärboden entfernt. Wir suchen nach einem Cluster. Wenn es keine weite-

Abbildung 7.1:
Wöchentliches Retracement des S&P-500 vom Tief im August 2004 bis zum Hoch Anfang August 2005

ren Informationen gibt, wird dieser Punkt sofort zu demjenigen mit der höchsten Wahrscheinlichkeit.

Ebenfalls zu beachten ist die Region zwischen 1130 und 1136 Punkten. Sie repräsentiert das blaue 61-Prozent-Retracement in der Nähe des Tiefs vom April. Sobald der erste Abwärtsschub nach dem Hoch vollständig ist, haben wir ein paar weitere Informationen. Wir prüfen nun, ob es Korrelationen zwischen den internen Ausdehnungspunkten der Wellen und den Fibonacci-Punkten gibt. Je mehr Informationen wir haben, desto leichter fällt die Prognose. Wenn Sie ein Quarterback und der Chart das Spielfeld wären, könnten Sie antizipieren, dass Ihr Receiver an einer von drei Stellen auftauchen wird. Sie könnten natürlich einwenden, dass dies nicht besonders hilfreich ist, weil es immer noch einen gewissen Grad der Unsicherheit gibt. Sie haben recht! Im Nachhinein fällt es natürlich leicht, das Geschehen zu beurteilen.

Allerdings sind drei potenzielle Trendwendepunkte für den Anfang besser als gar keiner. Es ist besser, eine gewisse Vorstellung vom zukünftigen Geschehen zu haben, als ins Blaue hinein zu prognostizieren. Der erste Chart *(Abbildung 7.2)* zeigt, womit sich der E-Mail-Prognoseservice *The Forecaster* beschäftigen musste, als der erneute Test des Hochs scheiterte. An diesem Punkt würde

Abbildung 7.2: Das Tief des S&P-500 vom Oktober 2005

die 1,618-fache Ausdehnung des A-Abschnitts, gemessen vom Top des B-Abschnitts, bis auf 1168 führen. Wie sich herausstellte, betrug ein 50-Prozent-Retracement nach dem Sekundärtief vom Oktober 2004 ebenfalls 1168 Punkte. Allerdings war eine solche Prognose nicht möglich, bis der erste Trendabschnitt nach unten und der erneute Test des Hochs scheiterten. Mit diesen neuen Informationen erhöhte dieses Cluster aus einem Fibonacci-Retracement-Punkt und einem Ausdehnungspunkt zwischen den Wellen die Wahrscheinlichkeit erheblich, dass man das Gebiet um 1168 als Punkt mit hoher Auftrittswahrscheinlichkeit bezeichnen konnte. In diesem Kapitel geht es zwar nicht um den Zeitfaktor, aber auch hier sehen wir ein gutes Cluster. Der Kurspunkt vom Oktober 2005 liegt elf Wochen zurück, tritt 26 Wochen nach dem Tief vom April und 62 Wochen nach dem Boden auf. Alles passt zusammen.

Gold

Die nächste Fallstudie zeigt viele der Merkmale, die für gute Fibonacci-Prognosen notwendig sind. *Abbildung 7.3* zeigt einen Boden im Goldminenindex XAU. Wer erinnert sich noch daran? Ich bin sicher, dass viele meiner Leser am Beginn des Jahrzehnts sehr optimistisch für Gold und Goldminenaktien waren. Später kamen die Prognosen von Analysten und Börsenexperten, die vorhersagten, Goldaktien würden in den Himmel steigen. Für unsere Diskussion ist es besser, das alles zu vergessen. Wir müssen bis zu einem Punkt zurückgehen, der vor dieser emotionalen Aufregung lag. Sind Sie bereit dazu?

Denken Sie daran, wie Gefühle unser Denken beeinflussen, wenn es an der Börse zu einer Bodenbildung kommt. Gold und Goldaktien waren so verhasst und heruntergeprügelt, dass jeder dachte, sie könnten nur weiter sinken, aber bestimmt nicht bis in den Himmel steigen. In *Abbildung 7.3* sehen wir einen Wochenchart, der nur die erste Aufwärtswelle zeigt. Beachten Sie, wie die erste Welle von den 40ern bis in die hohen 60er- nach 29 Wochen ein Top erreicht. Die dunkle Wolke in der 30. Woche legt nahe, dass es zu einem Pullback kommen wird. Sie müssen daran denken, dass wir zu diesem Zeitpunkt nicht wissen, ob der Trendabschnitt nach unten zu einem neuen Tief führen wird.

Zunächst müssen wir Fibonacci-Retracement-Linien für die gesamte Aufwärtsbewegung einzeichnen. Dann müssen wir irgendwo in dieser ersten Aufwärtsbewegung eine Unterstützungszone finden und die Fibonacci-Retrace-

Abbildung 7.3:
XAU; Fibonacci-Prognose nach der Bodenbildung

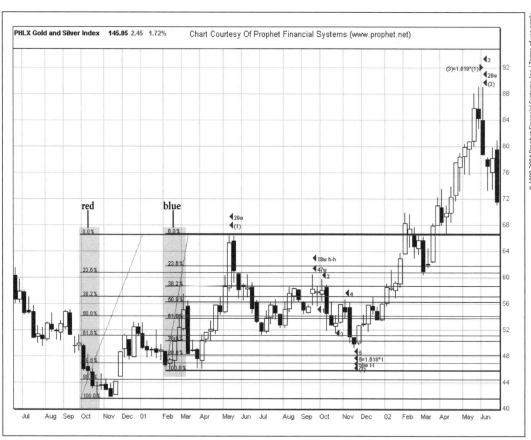

ment-Linien einzeichnen. Wir wissen ja schließlich nicht, ob es sich nur um eine Retracement-Bewegung oder um eine Fortsetzung des langfristigen Abwärtstrends der Goldminenaktien handelt. Wir können das nur durch einen Eliminierungsprozess herausfinden. Wenn die gesamte Welle ein bedeutendes Retracement über das Niveau von 61 Prozent hinaus aufweist, ist es sehr wahrscheinlich, dass der Kurs entweder bis zum alten Tief zurückfallen und es testen oder ein neues Tief erreichen wird. Bis das geschieht, wissen wir nicht wirklich, was passieren wird.

Wenn wir in mindestens zwei Kategorien von Trends Retracement-Niveaus einzeichnen (wie wir es in diesem Chart getan haben), dann haben wir schon eine Vorstellung davon, wo wichtige Trendverletzungen stattfinden könnten. Sehen Sie sich die Cluster der roten und der blauen Linie an: 50 Prozent blau und 38 Prozent rot, 61 Prozent blau und 50 Prozent rot sowie 78 Prozent blau und 61 Prozent rot. Dies sind die drei Hauptcluster, an denen der Trend enden könnte. Nur an dem Punkt, an dem alle diese Cluster verletzt werden, können wir ernsthaft erwägen, dass dieser Trendabschnitt das Tief noch einmal testen wird.

Der Sinn dieser Übung ist, Disziplin zu entwickeln und nicht zu weit in die Zukunft zu schauen. Wenn Sie zu sehr auf das Fernsehen hören, werden Sie emotional dazu neigen, sich mit sehr weitreichenden Prognosen zu beschäftigen. Wenn Sie sich die Situation an der dunklen Wolke in der 30. Woche ansehen, haben wir dann wirklich schon eine Vorstellung davon, wie sich diese Welle verhalten wird? Erinnern Sie sich an das, was wir schon in Kapitel 1 diskutiert haben. Das Sentiment in Welle 2 scheint eine Wiederholung des Sentiments des gesamten vorherigen Trends zu sein. Das Motto lautet also: »Es geht wieder los.« Seine Emotionen kontrollieren und sich von der Masse abkoppeln kann man nur, wenn man diszipliniert ist. Achten Sie auf den Chart und blenden Sie die Emotionen der Masse aus.

Abbildung 7.3 zeigt uns einige Kurven. Zunächst vollzieht der erste Abschnitt nach unten ein 61-prozentiges Retracement der Aufwärtsbewegung. Dann geht es sofort wieder nach oben, und das könnte einige Marktteilnehmer zu der Schlussfolgerung verleiten, dass die Korrektur vorbei ist. Finanzmärkte sind zäh. Wir haben es hier nicht mit der Zahnfee zu tun, und die Dinge laufen nicht immer wie geplant. Wenn Sie hier gekauft hätten und durch die abwärts gerichtete C-Welle ausgestoppt worden wären, dann wäre das nicht ungewöhnlich. Es gibt eine weitere Wende in der 47. Woche des Trends, die ein Cluster mit einem 18-wöchigen Zyklus von Hoch zu Hoch bildet. Sehen Sie die schwarze Kerze in der 50. Woche? Wenn Sie nun nach dem ersten abwärts gerichteten Kursabschnitt gekauft hätten, wäre diese Kerze Ihr Hinweis darauf, dass dieser Long-Trade nicht funktioniert und dass Sie die Reißleine ziehen sollten. Aber nun geht es immer noch darum, wo der erneute Test des Tiefs enden wird, weil das 61-prozentige Retracement-Niveau bisher ebenso wenig verletzt worden ist wie eines der genannten Cluster.

Wir haben hier keinen Tageschart, aber ich habe die Fünf-Wellen-Sequenz des Trendabschnitts C nach unten gekennzeichnet. In der 48. Woche sehen Sie eine kurze erste Welle. In der 54.Woche würden wir einen Tageschart dieses Abschnitts in Echtzeit beobachten. Eine der Cluster-Projektionen wäre, dass eine 1,618-fache Ausdehnung der Welle 1 ein exaktes Cluster mit dem ersten Abschnitt in Woche 48 auf der blauen 78-Prozent-Retracement-Linie ergäbe. Wir wissen nicht, ob es dort zu einer Richtungsänderung kommen wird. Wir haben es hier nicht mit der akademischen Welt zu tun, also warten wir ab, was passiert. Wir haben die drei erwähnten Verletzungsregionen. Als wir uns diesem Gebiet nähern, sehen wir auch, dass seit dem Tief 56 Wochen vergangen sind. In der 57. Woche führt eine weiße Kerze die Kursentwicklung nach oben. Ich muss Ihnen aber sagen, dass wir nun immer noch nicht wissen, ob es sich dabei um die Trendwende handelt.

Ganns bester Ratschlag zum Trading
Die besten Tradingchancen gibt es nach dem Retracement des ersten Trendabschnitts.

Erfolg an den Finanzmärkten hat man dann, wenn man sich gegen die Masse richtet und den Mut hat, überzeugt zuzugreifen, wenn sich Gelegenheiten mit geringen Risiken und hohen Gewinnchancen bieten. Ich rate nicht dazu, antizyklisch zu agieren, nur um eben ein Antizykliker zu sein.

Aber je mehr Informationen man hat, desto bessere Entscheidungen wird man treffen. Je mehr Beweise Sie haben, desto eher können Sie den Mut fassen, zur rechten Zeit das Richtige zu tun. In diesem Fall handelt es sich um eine recht unsichere Sache. Deshalb sollten Sie zunächst nur eine kleine Position erwerben und sie später aufstocken, falls Sie richtig liegen.

Warum sollte man diese Position aufstocken? Wenn es stimmt, dass die Korrektur vorbei ist, haben Sie von Ganns bestem Ratschlag zum Trading profitiert. Sie kennen ihn jetzt: Die besten Tradingchancen gibt es nach dem Retracement des ersten Trendabschnitts. Die Frage ist aber: Wie lang könnte dieser Abschnitt sein? Wir sehen uns den ersten Abschnitt noch einmal an und bilden eine normale Fibonacci-Extension des 1,618-fachen der ersten Welle, gemessen ab dem Boden des zweiten Trendabschnitts.

Rückblickend sehen wir, dass der Chart bis 170 angestiegen ist. Realistischerweise wusste niemand, dass dies geschehen würde, nachdem ein erneuter Test das Tief bestätigt hatte. Prognostizieren konnten wir nur die 1,618-fache Extension, die uns in den Bereich von 80 führen würde. Und in den folgenden 28 (Lucas 29 – 1) Wochen geschah genau das.

Der XAU-Chart ist ein großartiges Beispiel, wie man mit den üblichen Fibonacci-Projektionen das Ende der dritten Welle abschätzen kann. Wie Sie sehen, sind Prognosen des Endes von Korrekturen weitaus komplizierter. Die perfekte Lösung hat noch niemand gefunden, aber unter den gegebenen Umständen ist diese die beste. Weil Übung den Meister macht, wollen wir uns noch einige Beispiele ansehen. Ich denke, je mehr Beispiele Sie sehen, desto eher erkennen Sie visuelle Signale, was es viel leichter für Sie macht, diese Muster in Echtzeit zu erkennen.

Alcoa

In der nächsten Fallstudie untersuchen wir verschiedene Phasen der von 2003 bis 2006 andauernden Rallye bei Alcoa (AA). Hier sind viele zeitliche Relationen im Chart verborgen, wie es in jedem Chart der Fall ist. Wir lassen dies aber vorläufig unbeachtet, weil es mir hier um die wesentlichen Fibonacci-Relationen geht. *Abbildung 7.4* zeigt eine Fünf-Wellen-Sequenz. Einige von Ihnen werden sich diesen Chart ansehen und sagen, dass er eher wie eine scharfe ABC-Korrektur aussieht, wobei die fünfte Welle eher wie eine 3 (Korrektur) als wie eine 5 (Impuls) wirkt. Darüber kann man diskutieren, und ich überlasse die Antwort auf diese Frage den Akademikern. Selbst wenn es sich um eine ABC-Korrektur handelte, wäre es ein 5-3-5-Muster. Es gibt eine sehr kleine fünfte Welle in der Nähe des Tops. Es ist wichtig, dass Sie die Fibonacci-Extensionen nicht auf einem Diagramm, sondern in Echtzeit sehen.

Nach dem ersten Abschnitt nach dem Boden vom Oktober 2002 folgt mit der zweiten Welle ein erneuter Test des Tiefs. Die nächste Welle ist die große Rallye von 2003. Einfach ausgedrückt entspricht diese große Welle exakt dem 2,618-fachen der ersten Welle. Sehen Sie sich den Kursschub Anfang Oktober 2003 an. Als das Hoch in der Nähe der blauen 38-Prozent-Linie übertroffen wird, befinden wir uns schon jenseits der 1,618-fachen Extension. Im Oktober gibt es einen kleinen Pullback, gefolgt von einer weißen Kerze, die das Niveau der 1,618-fachen Extension übersteigt. Wenn eine große Welle das schafft, dann

Abbildung 7.4: Alcoa; Retracement-Cluster und Projektion der Rallye

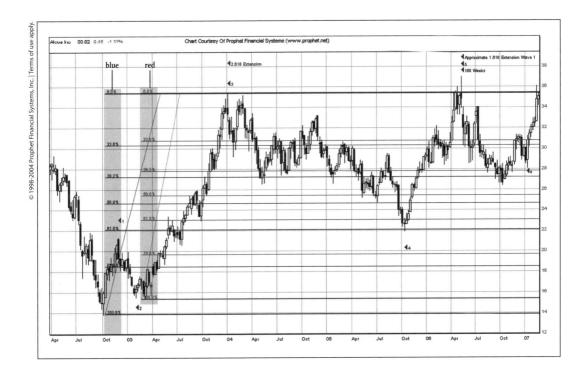

steigt die Wahrscheinlichkeit stark, dass das 2,618-fache Niveau erreicht wird. Ich will damit sagen, dass es verrückt wäre, eine 2,618-fache Extension zu erwarten, ehe das Niveau von 1,618 übertroffen worden ist. Man muss immer einen Schritt nach dem anderen machen. Welle 3 erreicht ihr Top schließlich auf dem 2,618-fachen Niveau, obwohl es auf Wochenbasis keine klare zeitliche Relation an diesem Top gibt. Warum funktioniert das Zeitelement nicht? Einige zeitliche Berechnungen sind einfach zu kompliziert und unpraktisch. In diesem Fall haben wir einen 44-wöchigen dritten Abschnitt nach einem 9-wöchigen ersten Abschnitt, was eine zeitliche Extension von 4,89 ist. Vielleicht gibt es in den Tages- oder den Stundenbalken perfekte zeitliche Relationen. Wie dem auch sei, dieser Chart wird vom offensichtlicheren Preiselement angetrieben.

Der Pullback der vierten Welle funktioniert, denn er endet am 61-prozentigen Retracement der gesamten Aufwärtsbewegung. Wenn wir die Fibonacci-Retracement-Niveaus einzeichnen, endet der erste Kursrückgang am 38-Prozent-Niveau. Das ist bei A-Wellen eine häufige Relation, aber dann geht es weiter bis in das Gebiet von zwei 61-prozentigen Retracement-Niveaus. Die fünfte Welle entspricht in etwa einer 1,618-fachen Extension der ersten Welle und endet mit einer schnellen Trendwende in der 30. Woche, kurz nach dem 29-Wochen-Zyklus. Es handelt sich zudem um die 188. (189 – 1) Woche des Trends. In diesem Fall ist die dritte Welle eine 2,618-fache Extension der ersten und die fünfte eine 1,618-fache. Die nächsten beiden Charts beziehen sich auf die große Korrektur durch die vierte Welle.

Nun gehen wir zu einem Tageschart über *(Abbildung 7.5)* und sehen uns die Geschehnisse im ersten Teil der C-Welle nach unten an. Im Wochenchart entspricht dieser Zeitraum dem vierten Quartal 2004 und der ersten Jahreshälfte 2005. Auch in diesem Fall funktioniert das Zeitelement im Gegensatz zur Kursentwicklung nicht perfekt. Nach dem ersten Kursrückgang von 33,25 auf 26,50 folgt im Januar 2005 ein Retracement. Wie Sie sehen, gibt es hier nicht mehrere Niveaus, wo wir eine Linie ziehen könnten, um mehrere Retracement-Punkte zu erhalten. Hier ist die Sache klar, denn das Retracement erreicht exakt 61 Prozent des Kursrückgangs, wo ich die fünf Wellen eingezeichnet habe.

Gab es einen Hinweis darauf, dass dieses Niveau von 61 Prozent erreicht werden würde? Den gab es in der Tat. Wenn Sie sich die Bewegung bis 30,60 ansehen, erkennen Sie eine Impulssequenz.

Beachten Sie, dass es bei diesen Fünf Wellen nach oben keine Überlappungen gibt. Beachten Sie auch, dass Welle 3 dem 1,618-fachen von Welle 1 entspricht, und dass die Wellen 1 und 5 in etwa gleich stark ausgeprägt sind. Hier ist es wichtig zu bestimmen, wo dieser Trendabschnitt enden wird. Der Punkt, an dem Welle 5 dem Umfang von Welle 1 entspricht, bildet ein Cluster mit einem kleinen 61-prozentigen Retracement-Niveau. Hier passiert also noch etwas anderes. Sehen Sie sich noch einmal das erste Kapitel an, in dem wir über die Elliott-Wellen diskutiert haben. Die fünf Wellen überlappen sich in einer offensichtlichen Korrektur nicht. Wir haben gelernt, dass sich Korrekturwellen überlappen, und dass sie nicht den Haupttrend abbilden. Wir haben auch gelernt, dass Impulswellen (keine Überlappung) der Haupttrend sind. Hier sehen Sie ganz deutlich, dass eine nach oben gerichtete Impulswelle nur ein kleiner Teil einer größeren, nach unten gerichteten Welle ist. Heißt das, dass alles falsch ist, was wir im ersten Teil des Buchs über traditionelle Elliott-Wellen gesagt haben? Nein, das heißt es nicht.

Die Elliott-Regeln funktionieren meistens. Sie funktionieren aber nicht oft genug, als dass Sie sich ausschließlich darauf verlassen könnten, wenn Ihr Geld auf dem Spiel steht. Elliott-Wellen sind die Grundstruktur der Finanzmärkte. Betrachten Sie sie als Ihren grundlegenden Kompass, der Sie von Punkt A zu Punkt B führt. Gestern sah ich im Fernsehen einen Dokumentarfilm über den Goldrausch von 1849 in Kalifornien. Wussten Sie, dass Menschen aus dem ganzen Land mit Pferd und Wagen nach Westen fuhren? Denken Sie an die Hunderte von Meilen gebirgigen Geländes in den Rocky Mountains. Diese Menschen haben am Tag tatsächlich nicht mehr als zwei Meilen zurückgelegt. Wer sich diesen Strapazen nicht aussetzen wollte, fuhr tatsächlich mit dem Dampfschiff von New York um die Südspitze Südamerikas herum nach San Francisco. Ich behaupte nicht, dass die Elliott-Wellen derart archaisch sind. Aber ich sage, dass es mehrere Möglichkeiten gibt, von New York nach San Francisco zu kommen. Man kann sich einfach transportieren lassen oder stilvoll reisen. Wenn Sie die Lucas-Zyklen, Candlesticks und Momentum-Indikatoren beachten, erhöhen Sie Ihre Erfolgschancen exponentiell.

Sehen wir uns noch einmal den Chart in *Abbildung 7.5* an. Wir sehen einen 40-tägigen Kursrückgang, gefolgt von einem 24-tägigen Retracement. 24/40

Abbildung 7.5:
Alcoa;
61-Prozent-Retracement

entspricht einem Retracement von 40 Prozent. In diesem Fall haben wir also ein 61-prozentiges Kurs-Retracement und ein 60-prozentiges Zeit-Retracement. Auf einem Stundenchart wäre das Ergebnis wahrscheinlich noch präziser. Der nächste Abwärtsschub in der letzten Februarwoche beginnt mit einem umfassenden bearishen Kursbalken.

Abbildung 7.6 zeigt die nächste Phase der Korrektur. Sie sehen, dass dieser Abschnitt der C-Welle (der Wochenchart entspricht nicht der gesamten Welle) aus einem klassischen ABC-Muster mit sich überlappenden Wellen besteht. Diese beiden Wellen bestehen aus einem kleineren ABC-Muster und sind vom Umfang her in etwa gleich. Dieser Teil des Kursrückgangs endet nach 90 (Fibonacci 89 + 1) Tagen. Wenn Sie (A) genau untersuchen, werden Sie erkennen: c = 1,618 x a. Obwohl die Kurspunkte nahelegen, dass (A) und (C), was den Kurs betrifft, in etwa gleichwertig sind, trifft dies auch in zeitlicher Hinsicht zu, denn (A) tendiert 42 und (C) 43 Tage lang nach unten. Für das nächste Retracement nach oben im Juli und im August zeichnen wir wieder die Fibonacci-Linien von den beiden wichtigsten Endpunkten aus im Chart ein. Nach der 90-Tage-Welle gibt es ein Gap nach oben, das zufällig gleichzeitig mit einer wichtigen Unternehmensnachricht auftrat. Der gesamte Markt hob am 7. Juli 2005 wegen der Bombenanschläge in London ab. Man könnte das als Grund für die Börsen-Hausse anführen, aber wenn wir die Charts der Indizes genau untersuchen, sehen wir, dass hier eines der mittelfristigen Trendwendefenster des Jahres lag.

Abbildung 7.6:
Alcoa;
Die nächste Korrekturphase

Schon beim XAU-Chart haben wir gesehen, dass man in Echtzeit niemals weiß, was passieren wird. Lassen Sie mich noch einmal betonen, dass man die Retracements beobachten muss. Wir brauchen nicht über größere Bewegungen in eine neue Richtung nachzudenken, bis das 61-prozentige Retracement erreicht ist, das in diesem Fall bei 30 liegt. Wir haben hier ein größeres Cluster aus dem größeren 61-Prozent-Retracement (grüne Linie) und einem kleineren 88,6-Prozent-Retracement (purpurfarbene Linie). Hier handelt es sich um einen bedeutenden Widerstand. Wenn der Chart diese Linie überwinden sollte, hätte er es mit dem Widerstand vom 1. März in der Nähe von 31 zu tun, wie im vorhergehenden Chart zu sehen war. Wenn Sie sich diesen Chart noch einmal ansehen, erkennen Sie, dass es sich um ein 61-prozentiges Retracement des vorherigen Trendabschnitts handelte. Ganz abgesehen von den Bombenanschlägen gibt es hier im Bereich zwischen 30 und 31 einen bedeutenden Widerstand. Dieser Chart fällt flach aufs Gesicht und erreicht die Widerstandszone nicht einmal. Warum? Weil der 26. Tag der Bewegung mit dem 178. Tag des gesamten Trendabschnitts ein Cluster bildet und am 78-Prozent-Retracement scheitert. Da es hier neben einem Fibonacci-Kurs-Retracement auch mehrere zeitliche Cluster gibt, halten wir uns an den Evening Star, die Trendwendekerze vom August. Woher wissen wir, dass es sich hier wirklich um die Trendwende handelt? Betrachten Sie die Kerzenformationen in Kombination mit einem guten zeitlichen Cluster.

Was haben wir bisher aus den Beispielen in diesem Kapitel gelernt? Fibonacci-Kurs-Retracements und Extensionspunkte funktionieren tatsächlich, aber es handelt sich nicht um eine exakte Wissenschaft. Wenn die Sache einfach wäre, gäbe es viel mehr Börsenmillionäre ... aber es gibt sie nicht. Man braucht eine Menge Hingabe, Arbeit und Disziplin, wenn man diese Charts wirklich beherrschen will. Manche Charts vermitteln perfekte Setups, die einfach und offensichtlich zu sehen sind. Bei anderen kommt es wegen des gleichzeitigen Auftretens von Fibonacci-Kursclustern und Fibonacci-Zeitclustern zu einer Trendwende. Wieder andere erfordern noch kompliziertere Berechnungen. Wie Sie eben gesehen haben, gab es bei Alcoa keine exakte Zahl von Zeitbalken. Aber als wir zwei scheinbar unkorrelierte Wellen berechneten, fanden wir eine zeitliche Retracement-Relation, die den meisten Tradern und Analysten nicht aufgefallen wäre.

Ich habe den letztlichen Kursrückgang dieses Musters absichtlich weggelassen (Sie können auf dem Wochenchart sehen, was geschah), weil es in diesem Kapitel nur darum geht, wie man das Ende eines Retracements erkennt und erwischt. Wir haben schon dargelegt, wie die ganze Korrektur durch die vierte Welle mit einem 61-prozentigen Retracement endete.

Safeway Stores

Unsere nächste Fallstudie zeigt eine Hausse-Phase bei Safeway Stores (SWY). Auch in diesem Fall prognostizieren wir zunächst das Kursziel einer 1,618-fachen Extension der ersten Welle, gemessen ab dem Boden von Welle 2. Wenn dieses Ziel übertroffen wird, können Sie den Magneten erkennen, der diesen Chart *(Abbildung 7.7)* zur 2,618-fachen Kursextension zieht. Dort bildet der Kurs ein Top und steigt in diesem Zyklus nicht mehr weiter an.

Hier handelt es sich um ein weiteres seltsames Muster. Der erste Trendabschnitt nach dem Boden dauert 17 Tage, die Korrektur durch die zweite Welle umfasst 85 Tage. Somit sind bis Ende März beim Kurs von 18 Dollar 102 Tage vergangen. Dieses Muster hebt am 103. Tag ab und erreicht sein Top am 238. Tag. Was ist daran seltsam? Alles in *Abbildung 7.7* ist ein Vielfaches von 17. Der zweite Abschnitt endet am 102. Tag (17 x 6), und der 238. Tag entspricht 17 x 14. Das Zeitelement in diesem Chart scheint eher geometrischer Natur als eine Fibonacci-Relation zu sein.

Wie dem auch sei, nachdem das erste Kursziel (1,618) übertroffen ist, prognostizieren wir ein neues Ziel von 2,618. Als dieses erreicht wird, haben wir eine Welle, die, was den Kurs betrifft, dem 2,618-fachen von Welle 1 entspricht und dem Achtfachen, was die zeitliche Relation angeht. Der andere auffällige Faktor ist der MACD. Das Momentum erreicht sein Hoch kurz nach dem Aufwärts-Gap im April, das die dritte Welle einleitet. Es gab eine bearische Diver-

Abbildung 7.7: Safeway Stores; 1,618-fache Extension

genz, die vom Juni herrührte, als der 162. Tag der Bewegung getroffen wurde, die dann noch vier Monate lang dauerte. Hier handelt es sich um ein lehrbuchartiges Beispiel, warum man bei einer bearishen Divergenz nicht leer verkaufen sollte, ehe der richtige Zeitpunkt dafür gekommen ist. Die letzte Aufwärtswelle erreicht ihren Höhepunkt erst, als sie auf ein Cluster von 26 Tagen der letzten Aufwärtswelle trifft – ein Zyklus von Hoch zu Hoch von 76 (Lucas-)Tagen mit dem letzten bedeutenden Hoch am 162. Tag (238 – 162 = 76).

In *Abbildung 7.8* sehen wir uns die große zweite Korrekturwelle an. Sie erkennen eine ABC-Entwicklung. A ist nach 39 Tagen, C nach 26 Tagen abgeschlossen. Beide sind Vielfache von 13. Was den Kurs betrifft, entspricht die C-Welle dem 0,618-fachen der A-Welle. Wir haben ja schon dargelegt, dass in Hausse-Bewegungen diese Relation zwischen C- und A-Welle nicht unüblich ist. In diesem Fall umfasst C zwei Drittel der Zeitdauer von A, bringt aber nur eine Kursbewegung im Verhältnis 0,618. Der Boden wird schließlich beim 78-Prozent-Retracement erreicht. Beachten Sie die weiße Kerze, eine bullishe Trendwende, die genau auf dem Zeit/Kurs-Cluster liegt.

Wenn wir darüber nachdenken, ob dieser Chart abheben könnte, bemerken wir, dass es nach der A-Welle schon ein Retracement von 78 Prozent gegeben hat. Sollte es eine 1,618-fache Extension nach unten geben, wäre die gesamte Aufwärtsbewegung der ersten Welle ausgelöscht, denn das Kursziel läge dann unter dem Boden vom 25. Oktober. Verlassen Sie sich in dieser Situation auf Ihren gesunden Menschenverstand. Wir wissen, dass es für eine zweite Welle nur

Abbildung 7.8:
Die große zweite Korrekturwelle bei Safeway

zwei Möglichkeiten gibt. Sie trifft entweder auf Unterstützung am Tief der A-Welle oder sie führt zu einem erneuten Test des Bodens. Andere Optionen gibt es nicht, wenn man nicht annimmt, dass etwas völlig anderes geschehen wird. Der Chart wählt das 78-Prozent-Niveau, wo es ein Cluster mit $C = 0{,}618 \times A$ gibt. Denken Sie daran: Wenn ein Chart nicht an einem bestimmten Retracement-Niveau stoppt, spricht vieles dafür, dass er bis zum nächsten Retracement-Niveau vordringt. Bei bestimmten Mustern ergibt ein Vordringen bis zum nächsten Retracement-Niveau allgemein keinen Sinn. Hier sehen wir eine Korrektur innerhalb einer engen Kursspanne. Die A-Welle umfasst nur etwas mehr als zwei Punkte, und die C-Welle kann keine 1,61-fache Extension sein, denn dazu ist sie zu groß. Und schließlich zeigt *Abbildung 7.8*, dass gleitende Durchschnitte Kursbewegungen in einem Korrekturabschnitt nicht eingrenzen. Durch dieses Labyrinth kommt man am besten, wenn man das Timingmodell anwendet.

Abbildung 7.9: Skechers; Cluster von Fibonacci-Retracements

Skechers

Im letzten Kapitel haben wir Skechers hinsichtlich Kurs, Umsatz und Zeit untersucht. Wir sehen uns diesen Chart nun noch einmal an, weil es hier ein kom-

plettes Set neuer Fibonacci-Kursrelationen gibt, die zeigen, wie man das Ende eines Retracements bestimmen kann. Der erste Chart, *Abbildung 7.9*, zeigt die gesamte Kursentwicklung von Januar 2000 bis Mai 2001. Sehen wir uns diese Welle vom Top von 5 von (3) aus gegen Ende Februar 2001 an. Ich habe in diesen Chart von den drei wichtigsten Wendepunkten aus die Fibonacci-Retracement-Linien eingezeichnet. Die rote 38-Prozent-Retracement-Linie trifft auf die blaue 61-Prozent-Linie und fällt genau in die Mitte der pinkfarbenen 50-bis-61-Prozent-Retracement-Linie.

Dieser Chart illustriert ein weiteres Wellenkonzept: Eine vierte Welle endet dort, wo eine frühere vierte Welle eine Chartkategorie tiefer endete. In diesem Beispiel gibt es ein Argument für eine unterteilende dritte Welle innerhalb einer Fünf-Wellen-Sequenz. Sehen Sie sich die Region rund um den Kurs von 21 Dollar im Februar und im März 2001 an. Es gibt nicht nur ein schönes Cluster aus drei Fibonacci-Retracements, die alle in etwa an der gleichen Stelle enden, sondern es gibt auch eine frühere vierte Welle, die als Unterstützungslinie fungiert. In diesem Fall beachten wir die zeitlichen Relationen erst gar nicht, aber auch sie sind vorhanden. Es gibt zahlreiche Relationen, die bei 21 enden und die steile Korrektur beenden, aber da gibt es noch etwas. Beachten Sie das Top der ersten Welle im September 2000. Keine vierte Welle in der Sequenz überlappt diese erste Welle. Wenn wir die vierten Wellen untersuchen, wollen wir erkennen, wo die erste Welle endete. Und wenn die Kursentwicklung in dieses Gebiet vordringt, stehen die Chancen gut, dass noch etwas anderes vorgeht als die Vorbereitung für ein Abheben in einer fünften Welle. Ich sagte ja schon, dass die traditionellen Elliott-Wellen sehr oft funktionieren, dass es allerdings Lücken gibt. Dies ist einer der Fälle, wo uns der traditionelle Elliott-Kompass auf der richtigen Spur hält.

Unser letzter Chart von Skechers, *Abbildung 7.10*, illustriert, wie wir bestimmen könnten, wo die Korrektur der zweiten Welle enden könnte.

Hier sehen Sie die erste und die zweite Welle. Die zweite Welle nimmt eine ABC-Form an, und ebenso wie bei Safeway entspricht die C-Welle dem 1,618-fachen der A-Welle. Wir haben die Fibonacci-Retracement-Linien eingezeichnet, und Sie sehen, wo die 50- und die 61-Prozent-Retracement-Linie eine unsichtbare Unterstützungslinie bilden. C endet beim 0,618-fachen von A, und es gibt drei Relationen, die an dieser Linie enden – ganz abgesehen vom zeitlichen Element. Wie erkennt man die Trendwende? Zunächst gibt es diese Cluster und dann auch das Kerzenmuster des Morning Star, das die Trendwende bestätigt. Sie steigen erst in den Trade ein, wenn alle Faktoren zusammenpassen.

Fortgeschrittene Fallstudien

Wir haben nun viele häufige Relationen besprochen. Wenn wir nur anhand von üblichen Fibonacci-Relationen planen müssten, wären wir alle viel reicher. Ich behaupte nicht, dass es hier unbegrenzte Möglichkeiten gibt, aber wir haben es

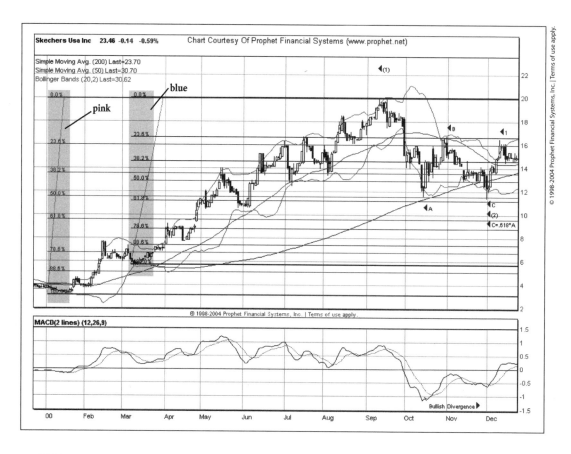

Abbildung 7.10:
Skechers;
Wo die Korrektur
der zweiten Welle
enden könnte

hier mit der Natur zu tun. Es gibt viele Szenarien mit geringerer Wahrscheinlichkeit, auf die man achten sollte und die ein praktischer Teil Ihres Tradingtags sind. Einige dieser Charts sind so komplex, dass es nicht der Mühe wert ist, alle darin enthaltenen Relationen zu klären. Es ist schlicht einfacher, sich ein besseres Setup zu suchen. Andererseits wäre eine Fibonacci-Studie nicht vollständig, wenn wir nicht zumindest versuchen würden, einige der komplexeren Szenarien zu diskutieren, auf die Sie stoßen könnten.

Ein Szenario mit geringerer Wahrscheinlichkeit ist eine 4,23-fache Extension. Dieses Szenario entsteht durch Addition von 2,618 und 1,618. Was die Zeit betrifft, sehen wir Abschnitte mit 42 oder 43 Balken. So etwas sehen wir nicht oft, aber in diesem Buch haben Sie schon einige Beispiele gesehen.

Amgen

Wir wollen nun *Abbildung 7.11* langsam untersuchen, mit einem Schritt nach dem anderen. Die erste Welle umfasst 57 Tage. In Wirklichkeit handelt es sich um eine 56-tägige Welle, die am 57. Tag noch einen kurzlebigen Aufwärtsschub verzeichnet. Die zweite Welle erreicht am 111. Tag den Boden. Es gibt einen 54

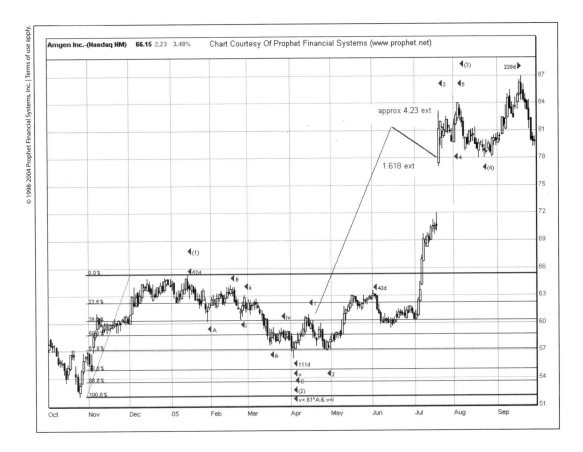

Abbildung 7.11:
Amgen;
Fünf-Wellen-Impuls

Tage umfassenden Pullback. Vom Boden der zweiten Welle bis zum Top gibt es einen Kursschub, der 117 Tage dauert. Auch das Zeitelement funktioniert in diesem Chart. Lassen Sie uns zunächst die Welle (3) untersuchen. Manchmal stellt sich die 1,618-fache Extension als Erkennungspunkt und nicht als Ende der Welle heraus. In diesem Szenario scheint dies der Fall zu sein. Das Gap bei 72 entspricht in etwa einer 1,618-fachen Extension von dem Kursabschnitt aus, der am 42. Tag der Bewegung in der Nähe von 63 Dollar endet, gemessen ab dem Juni-Tief bei 60. Am Tag des Gaps entspricht dessen Top etwa einer 4,23-fachen Kursextension der Welle 1 nach dem Tief vom April. Innerhalb von Welle (3) sind die Wellen 1 und 5 in etwa von gleichem Umfang. In diesem Chart ist zudem interessant, dass der 1,618-fache Extensionspunkt der größeren Welle (1) genau dort liegt, wo der Kurs am Tag des Gaps in der Nähe von 78 Dollar eröffnet und dass es ein Cluster mit dem kleineren 4,23-Extensionspunkt gibt. Welle (3) bildet ein Top, Welle (4) bildet einen Boden, und die letzte Welle beginnt. Welle (5) kommt einer Relation von 0,618/1,618 mit Welle (1) sehr nahe. Das ist nicht exakt, aber doch fast.

Sehen wir uns noch einmal Welle (2) an. Hier sehen wir ein weiteres ABC-Muster mit einem Zielpunkt, der durch mehrere Cluster bestimmt wird. Ich habe hier eine A-Welle nach unten und eine unterteilende C-Welle eingezeichnet. Innerhalb der C-Welle gibt es fünf kleinere Wellen. Der Zielpunkt weist ein kleines v = 0,618 x A auf. Und v entspricht hier in etwa dem kleinen i. Das alles spricht für einen Zielpunkt in der Nähe des 61-prozentigen Retracement-Niveaus.

Apple Computer

Abbildung 7.12 zeigt die zweite Hälfte einer vierjährigen Kursbewegung bei Apple Computer (AAPL). Dieser Chart zeigte enorme Dynamik. Auf der Basis aller üblichen Fibonacci-Extensionen funktioniert keine andere Zählung so gut wie diese. Wir kommen also zu dem Ergebnis, dass es sich hier um eine der sehr seltenen Dreiecksformationen in der zweiten Welle handelt (es funktioniert: d entspricht 0,618 b). Das Gap nach oben ereignet sich am 33. Tag des Dreiecks. Wenn wir dieses Dreieck betrachten, haben wir eine recht enge Annäherung an eine 4,23-fache Extension in der Nähe des Tops von 3. Das Dreieck funktioniert auch in zeitlicher Hinsicht. Obwohl das Gap nach oben am 33. Tag nach dem Hoch von Welle 1 erreicht wird, handelt es sich auch um den 44. Tag der Kurs-

Abbildung 7.12: Apple Computer; Die zweite Hälfte der vierjährigen Bewegung

bewegung. Wenn wir den 150. Balken nehmen und die ersten 43 Balken subtrahieren, erhalten wir eine 107 Tage umfassende dritte Welle (nur um einen Tag neben dem 108-Tage-Zyklus von Gann), der einer 4,23-fachen Extension entspricht. Das Top entspricht 170 Tagen. Wir subtrahieren die ersten 43 Balken, und dann umfasst der gesamte Trendabschnitt 127 Tage, was ebenfalls sehr gut funktioniert. Als ich 2006 dieses Buch schrieb, gab es auch einen Trendabschnitt nach unten, der 126 Tage umfasste und einen Kursschub nach oben bis Januar 2007 von 127 Tagen. Die Wellen 1 und 5 weisen zueinander ein enges Verhältnis von 0,618/1,618 auf.

Der Zeitfaktor eliminiert einen großen Teil der Subjektivität der Elliott-Wellen. Wir haben das ja bereits diskutiert, aber *Abbildung 7.12* ist ein perfektes Beispiel. Wenn wir zehn Elliott-Anhänger diesen Chart untersuchen lassen, erhalten wir wahrscheinlich zehn verschiedene Wellenzählungen. Die Wellen sind nicht leicht zu zählen, und offenkundige Fibonacci-Relationen gibt es hier auch nicht. Einige von Ihnen sind vielleicht nicht mit meinem offensichtlichen Dreieck in der zweiten Welle dieser Kursbewegung einverstanden. Nicht zu bestreiten ist allerdings die Zählung der Balken, die so gut zum Top der dritten (150. Tag) und der fünften Welle (170. Tag) passt. Vielleicht gibt es noch andere funktionierende Balkenzählungen, aber hinsichtlich des Zeitfaktors funktioniert diese extrem gut.

Wir haben nun gesehen, wie man Kursziele anhand der üblichen Fibonacci-Relationen zwischen den einzelnen Wellen formuliert. Sie funktionieren in der überwiegenden Mehrzahl aller Einzelfälle. Um die Sache zusammenzufassen: Hauptsächlich suchen wir nach einer 1,618-fachen Extension in der dritten Welle, gemessen ab dem Boden von Welle 2. Wenn das alles wäre, was Sie in diesem Kapitel gelernt haben, dann würden Sie zumindest schon verstehen, warum Gann sagte, dass die profitabelste Kursbewegung mit der höchsten Gewinnwahrscheinlichkeit in einem neuen Trend nach dem ersten Kursschub nach oben stattfindet – also nach dem ersten Retracement. Da Gann seine Schriften schon vor Elliott veröffentlichte, sprach er nicht von einer dritten Welle.

Wir haben gesehen, dass Wellen nicht unbedingt am 1,618-fachen Extensionspunkt Halt machen. Wenn eine Welle dieses Niveau übertrifft, wächst die Wahrscheinlichkeit, dass der Kurs auf das 2,618-fache abzielt. Die meisten Extensionen betragen entweder 1,618 oder 2,618. Und wie Sie gesehen haben, wird manchmal sogar eine Extension von 4,23 erreicht.

NASDAQ

Wir haben *Abbildung 7.13* schon früher in der Nähe des Tops gesehen. Das Top vom April lag bei 2375, der erste Abwärtsschub Anfang Mai erreichte ein kurzfristiges Tief von 2295, was einem Verlust von 80 Indexpunkten entsprach.

Das Hoch am 8. Mai lag bei 2352, und dann begann der heftige Rückschlag. Rechnen Sie nach: 4,23 x 80 = 338. Am 18. Juli wird ein Tief bei 2012,78 er-

Abbildung 7.13:
NASDAQ;
4,23-Extensionen

reicht. Wenn man 338 von 2352 subtrahiert, erhält man 2014. Das bedeutet, dass wir dieses Ziel um einen Punkt verpasst haben, und dann begann eine Welle in der entgegengesetzten Richtung. Wie Sie sehen, gibt es 4,23-fache Extensionen nur in Extremsituationen. Zum Beispiel entsprachen einige der großen Ausverkäufe am Aktienmarkt in den letzten Jahren 4,23-fachen Extensionen. Diese sind selten, aber wenn eine Welle anscheinend außer Kontrolle gerät, wie es in jüngster Vergangenheit an der NASDAQ der Fall war, können Sie vielleicht ein Tief erkennen (wie es *The Fibonacci Forecaster* geschafft hat), indem Sie diese übliche Fibonacci-Relation anwenden.

Noch seltener ist eine Extension um das 6,848-fache. Sie ist tatsächlich so selten, dass ich für dieses Buch kein Beispiel gefunden habe.

Dies ist die grundlegende Struktur, wie Retracements und Extensionen funktionieren. Wie Sie gesehen haben, funktionieren sie nicht in jedem Fall – aber was funktioniert schon immer? Warum? Weil wir es hier mit der Chaostheorie und mit der Quantenphysik zu tun haben; das ist der Grund. Es gibt Dinge im Universum, die selbst unsere besten Wissenschaftler noch immer nicht verstehen. Wenn die medizinische Wissenschaft alles verstünde, könnten wir sämtliche Krankheiten heilen. Natürlich haben wir unsere Wissenslücken bei vielen tödlichen Krankheiten geschlossen, und ebenso schließen wir allmählich die Lücken, was unser Verständnis der Finanzmärkte betrifft.

Im nächsten Kapitel wollen wir daran arbeiten, diese Lücken noch weiter zu schließen. Wir werden uns verschiedene Methoden ansehen, mit denen man Fibonacci-Extensionen misst. Wir werden einige wirklich fortgeschrittene Techniken untersuchen. Sie funktionieren nicht immer, aber es gibt in sämtlichen Trendkategorien genügend Beispiele, dass man sie mit Erfolg anwenden kann. Bislang habe ich sie noch nicht präsentiert, weil wir zunächst die fundamentalen Relationen klären mussten. Ich kann Ihnen sagen: Als ich mit diesen fortgeschrittenen Techniken zu arbeiten begann, vollführte mein Verständnis der Technischen Analyse einen weiteren Quantensprung.

KAPITEL 8

Fortgeschrittene Projektionstechniken

Inzwischen haben wir uns schon einen sehr ansehnlichen Katalog von Fibonacci- und Lucas-Regeln zusammengestellt. Durch die Kombination der meisten Standardmethoden mit den Lucas-Zyklen haben wir die besten Mustererkennungsmethoden der Welt entwickelt.

Sie haben nun genug Werkzeuge zur Verfügung, um nicht nur die Play-offs zu erreichen, sondern sich auch für das Meisterschaftsfinale zu qualifizieren. Denken Sie an Ihre liebsten Sportteams. Ob es nun um die NFL oder um die Weltmeisterschaft geht – ist es nicht schmerzhaft, das ganz große Spiel zu verlieren?

Nehmen wir zum Beispiel den Super Bowl. Ihre Mannschaft kämpft die ganze Saison dafür, sich für die Play-offs zu qualifizieren. Je nach dem Tabellenplatz am Ende der regulären Saison muss sie dann noch zwei oder drei große Play-off-Spiele überstehen, um den Super Bowl zu erreichen. Falls sie das schafft, gibt es nun vor dem Spiel zwei Wochen lang ein enormes Medienspektakel. Das ist eine sehr aufregende Zeit, aber ich muss Ihnen wohl nicht sagen, wie weh es tut, wenn Ihr Team dann verliert. Ja, die Mannschaft hat eine großartige Saison gespielt, aber wenn man so nahe dran ist, warum gewinnt man die Trophäe dann nicht?

Was ist der Unterschied zwischen Gewinnen und Verlieren? Nicht viel, wirklich nicht. Die kleinen Dinge haben eine enorme Bedeutung. Es geht um die zusätzliche Vorbereitung, die 15 Extra-Minuten Training. Es sind die zusätzlichen Übungseinheiten; der eine überraschende Spielzug, der den Gegner auf dem falschen Fuß erwischt und den Unterschied zwischen Sieg und Niederlage ausmacht.

Die Extrameile gehen

Das trifft nicht nur auf den Sport zu, sondern auf das ganze Leben. Vor vielen Jahren, als ich im Vertrieb tätig war, musste ich dies auf mein eigenes Leben anwenden. Ich arbeitete für 3M Sound Products, eine Abteilung von 3M (MMM), also das Unternehmen, das die Post-it-Notizzettel erfunden hat. Die Abteilung Sound Products war der wichtigste Wettbewerber von Muzak, dem Erfinder der Fahrstuhlmusik. Ehe es XM oder das Sirius-Satellitenradio gab, gab es Muzak, und 3M lieferte werbefreie Musik an Kaufhäuser, Restaurants und andere Kunden, die Hintergrundmusik benötigten.

Mein Job war es, diese Systeme zu verkaufen. Ich lebte damals in Südkalifornien, und direkt gegenüber von meiner Wohnung wurde ein brandneues Hilton-Hotel gebaut. Ich war neu in der Firma und wusste es wohl nicht besser, aber ich wollte dieses Hilton-Hotel als Kunden gewinnen. Damals war der Hotelbau erst ein Skelett. Auf dem Weg zur Arbeit fuhr ich jeden Tag an der Baustelle vorbei und stellte mir diesen Geschäftsabschluss vor. Das ging einige Wochen lang so. Ich rief immer wieder dort an, erreichte aber immer nur den Anrufbeantworter oder eine Sekretärin. Schließlich war es zwei Tage vor Weihnachten, als ich endlich den Projektleiter ans Telefon bekam. Er sagte mir, ich sollte am Freitag, 24. Dezember, um 14.00 Uhr zu ihm kommen. Ich werde das nie vergessen. Wie in den meisten Städten kommt auch in Los Angeles am Heiligen Abend das Geschäftsleben völlig zum Stillstand. Als ich das dem Projektleiter sagte, versicherte er mir, dass er anwesend sein werde.

Ich war pünktlich da, und der Scherz ging auf meine Kosten. Sein Büro lag in einem schönen Gebäudekomplex direkt gegenüber der Baustelle. Als ich dort ankam, waren die Bauarbeiter schon weg. Sonst ging es dort geschäftig und laut zu, aber nun konnte man eine Stecknadel zu Boden fallen hören. Niemand war da, das Gebäude war abgeschlossen. Ich muss Ihnen wohl nicht sagen, was für eine blöde Situation das war. Ich kam darüber hinweg. Na ja, nicht so ganz ...

Nach Neujahr verkündete unser Abteilungsleiter einen großen Verkaufswettbewerb in allen sechs Niederlassungen im Westen: Los Angeles, San José, Oakland, Portland, Seattle und San Diego. Der erste Preis waren 3.500 Dollar plus sämtliche Kommissionen, die mit dieser Art der Produktion verbunden sind. Schon um sich für den Wettbewerb zu qualifizieren, musste man bestimmte Umsatzniveaus erreichen. Ich erfuhr allerdings auf Umwegen, dass in den fünf Jahren dieses Wettbewerbs noch niemand gewonnen hatte. Ist das nicht nett?

Jeden Tag sah ich, wie an diesem Hotel gebaut wurde, und es war nun kein Skelett mehr. Sechs Wochen lang rief ich dort an, erhielt aber nie einen Rückruf. Eines Tages reichte es mir. Ich weiß heute nicht mehr, ob ich genug von der Zurückweisung hatte, ob ich neugierig war oder ob ich nichts mehr zu verlieren hatte. Ich ging einfach ohne Voranmeldung in das Büro und gab dem Projektmanager meine Visitenkarte. Seine Reaktion haute mich um.

Er sah mich an und sagte: »Wo sind Sie gewesen? Ich habe Sie gesucht!« Ich war verblüfft! Ich fragte ihn nach dem Fiasko am Heiligen Abend und nach all den unbeantworteten Anrufen. Nonchalant sagte er: »Machen Sie sich darüber keine Sorgen.«

Um die Sache kurz zu machen: Dieser Mann war der entscheidende Projektmanager für 15 Hilton-Hotels, die in den 1970er- und 1980er-Jahren in Südkalifornien gebaut wurden. Er hatte einen Musik-Beauftragten, der alle Projekte abwickelte, der aber diesmal nicht zur Verfügung stand, weil man ihn wegen Einkommensteuerhinterziehung angezeigt hatte. Sein Problem war, dass die Verputzer in sechs Wochen mit den Lobbys und den Salons fertig sein sollten, und man hatte noch nicht einmal einen Ersatz für den Musik-Beauftragten gefunden.

Sie ahnen wohl, worauf ich hinaus will. Meine Firma erhielt den Auftrag. Inklusive des Sicherheitssystems war es ein Vertrag im Volumen von 100.000 Dollar. Das war in den 1980er-Jahren, und hundert Riesen waren sehr viel Geld. Es war der bislang größte Einzelauftrag in der Geschichte der Firma. Ja, ich gewann diesen Verkaufswettbewerb.

Als ich eines Tages mit dem Projektmanager arbeitete, fragte ich ihn, warum er mich am Heiligen Abend versetzt hatte. Seine Antwort habe ich mir bis zum heutigen Tag gemerkt. Er drehte sich zu mir um und sagte: »Jeff, du weißt, dass ich in meiner Position für Millionen von Dollar verantwortlich bin und dass den ganzen Tag Leute in mein Büro kommen. Die meisten sind Spinner, die mich auf alle möglichen Arten aufs Kreuz zu legen versuchen.« Er atmete tief ein und sagte nach einer langen Pause: »Ich habe mit dir einen Test gemacht. Ich brauche Leute, auf die ich mich verlassen kann. Die meisten Leute wären nie zurückgekommen. Aber ich dachte mir, falls du nach allem, was ich dir zugemutet habe, je zurückkommst, dann hast du den Job!«

> Beim Trading bedeutet der Gewinn der Meisterschaft, dass man ständig in Gewinnsituationen kommt und immer seltener ausgestoppt wird. Wenn Sie kurz vor der Gewinnschwelle stehen oder schon kleine Gewinne verzeichnen, kann jeder kleine Vorteil für Sie einen großen Unterschied ausmachen. Wenn Sie besser abschneiden als die anderen Leute, die ihr Kapital nicht verlieren und langfristig Gewinne erzielen, sind Sie auf dem besten Weg, die Meisterschaft in Ihrem eigenen Leben zu gewinnen.

Da haben Sie es. Wenn ich je zurückkäme, dann hätte ich den Job. Ich wusste das damals allerdings nicht, und die meisten Leute wären nicht zurückgekommen. Und ich hatte eine der wichtigsten Lektionen meines Lebens gelernt.

Ich habe Ihnen diese Geschichte erzählt, weil sie sehr aussagekräftig ist. Um die Meisterschaft zu gewinnen, müssen wir uns ein wenig mehr anstrengen. Beim Trading muss man nicht jeden Tag einen Volltreffer landen. Beim Trading bedeutet der Gewinn der Meisterschaft, dass man ständig in Gewinnsituationen kommt und immer seltener ausgestoppt wird. Wenn Sie kurz vor der Gewinnschwelle stehen oder schon kleine Gewinne verzeichnen, kann jeder kleine Vorteil für Sie einen großen Unterschied ausmachen. Wenn Sie besser abschneiden als die anderen Leute, die ihr Kapital nicht verlieren und langfristig Gewinne erzielen, sind Sie auf dem besten Weg, die Meisterschaft in Ihrem eigenen Leben zu gewinnen.

Viele Fibonacci- und Wellen-Analysten lehren, dass die allgemeinen Wellenrelationen zueinander in Beziehung stehen. Ich habe Ihnen das dargelegt und das Konzept erweitert, indem ich den Zeitfaktor eingeführt habe. Sie haben nun eine stabile Grundlage. Aber ich habe ja mehrmals betont, dass die üblichen Elliott-Wellen nicht immer funktionieren. Die Lücke, in der sie nicht funktionieren, reicht aus, um Ihr Kapital dahinschmelzen zu lassen. Auch die üblichen Fibonacci-Relationen funktionieren nicht immer. Wir müssen die Lücken schließen, in denen sie nicht funktionieren, und untersuchen, was dabei vor sich geht. Dieser Faktor kann den Unterschied zwischen Gewinn und Verlust ausmachen.

Extensionen auf der Basis von Korrekturen

Es gibt wichtige Beziehungen zwischen Korrekturen und Kurssteigerungen. Das meiste mir bekannte Elliott-Material besagt, dass es ein Ausdehnungsverhältnis zwischen den Wellen gibt, das vom Boden der Korrekturen aus gemessen wird. Wir haben zum Beispiel diskutiert, dass eine dritte Welle das 1,618-fache der Welle 1 umfasst, aber gemessen ab dem Boden von Welle 2.

Wir fügen nun die Tatsache hinzu, dass die Wellen selbst exakte Ausdehnungen der Korrekturabschnitte sind, die ihnen unmittelbar vorausgehen. Extensionen auf Basis von Korrekturen sind ein natürliches Phänomen auf Kurscharts. Allerdings rechtfertigt dieses Thema eine eigene Erörterung. Die betreffenden Beispiele sind fortgeschritten, weil die meisten von uns über Fibonacci und Elliott gelernt haben, indem sie die Relationen zwischen den Impulswellen verglichen. Der Vergleich von Wellen mit Korrekturen erfordert ein anderes Paradigma. Korrekturen sind sehr komplex, und nur wenigen Leuten ist klar, dass der jeweils nächste Abschnitt des Kursmusters proportional zum Umfang des Pullbacks sein wird.

Denken Sie daran

Wir finden möglichst viele Relationen an einem üblichen Kurspunkt und damit Trades mit hoher Erfolgswahrscheinlichkeit. Wenn die üblichen Fibonacci-Relationen nicht funktionieren, dann liegt das meist daran, dass eine Extension die Kursentwicklung dominiert.

Das Verständnis, wie Extensionen funktionieren, macht den Unterschied bei der Entwicklung von einem durchschnittlichen zu einem guten Trader aus. Das kann auch der Unterschied zwischen einem guten und einem großartigen Chartverständnis sein.

Sie möchten das Potenzial des ersten Abschnitts eines neuen Musters kennen? Dazu können Sie sich auch den letzten Abschnitt des alten Musters ansehen. Ich habe dieses Phänomen unzählige Male in allen Trendkategorien beobachtet. Oft gibt es eine Fibonacci-Proportion zwischen der ersten Welle und dem letzten Abschnitt des eben abgeschlossenen Kursmusters. In vielen Fällen weist der letzte Abschnitt des alten Musters eine inverse Relation zur Gesamtbewegung auf, und danach kommt es zu einer Trendwende.

Diese Relationen funktionieren nicht immer. Daher gibt die derzeitige Elliott-Gemeinde dazu nur Lippenbekenntnisse ab, und die meisten anderen Marktteilnehmer wissen gar nicht, dass die Relationen existieren. Ich erwähne diese wichtigen Relationen erst relativ spät im Buch, weil sie auf all dem aufbauen, was wir bisher diskutiert haben. Für sich selbst genommen sind die Fibonacci-Extensionen von geringerem Wert, weil sie nicht immer funktionieren. Allerdings funktionieren sie oft genug, dass man sie als Kursziele verwenden kann. Sie unterstützen die üblichen Fibonacci-Berechnungen und bilden Cluster mit ihnen. Denken Sie daran: Wir finden möglichst viele Relationen an einem üblichen Kurspunkt und damit Trades mit hoher Erfolgswahrscheinlichkeit. Wenn die üblichen Fibonacci-Relationen nicht funktionieren, dann liegt das meist daran, dass eine Extension die Kursentwicklung dominiert. Das Verständnis, wie Extensionen funktionieren, macht den Unterschied bei der Entwicklung von einem durchschnittlichen zu einem guten Trader aus. Das kann auch der Unterschied zwischen einem guten und einem großartigen Chartverständnis sein.

Variationen über Gartley bei Korrekturmustern

Das Schmetterlings- oder Gartley-Muster wurde von Larry Pesavento (1997, S. 128) populär gemacht. Hier wenden wir Variationen des Konzepts an und passen es vielen Korrekturbewegungen an. Ein großer Teil dessen, was in diesem Kapitel präsentiert wird, wird nun langsam auch von der Elliott-Gemeinde verstanden. Auch Anhänger anderer Disziplinen sollten sich dieser Zusammenhänge bewusst sein. Die folgenden Beispiele sind natürliche und universelle Vorkommnisse, die Ihr Verständnis der Finanzmärkte stark verändern werden. Es gibt verschiedene Anmerkungen in diesen Charts, weil ich sie im Lauf der Zeit verfeinert habe. Ich habe immer mehr entsprechende Beispiele gefunden. Wir benötigen nicht die strengen Spezifikationen des Butterfly-Musters, um zu sehen, wie diese Muster funktionieren.

NASDAQ

Kommt Ihnen *Abbildung 8.1* bekannt vor? Es handelt sich um den gleichen Chart, den wir uns am Ende des letzten Kapitels angesehen haben, um ein kurzfristiges Tief am 4,23-fachen Extensionsniveau am Tief vom Juli zu erkennen. Ich habe dem Chart Trendlinien hinzugefügt, um dieses wichtige Konzept zu illustrieren. Unser erstes Beispiel (mit 1-2-3 bezeichnet) ist die Trendlinie vom letzten Trendabschnitt nach oben im März bis zum Hoch vom April und hinunter bis zum Tief Ende Mai. Die Linie 2-3 entspricht etwa dem 1,618-fachen der Linie 1-2. Der untere Abschnitt reicht bis leicht unterhalb der 1,618-fachen Extension und wird zum ersten bedeutenden Tief des Abwärtstrends. Später werde ich Ihnen weitere Beispiele zeigen, wie sich dieser allerletzte Abschnitt in eine 1,618-fache Proportion des ersten Abschnitts des neuen Musters verwandelt.

Nun wollen wir diese Proportionen prüfen. Sehen Sie sich 3-4-5 an. Erkennen Sie, wie die Linien 4-5 etwa dem 1,618-fachen von 3-4 entsprechen? Hätte

Abbildung 8.1: Korrektur-Ausdehnung an der NASDAQ

es nicht die emotionale Reaktion in der Nähe des Tiefs gegeben, wäre es eine perfekte 1,618-Relation gewesen. Nun sehen Sie sich 6-7-8 an. Es handelt sich um die gleiche Relation. Warum messen wir sie nicht von 5 aus? Das funktioniert wahrscheinlich, weil 6-7 der letzte Abschnitt eines ABC-Aufwärtstrends ist. Außerdem steht es in einer direkten Proportion zu 7-8, was dem ersten Abschnitt einer neuen Abwärtsbewegung entsprechen könnte. Wir wissen es noch nicht, weil es sich um einen Echtzeitchart aus der Entstehungszeit dieses Buchs handelt.

Wie nützlich wäre es für Ihre eigenen Fähigkeiten zur Mustererkennung, wenn Sie wüssten, dass der nächste Trendabschnitt nach unten als Korrektur kurz vor dem Abschluss steht? Wir hatten auf diesem Chart zwei Mal exakt dieses Bild. So etwas passiert jeden Tag auf jedem Chart. Bevor wir zum nächsten Chart übergehen, sehen wir uns noch einmal das Ende des Aufwärtstrends an. Betrachten Sie B?-1-2 Ende März. B?-1 hat die 0,618-1,618-Relation zur Aufwärtsbewegung 1-2. Diese Berechnung ermittelte das finale Top, oder etwa nicht?

Alcoa

Auch eine Variation von *Abbildung 8.2* haben wir schon im letzten Kapitel gesehen. Wir betrachten das 90-Tage-Korrektursegment bei Alcoa (AA). Sehen Sie, wie viele von diesen kleinen Pullbacks den nächsten Abschnitt des Musters antreiben? Ist es ein Wunder, dass Oszillatoren wie RSI und MACD so gut funktionieren? Sie werden hier nicht gezeigt, aber diese Oszillatoren zeigen annähernd das Niveau an, auf dem eine überkaufte oder eine überverkaufte Situation Trendwenden in jeder Trendkategorie signalisieren. Genau deshalb entwickeln sich Märkte nicht geradlinig. Die Korrekturen in Hausse- und Baisse-Phasen befeuern den nächsten Trendabschnitt mit perfekter Präzision. Wo endet er? Wir wissen inzwischen, dass mittelfristige Entwicklungen zwischen 61 und 89 Tage dauern. In diesem Fall gibt es beim 90. Balken eine bedeutende Trendumkehr.

Betrachten wir die Linien 1-2-3. In diesem Fall ist die Linie 1-2 der allerletzte Abschnitt einer Hausse-Phase. Es folgt eine unruhige Fünf-Wellen-Entwicklung 2-3, die dem 1,618-fachen von 1-2 entspricht. Der nächste funktionierende Trendabschnitt ist 4-5-6. 4-5 ist der letzte Abschnitt eines kleinen nach oben gerichteten ABC-Musters und leitet den folgenden Kursrückgang bis Ende Mai ein, der ebenfalls 1,618 misst. Die nächste Korrekturwelle dauert einen vollen Monat. Der letzte Abschnitt C leitet wiederum den folgenden Kursrückgang bis zum 90. Tag des Trendabschnitts ein (10-11), der wiederum das 1,618-fache von 9-10 umfasst. Der Abschnitt 10-11 hat eine direkte Proportion von 1,618/0,618 zu 11-12.

Warum kann diese Information wertvoll sein? Wenn Sie mit diesem Mustererkennungsschema bewaffnet sind, könnten Sie einer der wenigen Trader sein, die Alcoa anhand dieser Informationen traden können. Beim Kursanstieg sehen wir, dass das 61-prozentige Retracement des 90-tägigen Abwärtstrends übertroffen wird und dass das 1,618-Ziel von 10-11 das exakte 78-prozentige Retracement-Niveau des Trendabschnitts nach unten ist. Beim Gap nach oben kann man meinen, dass der Kurs das Hoch bei 10 übertreffen wird. Und vielleicht sind Sie dann der einzige Marktteilnehmer, der mit einiger Sicherheit weiß, wie man Alcoa auf Basis dieser Informationen traden sollte.

Welchen weiteren Nutzen bringt diese Information für Sie? Wir haben uns in diesem Buch intensiv damit beschäftigt, wie man Zeitpunkte bestimmen kann, an denen man nach dem 61-prozentigen Retracement-Niveau als Trendwendepunkt suchen kann. Wenn wir diese Methode auf Relationen zum allgemeinen Kurs-Retracement des Trendabschnitts nach unten ausdehnen, sehen wir ein Cluster am 78-Prozent-Niveau und nicht am 61-Prozent-Niveau. Später entspannen wir uns, wenn das 61-Prozent-Niveau überschritten wird. Bei der Trendwende am 78-Prozent-Niveau und am Cluster wissen wir, dass ein Leerverkauf ein Trade mit hoher Erfolgswahrscheinlichkeit ist. Und zuletzt wollen wir uns 11a-12 ansehen. Wenn der Chart dieses Hoch respektiert und am 78-Prozent-Retracement die Richtung ändert, wissen wir, dass wir eine mindestens 1,618-fa-

Abbildung 8.2:
90-tägiges Korrektur-Ausdehnungssegment bei Alcoa

che Bewegung in der entgegengesetzten Richtung bekommen werden. Wenn wir bei 29 wiederum leerverkaufen, besteht die Wahrscheinlichkeit, dass der Kurs bis 26 sinkt. Da das Hoch bei 29,50 lag, ergibt sich hier aus einem 50-Cent-Risiko und einem Drei-Dollar-Gewinnpotenzial ein Chance-Risiko-Verhältnis von fast 6/1, was außergewöhnlich ist. Wenn Sie nichts anderes täten, als solche Setups für Trades ausfindig zu machen, dann würden Sie schon sehr, sehr gut abschneiden.

Wenn Sie diese Tendenz als sich wiederholendes Muster mit hoher Erfolgswahrscheinlichkeit erkannt haben, dann werden Sie merken, dass Sie ein Paradies für Swing-Trader entdeckt haben. Wonach suchen Swing-Trader? Sie suchen nach Trades, die drei Tage bis drei Wochen dauern. In diesem fünfmonatigen Kursverlauf gibt es nicht weniger als sechs gute Setups. Und das ist nur eine Aktie. Um noch höhere Präzision zu erreichen, kombinieren Sie diese Technik mit unserem Zeitfaktor.

Amgen

Um Ihnen zu zeigen, dass der letzte Chart kein Glücksfall war, wollen wir uns den Amgen-Chart aus dem letzten Kapitel noch einmal ansehen *(Abbildung 8.3)*. Dieser Chart ist eine Variation der Korrektur in der zweiten Welle, die wir vor dem starken Aufwärtsschub 2005 gesehen haben. Prüfen Sie die Relationen ab 1 und 1a bis zum Tief vom Oktober (2) und wieder nach oben (3 und 4). Kurzfristig zeigt 1a-2-3 ebenso perfekte Proportionen wie 1-2-4. Die Linie 1-2 gibt uns ein größeres Kursziel an, nachdem das Tief vom Oktober vollständig ist. Denken Sie noch einmal daran, dass das Tief vom Oktober 2004 ein wichtiger Wendepunkt war und die große Rallye einleitete. War es im ersten Trendabschnitt nach oben zwischen 52 und 57 wirklich möglich, ein Hoch in der Nähe von 65 zu prognostizieren? Es funktioniert nicht immer, aber das Thema dieses Buchs ist ja, dass Tendenzen sich in den meisten Fällen wiederholen. Ich fordere Sie dazu auf, sich gleich jetzt Charts anzuschauen (nicht die Charts in diesem Buch) und darin ähnliche Relationen zu finden. Verlassen Sie sich nicht nur auf mich, sondern prüfen Sie es selbst nach. Wenden Sie diese Prinzipien an und simulieren Sie für sich selbst die längerfristigen Ergebnisse. Ich denke, Sie werden angenehm überrascht sein.

Abbildung 8.3:
Die Ausdehnungsprojektion bei Amgen

Vom Hoch im Januar 2005 bis zum Tief im April (ebenfalls ein wichtiger Wendepunkt) gab es einen 54 Tage umfassenden Pullback. Sie sehen, dass die Linien 3a-4-5, 5-6-7 und 7-8-9 alle mit perfekter Präzision funktionieren. Auf dem Weg nach oben funktioniert auch die Linie 10-11-12 perfekt. Ich habe sie zwar nicht eingezeichnet, aber es gibt noch mehr Relationen, die genauso funktionieren wie die beschriebenen.

Cisco

Ein weiteres Konzept, auf das ich bei meinen Nachforschungen gestoßen bin: Korrekturwellen in einem größeren Trend führen zur Entstehung von Wellen, die das 1,618- oder das 2,618-fache des Korrekturvolumens umfassen. Dabei handelt es sich nicht unbedingt um das Ende des Trends, denn was man hier sieht ist ein weiterer kleiner Retracement-Abschnitt, der einen letzten Trendabschnitt einleitet, für den dieselben Relationen gelten.

Abbildung 8.4 ist ein Chart von Cisco (CSCO). Betrachten Sie die Linien 1-2-3. Diese Bewegung erreicht im Oktober ihren Boden. Wie Sie sehen, wird das Kursziel der gesamten Bewegung bis April/Mai des folgenden Jahres vom letzten Trendabschnitt nach unten bestimmt! Das letzte Hoch im April und im Mai, ein Doppeltop, ist eine 2,618-fache Ausdehnung des letzten Kursschubs nach unten. Später in der Bewegung sehen wir die Linien 4-5-3, wobei der letzte Abschnitt 5-3 ebenfalls eine 2,618-fache Relation zum Korrekturabschnitt 4-5 aufweist.

> Verlassen Sie sich nicht nur auf mich, sondern prüfen Sie es selbst nach.
>
> Wenden Sie diese Prinzipien an und simulieren Sie für sich selbst die längerfristigen Ergebnisse. Ich denke, Sie werden angenehm überrascht sein.

In Kurscharts kommt es oft vor, dass die Länge einer Bewegung einer Fibonacci-/Lucas-Zahl oder einem Vielfachen von ihr entspricht. Linie 4-5 zeigt einen Kursrückgang von genau 1,61 Punkten von 19,43 auf 17,82. Was den zeitlichen Aspekt betrifft, ist Punkt 5 der 75. Tag des Trends. Das Doppeltop bei Punkt 7 ereignet sich am 112. Tag und 25 Tage später (137. Tag), also nach 37 (36 – 1) und 62 Tagen. Das alles weist eine perfekte Symmetrie auf.

Als es nach unten geht, ist der Abschnitt 6-7-8 der letzte des Aufwärtstrends (6-7), in dem das Hoch vom Mai das Hoch vom April um weniger als einen Cent übersteigt. Linie 7-8 ist eine 1,618-fache Extension und führt zum Ende der A-Welle nach unten.

Es geht mir hier darum, Ihnen eine andere Sichtweise von Charts zu vermitteln als diejenige, die von der klassischen Elliott-Theorie seit 75 Jahren verbreitet wird. Prognosen und Tradingziele kann man an den Korrekturen erkennen. Was ich ihnen bisher gezeigt habe, kann man nicht als eiserne Regeln bezeichnen. Es handelt sich um Richtlinien, die man allerdings ernst nehmen sollte. In diesem Kapitel geht es um fortgeschrittene Techniken.

Die klassische Elliott-Theorie lehrte, dass nur fortschreitende Wellen Relationen zueinander aufweisen. Das ist aber einfach nicht der Fall. Diese Relatio-

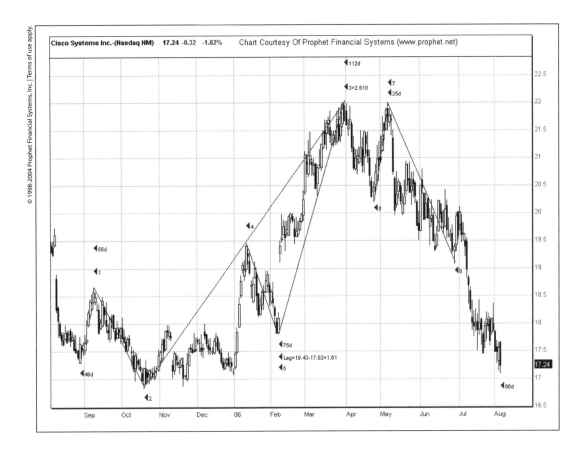

Abbildung 8.4:
Ausdehnungsprojektion bei Cisco

nen gibt es schon, seit Trader sich Charts ansehen. Aber nur sehr wenige Trader wissen, wie diese Relationen funktionieren.

Das Zeitelement kommt hinzu

Dies ist keine akademische Übung. Wir erforschen hier die zusätzlichen Werkzeuge, die uns helfen können zu verstehen, was diese Charts tatsächlich antreibt.

Mit diesem tieferen Verständnis werden Ihre Möglichkeiten zur Entscheidungsfindung weniger durch Emotionen und mehr durch Disziplin bestimmt. Wir haben den größten Teil dieses Buchs dem Thema gewidmet, wie wir uns auf Trendwenden vorbereiten können, die auf dem Zeitfaktor beruhen. Nun können wir den Zeitfaktor mit einer intelligenten Projektionstechnik kombinieren, um uns einen unglaublichen Vorteil gegenüber anderen Marktteilnehmern zu verschaffen, die diese Charts traden.

Sehen Sie sich *Abbildung 8.5* genau an. Man kann argumentieren, dass dieser Trendabschnitt eine ABC-Korrektur oder sogar ein Fünf-Wellen-Impuls ist.

Das ist aber nicht wichtig. Wenn Sie sich einen längeren Chart ansehen, könnte es sogar eine A-Welle in einem mehrjährigen Seitwärtsmuster sein. Am interessantesten sind die Linien 3-4-5. Der Pullback von Juli bis September leitet den finalen Trendabschnitt ein, wo die Linie 4-5 eine 1,618-fache Extension von Linie 3-4 ist.

Zudem leitet Linie 1-2 als letzter Abschnitt der Korrekturphase von Mai bis Juli die Linie 2-3 ein, die einer 2,618-fachen Ausdehnung entspricht. Es gibt hier einige wichtige Punkte, die man beachten sollte. Der gesamte Trendabschnitt von April bis Dezember bildet ein Retracement einer längeren Kursbewegung nach unten, die hier nicht in ihrer Gesamtheit zu sehen ist. Der Trendabschnitt nach oben hat kein übliches Fibonacci-Retracement-Niveau mit dem Top von 97,67 am 31. Dezember 2004. Wenn Sie sich diese Trendabschnitte sehr genau ansehen, gibt es auch keine anderen üblichen Relationen zwischen den Wellen, wie sie von der traditionellen Elliott-Theorie gelehrt werden. Da es keine traditionellen Relationen und keine Trendwende im Zusammenhang mit einem Retracement-Niveau gibt, wie können wir dann auf ein bestimmtes Hoch abzielen?

Wir können das mithilfe des Zeitfaktors tun. Wenn Sie sich dieses Muster genau ansehen, werden Sie einige exzellente zeitliche Relationen entdecken. Gegen Ende Juni setzt die bullishe Rotation am 48. (Lucas 47 + 1) Balken ein. Der parabolische Trendabschnitt erreicht sein Top am 62. Tag und seinen Boden am 110. Tag (Lucas 47 + 1). Das finale Top wird am 155. Tag erreicht. Ohne einen Mechanismus, wie den Zeitfaktor zur Abschätzung eines Kurshochs im Voraus, sind wir nicht anders als alle anderen und haben gegenüber den Konkurrenten keinen Vorteil. Beachten Sie den Kurspunkt, wo wir das Hoch prognostiziert haben. Es liegt bei 89, und das ist eine Fibonacci-Zahl, nicht wahr?

Vielleicht fragen Sie sich nun, worin der wahre Wert dieser Technik besteht. Ist das nur eine akademische Übung, bei der man im Nachhinein auf die Charts schaut, um zu erkennen, was geschehen ist? Ich trade diese Charts und weiß sehr gut, was in Echtzeit realistisch ist. Hier mein Vorschlag:

Gehen Sie bis Ende Juni zurück, wo *Abbildung 8.5* am 48. Tag auftaucht. Wir wissen schon aus dem Kapitel über Rotation, dass es hier eine schöne weiße Kerze gibt – nach einer unruhigen Seitwärtsbewegung und exakt auf dem richtigen Zeitbalken. Wir wissen allerdings nicht, wie weit diese Kursbewegung sich entwickeln kann. Nachdem die Konsolidierungsphase vom Mai und vom Juni vorbei ist, können wir eine 1,61-fache Ausdehnung im ersten Trendabschnitt nach der Bodenbildung projizieren. Diese Projektion deutet auf ein Kursziel in der Nähe von 83 hin. Sehen Sie sich den Zyklus von Tief zu Tief von April bis Juni an. Es ist noch nicht wirklich klar, ob es sich um ein komplexes Seitwärtsmuster handelt oder um kleine Serie von 1en und 2en. Sie sehen, dass der letzte Abschnitt des Pullbacks mit dem nächsten Aufwärtsschub perfekt übereinstimmt. Er übersteigt das klassische Elliott-Ziel ein wenig und trifft die Position des Hochs exakt.

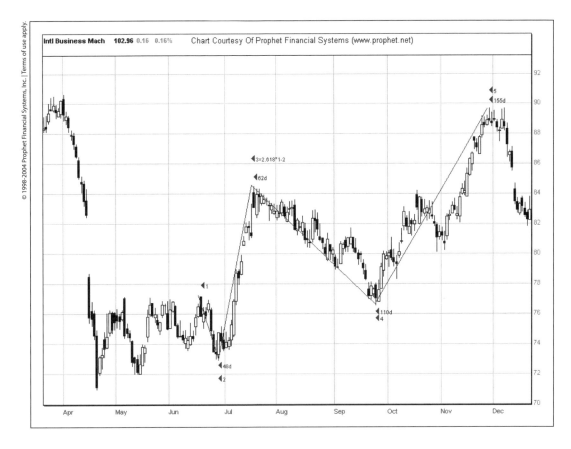

Abbildung 8.5:
Projektion der Korrekturausdehnung bei IBM

Wenn wir uns dem nächsten Aufwärtsschub zuwenden, stehen wir zunächst im Dunklen, was eine Prognose betrifft, weil der Chart an einer sehr verwirrenden Stelle sein Top erreicht. Der wahre Wert dieser Methode erweist sich beim erneuten Test der Marke von 64 im November. Wir können nun auf Basis des Pullbacks die Prognose stellen, dass dieser Chart eine sehr gute Chance hat, sein Top im Bereich von 89 zu erreichen. Mit diesem Wissen ausgerüstet, hätten Sie wohl keine Position aufgebaut, obwohl das Sentiment sehr bullish war, nachdem der Kurs in den oberen 80er-Bereich vorgedrungen war. Und hätten Sie die Aktie schon besessen, dann hätten Sie einen nachziehbaren Stopp gewählt, um Ihre Gewinne laufen zu lassen. Wenn die Aktie sinkt (falls Sie nicht schon zuvor ausgestoppt wurden), können Sie einen Leerverkauf erwägen, sobald Sie sehen, dass alle entsprechenden Relationen gegeben sind.

Arch Coal

Die nächste Fallstudie ist eine Fünf-Wellen-Progression bei Arch Coal (ACI). Wie Sie in *Abbildung 8.6* sehen, gibt es eine kleine Überlappung am oberen Ende der vierten Welle (3. 7.) mit dem Boden der ersten Welle (22. 5.). Ist das wirklich

Abbildung 8.6:
Projektion der Ausdehnung bei Arch Coal

wichtig? Der entscheidende Punkt: Abschnitt 2-3 ist eine 1,618-fache Ausdehnung der Korrektur 1-2. Abschnitt 5-6 ist eine 1,618-fache Ausdehnung des Abschnitts 3-5. Keine der traditionellen Elliott-Relationen funktioniert auf diesem Chart. Und der kleine Abschnitt 4-3 projiziert das Top der vierten Welle am Kurspunkt 44 als weitere 1,618-fache Kursextension. Da dieser Doji am 39. Tag nach dem Top auftritt, ermöglicht er exzellente Leerverkäufe, wenn man weiß, wonach man suchen muss.

Am Tief weist der gesamte Trendabschnitt keine perfekte Anzahl von Tagen auf (51). Das kann bedeuten, dass diese Progression nur ein Teil einer größeren Bewegung nach unten ist, die sich noch in der Entwicklung befindet. Die Kerzen legen zumindest ein Tief und die Möglichkeit eines kleinen Swingtrades auf der Long-Seite nahe, weil der fünfte Balken nach dem Tief eine schöne umfassende weiße Kerze präsentiert. Wenn Sie das Gap nach oben am nächsten Tag ausgenutzt hätten und ein paar Tage lang engagiert geblieben wären, dann hätten Sie wahrscheinlich zumindest ein paar Punkte gewonnen, denn dieser Chart lässt nun eine Projektion bis 42 zu, basierend auf einer 1,618-Relation mit den letzten vier nach unten gerichteten Balken in der Woche um den 17. Juli.

Biogen

Die nächste Fallstudie *(Abbildung 8.7)* zeigt uns ein weiteres Beispiel. Diesmal geht es um Biogen (BIIB). Für kurze Zeit, von September bis Oktober, projiziert die Linie 1-2 ein potenzielles Hoch bei 3 im Januar 2006. In diesem Fall gibt es eine gemeinsame Relation zwischen den Wellen, weil die Rallye von Dezember bis Januar mit dem Trendabschnitt von Oktober bis November ungefähr im Verhältnis von 0,618 steht. Im Gegensatz zu einer Extension zeigt uns Abschnitt 1-2 mit seiner Projektion bis 48 im Voraus, wo der dritte Aufwärtsschub der Sequenz enden wird. Linie 4-5 prognostiziert ebenfalls ein Top bei 3. Das ist ein gutes Cluster, das zu einem ABC-Rückgang um fünf Punkte führt. Aber das Muster ist noch nicht vorbei. Der Rückgang bis zum Tief im Februar weist die üblichen Fibonacci-Relationen auf, denn Abschnitt C entspricht dem 1,618-fachen von A. Hier vermischen sich die üblichen Fibonacci-Relationen mit den fortgeschrittenen Techniken. Niemand sagt, dies sei einfach. Wie Sie sehen, wird das Hoch vom Januar Ende Februar übertroffen; an Punkt 8, der eine perfekte Deckung mit Linie 6-7 aufweist. Schließlich setzt die Trendwende ein, und wir sehen eine Kursbewegung von Punkt 9 bis Punkt 15, bei der jeder Abschnitt eine perfekte Relation zu den jeweiligen kleinen Korrekturen aufweist.

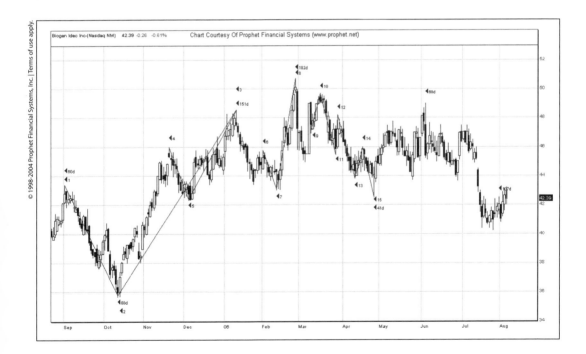

Abbildung 8.7: Mehrere Extensionen bei Biogen

Starbucks

Abbildung 8.8 ist ein wunderbares Beispiel eines großartigen Setups bei Starbucks (SBZX). Wie messen die Korrektur und sehen die Ausdehnungen. Dieser Chart erreicht seinen Boden bei einer 2,618-fachen Extension einer zweiten oder B-Welle. Ich werde von nun an Fibonacci-Ausdehnungslinien statt der normalen Linien einzeichnen, die Sie in den letzten Charts gesehen haben. Sie sehen auch, dass der gesamte Trend ab dem Top nach perfekten 62 Tagen abgeschlossen ist. Natürlich sind nicht alle Setups so sauber wie dieser. Doch wenn Sie so etwas sehen, dann sollten Sie in 100 Prozent aller Fälle einen Trade wagen. Was die Mustererkennung betrifft, ist dieser Chart nicht zu übertreffen. Sie können bei dieser Aktie auf dem höchstmöglichen Chance-Risiko-Niveau einsteigen.

Erwähnenswert ist hier das andere Prinzip, das die Relation zwischen den ersten und den letzten Wellen betrifft. Sehen Sie sich das Dreieck 1-2-3 an. Wie Sie sehen, zeigt der letzte Trendabschnitt nach oben (1-2) eine Relation von 0,618/1,618 zum ersten nach unten gerichteten Abschnitt des neuen Trends. Der erste Abschnitt wird übrigens nach 13 Tagen vollendet.

Abbildung 8.8: Setup zu einer 2,618-fachen Ausdehnung bei Starbucks

Nehmen wir an, Sie hätten am Top leerverkauft. Wenn Sie sehen, wie der erste Trendabschnitt das Ziel erreicht und dort dreht, ist diese Relation dann ein Hinweis, dass Sie Ihre Gewinne mitnehmen sollten? Wenn dies nach der richtigen Anzahl von Tagen passiert, dann sollte in Ihrem Kopf ein Klingelsignal ertönen, dass Sie Ihre Gewinne einstreichen müssen. Sie wollen wieder einsteigen und den besten Teil der Kursbewegung ausnutzen? Sehen Sie sich das Dreieck 4-3-5 an, das Ende Mai beginnt, und Sie sehen, dass die Linien 4-3 (nur schwer zu erkennen) eine Relation von 0,618 zu 3-5 aufweisen, die der B-Welle entsprechen. Was die Mustererkennung betrifft, ist dies Ihr Hinweis darauf, wo die B-Welle enden könnte.

Denken Sie daran: Der Anblick dieser Charts in Echtzeit ist etwas ganz anderes, als sie im Nachhinein in diesem Buch zu sehen. Wenn die Korrektur vorbei ist, können Sie Ihre Ausdehnungslinien einzeichnen, um das Potenzial der Abwärtsbewegung abzuschätzen. Hätte sie auch schon am 60. Tag nach einer 1,618-fachen Ausdehnung enden können? Selbstverständlich! Hier handelt es sich um eine Kunst, nicht um eine exakte Wissenschaft. Am 61. Tag gab es keine wirklich gute Trendwende. Das Signal der Kerze hätte stärker sein müssen. Es handelt sich um einen Harami, der nicht einmal die Hälfte der schwarzen Kerze vom Vortag abdeckt. Am 62. Tag folgt das Gap nach unten zum 2,618-Ausdehnungsziel. Wie Sie sehen, gab es am 62. Tag eine große weiße Kerze, was bedeutet, dass das Gap kurz nach Handelseröffnung am 61. Tag von knapp unter 33 bis auf 29 fiel und dass die Aktie gleich danach wieder anstieg. Andere Trader verstanden offensichtlich nicht, was da vor sich ging.

Yahoo

Beachten Sie in *Abbildung 8.9* die zweite oder B-Welle bei Yahoo von Juni bis September 2005. Wie Sie sehen, weist die Korrekturwelle eine exakte Relation zum Top auf. Sie können alle üblichen Berechnungen der Wellenkorrelationen durchführen, die wir in diesem Buch schon besprochen haben; keine davon wird funktionieren, weil das Tief im Februar 2005 und das Hoch im Juni 2005 keine offensichtliche Relation zum Tief und zum Hoch vom September aufweisen. Dieser Chart zeigt die Lücke in der Elliott-Theorie, von der ich schon gesprochen habe.

Warum habe ich also die ersten 100 Seiten dieses Buchs und die ersten 75 Jahre der Elliott-Methode nicht einfach weggelassen? Weil sie tatsächlich funktioniert. Meine Aufgabe ist es aber, Sie auf das nächsthöhere Niveau zu führen. Wenn Sie nicht alle Grundlagen kennen, wissen Sie auch nicht zu schätzen, wie fortgeschritten einige dieser Techniken sind. Ich bin ausgebildeter Elliott-Experte und habe jahrelang die üblichen Elliott-Berechnungen durchgeführt, ehe ich auf diese Methode und auf die zeitlichen Sequenzen stieß. Ich weiß, dass ich eine ganz neue Wertschätzung für das Material in diesem Kapitel empfinde, weil ich jahrelang nach der alten Methode vorgegangen bin.

Abbildung 8.9:
1,618-fache Extension bei Yahoo

Auf Zeitbasis umfasst der erste Trendabschnitt 72 Tage (die Hälfte der Fibonacci-Zahl 144). Der Pullback dauert 74 Tage, endet aber beim Lucas-Vielfachen 146, was auch der Fibonacci-Relation 14,6 Prozent entspricht. Der letzte Abschnitt nach oben dauert 75 Tage, die Wende erfolgt bei der Lucas-Zahl 76, genau am Punkt der 1,618-fachen Ausdehnung.

Was hätte Ihr Broker wohl gesagt, wenn Sie ihn irgendwann im Jahr 2005 angerufen und gefragt hätten, welche Kursziele die Finanzanalysten für diese Aktie auf Basis der Fundamentaldaten des Unternehmens ermittelt haben? Sie hätten nebulöse Zahlenangaben erhalten, basierend auf optimistischen Gewinnschätzungen oder KGVs, nicht wahr? Hätte Ihnen das irgendeine Vorstellung davon vermitteln können, wann Sie die Aktie kaufen oder verkaufen sollten? Das Lustige daran ist die Frage, wo die Korrektur enden würde. Die Analysten hätten hier wohl sogar ein Verkaufssignal gesehen. Wie viele von ihnen wären in der Lage gewesen, eine Trendwende bei 43,60 zu prognostizieren, als der letzte Schub nach oben einsetzte, im Gleichschritt mit dem Gesamtmarkt? Und wie viele andere Trader hätten diese Projektion durchführen können? Nicht viele, da bin ich mir sicher.

Ausdehnungen nach Ausbrüchen aus Dreiecksformationen

Wir haben alle Folgendes gelernt: Wenn man die Stoßrichtung einer Dreiecksformation ermittelt, kann man dessen Top mit hoher Wahrscheinlichkeit prognostizieren. Sie wissen aber so gut wie ich, dass das nicht immer funktioniert. Es funktioniert hauptsächlich in vierten Wellen als Projektion des Endes der fünften Welle. Aber was passiert, wenn das Dreieck als Teil der B-Welle in einer ABC-Bewegung auftritt? Oft sehen wir eine A-Welle, die ein 38-Prozent-Retracement der vorherigen Bewegung darstellt. Klingt das richtig? Natürlich tut es das. Was passiert, wenn wir in der B-Welle ein Dreieck haben? Sie wissen, dass es nicht viel Raum für eine starke Kursbewegung gibt, weil wir das vorherige Tief nicht unterbieten können. Und sehen wir nicht oft C-Wellen, die ein Retracement von mehr als 61 Prozent derjenigen Bewegung darstellen, die sie zu korrigieren versuchen? Wie kommen wir also zur Projektion eines Hochs?

Vielleicht finden wir die Antwort in Charts wie *Abbildung 8.10*. Sie zeigt einen Chart des Dow-Transportation-Index. Wir sehen ein sieben Monate umfassendes Dreieck. Beachten Sie genau, was ich hier gemacht habe. Ich habe die

Abbildung 8.10:
Dreiecks-Ausdehnung im Dow-Transportation-Index

Korrektur vom Anfang bis zum Ende gemessen. Lassen Sie mich das noch einmal betonen. Sehen Sie das Hoch oberhalb von 3800 Anfang März 2005? Statt vom Hoch bis zum Tief zu messen, messe ich vom Beginn bis zu dem Punkt, an dem die E-Welle zu enden scheint. In diesem Fall bricht sie am 123-Tage-Fenster nach dem Tief vom April 2005 aus und erreicht das Top am 262. Tag nach einer Kursausdehnung um das 4,23-fache. Wenn wir vom Anfang bis zum Ende messen, sehen wir, wie weit Ausdehnungen reichen. Die Punkte 1,618 und 2,618 werden rasch überwunden. Der Anstieg über das 2,618-fache ist das Signal, dass man nun auf eine 4,23-fache Ausdehnung achten sollte. Wie Sie sehen, wird das Top genau dort erreicht! Und ich versichere Ihnen, dass das kein Zufall ist.

Sehen Sie sich nun den letzten Schub nach oben knapp über 4600 im Mai 2006 an. Dieser Trendabschnitt ist eine perfekte Projektion des Endes der ersten Kursbewegung nach unten nach der Trendwende. Es wird am 21. Tag des Trends fast perfekt getroffen. Wenn wir die B-Welle nach dem Top messen, läge eine gute Projektion in der Nähe des Punkts der 2,618-fachen Ausdehnung über 4000. Wenn dieses Buch veröffentlicht ist, werden wir wissen, wie nahe wir diesem Ziel gekommen sind.

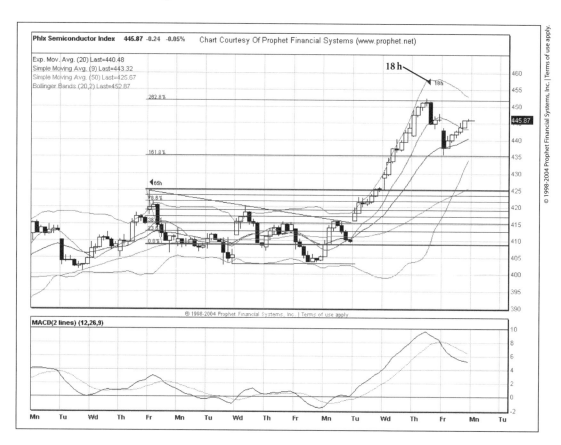

Abbildung 8.11: Dreiecks-Ausdehnung im SOX

Funktioniert das auch in anderen Zeitrahmen? Hier sehen Sie einen Stundenchart des SOX *(Abbildung 8.11)*. Wie Sie sehen, habe ich auch hier die Linien eingezeichnet, um das Dreieck von seinem Anfang bis zu seinem Ende zu markieren, nicht aber den Boden der Korrekturbewegung. Sie sehen, dass wir einen Trendwechsel in kleinerem Ausmaß am Punkt der 2,618-fachen Ausdehnung haben (es ist auch nur ein kleines Dreieck). Die Kursbewegung nach oben dauert zudem 18 Stunden.

Projektionen größeren Ausmaßes

Die letzten Charts dieses Kapitels untersuchen Projektionen größeren Ausmaßes. *Abbildung 8.12* ist ein Chart von Semiconductors Holder Trust (SMH). Er enthält einige gute Projektionen der Baisse-Phase von 2006. In diesem Chart sehen wir zwei Projektionen in Rot und Purpur. Sehen Sie sich die purpurfarbenen Projektionen an, die sich den Dreieckslinien 1-2-3 anpassen. Hierbei handelt es sich um den letzten Aufwärtsschub der Hausse-Phase, wo die 2,618-Projektionslinie mit der Linie 2-3 zusammenfällt. Sehen Sie sich nun die Korrektur im März und im April 2006 an. Sie passt sich den roten Retracements und den Dreieckslinien 4-5-3 an. Sie erkennen die Projektion der roten Retracement-Linien. Der Boden ist ein Cluster der beiden Kursprojektionen. Der Kurs dreht am 133. Tag des Trends nach oben, kurz nachdem der NASDAQ-Index am 61. Tag einen Boden gebildet hat *(siehe Abbildungen 8.1 und 8.13)*.

Abbildung 8.12:
Bearishe Ausdehnung und zeitliches Cluster bei SMH

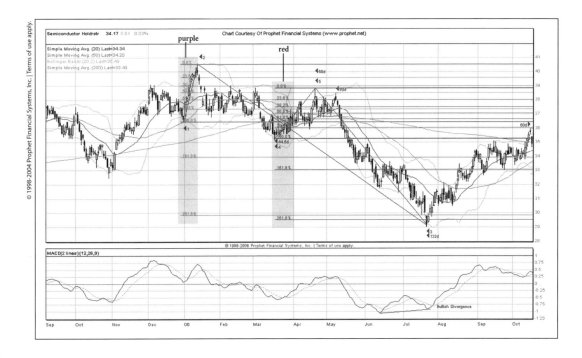

Abbildung 8.12 illustriert einige der bereits diskutierten Prinzipien. Da ist zunächst das Konzept, dass Korrekturen die Kursbewegung antreiben. Zudem sehen wir ein Cluster, wo die letzte Welle des alten Musters ein Ziel für das neue Muster projiziert. Wie Sie sehen, sollte man das Konzept der letzten Welle einfach deshalb als Richtschnur verwenden, weil wir wirklich nicht wissen, ob es hier um den Boden einer A-Welle oder um den Boden von etwas weit Größerem geht. Leider haben wir keine Antwort darauf. Zu diesem Zeitpunkt wissen wir nur, dass die Relation zum letzten Trendabschnitt im neuen Trend von Bedeutung sein wird. Diese Methode wird jedoch dann sehr nützlich, wenn wir uns den Juni und den Juli 2006 ansehen, weil wir uns gegenüber den Konkurrenten einen wesentlichen Vorteil verschaffen können, wenn es darum geht, wo mit hoher Wahrscheinlichkeit ein Tief erreicht werden wird. Sie müssen zunächst verstehen, dass dies ein wenig verwirrend ist. Je mehr Sie aber mit diesem Konzept arbeiten, desto besser werden Sie es anwenden können und dann sehen, wie präzise es in verschiedenen Zeitrahmen funktioniert. Zunächst möchte ich Sie mit diesem Konzept vertraut machen.

Ich weiß, dass die folgenden Charts Ihr Verständnis darüber sehr fördern werden, wie man an den Finanzmärkten Prognosen erstellt. *Abbildung 8.13* ist

Abbildung 8.13: NASDAQ; Verlauf vom Hoch 2005 bis zum Hoch im April 2006 mit verschiedenen Projektionen

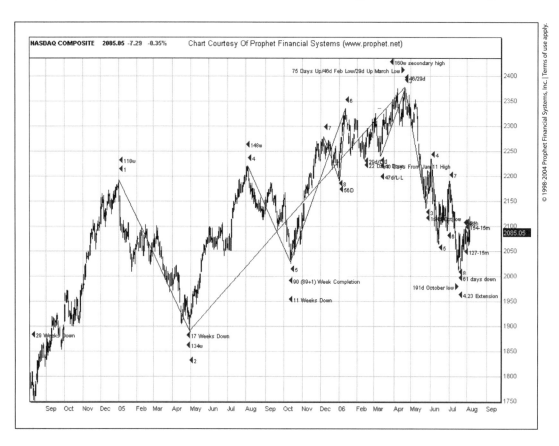

ein Chart des NASDAQ-Index vom Hoch im Januar 2005 bis zum Hoch im April 2006. Über den letzten Teil des Charts haben wir in diesem Kapitel schon gesprochen. Für mich ist am faszinierendsten die Relation zwischen der Korrektur vom Januar bis zum Frühjahr 2005 und dem Rest des Musters. Wir werden nun nicht noch einmal auf zeitliche Relationen eingehen, weil wir das schon ausführlich getan haben.

Was schließlich zur Wende in diesem Chart führte, war die Relation zur Korrekturwelle. Am ersten Handelstag 2005 erreichte der Chart sein Top bei 2191 und später einen Boden bei 1889 nach einer Bewegung von 302 Punkten. Wenn wir die perfekte Relation 1,618 mit 302 multiplizieren, erhalten wir 488, was einen Kursschub auf 2377 bedeuten würde. Das Top wurde dann bei genau 2375,54 erreicht, also nur 1,46 Punkte unterhalb der Zielrelation. Wenn Sie sich diesen Chart genau ansehen, werden Sie keine andere Relation zwischen einzelnen Wellen finden, die der Genauigkeit der genannten nahekommt. Einige andere ergeben ebenfalls gute Ergebnisse, erreichen aber nicht diese Präzision. Das NASDAQ-Hoch im April 2006, zusätzlich zu allen zeitlichen Relationen, wurde in exakter Relation zum Pullback-Abschnitt von 2005 erreicht. Wie Sie sehen, gibt es auch einige weniger bedeutende Relationen, die ebenfalls funktionieren. 4-5-6 und 7-8-6 habe ich gekennzeichnet, aber es gibt in diesem Chart noch einige weitere.

Abbildung 8.14 ist der Chart der Baisse an der NASDAQ von 2000 bis 2002. Die letzte B-Welle in diesem Zeitraum dauerte von Mai bis Juli. Es gab einen erneuten Test in der Nähe des Hochs, der im September scheiterte. Ich habe drei Retracement-Sets eingezeichnet. Den größeren Pullback im Sommer und zwei ab Anfang 2001. Wenn wir eine Projektion von 1,618 oder 2,618 vom Top dieser Korrekturwellen innerhalb der größeren Trends wählen, kommen wir zu einer recht genauen Einschätzung, wo sich der Boden bilden wird. Wenn wir entweder die 2,618-fache oder die 1,618-fache Ausdehnung dieser Rallye-Bewegungen nehmen, kommen wir zu drei Zielen für Kurstiefs bei 1181, 1025 und 1214 Punkten. Das Tief lag schließlich bei 1108. Alle drei Projektionen liegen im Bereich von 100 Punkten darüber oder darunter.

Diese Methode ermöglicht tatsächlich eine bessere Schätzung des Tiefs als traditionelle Elliott-Berechnungen. Mit traditionellen Elliott-Berechnungen kommen wir zu einem Top von 5132 und ziehen das Tief am 22. Mai davon ab. Das Ergebnis beträgt 2090 Punkte. Wenn wir die 1,618-fache Extension auf diese Zahl anwenden, kommen wir auf 3381 Punkte. Wenn wir diese Zahl vom Sommer-Hoch bei 4289 Punkten abziehen, erhalten wir als Ergebnis einen Boden bei 908 Punkten. Jeder der drei Clusterpunkte liegt statistisch näher am tatsächlichen Ergebnis.

Sie erkennen auch, dass die 1,618-fache Ausdehnung der B-Welle exakt dem Tief vom Januar 2001 entspricht. Vielleicht erinnern Sie sich, dass Alan Greenspan genau an diesem Punkt eine überraschende Senkung der Leitzinsen ankündigte und nicht, wie üblich, auf einer regulären Sitzung der Fed. Wer damals

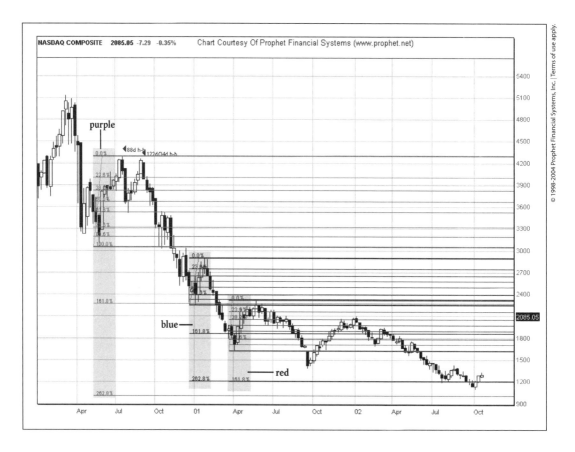

Abbildung 8.14: Projektion der Baisse-Ausdehnung im NASDAQ-Index

leerverkauft hatte, wurde zum Opfer einer sehr intensiven Bärenmarktrallye. Diese Technik ermöglichte uns nicht nur eine exzellente Einschätzung des Bodens, sondern sie warnte uns auch im Voraus vor einer möglichen scharfen Korrektur in einer Baisse auf der purpurfarbenen 1,618-Linie. Ich habe in diesem Chart nicht alle Relationen eingezeichnet, aber die 1,618-fache Ausdehnung der Korrektur bezeichnete auch andere, kleinere Kurssteigerungen. Glauben Sie immer noch, dass Nachrichten die Wellen bestimmen? Oder meinen Sie, dass Wellen und Ihre Berechnungen Nachrichten genau zum korrekten Zeitpunkt in einem Chart darstellen?

Fortgeschrittene Berechnungen

Zum Abschluss dieses Kapitels werde ich nun einen anderen Gang einlegen und Ihnen einige wirklich anspruchsvolle Berechnungen zeigen. Die nächste Fallstudie fällt in diejenige Kategorie, wo wir das Ende nicht kennen. Aber es ist sicherlich interessant zu sehen, wie wir zu diesem Punkt gelangen. Ich habe diese Studie über BHP hier aufgenommen, weil es sich um eine sehr wichtige Aktie

Abbildung 8.15:
89-Monats-Zyklus
bei BHP

handelt, die in den USA und in Australien gehandelt wird. Aber diese Studie enthält einige bedeutende Lektionen. Ich werde Ihnen die Entwicklung vom Boden aus auf einem Wochen- und auf einem Monatschart zeigen. Hierbei handelt es sich um die Kurse an der New York Stock Exchange.

Im ersten Chart, *Abbildung 8.15*, ist nichts Besonderes zu sehen. Er zeigt Ihnen nur, dass die gesamte Bewegung vom Kursboden bis zur steilsten Korrektur seit 2001 89 Monate umfasst. Interessanter wird es, wenn wir zum Wochenchart übergehen. *Abbildung 8.16* zeigt den ersten Abschnitt der Bewegung. Sie können sehen, dass es einige gute zeitliche Relationen gibt. Interessant ist der Wendepunkt in der 47. Woche. Der erste wichtige Wendepunkt liegt in der 57. Woche, was nicht viel zu bedeuten hat. Der Pullback endet aber in der 145. Woche des Gesamttrends und dauert 88 Wochen. Dieser Chart wird sogar noch interessanter, wenn wir die Informationen bis 2007 hinzufügen *(Abbildung 8.17)*.

Das Top in diesem Chart wird in der 387. Woche erreicht, was nicht besonders bedeutsam zu sein scheint.

Doch hier sind einige Berechnungen, die ein wenig tiefer gehen. Der Boden dieses Charts liegt bei 4,6181, und das Top von Welle 1 liegt nach meinen Daten bei 10,841. Wir haben somit eine Spanne von 6,22 Punkten. Das Tief von

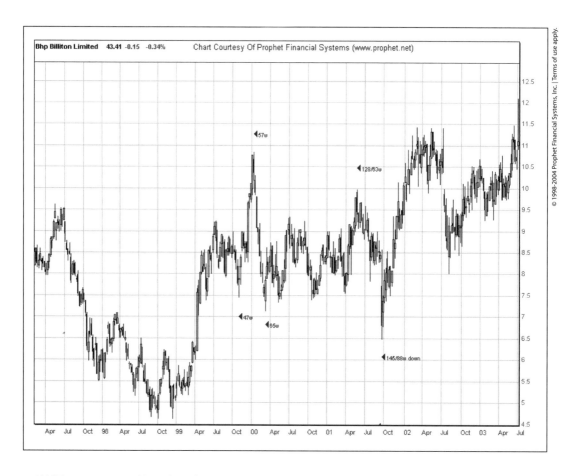

Abbildung 8.16:
BHP; Der erste Abschnitt der Bewegung

Welle 2 liegt bei 6,48, und das bisherige Hoch 2006 beträgt 50,74, was eine Spanne von 44,26 ergibt. Wenn wir 44,26 durch 6,22 dividieren, erhalten wir eine Ausdehnung von 7,1157. Das bedeutet, dass Welle 3 7,11-mal so umfangreich ist wie Welle 1. Wenn wir die zeitlichen Berechnungen hinzufügen, erhalten wir eine 57-wöchige erste und eine 242-wöchige dritte Welle. Wenn wir 57 durch 242 dividieren, erhalten wir ein Verhältnis von 0,2355 (knapp neben 0,236, einem Zehntel von 23,6) und eine 4,24-fache zeitliche Ausdehnung, die nur knapp neben 4,23 liegt.

Und schließlich gab es in der Entstehungszeit dieses Buches eine 20-wöchige Korrektur, als der Kurs in der 262. Woche nach dem bedeutenden Tief vom September 2001 einen Boden bildete. Seither ist die Aktie auf dem Weg zu einem neuen Hoch, was bedeutet, dass unsere 7,11-Relation zur stärksten Korrektur seit 2001 geführt hat.

Dies sind nur einige von den Berechnungen, die sich in diesem Chart verbergen. Die letzten, die ich genannt habe, wären sehr schwierig zu traden, und deshalb habe ich sie in sehr vielen anderen Charts in diesem Buch weggelassen. Wenn Sie aber nach einem Vorteil suchen, der eine potenzielle mittelfristige

Abbildung 8.17:
89-Monats-Zyklus bei BHP

Trendwende bestätigt, wird ein tieferes Verständnis dieser Berechnungen Ihnen dabei helfen zu bemerken, ob da etwas Größeres im Gang ist. Wenn Ihnen die Berechnungen nicht ohnehin klar sind, wird Ihnen einige Detektivarbeit weiterhelfen.

Wir suchen nach der Vervollständigung, die uns zeigt, dass sich ein Trend wahrscheinlich gedreht hat, und Sie sollten das herausfinden, bevor der Kurs einen gleitenden Durchschnitt erreicht hat. Wenn man solche Berechnungen in Clustern von Kurs und Zeit sieht, die Fibonacci- oder Lucas-Vielfachen ähneln, dann ist dies ein starker Hinweis darauf, dass etwas Wichtiges im Gang ist. Alles hängt von Ihrer Bereitschaft ab, diese Relationen genau und tiefgehend zu untersuchen.

Ich denke, dass Sie mein Anliegen verstanden haben. Ich habe diese Charts zwar nicht in dieses Buch aufgenommen, aber exzellente Beispiele gibt es auch in den Charts des Dow und des S&P-500 während der Baisse von 2000 bis 2002. Diese Charts weisen stärkere Ausschläge auf als der des NASDAQ-Index. In etlichen Fällen hätte man hinsichtlich Kurs und Zeit den exakten Punkt des Beginns einer intensiven Bärenmarktrallye im Voraus bestimmen können.

Wie passt das alles zusammen? Ich habe entdeckt, dass es nichts gibt, das immer funktioniert. Sie sollten weiterhin auf die üblichen Fibonacci-Relationen zwischen den einzelnen Wellen achten. Wir haben allerdings mehrfach festgestellt, dass sie nicht immer funktionieren. Die Gründe dafür kennen Sie nun. Beobachten Sie immer die Korrekturen, denn die Relationen zwischen den Wellen werden Ihnen zeigen, wo eine Trendwende erfolgen kann. Und die zeitlichen Relationen zeigen Ihnen, wann sie eintreten kann. Außerdem haben wir ja schon festgestellt, dass manche Setups besser sind als andere. Die allerbesten Setups sehen Sie in den Charts von Starbucks und von SMH.

Es geht mir hauptsächlich darum, die mit der Elliott-Theorie verbundene Subjektivität so weit wie möglich zu reduzieren. Ich denke, dass dieses Kapitel diesen zusätzlichen Aufwand leistet, was etliche Lücken betrifft, die die zeitliche Dimension allein nicht schließen kann. Ist das viel Arbeit? Aber sicher. Man kann aber auch viel Zeit und Arbeit darauf verwenden, nicht die richtigen Dinge zu tun. Hier werden Sie zumindest verstehen, was tatsächlich vor sich geht. Sie werden Muster erkennen, richtig einschätzen und nutzen können.

Denken Sie aber daran, dass viele Setups nicht wie die Charts von Starbucks oder SMH aussehen. Exakt deshalb brauchen Sie alle Werkzeuge, die wir bisher erörtert haben. Es gibt immer eine Berechnung oder ein Werkzeug, das Ihnen dabei helfen wird, das Muster besser zu erkennen als Ihre Konkurrenten.

Was Sie aus diesem Kapitel mitnehmen sollten, ist, dass die üblichen Fibonacci-/Elliott-Relationen zwischen den einzelnen Wellen wirklich funktionieren. Wenn sie nicht funktionieren, brauchen wir eine andere Methode oder wir sind verloren. Ich möchte, dass Sie Ihren Verstand darauf trainieren, Charts nicht so sehr hinsichtlich möglicher Kurssteigerungen zu untersuchen, sondern hauptsächlich auf das Verhältnis zwischen Korrektur und Kursbewegung zu achten.

Mit einiger Übung werden Sie dazu in der Lage sein, genauere Zielprojektionen für die nächsten Wochen oder Monate zu erstellen. Wenn es einen kräftigen Trend gibt und die 1,618-fache Ausdehnung nicht funktioniert, dann vertrauen Sie darauf, dass es eine Extension um das 2,618- oder das 4,23-fache geben wird. Manchmal funktionieren die üblichen Relationen, mit denen Sie jahrelang gearbeitet haben. Bei anderen Gelegenheiten wird es zu ausgeprägten Clustern kommen.

Die grundsätzliche Idee dieses Buches besteht darin, Charts auf andere Weise zu betrachten. Ich könnte mir nie wieder einen Chart ansehen, ohne die Balken zu untersuchen. Wenn man die Charts aber nur in Echtzeit verfolgt, werden Sie sehen, dass die Charts an wichtigen Zahlen vorbeigehen. Wie wir es in den Kapiteln über zeitliche Relationen dargelegt haben, konnten Sie wichtige Zeitbalken verstreichen sehen. Warum? Ich denke, dass wir diese Frage in diesem Kapitel beantwortet haben. Korrekturbewegungen, die als Fibonacci-Prozentsätze funktionieren, funktionieren als Magnete. Wenn Sie lernen, wie man diese Projektionen erstellt, wird Ihre Präzision exponentiell zunehmen.

Wir haben nun alles erörtert, was Sie in technischer Hinsicht brauchen. Der Rest hängt von Ihnen selbst ab. Die wichtigste Charaktereigenschaft, die Sie dafür brauchen, ist Geduld. Als ich damit begann, mit dieser Methode zu traden, wurde ich oft ausgestoppt. Ich versuchte den Zeitbalken zu antizipieren, führte den Trade durch, und sehr oft funktionierte es nicht. Erst als ich damit begann, darauf zu warten, dass die Kerzenformationen diese Zeit- und Kurscluster bestätigten, änderten sich diese Dinge für mich. Wenn Sie nichts über Lucas-Wellen oder zeitliche Sequenzen wissen, können Sie einen Trade versuchen. Ohne Kenntnis dieser neuen »Sprache« unterscheidet sich ein Punkt auf dem Chart nicht wesentlich von einem anderen.

Wenn Sie anfangen, mit diesen Zeitsequenzen zu arbeiten, werden Sie fasziniert sein, dass der Chart sich tatsächlich so entwickelt, wie er es tut. Sie werden so aufgeregt sein, dass Sie ständig traden wollen. Tun Sie das nicht. Warten Sie auf Setups, die besser aussehen. Es ist schwer, die dafür nötige Geduld aufzubringen. Natürlicherweise neigen Sie zu dem Gedanken, dass Sie gerade eine große Kursbewegung verpassen. Und wenn das so wäre? Es gibt immer wieder neue Chancen. Es ist besser, einen guten Setup abzuwarten und sein Kapital zu schützen, als mit mittelmäßigen Setups Verluste einzufahren. Ziehen Sie Ihre Ausdehnungslinien und beobachten Sie die Balken genau. Wenn Sie Intraday-Trader sind, werden Sie eine Trendwende in einem 47-15-Minuten Zyklus antizipieren. Als Swing-Trader werden Sie eine Wende des 61-Tage-Zyklus antizipieren. Werden Sie nicht aktiv, ehe die Kerzen Ihre verschiedenen Kurs- und Zeitclusterpunkte bestätigen. Wenn dann alles zusammenpasst, müssen Sie unbedingt traden. Sie sehen, was Sie sehen. Im Lauf der Zeit werden Sie dem Chart und der Methodologie vertrauen. Wenn Sie in einen Trade einsteigen, müssen Sie den Mut haben, auch dabei zu bleiben. Im Lauf der Zeit werden Sie dabei eine Menge Spaß haben! Woher ich das weiß? Das alles ist mir selbst passiert!

KAPITEL 9

Timing am Forex-Markt

Alles bewegt sich in Zyklen. Eine der großartigsten Phasen am Aktienmarkt war die Hausse von 1982 bis 2000. Ich sage nicht, dass wir eine solche Begeisterung für Aktien nie wieder erleben werden, aber die Geschichte lehrt, dass eine solche Aktienmanie nur etwa alle 75 Jahre vorkommt. Es gab zwar auch eine Aktien-Hausse bis 1966, aber das war nichts im Vergleich zur Aufregung der 1920er-Jahre. Sagen wir einfach, dass es viele Korrelationen zwischen den Aktienmanien in den späten 1920er-Jahren und in den späten 1990er-Jahren gibt. Als die Spekulationsblase an der NASDAQ platzte, wurden viele Marktteilnehmer weggefegt, und sie werden nie wieder an der Börse auftauchen.

Einige Börsianer, die ihr Kapital gerettet hatten, wandten sich dem Immobilienmarkt zu, andere den Edelmetallen. Wieder andere wechselten zum Forex-Markt. An der NASDAQ werden täglich fast zwei Milliarden Aktien gehandelt, an der Forex betragen die Tagesumsätze 1,5 bis 3,5 Billionen Dollar. Es handelt sich um einen riesigen Markt, wo die Teilnehmer problemlosen Zugang zu einer Reihe von Wechselkursrelationen zwischen verschiedenen Währungen haben.

Mit diesem Hintergedanken habe ich dieses Kapitel angefügt. Denken Sie daran: Wenn Sie noch Informationen über Basispunkte, Spreads oder andere grundlegende Begriffe der Trading-Mechanik benötigen, dann werden Sie sie hier nicht finden. Es gibt ausgezeichnete Bücher über dieses Thema. In einigen von ihnen wird behauptet, dass es entscheidend für den Erfolg ist, auf Fundamentaldaten und Nachrichten zu achten. Ich werde das hier nicht diskutieren, aber ich werde auf diese Dinge auch nicht weiter eingehen. Ich werde Ihnen genau das sagen, was ich schon über Aktien gesagt habe. Meiner Meinung nach steckt alles, was man über ein Finanzinstrument wissen muss, das liquide genug ist, um von den Massen getradet zu werden, schon im Chart; es liegt also direkt vor Ihrer Nase. Wir werden hier die gleichen Methoden besprechen wie im Rest des Buchs. Wenn Sie sich ausschließlich auf die fundamentale Analyse verlassen, werden Sie an der Forex wohl nicht lange überleben. Sie vermittelt eine gewisse Vorstellung vom großen Trend, aber für spezifische Ein- und Ausstiegsniveaus ist sie nutzlos. Am Forex-Markt gibt es ständig neue Spieler. Was diese Spieler brauchen ist ein solides Fundament und eine fortgeschrittene Ausbildung, um zu verstehen, wie die Märkte funktionieren.

Mein Disclaimer: Ich behaupte nicht, ein Forex-Experte zu sein. Ich kann Ihnen aber sagen, dass ich ausführliche Nachforschungen unternommen habe, um Ihnen zu zeigen, dass die gleichen Zyklen, die bei anderen Instrumenten funktionieren, auch bei Wechselkursen oder Futures-Kontrakten funktionieren. Meine Nachforschungen haben mir gezeigt, dass diese Zyklen effektive Werkzeuge sein können, wenn man an diesen recht volatilen Märkten aktiv sein will. Diejenigen von Ihnen, die an der Forex traden, werden weiterhin Nachrichten und Fundamentaldaten beachten. Ich als Techniker habe da meine persönlichen Neigungen. Ich werde Ihnen in diesem Kapitel zeigen, wie Sie eine höhere Präzision erreichen können. In diesem Buch geht es nicht so sehr darum, Ihnen zu sagen, was Sie tun sollten. Es geht eher darum, wann Sie es tun sollten.

Der wesentliche Unterschied besteht darin, dass an der Forex rund um die Uhr gehandelt wird, während die Balken bei Aktien nur auf fortlaufender Basis gezählt werden. Das bedeutet, dass es Pausen in der Aktivität gibt, wegen der verschiedenen Märkte in verschiedenen Teilen der Welt. Der Handelstag an der Forex beginnt um 5.00 Uhr Ostküstenzeit am Sonntag, also mit vier bis fünf Stunden Verzögerung zur Greenwich Mean Time, die einen zentralen Referenzpunkt für Trader auf der ganzen Welt darstellt. Um 5.00 Uhr ist es in Australien schon Vormittag. In Sydney sind also die Umsätze vielleicht gut, aber der Handel kommt erst in Schwung, wenn Tokio, London und New York erwachen. Welchen Markt Sie also auch traden, Sie müssen sich immer der Tatsache bewusst sein, dass bessere Setups verstärkt zu bestimmten Tageszeiten auftreten.

Die Untersuchung der Charts

Wenn Sie ausschließlich an der Forex traden, müssen Sie nur all das anwenden, was Sie in diesem Buch gelernt haben. In diesem Kapitel gebe ich Ihnen einige Beispiele, die Sie davon überzeugen werden, dass der Zeitfaktor auch hier funktioniert. Es ist sehr wichtig, sich eine Methode immer und immer wieder anzusehen, ehe man ihr zu vertrauen beginnt. Ich werde Ihnen mit mehreren Charts Beispiele liefern, damit Sie das gleiche Vertrauen entwickeln können wie die Akteure an den Aktien- und Rohstoffmärkten. Wenn Sie schon gute technische Indikatoren haben – umso besser!

Euro/Yen

Unsere ersten Beispiele entstammen einer Fallstudie des Euro/Yen-Wechselkurses. *Abbildung 9.1* ist ein Tageschart, der den größten Teil von 2005 umfasst.

Ich habe in diesen Chart den MACD und die gleitenden 20- und 50-Tage-Durchschnitte aufgenommen. Dies ist ein guter Aufwärtstrend, und es gibt zwei

Abbildung 9.1:
Tageschart des Euro/Yen-Wechselkurses 2005

wichtige Punkte, die ich verdeutlichen möchte. Der erste ist der Kursverlauf vom Tief im Juni bis zum Hoch und zum Tief im August. Diese Kursbewegung ergibt einen vollständigen Zyklus vom Tief über das Hoch bis zum Tief, der 42 Tage umfasst. Die Zahl 42 ist, wie wir inzwischen wissen, ein Vielfaches der 4,23-fachen Ausdehnung, die auch etliche Fibonacci-Relationen aufweist. Für Ihre Fähigkeiten zur Mustererkennung ist das Zeit/Kurs-Cluster am Tief allerdings wichtiger. Es gibt einen kurzen Intraday-Kursausschlag unter das 61-prozentige Retracement-Niveau, aber für alle praktischen Zwecke haben wir ein Zeit/Kurs-Cluster von 42 Tagen und 61 Prozent. Das Tief hinterlässt einen Kerzendocht, und zwei Balken später kommt die Bestätigung in Form einer guten, offenen Kerze. Das ist die beste Gelegenheit, beim Kursrückgang zu kaufen, obwohl es auch am 60. Tag des Trends im September einen weiteren Kerzendocht gibt. Nach dem Tief vom September bildet der MACD schon eine bearishe Divergenz, wo nur die aggressivsten Trader neue Positionen aufbauen sollten. Swing-Trader sollten nach einem kurzfristigeren Trade suchen, der von einigen Tagen bis zu wenigen Wochen dauert, weil wir in Echtzeit nicht den Vorteil der nachträglichen Betrachtung haben.

Das Hoch im November ereignet sich an einem zeitlichen Cluster. Es handelt sich um den 95. Balken des Trends, 35 Tage nach dem Konsolidierungstief vom September und am 54. Balken nach dem Tief vom August. Es gibt eine Divergenz, und das rechtfertigt einen aggressiven kurzfristigen Trade, aber es handelt sich noch nicht um das finale Hoch. Dieses kommt erst im Dezember am 122. (Lucas

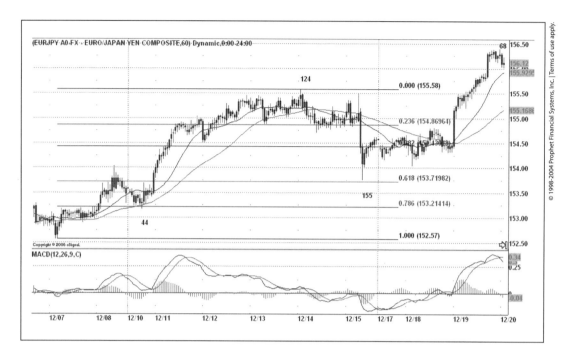

Abbildung 9.2:
Stundenchart
Euro/Yen

123 – 1) Tag des Trends, wo die Divergenz schließlich einsetzt. Beachten Sie auch, dass die Fibonacci-Ausdehnung dieses Hoch in der Nähe von 143 einschätzt.

Auf Stundenbasis *(Abbildung 9.2)* sehen wir, dass sich eine riesige Divergenz entwickelt. Das Hoch wird in der 124. Stunde dieser Sequenz erreicht, knapp neben dem Lucas-Balken 123. Das Signal erfolgt bei einer High-Wave-Kerze mit sehr kleinem Kerzenkörper. Das sagt uns, dass die Käufer unentschlossen werden. Dieses Beispiel zeigt, was wir im Kapitel über Divergenzen diskutiert haben. Der Kurs entwickelt sich weiter nach oben, aber die Wende kommt erst, als der Zyklus vollständig ist. Hätten Sie in diesem Beispiel beim umfassenden bearishen 113. Balken leerverkauft, dann wären Sie mit geringen Verlusten ausgestoppt worden. Der 113. Balken als Ableitung der Fibonacci-Zahl 13 weist jedoch eine wesentlich geringere Wahrscheinlichkeit für eine Kurswende auf. Sobald der Kurs den Gann-Zyklus von 108 Balken hinter sich lässt, sollte man mindestens auf den 118. Balken warten, ehe man mit einer bedeutenden Trendwende rechnen kann. An diesem Punkt würde ich den kürzeren Zeitrahmen (15 Minuten) oder eine außergewöhnlich große schwarze Kerze in Erwägung ziehen, ehe ich einsteige. Nach dem 118. Balken weist dieser Balken eine weit höhere Wahrscheinlichkeit für eine Trendwende auf, ebenso wie der 121. und natürlich der Lucas-Balken 123.

Die folgende Korrektur ist eine ABC-Bewegung, die einer Relation zwischen den Wellen von 1,618 nahe kommt, die aber kurz vor dem 0,618-Kurs-Retracement am 155. Balken des Trends endet. Die nächste Sequenz nach oben endet am 68. Balken.

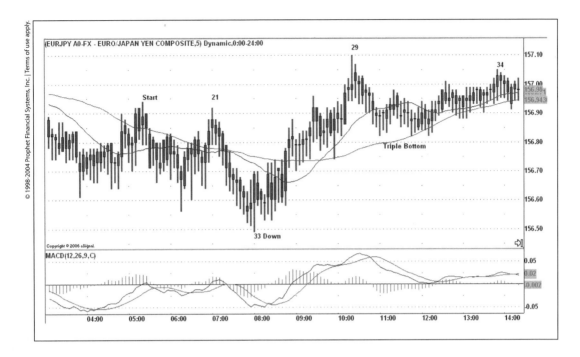

Abbildung 9.3:
5-Minuten-Chart Euro/Yen

Diese Zyklen funktionieren auch bei den kleineren Intraday-Zyklen. Auf einem Fünf-Minuten-Chart *(Abbildung 9.3)* beginnen wir mit einem 33 Balken umfassenden Trendabschnitt nach unten. Er wird unterbrochen von einem 21 Balken umfassenden Zyklus von Hoch zu Hoch, wie wir ihn schon bei Aktien und bei Rohstoffen gesehen haben. Von dort an beginnt ein Aufwärtstrend, der am 29. Balken einen Kursausschlag aufweist. Wir sehen einen komplexen Pullback, der tatsächlich bei 156,82 einen kleinen Dreifachboden mit drei separaten Balken enthält. Nach dem ersten Tief um 11.00 Uhr erreicht die nächste Aufwärtsbewegung Hochs am 34. und am 56. Balken. Auf diesem speziellen Chart gibt es in jedem Balken erhebliche Volatilität. Es ist sehr wichtig, beim Einstieg und beim Ausstieg ebenso wie beim Setzen der Stopp-Kurse so präzise wie möglich vorzugehen.

Unser letzter Chart in dieser Fallstudie *(Abbildung 9.4)* zeigt weitere Grundprinzipien, die wir in den vorherigen Kapiteln erörtert haben. Wir verwenden hier einen 15-Minuten-Zeitrahmen. Die erste Sequenz am 25. Januar zeigt einen Aufwärtstrend von etwa 167 Basispunkten. In den späteren Kapiteln dieses Buchs haben wir der Zählung der Wellen weniger Aufmerksamkeit gewidmet. Hier kann man eine Fünf-Wellen-Progression erkennen, obwohl es eine Überlappung gibt, die eine Korrekturbewegung nahelegt. Die erste Kursbewegung vollzieht einen 20 Balken umfassenden Zyklus von Tief zu Tief mit einer umfassenden bullishen Kerze auf dem 20. Balken.

Der Chart erreicht am 40. Balken sein Top, was einer Rallye von weiteren 20 Balken entspricht und vollzieht dann einen Pullback, ohne dass es zu einer

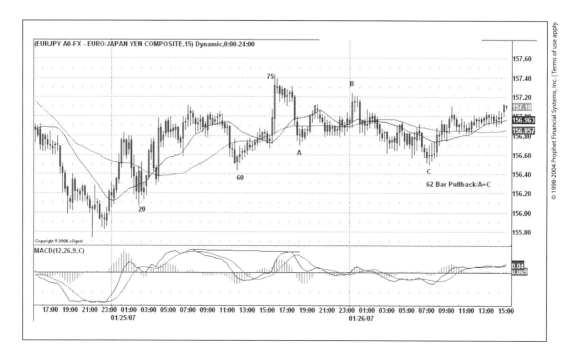

Abbildung 9.4:
15-Minuten Chart Euro/Yen, beginnend am 25. Januar

Divergenz kommt. Nach einem weiteren 20 Balken umfassenden Pullback setzt der letzte Trendabschnitt im Zyklus vom 60. bis zum 62. Balken nach dem Tief ein. In diesem Fall erhalten wir kein besonders gutes Signal, weil es kein gutes Kerzen-Setup gibt. Wenn keine gute bullische Kerze vorliegt, würde ich diese Bewegung nicht traden. Am Hoch in der Nähe von 157,40 entwickelt sich eine schöne Divergenz am 76. Balken der Kursbewegung. Dieser Abwärtstrend entwickelt sich sehr langsam, und nur die aggressivsten Trader würden hier einsteigen. Die einzige Kerze, die auf eine Bestätigung hindeutet, ist die High-Wave-Kerze am 76. Balken (neben der letzten großen Kerze am 75. Balken). Wir erhalten allerdings eine klassische ABC-Bewegung nach unten, die einem Pullback über 62 Balken entspricht (wobei gilt: A = C). Wenn ich diese Korrektur traden wollte, würde ich warten, bis die B-Welle nach oben scheitert und ein gutes bearishes Trendwendesignal in den Balken 31 bis 34 nach dem Top auftritt.

Der australische Dollar

Bei unserer nächsten Fallstudie beginnen wir mit einem Tageschart des Aufwärtstrends 2006 *(Abbildung 9.5)*. Am Beginn gibt es einen 32-tägigen Aufwärtstrend und einen 34-tägigen Pullback, dessen Tief knapp unter dem 61-Prozent-Retracement liegt. Nach der 34-Balken-Korrektur, die ein sehr gutes Zeit/Kurs-Cluster darstellt, erhalten wir durch eine riesige offene Kerze die Bestätigung einer Trendwende. Da wir es hier mit vier Dezimalstellen zu tun haben, gibt es

Abbildung 9.5:
Australischer Dollar; Tageschart des Aufwärtstrends 2006

als Folge dieses Balkens eine Bewegung von etwa 40 Basispunkten. Die Balken 48 bis 50 zeigen ein gutes Evening-Star-Trendwendemuster, das zu einer Korrektur führt. Diese erreicht ihren Boden an einem weiteren Zeitcluster aus 23 Balken und dem Kurs-Retracement von etwa 61 Prozent.

Als sich die MACD-Divergenz entwickelt, erreicht das Gesamtmuster am 63. Balken des Trends sein Top. Das liegt zwar knapp neben einem perfekten Zyklus aus 199 Balken (Lucas), illustriert aber, was wir im Kapitel über Divergenzen erörtert haben. Manchmal liegt das Hoch, das einen Trend beendet, auf einem perfekten Zeitbalken, aber manchmal erhalten wir auch nur einen Balken von kleinerem Umfang statt eines perfekten Clusters.

Abbildung 9.6 zeigt eine Entwicklung aus dem Jahr 2004. Wir sehen eine exzellente Fünf-Wellen-Bewegung und ein tiefes Retracement in Welle (ii), die einen 60-tägigen Zyklus von Tief zu Tief vervollständigt. Welle (ii) ist eine aus drei Einzelwellen bestehende Korrekturbewegung, wobei zwei Abschnitte gleich groß sind. Das Tief trat infolge eines Harami auf, wobei der Kerzenkörper ein Retracement von mehr als 50 Prozent der vorhergehenden schwarzen Kerze vollzog. Ich habe in diesem Buch schon dargelegt, dass gleitende Durchschnitte die stärksten Trends unterstützen, und dies ist ein lehrbuchartiges Beispiel dafür.

Der gleitende 20-Tage-Durchschnitt unterstützt eine sehr kraftvolle Welle (iii), weil er am 28. Tag des Trendabschnitts berührt wird. Am 29. Tag folgt eine kräftige offene Kerze. Die Bewegung erreicht schließlich am 56. Tag ihr Top und bildet ein Dreieck. Man kann hier ein Dreieck der Welle (iv) erkennen, das ich gekennzeichnet habe. Da die Bewegung am 50. Balken endet, könnte man das

Abbildung 9.6:
Australischer Dollar;
MACD-Divergenz
2004

Muster aber auch als das Ende eines diagonalen Dreiecks interpretieren. Ich habe die Möglichkeiten eines Dreiecks und eines diagonalen Dreiecks eingezeichnet, damit Sie die Subjektivität der Elliott-Wellen vergleichen und die zeitliche Abfolge erkennen können. Ich habe das Dreieck eingezeichnet, weil es durch die Kursmessung bestätigt wird. Ich würde lieber ein Dreieck sehen, das durch Kurs und Zeitberechnungen bestätigt wird, aber der Markt gibt uns nicht immer den perfekten Setup. Was er uns allerdings gibt sind perfekte zeitliche Berechnungen, weil die ganze Bewegung ihr Top am einem 188/62-Balken-Cluster erreicht. Wir erhalten auch eine sehr schöne Trendwende-Kerzenformation am Top, wo sich die bearishe MACD-Divergenz auswirkt.

Abbildung 9.7 zeigt einen Stundenchart, in dem sich die MACD-Divergenz auswirkt. Sehen Sie sich zunächst den Verlauf des Abwärtstrends an. Nach dem Top erreicht der Kurs am 11. Balken den gleitenden 20-Perioden-Durchschnitt, was eine gute Tendenz zur Mustererkennung darstellt. Der Durchschnitt wird nicht mehr berührt, obwohl der 21. Balken der höchste Punkt des folgenden kleinen Kursausschlags ist. Am 46. Balken sehen wir ein kurzfristiges Tief, und Sie wissen ja inzwischen, dass dies eine sehr verbreitete Relation ist. Der Abwärtstrend setzt am 56-Balken-Fenster (55 + 1) wieder ein. Der Kursrückgang schafft bis zum 9. Januar eine Konsolidierungszone. Dieses Hoch liegt am 38-Prozent-Retracement desjenigen Teils des Trendabschnitts, der am 3. Januar begonnen hat. Das finale Tief liegt am 33. Balken des Kursverlaufs nach der Konsolidierungszone.

Abbildung 9.7:
Australischer Dollar; Stundenchart, in dem sich die MACD-Divergenz auswirkt.

Was Sie aus diesem Chart lernen können ist, dass Divergenzen über sehr lange Zeit bestehen können. Hier handelt es sich um einen derart kräftigen Abwärtstrend, dass ein großer Teil der Kursspanne schon in den ersten 46 Balken durchquert wird, wo das Momentum seinen Höhepunkt erreichte. Es dauerte aber fast 100 Stunden, bis wir ein gutes Tief erhielten. Denken Sie an den Zeitrahmen dieser Kursbewegung. Im größeren Zusammenhang betrachtet, handelte es sich um eine A-Welle nach unten, und schließlich, am Ende des Monats, wurde dieses Tief unterboten, aber erst nach einer kräftigen Rallye gegen den Trend.

Abbildung 9.8 zeigt, was später in diesem Monat geschah, als die C-Welle nach unten einsetzte. Wir verwenden hier den gleichen Zeitrahmen. Das Bemerkenswerteste in *Abbildung 9.8* ist der kurze Kursschub zum gleitenden 20-Perioden-Durchschnitt am 47. Tag der Kursprogression. Auch hier sehen wir am Anfang eine starke Kursbewegung, die den MACD bis ganz nach unten führt. In den folgenden 100 bis 120 Stunden wird kein neues Tief erreicht. Wo liegt der Boden dieses Kursverlaufs? Am Fibonacci-Balken 144 kommt es schließlich zu einer dreifachen positiven Divergenz.

Abbildung 9.9, die Korrektur im Jahr 2004, setzt andere Schwerpunkte, zeigt aber auch ein anderes Konzept, das wir im Abschnitt über fortgeschrittene Fibonacci-Relationen erörtert haben. Sehen Sie sich den letzten Trendabschnitt nach oben im Februar an. Ich habe Ausdehnungslinien eingezeichnet, die nur den kleinen letzten Teil des Aufwärtstrends abdecken. Im Abwärtstrend gibt es zwei bedeutende Relationen, auf die Sie sehr aufmerksam achten sollten. Der erste Trendabschnitt nach unten, der in der Nähe von 73 endet, ist eine 1,618-fa-

Abbildung 9.8: Australischer Dollar; Die 144 Balken umfassende C-Welle im späteren Verlauf des Monats

Abbildung 9.9: Australischer Dollar; 1,618-fache Korrektur des letzten Trendabschnitts nach oben

che Extension des letzten Trendabschnitts nach oben. Hier wird nur eine 0,618-Linie gezeigt, weil ich im eSignal-Format nicht allzu viele Retracement-Linien einzeichnen wollte. Dieser spezielle Punkt im Chart, auf den Sie schon im Voraus abzielen können, trifft am 18. Balken (Lucas) der Bewegung auf ein schönes Tief. Nach einem weiteren, 18 Balken umfassenden Zyklus nach oben setzt der Abwärtstrend wieder ein. Ich möchte diese Tendenz wegen der Forex-Trader noch einmal erläutern, die den Rest des Buches übersprungen haben, um dieses Kapitel zuerst zu lesen. Gann und alle Trader, die sich nach der Finanzgeometrie richten, halten Vielfache und Bruchteile von 144 (Fibonacci) für sehr bedeutsam. Und das sind sie auch. Daher widmen wir 36, 72 und 108 Perioden umfassenden Zyklen besondere Aufmerksamkeit. Natürlich trifft das auch auf die Lucas-Zahl 18 zu. In diesem Fall haben wir zwei 18-Balken-Zyklen oder eine Bewegung über 36 Balken von Hoch zu Hoch.

Im weiteren Kursverlauf sehen wir einen kleinen Kursschub nach oben am 56. Balken, der zum gleitenden 20-Perioden-Durchschnitt vordringt und schließlich einen Boden am 87. Balken. Dieses Tief ist eine exzellente 2,618-fache Ausdehnung dieses letzten Trendabschnitts nach oben. Seien Sie jedoch vorsichtig, denn so läuft es nicht immer, aber doch in den meisten Fällen. Wenn Sie mit der beschriebenen Methode auf dieses Tief abgezielt hätten, wären Sie zumindest in einer ausgezeichneten Position gewesen, Mitte Juni mit Käufen einzusteigen, als es eine exzellente Trendwende-Kerze gab.

Die beiden nächsten Charts in unserer Fallstudie über den australischen Dollar sind für diejenigen von Ihnen gedacht, die sich auf Intraday-Chartmuster konzentrieren. Das erste ist ganz offensichtlich. Auf 15-Minuten-Basis *(Abbildung 9.10)* gibt es eine 55 Balken umfassende Kursbewegung. Der erste Trendabschnitt nach oben schafft eine Konsolidierungszone rund um den 21. Balken, wo sich drei Balken ein gemeinsames Hoch teilen. Das Tief kommt am 23. Balken. Am 29. Balken gibt es einen weiteren starken Schub nach unten, das Top wird am 31. Balken erreicht. Die Fibonacci-Retracements sind vom Tief und vom Sekundärtief bis zum Hoch bei Balken 31 eingezeichnet, um auf einen Pullback nach dem Hoch am 31. Balken abzuzielen. Sie können deutlich sehen, dass wir einen Boden auf einer doppelten 38-Prozent-Retracement-Linie nach einem 13-Balken-Pullback (44 – 31) finden. Der letzte Balken erreicht sein Top am 11. Balken des Trendabschnitts und bildet ein Hoch des 55 Balken umfassenden Zyklus.

Der letzte Chart *(Abbildung 9.11)* ist hier zu sehen, weil ich eine grundlegende Elliott-Relation illustrieren wollte, von der in diesem Kapitel bisher noch nicht die Rede war. Es gibt eine Fünf-Wellen-Progression, wobei das Top von Welle (iii) einer 1,618-fachen Ausdehnung von Welle (i) entspricht, gemessen ab dem Tief von Welle (ii). So messen traditionelle Elliott-Anhänger Wellen auf der Basis der üblichen Fibonacci-Berechnungen. Welle (iii) erreicht ihr Top tatsächlich am 69. Balken der Kursprogression, der dem 125. Balken der Gesamtbewegung entspricht. Beachten Sie das Tief am 56. Balken, der einen langen Docht nach unten

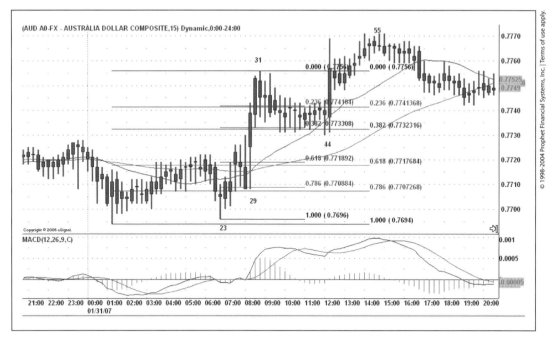

Abbildung 9.10: Australischer Dollar; 15-Minuten-Chart, 55 Balken umfassende Kursbewegung

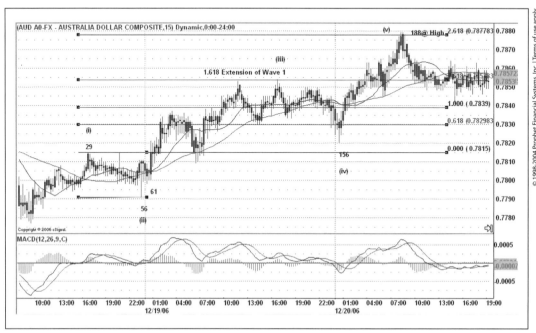

Abbildung 9.11: Australischer Dollar; Fünf-Wellen-Progression im Tagesverlauf

aufweist. Dabei handelt es sich um einen riesigen Balken, der aber eigentlich nur ein halber Balken ist! Als das Top erreicht wird, ist er der 68. Balken der Progression, obwohl er auch der 125. Balken des Gesamttrends ist. Es handelt sich zudem um eine High-Wave-Kerze. Ich denke, der Chart steht wohl unter dem Einfluss des 123- (Lucas) und des 127- (Vielfaches von 1,27) Balken-Zyklus.

Im Chart ist es zwar nicht zu sehen, aber die folgende Korrektur, die am 156. Balken endet, bildet ein Cluster mit dem 38-Prozent-Retracement nach dem Tief. Das finale Hoch wird im 188-189-Balken-Zyklus erreicht. Es handelt sich um ein Doppelhoch, das 33 Balken nach dem Tief von Welle (iv) erreicht wird. Der MACD verläuft ab diesem Zeitpunkt flach.

Der japanische Yen

Die letzten beiden Charts dieses Kapitels zeigen exzellente Timing-Berechnungen auf einem Fünf-Minuten-Chart des japanischen Yen. Wenn Sie auf Basis von Fünf-Minuten-Balken traden, finden Sie hier vielleicht die klarsten Tendenzen. Ich habe alle Relationen in *Abbildung 9.12* eingezeichnet. In diesem Abwärtstrend geht es nach dem 18. Balken abwärts. Der Aufwärtsschub endet nach 21 Balken. Die folgende Abwärtsbewegung bietet zahlreiche Chancen zum Einstieg. Am 11., 29. und 46. Balken gibt es Möglichkeiten für Leerverkäufe. Wir sehen ein sehr deutliches Tief am 162. Balken der Kursbewegung. Wenn der Trend nicht vom gleitenden 20-Perioden-Durchschnitt begrenzt wird, tut dies meist der 50-Perioden-Durchschnitt.

Abbildung 9.12: Japanischer Yen; 5-Minuten-Chart, 162 Balken

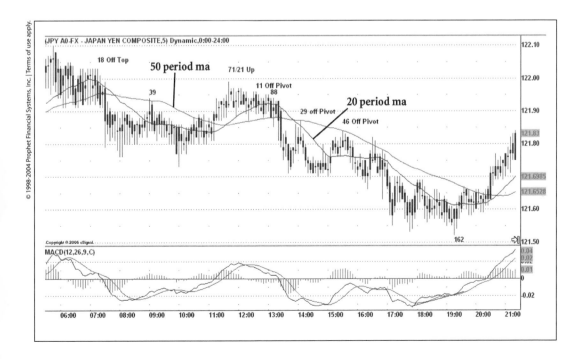

Und schließlich zeigt *Abbildung 9.13*, was im nächsten Trend nach dem Tief am 162. Balken geschah. Ich habe diesen Trendabschnitt hier eingefügt, um Ihnen zu zeigen, wie kraftvoll eine 162-Balken-Tendenz sein kann. Der gesamte Zyklus beginnt von Neuem, mit einer 68-Balken-Bewegung in die andere Richtung. Beachten Sie, wie der 55-Balken-Zyklus am 61-Prozent-Retracement-Niveau (Ausbruch am 55. Balken) zu einer Kaufgelegenheit wird.

Einige Punkte aus diesem Kapitel sollten Sie sich gut merken. Ich habe Ihnen Beispiele aus einigen der liquidesten und populärsten Märkte gezeigt. Es gibt andere, weniger liquide Märkte, die Sie meiden sollten, weil es nur wenige Setups gibt, die zudem große zeitliche Abstände aufweisen. Ich habe hier einige der besseren Beispiele ausgewählt. Dennoch ist es so wie an allen anderen Märkten – wirklich gute Setups bieten sich nicht immer. Da rund um die Uhr gehandelt wird, sind viele Setups nichts weiter als Müll, und Sie sollten sich davon fernhalten. Die Analogie zum Aktienmarkt besteht darin, dass es ein Universum von 8.000 bis 10.000 Aktien gibt. Denken Sie, dass alle diese Aktien oder auch nur ein großer Prozentsatz von ihnen zu irgendeinem Zeitpunkt großartige Setups bieten?

Natürlich nicht, und auch am Forex-Markt ist es nicht anders. Wenn Sie ein Fünf-Minuten-Trader sind, müssen Sie stunden- oder sogar tagelang warten, bis sich solche Kursbewegungen bieten, wie ich sie eben gezeigt habe. 15- oder 60-Minuten-Charts sind natürlich ein wenig leichter zu finden. Ich will Ihnen nicht den Eindruck vermitteln, dass jeder einzelne Trendabschnitt eine derartige Präzision aufweist. Da an diesen Märkten rund um die Uhr gehandelt wird, gibt es lange Zeitabschnitte von Tagen, an denen die einzelnen Faktoren kein

Abbildung 9.13: Japanischer Yen; Aufwärtsbewegung nach dem Tief am 162. Balken

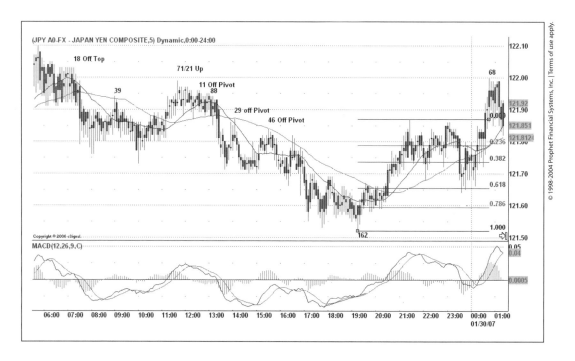

stimmiges Bild ergeben. Die Zeitcluster passen nicht zu den Fibonacci-Retracements. Vielleicht der größte Unterschied, den ich in diesen Charts gesehen habe, betrifft den MACD. Vielleicht erhalten Sie mehr zeitliche Cluster mit MACD-Divergenzen als in irgendeinem Chart in diesem Buch. Das trifft auf Aktien, Indizes, Futures und Rohstoffe zu.

Dennoch gibt es manchmal unglaubliche Setups, und die in diesem Buch vorgestellte Timing-Methode funktioniert auf diesem Markt wunderbar. Die Wahrheit werden Sie erkennen, wenn Sie Stunden- und Tagescharts untersuchen. In diesen kürzeren Zeiträumen muss man große Vorsicht walten lassen.

Noch etwas: Einige dieser Charts weisen unglaublich wilde Schwankungen auf. Da die Hebelwirkung bei 1000-1 liegt, wäre nicht viel erforderlich, um Ihrem Konto empfindlichen Schaden zuzufügen, wenn Sie zur falschen Zeit ausgestoppt werden. Es ist genauso wie bei jeder anderen Methode: Dass Sie die Balken beobachten, bedeutet noch lange nicht, dass jeder Trade wie gewünscht verlaufen wird. Wenn Sie eine Zeitsequenz direkt nach einem außergewöhnlich langen Kerzendocht oder nach einem Balken mit sehr breiter Kursspanne erwischen, dann sollten Sie den Trade entweder unterlassen oder Ihren Stopp entsprechend anpassen. Solange Sie Kapital haben, gibt es immer einen nächsten Trade. Es gibt keinen Grund, gierig zu werden.

Obwohl es einige Unterschiede im Vergleich zum Aktienmarkt gibt, sollte diese Methode Ihre Fähigkeiten zur Mustererkennung verbessern. Sie werden dieses System brauchen, um die wilden Schwankungen zu bekämpfen, die mit dem Trading der Forex-Charts verbunden sind. Sie müssen sich die Fähigkeiten aneignen, die Ihnen das nötige Selbstvertrauen vermitteln, um diesen herausfordernden Markt in Angriff nehmen zu können.

KAPITEL 10

Mentale Zähigkeit

Nun folgen nur noch zwei Kapitel in diesem Buch. Wir müssen alles bisher Diskutierte miteinander verbinden, damit Sie diese Methode anwenden können. Zuvor aber müssen wir sicherstellen, dass Ihr wichtigstes Werkzeug optimal vorbereitet ist. Ich bin der Ansicht, dass Sie gar nicht erst mit dem Trading beginnen können, wenn es wichtige Themen gibt, die Sie davon ablenken.

Wenn Ihr Verstand nicht bereit ist, wird bei Ihnen keine Methode der Welt funktionieren. In diesem Kapitel werden wir uns mit Arbeiten einiger meiner Mentoren auf dem Gebiet der Psychologie und der mentalen Zähigkeit beschäftigen. Im Lauf der Jahre waren mir die Lektionen aus diesen Quellen nicht nur beim Trading, sondern allgemein in meinem Leben eine unbezahlbare Hilfe. Ich rate Ihnen dringend, sie alle zu beachten, weil sie wertvolle Informationen liefern.

Sie müssen Folgendes verstehen: Beim Trading kämpfen Sie nicht mit irgendeiner anderen Person, sondern mit sich selbst. Und es gibt jede Menge Lärm. Neben Ihrer eigenen Person ist Ihr größter Feind die Stimme der Masse, die einen verrückt machen kann. Man muss der Masse zuhören, sie aber gleichzeitig ignorieren. Was meine ich damit?

In jeder Rallye kommt der Zeitpunkt, wenn die Leute im Fernsehen Ihnen erzählen, dass wir erst am Beginn einer neuen Hausse stehen, die jahrelang dauern wird. Bei den Öltradern war es der Hurrikan Katrina. Erinnern Sie sich daran, was damals passierte. Öl befand sich damals in einer extremen Aufwärtsbewegung und überwand sämtliche Preis- und Zeitwiderstände. Und schließlich traten die sogenannten Experten im Fernsehen auf, die uns erzählten, der Ölpreis werde auf 100 oder sogar auf 200 Dollar steigen. Schließlich kam es zur Katastrophe, die die Ölförderanlagen im Golf von Mexiko zerstörte. Wenn man den Medien Glauben schenkte, würde die Ölversorgung monatelang unterbrochen werden. Noch schlimmer: Sie sagten uns auch, das Klima habe sich dauerhaft verändert, und Stürme der Kategorien 3 bis 5 seien in den kommenden Jahren die Norm.

Sind Sie nicht auch der Meinung, dass man mentale Zähigkeit braucht, um das alles zu hören und dennoch das Richtige zu tun? Wie Sie wissen, führte Katrina zu einem mittelfristigen Top am Ölmarkt. Die Preise stiegen nicht auf 100 Dollar, und nur ein Jahr später meldete Chevron den größten Ölfund seit Prudhoe Bay. Als ich dieses Buch schrieb, lag der Ölpreis nahe 50 Dollar.

Man muss darauf achten, was die Masse sagt, und interpretieren, was das wirklich bedeutet. Im Rohstoffbereich markiert absolute Angst in der Regel das Top. Am Aktienmarkt führt absolute Angst in der Regel zu einer Bodenbildung. Wenn Ihnen die Experten sagen, dass die Aktienkurse in den Himmel steigen werden, ist es Zeit, an Leerverkäufe zu denken. Dann wartet man auf das richtige Signal.

Wir müssen trainieren, in psychologisch unangenehmen Situationen intelligente Trades durchzuführen. Jeder kann sich ein Top oder einen Boden suchen und danach ausgestoppt werden. Ausgestoppt zu werden ist gar nicht so schlimm, aber wenn es in exzessivem Ausmaß geschieht, dann addieren sich die Verluste und trocknen das Konto aus. Was wir in diesem Buch erörtert haben, wird Ihnen intelligente Entscheidungen ermöglichen, wie und wo man sich gegen den Trend stellen muss. Dieses Buch kann Ihnen allerdings nicht sagen, wie die vorherrschende Stimmungslage in Echtzeit ist, wenn der Chart auf die wichtigen Zeitbalken trifft. Die Charts zeigen das nicht, aber die Emotionen und der Lärm sind immer da. Darum habe ich dieses Kapitel geschrieben.

Den Müll rausbringen

Zunächst müssen Sie sich mit Ihren eigenen Dämonen beschäftigen. Es gibt viele Bücher über die Psychologie des Tradings. Meiner Meinung nach das beste ist *Trading in the Zone* von Mark Douglas (2000). Sehr gut ist außerdem *New Trading Dimensions* von Bill Williams (1998). Beide Bücher lehren, wie man einen »fließenden« Geisteszustand erreicht. Das bedeutet, dass man alle Ablenkungen und Ängste ausblendet und den Einklang mit seinem höchsten Potenzial erreicht. Auf das Trading bezogen, ist es ein Zustand, in dem man es zulässt, dass man all die Stunden des Studiums und des Trainings dazu nutzt, in Echtzeit das zu tun, was man eingeübt hat.

Um diesen Zustand zu erreichen, müssen die meisten von uns ihren Verstand von ziemlich viel mentalem Müll reinigen. Dieser Müll sammelt sich meist schon ab der Kindheit an. Wenn wir älter sind und eingeschult werden, lernen wir, uns einer Reihe von Regeln anzupassen, die unsere kindliche Kreativität ruinieren. In späteren Schuljahren gibt es Druck von den Gleichaltrigen, bestimmte Kleidung zu tragen, sich auf bestimmte Weise zu verhalten und im Sport ein bestimmtes Leistungsniveau zu erreichen.

> Einige von uns müssen unsere Familien überwinden, andere den enormen Anpassungsdruck und manche auch beides.

Wir alle fühlen das psychologische Bedürfnis, uns dem Gruppendruck anzupassen und akzeptiert zu werden. Wenn Sie Interviews mit unseren größten Unterhaltungskünstlern gehört haben, werden Sie wissen, dass sie alle eine schwierige Kindheit durchlebt haben. Viele waren Außenseiter und unterschieden sich auf negative Weise von der Masse. Bruce Springsteen war in seiner Jugend ein Außenseiter, und ich habe gehört, wie er über seine unglückliche Kindheit sprach. Sharon Stone sagte, sie sei an der Highschool das hässliche Entlein gewesen. Vor Kurzem ergriff der frühere Eishockeytrainer Jacques Demers für Kinder Partei, die in Elternhäusern aufwachsen, wo es Gewalt gibt. In einem 2005 auf CTV gesendeten Bericht sagte Demers, sein alkoholabhängiger Vater habe ständig seine Mutter geschlagen. Für ihn war das psychologisch derart schädlich, dass er sich in der Schule nicht konzentrieren konnte. Demers verbrachte den größten Teil seines Lebens als Erwachsener damit, die Tatsache zu verbergen, dass er kaum lesen und schreiben konnte. Und dieser Mann trainierte die Montreal Canadiens, als sie 1993 den Stanley Cup gewannen.

Einige von uns müssen unsere Familien überwinden, andere den enormen Anpassungsdruck und manche auch beides.

Was hat das mit den Finanzmärkten zu tun? Wir lernen schon in jungen Jahren, uns dem Verhalten der Masse anzupassen, und erfahren auch die schmerzhaften Konsequenzen, wenn wir uns von der Herde absondern. Wenn wir an den Finanzmärkten agieren, kann diese Einstellung zur Pleite führen, weil unser Erfolg davon abhängt, dass wir uns gegen die Masse positionieren. Für die meisten von uns ist es das erste Mal im Leben, dass unser Erfolg von abweichendem Verhalten abhängt. Wenn man eine schwere Jugend wie Demers hatte, dann erschwert dies das Problem noch zusätzlich.

Douglas beschäftigt sich in zwei Büchern hauptsächlich mit der Frage, wie die psychologischen Narben des Lebens unsere Fähigkeit beeinflussen, mit Erfolg zu traden. Er beschränkt sich größtenteils darauf, was am Beginn unserer Tradinglaufbahn passiert. Dies kann uns psychologisch derart schädigen, dass wir nicht in der Lage sind, in Trades einzusteigen – selbst dann, wenn wir an einem Punkt angelangt sind, an dem wir wissen, was wir tun.

Mit Recht stellt Douglas fest: Wenn man in seiner Tradinglaufbahn spürbare Verluste erlitten hat, dann kann dies die Fähigkeit beeinträchtigen, in der Gegenwart erfolgreich zu agieren. Das reicht von einem einzelnen Trade, in den man extrem hohe Erwartungen gesetzt hat, bis zu einer Reihe von Verlusten, die zum Wegfall von einem oder mehreren Tradingkonten geführt haben. Es trifft zu, dass manche Trader zunächst einmal mehrere Konten verbrennen müssen, ehe sie ihre Lernkurve meistern und mit Erfolg agieren können. Es trifft ebenfalls zu, dass manche Trader nur aufgrund früherer Verluste die nötige Geduld entwickeln, das Risiko beim Trading nicht zu hoch anzusetzen (Douglas 2000, S. 38–56).

Die Tradingpartnerschaft, die ich in der Einführung zu diesem Buch beschrieben habe, schien perfekt zu sein – aber warum war sie dann nicht von Dauer? Mein Partner war einer der ganz wenigen Menschen mit unerschöpflichem Kapital, mit dem er alle seine Fehler überstehen konnte. Dieser Mann konnte in einer unbequemen Situation einfach keine Entscheidungen zum Einstieg in einen Trade treffen. Einmal beobachteten wir die langfristigen Staatsanleihen, als der Chart ein Top bildete. Ich sagte ihm, ein Top werde entstehen, und schließlich setzte er einen Verkaufsstopp direkt unterhalb des Hochs. Nach dem Top bewegte sich der Kurs sechs Tage lang seitwärts, ehe es nach unten ging. Als ich an diesem Tag zur Arbeit fuhr, war ich aufgeregt, weil ich schon im Radio gehört hatte, dass die Bondnotierungen sanken. Wir wachen auf und sind um 4.000 Dollar reicher, nicht wahr? Falsch! Als ich im Büro eintraf, sagte mein Partner, er habe die Idee aufgegeben, dass die Anleihekurse sinken könnten und den Auftrag am Abend zuvor gestrichen. Er hätte ja gar nichts tun müssen! Der Auftrag war schon erteilt, und wenn er ausgeführt worden wäre, dann wären wir in diesem Trade gewesen. Und wenn die Kurse gestiegen wären, dann hätten wir kein Geld verloren, weil wir noch nicht eingestiegen waren. Aber er konnte es nicht abwarten. Offenbar erinnerte ihn der Stress des Wartens an eine schmerzvolle Erfahrung aus seiner Vergangenheit.

Der Punkt ist, dass dieser Mann im Lauf der Jahre so viele Verluste erlitten hatte, dass er ein tief verankertes Programm zur Selbstsabotage verinnerlicht hatte, das ihn daran hinderte, ein guter Trader zu sein. Es handelte sich um einen Mann, der fast unbegrenztes Kapital zur Verfügung hatte. Wenn Verluste einen solchen Mann traumatisieren können, was sagt das dann über uns und andere Trader aus? Das war der Anfang vom Ende unserer Partnerschaft.

Wir müssen nicht nur eine schwere Kindheit oder den Drang zur Konformität überwinden, sondern auch die üblichen Enttäuschungen und Widrigkeiten des Lebens. Worum kann es sich dabei handeln? Sehen wir uns die belastendsten Ereignisse an, die einem Menschen widerfahren können:

1. Tod des Ehepartners, eines Elternteils, eines Kindes oder eines engen Freundes;
2. Scheidung;
3. Verlust des Arbeitsplatzes;
4. Umzug in einen anderen Bundesstaat;
5. Krankheit.

Wenn eines oder mehrere dieser Ereignisse Sie treffen, entscheidet Ihre Mentalität darüber, ob Sie dies aushalten. Manche Menschen überwinden solche Widrigkeiten vielleicht niemals. Diese Dinge beeinflussen Ihr Selbstvertrauen und letztlich auch Ihre Fähigkeit, in einem fließenden Geisteszustand zu agieren.

Vor einiger Zeit war ich selbst mit der sehr belastenden Situation konfrontiert, dass ich an einem meiner Hoden einen Knoten entdeckt hatte – möglicherweise Krebs. Mein Besuch beim Arzt verlief nicht sehr ermutigend. Da der Arzt sehr besorgt war, hörte ich die inspirierende Rede über den Radsportstar Lance Armstrong, der seinen Hodenkrebs besiegt hatte – und zu diesem Zeitpunkt waren noch keinerlei Tests durchgeführt worden. Die nächsten vier Tage waren die härtesten meines Lebens – bis die Testergebnisse kamen, die Entwarnung gaben. Nach diesem Erlebnis schienen die kleinen Probleme in meinem

Leben gar nicht mehr so wichtig zu sein. Ich hatte das Gefühl, alles überwinden zu können, und ich hatte nicht einmal Krebs. Aber jetzt kann ich verstehen, warum viele überlebende Krebspatienten sagen, sie seien zum ersten Mal im Leben wirklich in Kontakt mit ihrem wahren Selbst und mit ihrer Fähigkeit gekommen, extreme Widrigkeiten zu überwinden. Denken Sie nicht auch, dass es für den Rest von uns besser wäre, unter weniger extremen Bedingungen mit unseren Problemen fertig zu werden? Wenn wir beim Trading wirklich erfolgreich sein wollen, müssen wir lernen, mit jeder schwierigen Situation umgehen zu können.

Zurückweisung

Zurückweisung, ob nun im beruflichen oder im persönlichen Umfeld, ist eine häufig vorkommende Erfahrung, die Ihrer Einstellung beim Trading massiv schaden kann. Am Beginn meiner Karriere als Trader forderte man mich dazu auf, mich als Analyst bei einer kleinen, aber sehr angesehenen Firma zu bewerben. Derjenige, der mich dazu ermutigt hatte, bekleidete in diesem Unternehmen eine sehr gehobene Position. Und das passierte nicht einmal, sondern zweimal! Ich kenne zwar die Gründe nicht, aber beide Male klappte es nicht, und ich war sehr enttäuscht.

Wir alle müssen im Leben mit Enttäuschungen umgehen, aber wie wir darauf reagieren und danach wieder vom Boden aufstehen bestimmt unseren Charakter. Ich persönlich entschloss mich dazu, mit meinen eigenen Recherchen weiterzumachen. Hätte ich bei dieser Firma angefangen, dann bezweifle ich doch sehr, ob ich jemals die Lucas-Serie und alle mit ihr verbundenen zeitlichen Sequenzen entdeckt hätte.

Der Punkt ist, dass sich wiederholte Zurückweisungen insgesamt negativ auf Ihr Selbstvertrauen auswirken und Ihre Fähigkeit beeinträchtigen, erfolgreich zu traden. Manche Menschen, wie mein früherer Partner, haben eine Art von Drehbuch im Kopf, das eine endlose Wiederholung aller unglücklichen Ereignisse in ihrem Leben ist. Sie neigen dazu, sich bei ihren Entscheidungen an den Finanzmärkten danach zu richten. Wenn Sie Erfolg haben wollen, müssen Sie dieses Drehbuch umschreiben.

> **Schreiben Sie Ihr Drehbuch um**
>
> Manche Menschen, wie mein früherer Partner, haben eine Art von Drehbuch im Kopf, das eine endlose Wiederholung aller unglücklichen Ereignisse in ihrem Leben ist.
>
> Sie neigen dazu, sich bei ihren Entscheidungen an den Finanzmärkten danach zu richten. Wenn Sie Erfolg haben wollen, müssen Sie dieses Drehbuch umschreiben.

Die Armuts-Mentalität

Die Armuts-Mentalität ist ein verbreitetes und oft unbekanntes Phänomen, mit dem sich die meisten Trader auseinandersetzen müssen. Die Umstände, unter denen wir aufgewachsen sind, haben großen Einfluss auf uns. Viele von uns sind in Elternhäusern aufgewachsen, wo es hieß: »Geld wächst nicht auf Bäumen« oder »Spare für schlechte Zeiten«. Die meisten von uns haben ihre Einstellungen zum Thema Geld von ihren Eltern übernommen. Andere haben vielleicht im Lauf der Jahre gelernt, dass der Besitz von Geld unbeliebt machen kann. Glauben Sie, dass Ihre Freunde und Verwandten Sie um einen Kredit anschnorren werden, wenn Sie finanziell ein höheres Niveau erreichen? Glauben Sie, dass Ihre Freunde und Verwandten dann neidisch auf Ihren Erfolg wären?

Glauben Sie, dass mehr Geld auch mehr Verantwortung bedeutet? Glauben Sie, mehr Geld würde bedeuten, dass Sie wegen dieser Verantwortung keine Zeit mehr hätten, sich zu amüsieren? Glauben Sie, Sie wüssten nicht, was Sie mit mehr Geld anfangen sollten? Denken Sie, dass Sie es wieder verlieren würden? Wenn Sie irgendeine dieser Fragen bejahen, dann ist es sehr wahrscheinlich, dass Sie an einer Armuts-Mentalität leiden.

Wünschen Sie sich ein größeres Haus, ein neues Auto, neue Kleidung oder Urlaub? Wenn ja, dann kann es gut sein, dass Sie an einer »Mangel«-Mentalität leiden. Es gibt nur diese beiden Mentalitäten. Es gibt nur die »Armuts«- und die »Mangel«-Mentalität. Ihr Denken dreht sich entweder um Überfluss oder um Armut, und vielleicht gibt es zwischen beiden nur eine sehr feine Trennungslinie. Eines kann ich Ihnen mit Sicherheit sagen: Wenn Sie durchs Leben gehen und das betrachten, was Sie nicht haben, statt das, was Sie haben, dann ist das eine Mangel-Mentalität. Es ist in Ordnung, wenn Sie sich im Leben bessere Dinge wünschen, aber Sie müssen diese Dinge visualisieren. Und Sie müssen auch mit dem zufrieden sein, was Sie schon besitzen, wenn Sie mehr bekommen wollen. Die Dichotomie liegt darin, dass Sie mehr erhalten werden, wenn Sie bereits mit dem, was Sie nun haben, gut abschneiden. Wenn nicht, dann wird Ihnen Ihr Besitz langsam entzogen. Worauf man sich konzentriert, das dehnt sich aus (Dwoskin 2003, S. 316–332).

> Auf bewusstem Niveau wünschen Sie sich vielleicht finanziellen Erfolg, aber tief im Unbewussten sabotieren Sie sich womöglich selbst.

Diese Einstellung weist eine direkte Verbindung zum Trading auf. Wir haben schon erörtert, wie mentaler Müll dem Erfolg beim Trading im Weg stehen kann. Sehen Sie sich Ihren eigenen Hintergrund an, um zu erkennen, was Sie womöglich bremst. Viele von Ihnen denken vielleicht nicht, dass Sie an der Armuts-Mentalität leiden, aber sehen Sie sich einmal Ihre Tradingmuster an.

Wählen Sie ständig schlechte Setups aus? Gehen Sie Trades ein, beenden sie aber wieder, ehe sie wirklich funktionieren können? Haben Sie oft Gewinntrades, halten dann aber so lange daran fest, dass sich Ihre Gewinne schließlich wieder verflüchtigen? Wenn Sie Opfer eines dieser Verhaltensmuster sind, leiden Sie vielleicht an einer Mangel-Mentalität, ohne es selbst zu wissen.

Auf bewusstem Niveau wünschen Sie sich vielleicht finanziellen Erfolg, aber tief im Unbewussten sabotieren Sie sich womöglich selbst.

Auf unbewusstem Niveau haben Sie vielleicht Angst vor dem Scheitern, weil Sie insgeheim scheitern wollen. Vielleicht sehnen Sie sich danach, kein Geld zu haben oder erfolglos zu sein. Das halten Sie für unmöglich? Wie schon gesagt: Bevor Sie Ihr Verhältnis zum Geld nicht erforscht haben, können Sie das nicht wissen. Vielleicht liegt Ihr Wohlfühlniveau nur bei dem, was Sie schon wissen – was das auch sein mag. Insgeheim haben Sie vielleicht Angst, Ihre Freunde zu verlieren, wenn Sie plötzlich mehr Geld verdienen. Insgeheim meinen Sie vielleicht, mehr Geld zu besitzen sei eine Last.

Was auf dem Computerscreen vor Ihren Augen vor sich geht, ist eine Manifestation dessen, was in Ihrem Inneren passiert. Wenn Sie einen Trade beginnen, tun Sie das entweder mit Zuversicht oder eben nicht. Entweder haben Sie eine Armuts- oder eine Wohlstandsmentalität. Ihre Sicht des Markts entspricht größtenteils Ihren Ansichten über das Leben. Das wiederum ist das Ergebnis Ihres Hintergrunds und wie Sie gelernt haben, mit den verschiedenen Widrigkeiten des Lebens umzugehen.

Für viele Menschen besteht die Herausforderung darin, dass sie sowohl Elemente der Armuts- als auch der Wohlstandsmentalität aufweisen. Wie kann man beides haben? Man gelangt nicht auf magische Weise über Nacht von der einen Mentalität zur anderen. Es handelt sich um einen längeren Prozess, in dem Sie damit beginnen, sich selbst zu heilen. Das funktioniert wie das Schälen einer Zwiebel. Es gibt Schichten von Mangel. Man kann damit anfangen, bestimmte Gebiete des eigenen Lebens zu heilen, muss dann aber noch an anderen arbeiten. Keine zwei Menschen befinden sich hier exakt am selben Platz. Viele Leute, die ein Buch wie dieses lesen, haben schon ein Konto, mit dem sie traden können, und wenn Sie nicht ein reicher Erbe sind wie mein früherer Partner, haben Sie im Leben genug richtig gemacht, um dieses Konto zu besitzen.

Zudem glaube ich: Wenn Sie entschlossen genug sind, sich einem Buch über Technische Analyse wie diesem hier zu widmen, dann weisen Sie schon genug von den nötigen Eigenschaften auf, um erfolgreich zu traden. Einige von Ihnen benötigen nur einige Verfeinerungen und Änderungen Ihres Verständnisses der Finanzmärkte. Andere befinden sich im Prozess der Heilung von einem der erwähnten Übel.

Abhängig von Ihrem Hintergrund und dem Ausmaß an Belastungen, denen Sie im Leben ausgesetzt waren, brauchen Sie vielleicht nur einen Grundkurs über mentale Zähigkeit oder womöglich auch eine vollständige mentale Generalüberholung. Da es in diesem Buch um Timing geht, haben wir nicht genug Zeit, alle diese Methoden in einem einzigen Kapitel zu besprechen. Wir können sie nur wiederholen. Sie müssen dann selbst eine angemessene Prüfung durchführen. Zumindest aber hoffe ich, Ihnen Ihren Zustand ins Bewusstsein gerufen zu haben, damit Sie daran arbeiten können.

Die Zone

Stehen diese Dinge dem Erfolg beim Trading wirklich im Weg? Die Arbeiten von Dr. Roland Carlstedt legen dies zumindest nahe. Dr. Carlstedt ist Vorsitzender des American Board of Sports Psychology und Gründer der Brain Resource

Company. Zudem hat er ein Buch über Sportpsychologie und das Carlstedt-Protokoll verfasst. In seinen Studien geht er der Frage nach, was dazu führt, dass Athleten in entscheidenden Situationen Erfolg haben.

Jedes Jahr investiert die National Football League viele Millionen in die besten Spieler, die von den Colleges kommen. Ein bedeutender Fehler kann die Entwicklung eines Teams um Jahre zurückwerfen. Die meisten NFL-Hoffnungsträger fahren jedes Jahr im Februar zum großen Scouting nach Indianapolis. Dort analysieren alle Profiteams Größe, Geschwindigkeit, Können und Intelligenz der Nachwuchsspieler. Doch trotz aller Analysen ist die Auswahl immer noch ein Glücksspiel. Warum? Dr. Carlstedt sagt dazu: »Die Leute zahlen viel Geld für Sch…!« Was wirklich zählt ist, wie sich diese Spieler in Belastungssituationen verhalten (Assael 2007).

Vielleicht erinnern sich einige von Ihnen noch an den Beginn von Terry Bradshaws Football-Karriere. Ich weiß nicht warum (vielleicht weil er aus den Südstaaten kam und somit Opfer eines üblen Vorurteils wurde), aber er galt als dummer Quarterback. Und das ist nicht gut, wenn man bedenkt, dass die Quarterback-Position ein hohes Maß an Intelligenz erfordert. Wie auch immer, jedenfalls gewann Bradshaw sehr viele Football-Spiele. Er war sogar der erste Quarterback, der vier Mal den Super Bowl gewann. Man kann also sagen, dass er sich in entscheidenden Situationen durchgesetzt hat.

Vor Kurzem schnitt Vince Young, Starspieler der University of Texas, beim Wonderlic-Intelligenztest nicht besonders gut ab. Aber er war gut genug, um sein Team 2006 im Endspiel gegen die USC zur Landesmeisterschaft zu führen und spielte dann eine bewundernswerte erste Saison in der NFL.

Mit dieser Art von Intelligenztests kann man nicht vorhersagen, was ein Mensch in einer Stresssituation tun wird. Es gibt viele Bücher über das Thema, »in der Zone« zu sein. Dr. Carlstedt untersuchte die Physiologie der Zone in seiner Doktorarbeit. Er stattete ein 16-jähriges Tennis-Wunderkind mit einem Pulsmessgerät aus, zeichnete die Daten bei drei Tennismatches auf und analysierte dann ein Jahr lang die Ergebnisse. Er filmte die Matches und untersuchte die Pulsfrequenzen in den einzelnen Spielsituationen. Er fand heraus, dass der Puls der Testperson am langsamsten war, wenn diese auf dem Tennisplatz ihre besten Leistungen zeigte – und am schnellsten, wenn die Leistung am schlechtesten war. Das war exakt das Gegenteil dessen, was Dr. Carlstedt erwartet hatte! Er hatte angenommen, eine ausgezeichnete Leistung sei mit einem Anstieg der inneren Energie des Körpers verbunden. Was er fand, war der physiologische Beweis von Entspannung, wenn man in die Zone kommt (Assael 2007).

Carlstedt schuf dann ein Konzept, das seine neurologischen Erkenntnisse mit drei anerkannten psychologischen Konzepten in Einklang brachte: Jeder kann in die hypnotische Zone kommen; jedem kommen schlimme Erinne-

Carlstedts psychologische Konzepte

Jeder kann in die hypnotische Zone kommen; jedem kommen schlimme Erinnerungen in den ungünstigsten Momenten in den Sinn (was Carlstedt als »Durcheinander« bezeichnet), und jeder hat die angeborene Fähigkeit, dieses Durcheinander davon abzuhalten, mit den Planungsvorgängen in den Frontallappen des Gehirns in Konflikt zu geraten (Carlstedt nennt das »subliminale Bewältigung«).

rungen in den ungünstigsten Momenten in den Sinn (was Carlstedt als »Durcheinander« bezeichnet); und jeder hat die angeborene Fähigkeit, dieses Durcheinander davon abzuhalten, mit den Planungsvorgängen in den Frontallappen des Gehirns in Konflikt zu geraten (Carlstedt nennt das »subliminale Bewältigung«).

Die American Psychological Association erkannte Carlstedt ihre Auszeichnung für die beste Dissertation im Bereich des Sports zu. Ein Jurymitglied nannte seine Arbeit einen »Wendepunkt in den Annalen der Forschung über Sportpsychologie« und sagte, er wäre »nicht überrascht, wenn sie zu einem Klassiker auf diesem Gebiet« würde.

Dann führte Carlstedt eine Studie mit einem Jugend-Baseballteam durch, den Manhattan Gothams. Vor Saisonbeginn unterzog sich jeder Teilnehmer einer Reihe körperlicher Tests. Carlstedts Ideal wäre ein Spieler mit hoher Hypnotisierbarkeit (leichterer Eintritt in die Zone), geringer Introspektion (weniger mentaler Müll) und starkem Bewältigungsvermögen (um sich von mentalem Müll zu befreien) gewesen. Carlstedt untersuchte jeden Spieler mit dem Pulsmessgerät, bevor und nachdem dieser am Schlagmal antreten musste. Die Daten umfassten schließlich 1.400 solche Ereignisse, die sieben verschiedene Belastungsniveaus erbrachten. Carlstedt sagt, sein Konzept könne mit einer Genauigkeit von 87 Prozent vorhersagen, wie ein Spieler in einer mit hohem Leistungsdruck verbundenen Situation abschneiden werde.

Dann brachte er seinen Spielern Konzentrationsübungen zur Verbindung von Körper und Geist bei, und die Statistiken der Spieler verbesserten sich enorm (Carlstedt 2007).

> Trader benötigen einen gewissen Zeitraum von Versuch und Irrtum, wenn sie ihrer Methode in Echtzeit vertrauen wollen.

Was Carlstedts grundlegende Studien beweisen, ist die physiologische Existenz der »Zone«. Und nicht nur das. Er zeigt auch, dass wir alle in unterschiedlichem Ausmaß die Fähigkeit haben, dorthin zu gelangen. Und zudem beweisen

> Sobald das Gehirn Tendenzen mit hoher Erfolgswahrscheinlichkeit erkennt, kann man sie auch nutzen.

sie, dass der Erfolg auch eine emotionale Komponente hat – ganz abgesehen von all dem Training, das ein Athlet absolviert. Seine Arbeiten zeigen auch, dass negative Gedanken uns davon abhalten, unser höchstes Leistungsniveau zu erreichen.

Athleten müssen viele Stunden trainieren, um ihren Körper in »Wettkampfform« zu bringen. Zudem müssen sie ihre technischen Fähigkeiten perfektionieren und Filmaufnahmen ihrer Gegner studieren, um deren Tendenzen in Erfahrung zu bringen. Alle diese Vorbereitungsmaßnahmen verschaffen ihnen im Wettkampf einen Vorteil. Und das ist dem nicht unähnlich, was Trader tun müssen, um an den Finanzmärkten Erfolg zu haben.

Ein Trader muss sich die nötige Zeit nehmen, eine spezielle Methode zu erlernen. Viele Experten empfehlen, zunächst ein paar Monate lang nur »auf dem Papier« zu traden. Ich stimme zwar den meisten Gründen nicht zu, die für Papiertrading ins Feld geführt werden, aber mit dem Konzept bin ich einverstanden. Wenn man simulierte Trades durchführt, verschwindet das Element des »Drucks«, das Carlstedt beschrieben hat. Dennoch ermöglichen simuliertes Trading oder ein langer Zeitraum der Beobachtung dem Gehirn den Aufbau neuer neuronaler Netze, der zu einer neuen Ausrichtung des Denkens führt. Trader benötigen einen gewissen Zeitraum von Versuch und Irrtum, wenn sie ihrer Methode in Echtzeit vertrauen wollen. Sobald das Gehirn Tendenzen mit hoher Erfolgswahrscheinlichkeit erkennt, kann man sie auch nutzen. Der finanzielle Spielraum von Tradern ist begrenzt. Daher müssen wir Tendenzen mit hoher Erfolgswahrscheinlichkeit erkennen, ehe wir unser ganzes Geld verloren haben.

Die Entwicklung mentaler Zähigkeit

Wie vielen von Ihnen ist Bill Gove ein Begriff? Gove war der größte öffentliche Redner in der zweiten Hälfte des 20. Jahrhunderts. Er war der erste Präsident der National Speaker Association und erhielt den angesehenen Preis »Toastmaster of the Year«. Er war der Tiger Woods unter den professionellen Rednern. Gove wurde über 90 Jahre alt und hatte dabei mehr Energie und Intelligenz als viele halb so alte Menschen. Er ging eine geschäftliche Partnerschaft mit dem jungen Geschäftsmann und früheren Tennisprofi Steve Siebold ein. Gemeinsam entwickelten sie mehrere Erfolgsprogramme; das populärste war der Gove-Siebold-Redner-Workshop. In den letzten Jahren entwickelte Siebold (2005) die Mental Toughness University, ein Programm, das speziell auf den Bedarf von Unternehmen zugeschnitten ist. Die beiden schufen aber auch Programme für Einzelpersonen.

Siebold hatte zugegeben, dass sein Mangel an mentaler Zähigkeit ihn davon abgehalten hatte, sein Potenzial als Tennisprofi auszuschöpfen und seine sportlichen Ziele zu erreichen. Er hatte nicht die nötige Hingabe, sein Trainingsniveau auf das Niveau zu heben, mit dem er beständig hätte in der Zone spielen können. Wie dem auch sei; als seine Tenniskarriere vorbei war, beschloss er die Fähigkeiten von Menschen zu fördern, denen er hinsichtlich mentaler Zähigkeit und Erfolg Weltklasseniveau zutraute. Wie aber schafft man es nach Siebolds Ansicht, ein Weltklasseniveau an mentaler Zähigkeit zu entwickeln?

Am Beginn steht die Leidenschaft. »Wenn Sie auf irgendeinem Gebiet Erfolg haben wollen, dann müssen Sie eine Vision und den brennenden Wunsch entwickeln, diese Vision zu realisieren, ganz egal welche Widrigkeiten Ihnen auch begegnen werden«, sagte er.

Drücken wir es so aus: Wenn Ihre Leidenschaft auf einer Skala von 1 bis 10 bei 5 liegt und Sie auf ein Problem stoßen, das einer 8 entspricht, dann werden Sie es nicht überwinden können. Das Problem wird Sie zu Boden zwingen. Wenn Sie aber eine Leidenschaft auf dem Niveau von 8 haben und das Problem im Bereich von 5 oder sogar 7 liegt, dann werden Sie einen Weg finden, es zu überwinden. Sehen Sie, was ich meine? Ihre Leidenschaft muss bei 10 + liegen.

Dann werden Sie notfalls Mauern durchbrechen können, um Ihre Träume zu verwirklichen.

Die Verwendung von Carlstedts Protokoll bedeutet nicht, dass Sie voller psychologischer Anspannung durchs Leben gehen müssen. Solange Ihre Vorbereitung Weltklasseniveau erreicht, werden Sie das nötige Selbstvertrauen entwickeln, um in der Zone zu traden.

Was passiert, wenn Ihre Leidenschaft nicht das Niveau von 10 erreicht? Dann haben Sie ein Problem. Meiner Meinung nach sollten Sie sich wahrscheinlich eine andere Leidenschaft suchen. Wenn Sie aber die nötige Leidenschaft aufbringen, dann werden Sie auch das Durchhaltevermögen entwickeln, sich bis zum Ende zu engagieren. Wenn Sie lieben, was Sie tun, dann werden andere Menschen das merken und sich auf natürliche Weise zu Ihnen hingezogen fühlen. Wer will sich schon mit jemandem abgeben, der von seinem Produkt oder seiner Dienstleistung nicht begeistert ist?

Die Entwicklung meisterlicher Fähigkeiten

Zur mentalen Zähigkeit gehört es, Dinge dann zu tun, wenn man absolut keine Lust dazu hat. Oder auch Dinge zu tun, vor denen man Angst hat. Wenn man vor etwas Angst hat, dann hat man keine Lust, genau das zu tun, nicht wahr?

Nehmen wir an, Sie gründen ein Geschäft, müssen aber in einem Vollzeitjob arbeiten, um Ihre Rechnungen bezahlen zu können. Sie arbeiten also 40 Stunden pro Woche und kommen um 19.00 Uhr aus dem Büro heim. Eine halbe Stunde brauchen Sie für das Mittagessen, und eine bis zwei Stunden pro Nacht inklusive Samstag brauchen Sie, um Ihr Geschäft aufzubauen. Sie müssen aber den ganzen Tag sehr hart arbeiten, und obwohl Sie große Leidenschaft für Ihren geschäftlichen Traum empfinden, sind Sie an manchen Tagen einfach zu müde. Darum legen Sie sich lieber auf die Couch und sehen Sport im Fernsehen. Nehmen wir an, dass Sie zwölf Stunden pro Woche zusätzlich in Ihr Geschäft investieren können und dass Sie annehmen, es werde etwa ein Jahr dauern, bis es in Gang kommt. Das bedeutet, dass Sie 624 Stunden investieren müssen, damit Ihr Geschäft im kommenden Jahr ein Erfolg wird. Für jeden von uns hat die Woche 168 Stunden. Wenn Sie standhaft bleiben und jede Woche zwölf Stunden investieren, werden Sie in 52 Wochen dort sein, wo Sie hinkommen wollen. Wenn Sie aber faul sind und jede Woche nur vier Stunden investieren, dann ist dies nur ein Drittel der Zeit, und es wird drei Jahre dauern, bis Ihr Geschäft aus den Startlöchern kommt. Können Sie den Wert Ihrer Zeit richtig einschätzen und wissen Sie, wie sich Stunden konzentrierter Arbeit addieren? Wer mit mentaler Zähigkeit ausgestattet ist, schafft das.

Wenden wir dies nun auf echte Meisterschaft an. Gemäß *The Cambridge Handbook of Expertise and Expert Performance* (Ericsson, Feltovich, Hoffmann 2006) hängt meisterliches Können auf allen Gebieten von Übung, Motivation und

> Großartige Leistungen entwickeln sich im Lauf der Zeit, wenn wir vernünftige Methoden erlernen und auf diesen aufbauen, um uns auf subtile Weise weiterzuentwickeln.

dem richtigen Umfeld ab. Sicher, wir alle neigen dazu, irgendetwas zu tun, aber letztlich zählt, was wir mit dieser Neigung anfangen. Vergessen Sie den Gedanken, Sie könnten auf einem Gebiet keine großartigen Leistungen schaffen, weil Sie kein »geborenes Genie« sind.

Anders Ericsson ist Psychologieprofessor an der Florida State University und einer der Autoren des *Cambridge Handbook*. Seine Studien über meisterhaftes Können legen nahe, dass »langfristige zielgerichtete Übung« der entscheidende Faktor ist. Eine seiner Studien führte er mit 78 deutschen Pianisten und Geigern durch. Er befragte sie ausführlich und kam zu dem Schluss, dass die besten von ihnen etwa 10.000 Stunden geübt hatten. Bei den Mittelmäßigen oder Durchschnittlichen waren es nur etwa 5.000 Stunden.

Die Cambridge-Studie besagt, dass einer der Gründe für meisterliches Können die Fähigkeit des Gehirns ist, Informationen zu bündeln. Wenn wir neue Fähigkeiten erlernen, entwickelt das Gehirn neue neuronale Pfade. Einfach ausgedrückt bündeln diese neuronalen Netze neue Informationen, auf die in Zukunft problemlos zugegriffen werden kann. Das Gehirn hat also eine größere Menge von Informationen zur Verfügung. (Diese Ergebnisse wurden auch durch die Arbeiten von Dr. Joe Dispenza bestätigt.) Auf diese Weise kann ein Mensch mehr Zeit damit verbringen, verschiedene Grauschattierungen voneinander zu unterscheiden. Um auf die Sport-Analogie zurückzukommen: Wir wissen, dass es zwischen den besten und den schlechtesten Teams keinen großen Unterschied gibt. In sämtlichen Sportarten sind die besten Teams nur um einige wenige Prozentpunkte besser. Aber genau das ist der entscheidende Unterschied zwischen guten und großartigen Leistungen – und zwar auf jedem erdenklichen Gebiet.

Großartige Leistungen entwickeln sich im Lauf der Zeit, wenn wir vernünftige Methoden erlernen und auf diesen aufbauen, um uns auf subtile Weise weiterzuentwickeln.

Ein College-Abschluss entspricht 120 Studieneinheiten. Weil jeder Kurs drei Einheiten entspricht, und weil man 45 Stunden braucht (15 Wochen pro Semester mal drei Stunden), um einen Kurs zu absolvieren, braucht man 40 Kurse für den College-Abschluss. Dazu muss man 1.800 Stunden im Klassenzimmer sitzen. Das umfasst natürlich noch nicht die Stunden, die man außerhalb der Schulstunden lernen muss. Nehmen wir an, man benötigt zwei Lernstunden zusätzlich (inklusive der Vorbereitung auf die Abschlussprüfungen) für jeden Kurs, dann kommt man auf weitere 90 Stunden je Kurs. Damit steigt der Zeitaufwand für den College-Abschluss auf 3.600 Stunden. Wenn wir diese Zahl den 1.800 Stunden hinzufügen, kommen wir auf 5.400 Stunden. Das bestätigt die Ergebnisse Ericssons, denn wer verlässt das College nach ungefähr 5.000 Stunden schon mit meisterhaften Fähigkeiten?

Kommen wir noch einmal auf das schon erwähnte Nebengeschäft zurück. Wenn Sie diese zwei Stunden täglich oder zwölf Stunden pro Woche in die Verbesserung Ihres Lebens investieren, summiert sich dies im Jahr auf 624 Stunden. Das kann ausreichen, um Ihr Geschäft in Gang zu bringen, aber nicht für wirklichen Erfolg. Nach drei Jahren haben Sie in etwa die nötige Lernzeit für einen Abschluss investiert, und dann haben Sie auch dafür gesorgt, dass Ihr Geschäft ein Erfolg werden kann. Die Cambridge-Studie behauptet allerdings, es dauere zehn Jahre, um wirkliche Meisterschaft zu entwickeln. Da es in diesem Buch um Trading geht, benötigen Sie keinen College-Abschluss. Trotzdem führt jeder die Menschen in die Irre, der behauptet, man brauche nur ein Wochenendseminar oder ein bestimmtes Softwareprogramm, um ein meisterhafter Trader zu werden.

> Wenn Sie die nötige Anstrengung und Hingabe investieren, wird dieses Buch einen wichtigen Beitrag dazu leisten, dass Sie die richtigen Werkzeuge erhalten, um Ihrem Gehirn zu ermöglichen, Informationen zu bündeln und Sie in die richtige Richtung zu lenken.

Wenn Sie die nötige Anstrengung und Hingabe investieren, wird dieses Buch einen wichtigen Beitrag dazu leisten, dass Sie die richtigen Werkzeuge erhalten, um Ihrem Gehirn zu ermöglichen, Informationen zu bündeln und Sie in die richtige Richtung zu lenken.

Übertragen wir dieses Beispiel nun auf das Trading. Es gibt keinen Zweifel: Die Finanzmärkte zu beherrschen erfordert eine Menge Zeit und Energie. Ich meine damit Zeit und Energie während und nach den Handelsstunden. Wenn Sie gern Aktien traden, müssen Sie jede Nacht ein bis zwei Stunden mit dem Studium von Charts verbringen, um die richtigen Setups zu finden. Ohne diesen Zeitaufwand werden Sie sich immer auf jemand anderen verlassen müssen, der Ihnen sagt, was Sie wann kaufen sollten. Es gibt einen berühmten Techniker, der jeden Tag Tausende von Charts untersucht. Dieses Weltklasseniveau der Vorbereitung hält ihn über das Marktgeschehen auf dem Laufenden und hilft ihm bei der Entscheidung, welche Aktien er kaufen soll. Ich muss auch jeden Tag die Zyklen der Indizes studieren, um zu wissen, was vor sich geht.

Anfänger müssen sich für eine Methode entscheiden und sie von oben bis unten lernen. Auch Sie werden sich eine Methode aussuchen müssen und dann ein Niveau erreichen, auf dem Sie Ihren Indikatoren zu 100 Prozent vertrauen. Wenn es darum geht, einen Trade zu beginnen, bleibt keine Zeit für Überlegungen. Entweder tun Sie es oder Sie tun es eben nicht.

Der Umgang mit Verlusten

Wenn Sie mehr über Trading lernen, wird mentale Zähigkeit wirklich zu Ihrem wichtigsten Charakterzug. Wenn alles gut läuft, wenn man eine Gewinnsträhne erlebt, fällt der Einstieg leicht. Aber was ist, wenn man drei oder vier Mal hintereinander ausgestoppt worden ist? Es ist ganz natürlich, dass man nach einer Reihe von Verlusten ein wenig besorgt ist. Allerdings lehrt Douglas, dass jede Marktchance ein einzigartiger Zeitpunkt ist, der nichts mit dem zu tun hat, was zuvor passiert ist.

Nehmen wir an, Ihr Lieblingschart zeige eine bearishe MACD-Divergenz, und die fünfte Welle nähere sich dem Zeitfenster vom 60. bis zum 62. Balken. Am 63. Balken tritt eine schwarze Kerze auf, ein umfassender bearisher Balken. Was gerade jetzt passiert, hat nichts mit dem zu tun, was gestern, letzte Woche oder letzten Monat geschehen ist. Der Markt weiß bekanntlich nicht einmal, dass Sie existieren, und daraus ergibt sich eine einzigartige Chance zum Einstieg in einen profitablen Trade.

Denken Sie daran, dass Sie ausgestoppt werden können; womöglich mehrmals hintereinander. Der Markt weiß das nicht und es interessiert ihn auch nicht. Wenn Sie mental nicht darauf vorbereitet sind, die einzigartige Chance zu nutzen, die sich Ihnen gerade jetzt bietet, müssen Sie prüfen, wie es mit Ihrer mentalen Zähigkeit aussieht.

Also: Wie geht man mit Verlusten um?

Verluste gehören unweigerlich zum Spiel, und wir alle wissen das. Dies ist auch kein Problem, solange wir Stopp-Kurse setzen und keine vernichtenden Verluste zulassen. Schon vor jedem Trade sollten wir den Stopp festlegen. Viele Trader legen ihr Ego und ihr emotionales Kapital in jeden einzelnen Trade. Wenn es nicht so läuft wie geplant, nehmen sie es persönlich, so als greife der Markt sie persönlich an. Aber wie kann das sein, wenn der Markt nicht einmal weiß, dass wir existieren?

Douglas (2000) meint, wir sollten unser Trading so sehen, als seien wir ein Spielcasino. Haben Sie jemals diese Hinweisschilder in den Casinos gelesen, auf denen steht, dass die einarmigen Banditen eine Auszahlungsquote von 97,4 Prozent haben? Wissen Sie, was das bedeutet? Statistisch gesehen holen Sie von jedem Dollar, den Sie hineinstecken, nur 97,4 Cents wieder heraus. Dann stecken Sie diese 97,4 Cents in die Maschine und holen 90 Cents heraus. Und das geht so weiter, bis der einarmige Bandit Ihren ganzen Dollar geschluckt hat. Mit anderen Worten: Das Casino weiß, dass es einmal verlieren wird. Es hofft sogar darauf, weil dies zusätzliche Spieler anlockt. Ab und zu muss jemand eine Million Dollar gewinnen, denn sonst würde sich niemand für Glücksspiel interessieren. Das Casino weiß nicht, wann das passieren wird, aber es weiß, dass es auf lange Sicht gewinnt.

Als Trader können wir uns nicht übermäßig mit einem einzelnen Trade oder sogar mit einer Gruppe von Trades beschäftigen. Douglas meint, wir müssten unseren Erfolg in 20er-Gruppen messen. Wir bilanzieren also immer erst nach jeweils 20 Trades. So können wir unsere Performance auf lange Sicht beobachten. Wir sehen das Gute, das Schlechte und das Hässliche. Wenn sich ein Muster entwickelt, das sich negativ auf unsere Profitabilität auswirkt, passen wir unsere Vorgehensweise an. Und dann versuchen wir, bei den nächsten 20 Trades besser abzuschneiden. So korrigieren wir nicht nur unsere Fehler, sondern wir überwinden auch unsere Furcht, weil wir uns von dem Ehrgeiz verabschieden, bei jedem einzelnen Trade richtig zu liegen. Im Lauf der Zeit passen wir uns an und werden besser, bis unsere Zahlen in eine langfristige Statistik eingehen. Und dann beginnen wir damit, wie ein Casino zu arbeiten (Douglas, 2000, S.189–201).

Die Verantwortung akzeptieren

Wir haben nun Themen wie Übung, Vorbereitung, gute Angewohnheiten, Leidenschaft, Ausdauer und Disziplin erörtert. Diese Charaktereigenschaften wirken sich in sämtlichen Lebensbereichen aus. Mental belastbar zu sein bedeutet aber auch, die Verantwortung für uns selbst zu übernehmen.

> Denken Sie daran, dass Sie ausgestoppt werden können; womöglich mehrmals hintereinander. Der Markt weiß das nicht und es interessiert ihn auch nicht.

Das bedeutet, dass man nicht den Markt, den Broker, den Mann im Fernsehen oder sonst jemanden für die eigene Performance verantwortlich macht. Wenn Sie einen Trade durchgeführt haben, der gescheitert ist, müssen Sie selbst die Verantwortung dafür übernehmen.

Die Übernahme der Verantwortung für Ihre eigenen Handlungen ist ein entscheidender Schritt im Reifungsprozess. Eine reife Persönlichkeit zu werden ist eine Grundvoraussetzung für Erfolg in allen Bereichen des Lebens. Wenn Sie Verantwortung übernehmen, dann ist dies ein wichtiger Schritt zur Kontrolle Ihres eigenen Schicksals. Das mag banal klingen, aber sehen Sie sich einmal unsere Gesellschaft an. Offenbar leben wir in einem Zeitalter, in dem wir andere für unsere Not verantwortlich machen.

Wenn Sie die Verantwortung für Ihren eigenen Erfolg übernehmen, werden Sie auch sehen, ob Sie noch mehr erreichen können.

Das verstehe ich unter mentaler Zähigkeit. Sie verstehen nun, wie Sie Ihr Leben führen müssen, um alle erdenklichen Hindernisse zu überwinden. Wenn Sie ehrlich zu sich selbst sind, an sich glauben und Verantwortung nicht auf andere abwälzen, werden Sie auch schwierige Zeiten überstehen. Ohne diese Attribute haben Sie keine Chance. Mit diesen Attributen müssen Sie vielleicht immer noch einigen mentalen Schutt entsorgen, weil das Leben eben so ist, wie es ist, und Sie brauchen Werkzeuge, um viele Hindernisse zu überwinden, denen Sie begegnen werden.

> Wenn Sie die Verantwortung für Ihren eigenen Erfolg übernehmen, werden Sie auch sehen, ob Sie noch mehr erreichen können.

Wie man ein Nonkonformist wird

Wir haben es nicht nur mit externen Faktoren zu tun, sondern auch mit unserer eigenen DNS. Was meine ich damit? Unser Gehirn ist auf Konformität mit anderen programmiert. Das hat wiederum mit Massenpsychologie zu tun. Gegen die Masse zu agieren fällt uns deshalb so schwer, weil unser Gehirn auf Überleben programmiert ist. Der Drang zur Konformität scheint unbewusstes Herdenverhalten zu sein. Er ist ein Teil unseres Selbsterhaltungsinstinkts. Über dieses Thema gibt es zahlreiche Untersuchungen. Das Ergebnis ist letztlich, dass unser Stammhirn die für das Überleben entscheidenden Impulse kontrolliert. Das limbische System kontrolliert die Emotionen und der Neokortex die rationalen Vorgänge. Der Hirnstamm kontrolliert instinktive Funktionen wie Sicherheit,

Furcht, Vergnügen, Fortpflanzungs- und Sozialverhalten (Prechter 1999). Das limbische System leitet die Emotionen, die das zur Selbsterhaltung nötige Verhalten kontrollieren. Nach Maclean in Prechters Buch *The Wave Principle of Human Social Behavior and the New Science of Socioeconomics* ist das limbische System schneller als der Neokortex (Verstand) und reguliert auch das Ausmaß der Emotionen. Vielleicht liegt es daran, dass die Emotionen oft unsere wichtigste Richtschnur sind.

Wir alle haben den unbewussten Drang, gemocht zu werden, zu einer Gruppe zu gehören und uns so anzuziehen wie die anderen Gruppenmitglieder. Daher haben wir auch den Drang, uns an den Finanzmärkten so zu verhalten wie alle anderen. Das führt oft zum finanziellen Selbstmord. Und das ist auch der Grund, warum beruflich erfolgreiche Menschen wie Ärzte, Anwälte und Geschäftsleute beim Trading oder beim Investieren kläglich scheitern.

Carlstedt (2007) hat bewiesen, dass das andere entscheidende Thema der Intelligenzfaktor ist. Sie würden mir wohl zustimmen, dass Ärzte und Anwälte zu den intelligentesten Menschen in unserer Gesellschaft gehören. Dennoch bereitet sie ihre Intelligenz nicht darauf vor, mit dem Druck fertig zu werden, sich gegen die Masse zu wenden. Sie haben gelernt, dass es eine bestimmte Art und Weise gibt, seine Geschäfte zu führen oder sich zu kleiden. Sie sind aber nicht darauf vorbereitet, Trades dann einzugehen, wenn dies bedrohlich aussieht. Viele Leute kommen zum Trading, finden einen Trend und erhöhen dann ihren Einsatz. Sie tun dies, weil es sich komfortabel anfühlt. Und eben deshalb ist es wahrscheinlich ein Fehler. Es ist kein Wunder, dass so viele Leute zu Höchstkursen kaufen und zu Tiefstkursen verkaufen.

Einer meiner frühen Mentoren war Bill Williams, der Autor des Buchs *New Trading Dimensions: How to Profit from Chaos in Stocks, Bonds, and Commodities* (Wiley, 2001). Er erwähnt ein Phänomen, das er »Joe Gremlin« nennt. Joe Gremlin sitzt ständig auf der Schulter des Traders und wartet darauf, ihn zu sabotieren. Er ist die kleine Stimme, die uns sagt, dass wir nicht gut genug, nicht klug genug, nicht reich genug oder nicht gutaussehend genug sind, um Erfolg zu verdienen. Er wird einen Weg finden, Sie zu sabotieren, damit Sie die guten Setups auslassen und die schlechten wählen. Warum gibt es Joe Gremlin? Die meisten von uns kennen die am Anfang dieses Kapitels erwähnten Faktoren aus eigener Erfahrung. Zunächst müssen wir den Drang zur Konformität überwinden. Joe Gremlin ist die kritische Stimme in Ihrem Kopf, die Sie vor Problemen bewahren will. Er ist Ihr Vater oder Ihre Mutter, die Ihnen gesagt haben, dass Sie den Finger nicht auf den heißen Ofen legen dürfen. Und es ist auch seine Aufgabe, Ihnen zu sagen, dass Sie den Fallschirm anlegen sollen, wenn Sie aus dem Flugzeug springen. Jedenfalls dann, wenn Sie die Warnungen überwinden, das überhaupt zu tun. Joe Gremlins Aufgabe ist es, Sie davon abzuhalten, Risiken einzugehen.

Das offensichtlich größte Risiko an den Finanzmärkten sind Leerverkäufe nach einer starken Hausse, wenn die Leute auf CNBC die Partyhüte verteilen.

Und das war auch der Fall, als Maria Bartiromo uns am 10. Oktober 2002 endlich verkündete, Leerverkäufe seien sicher. Diese kleine Stimme sagt, dass wir das nicht tun sollten. Und dieser Vorgang wiederholt sich bei jedem Chart in jedem Zeitrahmen an jedem einzelnen Tag. Man muss mit Joe Gremlin seinen Frieden machen. Carlstedt meint (2007): »Wenn man einen hohen Grad an Hypnotisierbarkeit aufweist, kann man Joe Gremlin in seine Schranken weisen.«

Aber auch wenn Sie diesen Gremlin zähmen können, sind da immer noch die zuvor erwähnten Faktoren. Wenn Sie sich gerade in einer Lebenskrise befinden, sollten Sie wahrscheinlich nicht traden. Zumindest kurzfristig nicht. Wenn Sie Hilfe brauchen, dann sollten Sie sich unbedingt Hilfe suchen. Ich habe einen alten Bekannten, dessen Frau in der Spätphase der Spekulationsblase an der NASDAQ an Brustkrebs starb. Dieser Mann verkaufte im Herbst 1999 NASDAQ-Futures-Kontrakte leer, kurz vor dem historischen Anstieg des Technologie-Index von 2000 auf 5000 Punkte. Sie haben recht gelesen: Der Mann hatte leerverkauft. Zunächst einmal war er ohnehin kein großartiger Trader, aber dann geriet er unbewusst in die Situation, seine Short-Position vor sich selbst zu verleugnen, und als die Verluste anstiegen, weigerte er sich, den Computer einzuschalten. Offensichtlich durchlitt er den Verlust seiner Ehefrau, und womöglich war der finanzielle Verlust für ihn eine Art Selbstbestrafung. Warum auch immer – jedenfalls verlor er fast 190.000 Dollar in einer Zeit, als andere ein Vermögen gewannen.

Leben in der Gegenwart

Die meisten Probleme, mit denen wir Tag für Tag zu tun haben, sind zum Glück nicht von derart gigantischem Ausmaß. Aber natürlich tragen wir die Last unserer Erfahrungen mit uns herum.

Einige sind bestimmt leichter zu überwinden als andere. Für die weniger schwerwiegenden schlägt Williams eine Übung vor, die man jeden Morgen gleich nach dem Aufstehen absolvieren sollte: Nehmen Sie sich ein Notizbuch zur Hand und schreiben Sie drei Seiten. Warum schreiben? Es geht dabei um den Prozess der Bewusstwerdung und des Lebens in der Gegenwart. Die meisten von uns verbringen bei Weitem nicht genug Zeit in der Gegenwart. Denken wir an den Tod eines Ehegatten oder eines Elternteils? Denken wir an die berufliche Chance, die wir vor sechs Monaten verpasst haben? Denken wir an einen Freund oder eine Freundin, die uns gerade verlassen hat? Oder, noch schlimmer, schmieden wir Rachepläne?

Wir denken nicht nur an die Vergangenheit, wir projizieren sie auch in die Zukunft. Für viele von uns bedeutet das die Erwartung, dass die zukünftigen Resultate so aussehen werden wie die vergangenen. Mit anderen Worten: Wenn wir

> Wir wollen lernen, in der Gegenwart zu leben. Die Gegenwart ist alles, was wir haben.
>
> Das Leben ist nichts anderes als eine lange Reihe gegenwärtiger Momente, und das Ausmaß, in dem wir in der Gegenwart leben, entscheidet über unsere Erfolgschancen.

beim Trading immer Geld verloren haben, dann erwarten wir, dass das so weitergehen wird, weil wir es nicht besser wissen. Manche Leute erwarten zu gewinnen, andere nicht. Viele von uns verbringen viel zu viel Zeit mit Gedanken an vergangene Ereignisse oder machen sich Sorgen über Dinge, die nie eingetreten sind und vielleicht nie eintreten werden.

Wir wollen lernen, in der Gegenwart zu leben. Die Gegenwart ist alles was wir haben. Das Leben ist nichts anderes als eine lange Reihe gegenwärtiger Momente, und das Ausmaß, in dem wir in der Gegenwart leben, entscheidet über unsere Erfolgschancen.

Im Leben wie an den Finanzmärkten ist das Bewusstsein entscheidend, dass jeder Moment einzigartig und anders als jeder andere in der Vergangenheit oder in der Zukunft ist. Er wird sich nie wiederholen. Für reiche ebenso wie für arme Menschen hat die Woche 168 Stunden. Zeit ist alles, was wir haben. Entscheidend ist, was wir damit tun. Manche von uns meinen, unsere Zeit sei pro Stunde sieben Dollar wert, andere 50 Dollar und wieder andere bewerten ihre Zeit mit 1000 Dollar pro Stunde. Wie können Sie den Wert Ihrer Zeit erhöhen? Eine gute Möglichkeit besteht darin, die wahre Funktionsweise der Finanzmärkte zu erlernen. Wenn Sie NASDAQ-Indexfutures traden, wo ein Punkt 100 Dollar entspricht, können Sie wirklich schnell zu Geld kommen.

Der entscheidende Punkt an den Finanzmärkten ist, dass sie ein Mechanismus der Chaostheorie sind. Der Chaostheorie oder dem Wellenprinzip zufolge können sich Muster mit ähnlichen Tendenzen ständig wiederholen, aber zwei Muster sind niemals völlig gleich. Das bedeutet, dass jedes Muster, das wir in einem Kurschart sehen, uns eine einzigartige Gewinnchance bietet, die sich niemals wiederholen wird.

> Der Chaostheorie oder dem Wellenprinzip zufolge können sich Muster mit ähnlichen Tendenzen ständig wiederholen, aber zwei Muster sind niemals völlig gleich.
>
> Das bedeutet, dass jedes Muster, das wir in einem Kurschart sehen, uns eine einzigartige Gewinnchance bietet, die sich niemals wiederholen wird.

Das Beste daran ist, dass wir nicht wissen, was geschehen wird. Wir meinen zwar, wir wüssten es, aber wie oft ist eine Bewegung in irgendeinem Zeitrahmen schon weit stärker ausgefallen, als wir es für möglich gehalten hätten? Wir erwarteten eine Bewegung von fünf Punkten, und schließlich wurden es 15 Punkte. Wir erwarteten eine achttägige Rallye, die dann 21 Tage dauerte. Vielleicht rechneten wir mit einen 55-tägigen Rallye, die schließlich zwei Jahre umfasste. Diese Dinge passieren ständig. Der entscheidende Punkt ist, dass wir jede Situation in ihrer Einzigartigkeit erkennen, im Augenblick leben und keine Situation vorschnell bewerten.

Wie viele von Ihnen haben je von Leonard Orr gehört? Leonard Orr war ein Erfolgstrainer oder Guru in den 1970er-Jahren, weit vor den Zeiten von Tony Robbins. Sein Mantra war: »Wir können uns den Luxus eines negativen Gedankens nicht leisten«. Er lehrte seine Studenten, jeden einzelnen Gedanken zu notieren, den sie am Morgen beim Aufstehen hatten, und sie durften das Haus erst verlassen, wenn sie alle negativen Gedanken losgeworden waren. Wenn sie diese negativen Gedanken nicht überwinden konnten, so meinte Orr, dann konnten sie auch in ihrem Job nichts leisten. Seine Schüler lernten dies entweder oder sie stiegen sehr schnell wieder aus.

Wir wollen die Vergangenheit loslassen und in der Gegenwart leben. Dafür gibt es verschiedene Methoden, aber diese drei Seiten zu schreiben ist ein guter Anfang.

Worüber schreiben Sie? Irgendetwas, alles und nichts; es spielt wirklich keine Rolle. Sie schreiben, was Ihnen in den Sinn kommt. Sie werden feststellen, dass Sie mit dieser Methode einen großen Teil des mentalen Mülls in Ihrem Gehirn wegräumen, der an der Oberfläche schwimmt. Wenn Sie die drei Seiten schreiben, gehen Sie direkt auf Joe Gremlin los und verstehen vielleicht zum ersten Mal, warum er Sie sabotiert. Sie werden vielleicht herausfinden, dass Sie mit Ihrer Trading-Plattform, Ihrer Software, Ihrem Broker oder dem aktuellen Trend nicht zufrieden sind. Vielleicht gibt Joe Gremlin zu, dass Sie wegen etwas keinen Erfolg verdient haben, das Ihr Lehrer in der 8. Klasse zu Ihnen gesagt hat. Ist das nicht lächerlich? Wenn Sie sich endlich mit diesem speziellen Thema auseinandersetzen, beginnt die Stimme der Sabotage zu verschwinden. Dieser Gremlin zeigt Ihnen sogar ein bestimmtes Muster von Niederlagen auf, das Sie überwinden können.

Was ist, wenn Ihnen nichts einfällt, das Sie schreiben könnten? Dann schreiben Sie genau das auf. Beginnen Sie mit der Aussage, dass Ihnen nichts einfällt. Schon durch diesen Anfang werden Ihnen die Dinge zufliegen, und Sie werden die drei Seiten sehr schnell füllen. Sie werden überrascht sein, was sich daraus entwickelt. Und es handelt sich zudem um eine sehr preiswerte Art der Psychotherapie. Manchmal brauchen Sie nur einen Ausgang für Ihre weniger produktiven Ideen, und schon sind sie verschwunden.

> Wir wollen die Vergangenheit loslassen und in der Gegenwart leben. Dafür gibt es verschiedene Methoden, aber diese drei Seiten zu schreiben ist ein guter Anfang.

Wenn Sie mit dem Schreiben beginnen, steigt der mentale Müll nach oben, der knapp unterhalb der Oberfläche liegt. Viele von uns denken: Aus den Augen, aus dem Sinn. Nichts könnte weiter von der Wahrheit entfernt sein. Wir werden von unserer Umwelt und unseren Erfahrungen so stark beeinflusst, dass viele von uns sich dessen gar nicht mehr bewusst sind. Wir brauchen einen Mechanismus, der den Müll an die Oberfläche bringt und hinausschafft, damit er keinen Schaden mehr anrichten kann. Das Schreiben dieser drei Seiten ist eine ausgezeichnete Möglichkeit dazu. Williams sagt, wir müssen uns unseres Gremlins nur bewusst werden, um ihn zu überwinden. Beim Schreiben sind Sie sich über jeden einzelnen Ihrer Gedanken im Klaren. Das ist eine gute Methode, Ihre Gedanken aufzuzeichnen, weil Sie feststellen werden, dass Sie aufschreiben, was Ihnen gerade einfällt.

Sie werden schreiben, was Sie stört und was Ihnen nützt. Ich sage nicht, dass Sie keine negativen Gedanken haben dürfen. Natürlich werden Sie welche haben. Sie werden ihnen aber erlauben, an die Oberfläche zu kommen. Und dann verschwinden sie. Das ist der entscheidende Punkt. Je mehr Müll Sie regelmäßig entsorgen können, desto besser wird es Ihnen gehen. Sie werden zudem bemerken,

> Die Grundidee hinter diesen Methoden ist, Ihre Glaubenssysteme zu verändern. Unsere Emotionen kommen aus unseren Glaubenssätzen. Was wir glauben, ist aber nicht unbedingt die Realität.
> Wenn unsere Glaubenssätze nicht im Einklang mit unseren Zielen stehen, werden wir diese Ziele nicht erreichen. So einfach ist das.

dass Sie ständig Gespräche mit Ihrem Gremlin führen; er wird Ihnen sagen, was Sie tun müssen, damit er verschwindet.

Nehmen wir an, Ihr Gremlin sagt Ihnen, dass Sie nach einer langen Hausse-Phase nicht leerverkaufen sollen. Sie antworten ihm, dass Sie warten, bis die richtige Zahl von Balken vorliegt und nur dann leerverkaufen, wenn der MACD eine bearishe Divergenz aufweist. Verstehen Sie?

Vor der Lektüre dieses Buchs verkauften Sie vielleicht immer vorzeitig, weil Joe Gremlin Sie zu beschützen versuchte. Jetzt aber haben Sie neue Informationen und gute Argumente, damit Ihre innere Stimme sagen kann, dass Ihre Vorgehensweise sicher ist. Sie haben ein neues Paradigma, auf dessen Grundlage Sie agieren können, während Sie früher überhaupt keine Handlungsgrundlage hatten. Wenn Sie zulassen, dass dieser spezielle Konflikt an die Oberfläche kommt, dann ist er kein Problem mehr. Und wenn diese Situation tatsächlich in Echtzeit auftritt, müssen Sie nicht überlegen – Sie steigen einfach in den Prozess ein. Wenn Sie wissen, wie es geht, ist es kein Problem, Ihre hypnotischen Fähigkeiten zu verbessern. Sie können dadurch einen Zustand erreichen, in dem alles wie von selbst fließt.

Die Erforschung anderer Vorgehensweisen

Drei Seiten zu schreiben ist nicht die einzige Methode, aber es ist eine einfache Vorgehensweise, wenn Sie mit den wichtigen Fragen in Ihrem Leben gut zurechtkommen. Falls das nicht so ist, empfehle ich andere Methoden – neurolinguistische Programmierung, Hypnose, Energiearbeit oder die Sedona-Methode.

Die Grundidee hinter diesen Methoden ist, Ihre Glaubenssysteme zu verändern. Unsere Emotionen kommen aus unseren Glaubenssätzen. Was wir glauben, ist aber nicht unbedingt die Realität. Wenn unsere Glaubenssätze nicht im Einklang mit unseren Zielen stehen, werden wir diese Ziele nicht erreichen. So einfach ist das. Vielleicht hatten Sie schon mit einigen der in diesem Kapitel erwähnten Themen zu tun und denken, Sie hätten sie überwunden. Wahrscheinlicher ist allerdings, dass es immer noch Schichten von mentalem Müll gibt, mit denen Sie sich noch nicht beschäftigt haben.

NLP

Neurolinguistische Programmierung (NLP) zielt darauf ab, negative Muster zu unterbrechen und produktivere Muster zu installieren. Die Theorie hinter der NLP besagt, dass wir an bestimmte Glaubenssätze gebunden sind, weil sie uns an andere Überzeugungen erinnern. Daher kommen bestimmte Emotionen an die Oberfläche, wenn man an bestimmte Menschen denkt. Werbung funktioniert genauso. Wenn Sie im Fernsehen diesen kleinen Gecko sehen, denken Sie sofort an die

Geico-Autoversicherung. Menschen essen zu viel von Dingen, die nicht gut für sie sind, zum Beispiel Pizza oder Schokolade, weil sie damit ein Gefühl der Sicherheit in einer Lebenskrise assoziieren. Wie kann man dieses Muster durchbrechen?

NLP besagt, dass man durch Übung ein Programm installieren kann, sodass man immer, wenn man an Pizza oder Schokolade denkt, diese Nahrungsmittel mit verfaulten Eiern oder Hundekot assoziiert. Man baut neue Glaubenssätze und die Verhaltensmuster einer Person auf, die sich auf gesunde Weise verhält. Man kann NLP für so gut wie jede schlechte Angewohnheit, Angst oder Phobie anwenden; man kann auch seine Glaubenssysteme über das Trading verändern. Nehmen wir an, Sie gehören zu den 90 Prozent, die ihre ganzen Gewinne aus der Hausse der 1990er-Jahre in der Baisse bis 2002 wieder verloren haben. Viele Menschen tragen ihre Narben aus dieser Zeit immer noch mit sich herum, und nicht wenige haben sich für immer vom Aktienmarkt verabschiedet. NLP kann das Glaubenssystem unterbrechen, das in dieser Zeit entstanden ist (Robbins 1986, S. 83–165).

Es ist zwar sehr traurig, aber eine ganze Generation von Menschen ist in dem Glauben aufgewachsen, dass Börsenkurse ständig steigen, weil sie ihre einzigen Erfahrungen an der Börse in den späten 1990er-Jahren gemacht hatten. Mit diesem Glauben waren sie natürlich schlecht darauf vorbereitet, dass die NASDAQ in gut zwei Jahren 80 Prozent dieser Gewinne wieder einbüßte.

Hypnose

Auch die Hypnose kann eine Möglichkeit sein, denn diese Methode wirkt auf den unbewussten Bereich des Verstands. Man versetzt sich in einen Zustand tiefer Entspannung, in dem unser Unbewusstes für neue Ideen am empfänglichsten ist. Unser Verstand kennt den Unterschied zwischen Tatsachen und Fiktion nicht. Er glaubt alles, was wir ihm sagen oder einprogrammieren. Hypnose kann für die gleichen Zwecke eingesetzt werden wie NLP. Man kann sie dazu verwenden, schlechte Angewohnheiten wie Rauchen, Trinken, übermäßiges Essen, Glücksspiel und Drogenmissbrauch zu bekämpfen. Man kann sie sogar einsetzen, um sein Selbstbild zu verändern. Das Ergebnis ist Gewichtsabnahme, mehr Zufriedenheit, eine bessere Gesundheit und ein erfüllteres Leben.

Energiestudien

Es gibt nun ein neues Tätigkeitsgebiet für Menschen, die sich mit Energiearbeit beschäftigen. Um es kurz zusammenzufassen: Die Anhänger dieser Theorie glauben, dass wir alle mit einer bestimmten Frequenz schwingen. Wenn wir an Hass, Zorn, Neid, Eifersucht, Rache, Lust, Furcht, Kummer und göttliche Strafe denken, agieren wir mit einer niedrigeren Frequenz. Wenn wir an Liebe, Geben, Freude, Einfühlungsvermögen, Frieden, Vertrauen, Mut und dergleichen denken, schwingen wir mit einer höheren Frequenz.

Erfolg auf allen Gebieten hängt von der Höhe der Frequenz ab. Energiearbeiter versuchen, ihre Frequenz zu erhöhen, um mehr Erfolg im Leben zu haben. Ist es nicht sinnvoll zu bemerken, dass man an der Börse kein Geld verdienen wird, wenn man Gedanken an Furcht mit sich herumschleppt? Wenn Sie an denjenigen Punkten keine Entscheidungen treffen können, die sich gegen den sozialen Herdeninstinkt wenden, haben Sie schon verloren, ehe Sie überhaupt anfangen. Nun verstehen Sie vielleicht, warum wir in diesem Kapitel so viel Zeit darauf verwendet haben, Sie in Ihre Einzelteile zu zerlegen, ehe Sie die nötigen Werkzeuge erhalten, um sich wieder zusammenzusetzen. Ein solches Programm ist die holografische Resonanztherapie. Diese Methode nimmt an, dass wir alle mit einer bestimmten Frequenz schwingen, die man mit der Frequenz eines Radioprogramms vergleichen kann. Verspüren Sie Resonanz, wenn es um Sport, Politik oder Musik geht? Um Furcht, Zorn, Kummer, Mangel oder Freude, Mut, Aufrichtigkeit und Überfluss? Woran Sie am meisten denken, ist das, was Sie in Ihr Leben holen. Wenn Sie keine Resonanz verspüren, wo es nötig wäre, dann kann man das ändern. Der Lehrer wird mit Ihnen an Veränderungen arbeiten; etwa so, wie wenn man das Sendersuchprogramm eines Radios bedient. Die Resonanztherapie geht noch einen Schritt weiter, weil sie davon ausgeht, dass Muster weitergegeben werden, dass Sie Ihr aktuelles Verhalten von Ihren Großeltern oder sogar von Ihren Urgroßeltern übernommen haben. Mit bestimmten Mitteln wie Licht oder Klang kann man diese negativen Muster unterbrechen und eine Resonanz mit denjenigen Schwingungen erreichen, die mit Ihren aktuellen Lebenszielen kompatibel sind.

Die Sedona-Methode

Die Sedona-Methode ist zu meinem Lieblingsprogramm geworden. Ich empfehle Ihnen, das Buch zu lesen, das es bis in die Bestsellerliste der *New York Times* schaffte. Inspiriert wurde es durch Lester Levenson, der Physiker und ein erfolgreicher Geschäftsmann war. Im Alter von 42 Jahren hatte er ernste gesundheitliche Probleme, unter anderem zwei Herzinfarkte. Dem Buch zufolge schickten ihn die Ärzte zum Sterben nach Hause. Das war 1952. Aber Levenson gab nicht auf. Er fand heraus, dass ein Prozess des Loslassens der Schlüssel zu seiner Heilung war. Ich werde diese Prozesse hier nicht beschreiben, aber Levenson erholte sich und lebte noch weitere 42 Jahre bei bester Gesundheit.

> Um das Wellenprinzip, die Chaostheorie, Quantenphysik oder die Lucas-Wellen zu verstehen, müssen wir loslassen und in der Gegenwart leben.
> Um an den Finanzmärkten Erfolg zu haben, müssen wir unsere alten Glaubenssätze überdenken, die uns bislang eingeschränkt haben.

Die Sedona-Methode ist sehr gut mit allem vereinbar, was wir in diesem Buch diskutiert haben, denn um das Wellenprinzip, die Chaostheorie, Quantenphysik oder die Lucas-Wellen zu verstehen, müssen wir loslassen und in der Gegenwart leben. Um an den Finanzmärkten Erfolg zu haben, müssen wir unsere alten Glaubenssätze überdenken, die uns bislang eingeschränkt haben.

Wenn Sie die Sedona-Methode erlernen, dann werden Sie bemerken, dass alle Glaubenssätze und Verhaltensweisen, die Sie bisher behindert haben, das Ergebnis einer Schicht von Bedingungen sind, die Sie Ihr Leben lang unter den Teppich gekehrt haben. Wir lernen diese Zwiebel zu schälen, und wenn wir unsere Probleme loslassen, kommen sie an die Oberfläche und verschwinden. Wie die anderen Vorgehensweisen kann man auch die Sedona-Methode dazu verwenden, schlechte Angewohnheiten zu verändern, Gewicht zu verlieren, Ängste und Phobien zu überwinden und die richtigen Einstellungen zu Geld und Erfolg zu entwickeln.

Ich habe dieses Kapitel in das Buch aufgenommen, weil Ihnen kein System wirklich weiterhelfen kann, wenn Sie Ihren Verstand noch nicht unter Kontrolle haben. Sie müssen verstehen: Beim Trading kämpfen Sie gegen sich selbst. Sie müssen wissen, warum Sie in einen Trade eingestiegen sind. Sie müssen verstehen, dass Ihr Verhalten beim Trading den Kern Ihrer Persönlichkeit offenlegt. Wenn Sie die richtige Einstellung mitbringen, qualifizieren Sie sich für das Trading. Hier handelt es sich nicht um Psycho-Geschwafel oder um eine akademische Theorie. Jeder von uns hat Probleme, die ihn daran hindern, seine optimale Leistung zu erreichen. Wir müssen aber auch unter Druck unsere Leistung bringen. Und nicht nur das – wir müssen es mit einer entspannten Geisteshaltung tun.

Viele Trader haben das Problem, dass sie nicht wissen, wie ihre Glaubenssätze – verursacht durch ihre Umwelt und durch ihre Erfahrungen im Leben – ihre Leistung beeinflussen. Wenn es nicht funktioniert, machen sie einfach weiter. Am Ende geben sie dem Markt, dem Broker, einem Börsenfachblatt, dem Krieg im Irak oder irgendetwas anderem die Schuld – nur nicht sich selbst. Das Schlimmste daran ist, dass sie damit falsch liegen, weil jeder für seine eigenen Handlungen die Verantwortung übernehmen muss.

Um es zusammenzufassen: Wir müssen verstehen, woher wir kommen und wohin wir gehen. Wenn Sie schwerwiegende Probleme haben, dann suchen Sie sich die Hilfe, die Sie benötigen. Wenn es erforderlich ist, machen Sie eine Therapie oder wählen Sie einen Berater. Wenn Sie eine der in diesem Kapitel vorgestellten Methoden ausprobieren möchten, dann hoffe ich, dass ich Sie dazu gebracht habe, Ihr eingefahrenes Denken zu überwinden. Es gibt viele Alternativen. Wenn Sie erst einmal wirklich bereit zum Traden sind, werden Sie die richtige Einstellung haben, um die angemessene mentale Zähigkeit zu entwickeln, die Sie dafür brauchen. Trading wird niemals einfach sein, aber es kann simpel sein. Da Sie nun mental vorbereitet sind, wird es im letzten Kapitel um einige der Setups mit hoher Gewinnwahrscheinlichkeit gehen, damit Sie anfangen können, diese wunderbare Methode anzuwenden.

KAPITEL 11

Übung bringt Gewinne

Meine Gratulation, wenn Sie immer noch weiterlesen! Wie Sie gesehen haben, ist dieses Buch keine leichte Lektüre, und das soll es auch nicht sein. Es enthält Dutzende von Charts, und Sie sollten sie immer wieder studieren, bis Sie sie verstanden haben. Wir haben in diesem Buch noch nicht viel über Geld gesprochen, weil ich denke, dass Sie nicht den Preis im Sinn haben sollten, wenn Sie Geld gewinnen wollen. Um Geld zu verdienen, müssen Sie mit dem Tradingprozess verschmelzen.

In diesem Buch geht es um den Prozess – den Prozess zu verstehen, wie die Finanzmärkte wirklich funktionieren. Von nun an müssen Sie selbst daran arbeiten. Sie wissen inzwischen, dass ich nicht dazu rate, Sie sollten alles revidieren, was Sie bisher getan haben. Ob Sie ein Elliott-Anhänger sind, ob Sie sich nach gleitenden Durchschnitten richten, nach Umsätzen oder Anhänger einer anderen Methode sind – es geht dabei immer darum, »was« man tun soll. In diesem Buch geht es aber in erster Linie darum, »wann« man es tun soll.

Athleten trainieren jahrelang, um ein professionelles Niveau zu erreichen. Wenn sie soweit sind, studieren sie nächtelang ihre Gegner und verfeinern ihre Technik. Werfer beim Baseball haben bestimmte mechanische Abläufe, die sie anwenden müssen und lassen sich von den Trainern filmen, um zu sehen, ob es bei diesen Abläufen Fehler gibt. Beim Football, beim Eishockey, beim Basketball und in jedem anderen Profisport ist es nicht anders. Diese Profis machen sich keine Sorgen über Touchdowns, Home Runs, Dreipunktewürfe oder über den Gewinn der Meisterschaft. Sie alle wissen: Wenn die Abläufe stimmen, kommen die Siege von selbst. An den Finanzmärkten und beim Trading ist es nicht anders.

Aus diesem Grund habe ich bisher kaum von der Siegertrophäe gesprochen. Diese Trophäe bedeutet, Geld zu verdienen, profitabel zu traden und seine finanziellen Ziele zu erreichen. Ich sage Ihnen, dass Sie viel Geld verdienen können, wenn Sie die Informationen in diesem Buch verwenden. Sie halten nun ein unglaubliches Mustererkennungssystem in Händen, vielleicht das beste der Welt.

Ich kenne aber auch die Schwächen dieses Systems und Ihre Lernkurve, um dorthin zu gelangen. In diesem Kapitel verfolge ich das Ziel, Sie vor den Fallen zu warnen, damit Sie nicht all die Fehler machen, die mir unterlaufen sind. Ich bin mit dieser Methode erfolgreich, aber es gibt keinen Grund, warum Sie nicht noch erfolgreicher sein könnten. Das hängt ganz von Ihnen ab.

Im restlichen Teil des Buchs werde ich Ihnen nun einige derjenigen Setups zeigen, die mit dieser Methode die höchste Erfolgswahrscheinlichkeit aufweisen. Ich habe Ihnen natürlich schon enorme Mengen an Informationen zugemutet. Für viele von Ihnen ist dies die erste Begegnung mit dieser Methode. Die Informationen sind so zahlreich, dass Sie sich vielleicht durch die Analysen gelähmt fühlen und nichts davon umsetzen. Das ist natürlich nicht mein Ziel. Und ich möchte auch nicht, dass Sie denken, um ein Vermögen zu verdienen, müssten Sie nun nur noch Balken zählen. So funktioniert es einfach nicht.

Seien Sie geduldig

Mir selbst fiel es mit am schwersten zu lernen, dass ein Chart nicht unbedingt seine Richtung ändern muss, weil er sich um 21, 34, 55, 161 oder um eine andere in diesem Buch erörterte wichtige Zahl von Zeitbalken bewegt hat. Die Wahrscheinlichkeit an diesen Punkten ist natürlich hoch, aber haben wir auf den letzten 80 Seiten nicht erörtert, wie man Methoden miteinander kombiniert?

Was ich gelernt habe und Ihnen mitteilen will, ist Folgendes: Zunächst brauchen wir einen angemessenen Zeitbalken, und dann müssen wir sehen, wie der Chart auf diesen Zeitbalken reagiert. Erst dann werden wir aktiv. Das kann bedeuten, dass Sie mehr Geduld brauchen werden als je zuvor in Ihrem Leben. Und es bedeutet auch, dass Sie manchmal keine Trades eingehen werden, vor allem dann, wenn es um Forex-Trading geht.

Zudem bedeutet es, dass Sie das Selbstvertrauen und die Überzeugung haben sollten, an einem einmal eingegangenen Trade festzuhalten, weil Sie wissen, wie die Märkte funktionieren. Es ist für viele Trader ein Problem – und ich weiß das aus eigener Erfahrung –, einen Trade zu starten. Es passiert nichts, und Sie steigen aus dem Trade aus, nur um später dabei zusehen zu müssen, wie der Markt abhebt, ohne dass Sie dabei sind. Das passiert Tradern, weil sie nicht wirklich das Vertrauen haben, an einem Trade festzuhalten, weil es von Anfang an Zweifel an diesem Trade gab. Die meisten Trader verlieren Geld. Nicht weil sie nicht traden können, sondern weil sie zu viel traden und dadurch Verluste erleiden. Die weitaus meisten Setups sind allenfalls mittelmäßig. Auf mittelmäßige Setups können Sie sich nicht einlassen. Wenn sie funktionieren, dann war das Glück – ob Sie das nun gerne hören oder auch nicht. Wir sind keine Glücksspieler. Wir nutzen Situationen, die uns mit hoher Wahrscheinlichkeit Gewinnchancen bieten. Wir folgen auf disziplinierte Weise einem Prozess. Wir wollen die Grundlagen sicher beherrschen. Wenn wir das schaffen, kommt das Geld ganz von selbst.

> Wir sind keine Glücksspieler. Wir nutzen Situationen, die uns mit hoher Wahrscheinlichkeit Gewinnchancen bieten. Wir folgen auf disziplinierte Weise einem Prozess.
>
> Wir wollen die Grundlagen sicher beherrschen. Wenn wir das schaffen, kommt das Geld ganz von selbst.

Ehe wir uns nun diesen Setups widmen, möchte ich meiner Hoffnung Ausdruck verleihen, dass Sie verstanden haben, warum es im vorletzten Kapitel dieses Buchs um Psychologie ging. Die meisten Bücher über Tradingtechniken enthalten ganz am Schluss das obligatorische Psychologie-Kapitel als Zugabe. Ich aber will Ihnen Folgendes vermitteln: Keiner der Setups, die ich Ihnen in diesem Kapitel zeigen werde, wird Ihnen irgendeinen Nutzen bringen, wenn Sie psychologisch nicht darauf vorbereitet sind, ihn zu nutzen. Sie sollten also mentale Zähigkeit entwickelt haben, bevor Sie Ihr Tradingkonto aufs Spiel setzen. Einige für erfolgreiches Trading erforderliche Schritte können nur von jemandem bewältigt werden, der sich psychologisch darauf vorbereitet hat. Ich habe Ihnen ja auch etliche Vorschläge gemacht, wie Sie sich selbst prüfen und Hilfe erlangen können, wenn Sie Hilfe benötigen.

Noch etwas: Einige von Ihnen, die zu viel traden, haben noch nie gesehen, wie ein Setup mit hoher Gewinnwahrscheinlichkeit eigentlich aussieht. Sie haben nie gelernt, wonach Sie suchen müssen. Die hier präsentierten Setups ähneln vielleicht denen in anderen Fibonacci-Büchern, aber von diesen schließt keines die Zeitfunktion mit ein, so wie wir es im ganzen Buch gemacht haben. Daher kann ich zuversichtlich sagen, dass die meisten von Ihnen diese Setups zum ersten Mal auf diese Weise präsentiert sehen werden. Es handelt sich hierbei nicht um ein Black-Box-System. In diesem Buch zeige ich Ihnen, wie der am meisten missverstandene Bereich der Technischen Analyse funktioniert. Wenn Sie Neuling sind, dann lernen Sie es von Anfang an richtig. Die bereits erfahrenen und profitablen Trader unter Ihnen werden ihre Effektivität wahrscheinlich um zehn Prozent oder mehr steigern. In diesem Buch geht es um einen Prozess, und Spaß zu haben ist ein Teil davon. Lassen wir die Party beginnen!

Setups mit hoher Erfolgswahrscheinlichkeit in Verbindung mit MACD-Divergenzen

Einige von diesen Charts haben wir schon gesehen, andere noch nicht. Das erste Konzept ist die Kombination des Zeitelements mit der MACD-Divergenz. Wir haben diesem Konzept in diesem Buch viel Zeit gewidmet. Es ist einfach, aber es erfordert Geduld. Wenn das die einzige Technik ist, die Sie anwenden, dann werden Sie zumindest wesentlich seltener ausgestoppt werden, weil Sie zu früh eingestiegen sind.

Biotech HOLDRs

Abbildung 11.1 zeigt einen Tageschart von BBH. Wie Sie sehen, gibt es dort zwei bearische Divergenzen.

Am Top der dritten Welle können Sie leicht erkennen, dass der MACD dieses Hoch nicht bestätigt hat. Die Aggressiveren unter Ihnen könnten hier einen

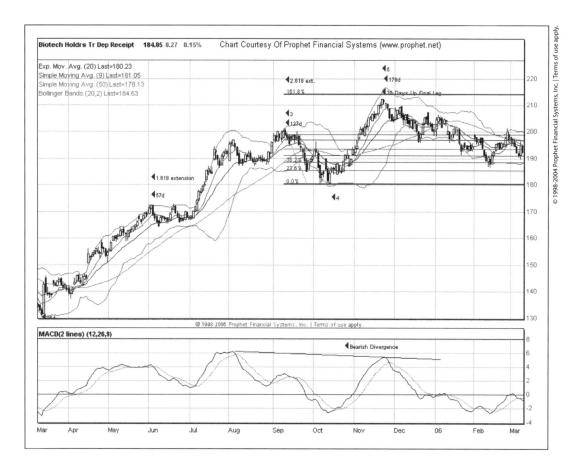

Abbildung 11.1:
BBH; Tageschart

kurzfristigen Leerverkauf durchführen. Es handelt sich um die erste bearishe Divergenz nach dem Hoch von Anfang August. Sie starten den Trade, weil Balken 127 die bearishe Divergenz bestätigt und der Chart auf das Zeitfenster reagiert. Als der Boden von Welle 4 erreicht wird, sendet eine weiße Kerze ein bullishes Trendwendesignal, das das Tief von Mitte Oktober bestätigt. Das sind die Signale, die Leerverkäufern und Bären mitteilen, dass die Party vorbei ist. Am Top, bei der größeren Divergenz, sehen wir ein Cluster von 28 Tagen im letzten Trendabschnitt und von 178 Tagen insgesamt. Ich denke, dass nur die Aggressiveren unter Ihnen am Beginn einer fünften Welle kaufen sollten. Wenn Sie es tun, dann folgen Sie dem MACD. Falls er ein neues Hoch nicht bestätigt, sollten Sie bemerken, dass eine Trendwende möglicherweise kurz bevorsteht.

In jedem Fall sollten Sie am 178/28-Tage-Cluster warten, bis eine Trendwende UNTER DEM TIEF DER LETZTEN WEISSEN KERZE erfolgt, ehe Sie den Trade beginnen. Bei Einstiegen ist es wichtig, dass das Zeitfenster durch die Kerze bestätigt wird. In der Regel gibt es zwei Balken. Warten Sie auf die Trendwende, und dann steigen Sie bei einer bearishen Wende unterhalb der weißen Kerze und bei einer bullishen Kerze oberhalb der schwarzen Kerze ein.

Abbildung 11.2 zeigt den Stundenchart von BBH in einem kürzeren Zeitrahmen, aber die Prinzipien sind die gleichen. Wie in jedem anderen Fall auch müssen Sie sich angewöhnen, die Pullbacks zu messen, denn oft entspricht der letzte Trendabschnitt entweder dem 1,618-fachen oder dem 2,618-fachen dieses Pullbacks. Diese Methode ist exzellent, wenn es um Kursziele am Hoch oder am Tief geht.

In diesem Fall entwickelt sich im MACD eine bearishe Divergenz, aber wir werden erst aktiv, wenn sich ein guter Zeitbalken bietet. Das Fenster aus dem 88. und dem 89. Balken zeigt ein Trendwendesignal in Form einer dunklen Wolke (Dark Cloud).

Beachten Sie auch die roten Fibonacci-Linien. Wie Sie sehen, erreicht der Chart sein Top ganz knapp neben dem letzten 1,618-fachen Ausdehnungspunkt. Wir suchen ja nach Chartpunkten, wo mehrere solche Relationen auftreten. Solche Cluster führen in allen Trendkategorien zu Richtungsänderungen. Sie sollten unter dem Tief der weißen Kerze am 88-Stunden-Balken einsteigen. Zu diesem Zeitpunkt können Sie den bearishen Setup antizipieren.

Abbildung 11.2: BBH; Stundenchart

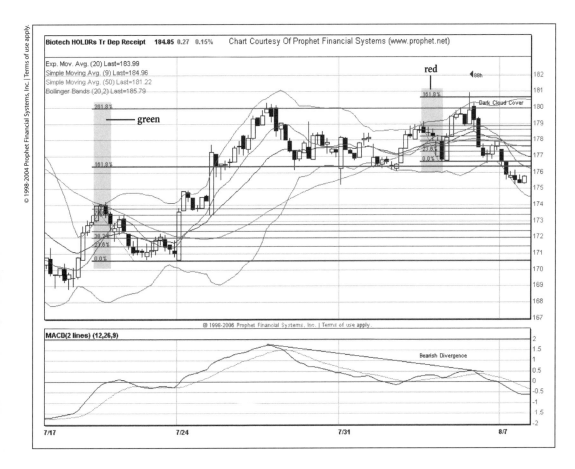

Barrick Gold

Müssen alle diese Faktoren gleichzeitig auftreten? Nein, aber je mehr es sind, desto besser stehen Ihre Gewinnchancen. Ich zeige Ihnen die besten Setups und sage Ihnen, wonach Sie suchen müssen. Auch wenn ein Faktor fehlt, kann der Chart noch gut sein. Meiner Meinung nach kann man auch dann noch Geld verdienen, wenn man sich mit weniger als dem Optimum begnügt; aber wenn es funktioniert, dann hat das mehr mit Glücksspiel als mit Trading zu tun.

Abbildung 11.3 zeigt einen Stundenchart von Barrick Gold. Hier gibt es zwei gute Setups. Beim ersten sehen wir eine bearishe Divergenz und ein Top nach 34 Stunden. Zurück bleibt ein guter oberer Kerzendocht mit einer umfassenden bearishen Kerze im nächsten Balken. Sie sollten direkt unter dem Tief des Balkens mit dem Docht einsteigen. Wie Sie sehen, ergibt sich daraus ein schöner Leerverkauf. Dann, am Boden, entwickelt sich eine positive Divergenz im 47-Stunden-Zeitrahmen (Lucas). Im Zeitfenster zeigt sich ein schöner umfassender bullisher Balken.

Bei Kerzendochten ist es ein wenig anders. Sie sollten nicht warten, bis sich die weiße Kerze vervollständigt, denn Ihr Stopp-Kurs (der unter dem Tief des

Abbildung 11.3:
Barrick Gold;
Stundenchart

Dochts liegen sollte) wäre dann zu weit weg. Wenn der Trade nicht funktioniert (und das passiert zuweilen), wird Ihr Verlust relativ hoch ausfallen. Sie können einsteigen, sobald die weiße Kerze das Hoch der letzten schwarzen Kerze mit dem Docht übersteigt. Wenn Sie einen solchen Docht sehen, nachdem das Hoch überschritten ist, dann stehen die Gewinnchancen gut.

Colgate Palmolive

Sehen Sie sich *Abbildung 11.4* an, die einen Stundenchart von Colgate Palmolive (CL) zeigt. Es gibt hier einige interessante Faktoren zu sehen. Es handelt sich um einen Stundenchart, der aber von einem hier nicht gezeigten Tageschart abgeleitet ist. Wir sehen ein 26-Tage-Hoch, wo der MACD seinen Spitzenwert erreicht, und es gibt auch ein höheres Hoch im 47-tägigen Zyklus von Hoch zu Hoch. Das zweite Top wird zudem in der 60. Stunde des letzten Trendabschnitts erreicht. Sie sehen, wie die roten Fibonacci-Linien auf die 1,618-fache Ausdehnung des letzten Pullbacks bei 63 als Ziel für die Trendwende abzielen. Diese 60. Stunde (abgeleitet vom Tageschart) hinterlässt einen Kerzendocht am

Abbildung 11.4:
Colgate Palmolive (CL); Stundenchart

47. Tag des Zyklus' von Hoch zu Hoch, der ein wirklich guter Clusterpunkt ist. Der beste Punkt für Leerverkäufe liegt unter dem Tief des 60. Balkens mit dem Kerzendocht.

In einem solchen Fall sollten Sie den Tageschart beobachten und dann zum Stundenchart übergehen. So können Sie dort einsteigen, wo das Signal kommt und wo die Risiken am niedrigsten sind. In diesem Fall hätte sich das sehr bewährt, weil der Kurs am nächsten Morgen ein Gap nach unten vollzog.

Dupont (DD)

In diesem Buch geht es um Ausbildung, Übung und Wiederholung. Ich zeige Ihnen diese Charts, um zu demonstrieren, dass diese Setups keine glücklichen Zufälle sind. Es gibt Tausende von Charts und es gibt sie jeden Tag. Man muss sie nur finden. *Abbildung 11.5* zeigt den Aktienkurs von Dupont (DD). Gezeigt wird ein Stundenchart, aber auch die Bezeichnungen der einzelnen Tage sind zu sehen.

Hier sehen wir eine recht starke bearische Divergenz. Das Top wird an einem schönen Cluster von 161 Stunden und 33 Tagen innerhalb des 34-Tage-Zeitfens-

Abbildung 11.5:
Dupont (DD);
Stundenchart

ters erreicht. Wir haben also nicht nur ein Setup mit einem perfekten Cluster aus MACD und Zeit, sondern auch die 2,61-fache Fibonacci-Ausdehnung des Pullback wirkt sich zu unseren Gunsten aus. Aber hier liegt auch eine der er-

Das Signal entsteht, wenn die Trendwende das Zeitfenster bestätigt.

Das ist Ihr Einstiegspunkt.

wähnten Fallen. Während sich die bearishe Divergenz entwickelt, gibt es drei kleine Pullbacks in der Nähe des Tops. Welches davon sollen wir für die Fibonacci-Berechnungen heranziehen? Die Wahrheit ist, dass wir nicht wissen, welcher Pullback letztlich das Top als solches definieren wird. Und weil wir die Antwort auf diese Frage nicht kennen, müssen wir alle drei Korrekturen berechnen. Der Markt wird uns später sagen, welche die richtige war.

In diesem Fall ist es die erste von 42,50 auf etwa 42. Zunächst erreicht sie den Punkt der 1,618-fachen Ausdehnung, dann erfolgt der Pullback. Warum war dieser nicht der Auslöser für den Trade? Er hätte es sein können, wenn man bedenkt, dass das Hoch bei 122 Stunden liegt (Lucas 123 – 1), aber der Trend dauert erst 27 Tage. Wenn wir also auf Stunden-, nicht aber auf Tagesbasis auf einen Zeitbalken treffen, handelt es sich wahrscheinlich nur um einen kleineren Pullback. Sie hätten dieses Signal verwenden können, aber dann wären Sie ausgestoppt worden. Ein 33-Tage/161-Stunden-Cluster ist viel besser als ein 27-Tage/122-Stunden-Cluster. In allen Fällen kommt das Signal dann, wenn das Tief der weißen Kerze unterschritten oder das Hoch der schwarzen Kerze überschritten wird, falls es sich um einen Boden handelt. Das Signal entsteht, wenn die Trendwende das Zeitfenster bestätigt. Das ist Ihr Einstiegspunkt.

Auf einer Skala von 1 bis 10 hoffe ich, dass Sie Ihren Verstand einsetzen können und erkennen, dass mancher Setup besser ist als ein anderer. Ich sage nicht, dass Sie den ersten Setup nicht hätten nutzen sollen, aber ich möchte, dass Sie sehen, was brauchbare oder mittelmäßige von wirklich guten Setups unterscheidet. Manchmal braucht man dazu nur etwas Geduld und die Bereitschaft, eine Chance zu verpassen.

Silber

In *Abbildung 11.6* ist es ebenso. Wir sehen eine vollständige ABC-Korrektur eines flachen Musters, die in der 262. Stunde des Musters endet. Dann steigt der Kurs bis zum finalen Hoch dieser Sequenz, das die bearishe MACD-Divergenz ergibt. In diesem Fall haben wir ein größeres Korrekturmuster, mit dem wir uns beschäftigen können. Man sieht deutlich, dass das Hoch perfekt an der 1,618-fachen Ausdehnung dieser Korrektur liegt. Das geschieht in einem 17-stündigen (Lucas 18 – 1) finalen Trendabschnitt, das im größeren Bild ein Cluster mit dem 79-Tage-Zyklus bildet. Was Kerzendochte betrifft, liegt der Einstiegspunkt oberhalb des Dochts, und man kann einen idealen Stopp über/unter dem Docht setzen.

Falls der Docht außergewöhnlich lang ist, kann man den Stopp-Kurs bei einer bullishen Trendwende unterhalb der weißen Kerze oder bei einer bearishen

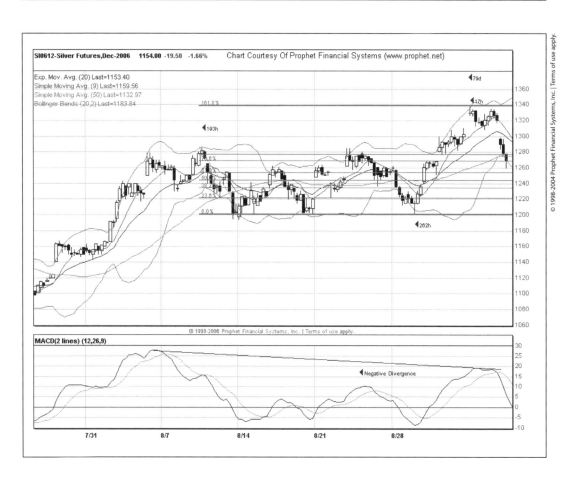

Abbildung 11.6:
Silber-Futures;
1,618-fache Ausdehnung

Wende oberhalb der schwarzen Kerze platzieren. Das Ende des Dochts ist wirklich der richtige Platz für den Stopp, aber natürlich kann man dennoch ausgestoppt werden. Wenn der Docht Sie allerdings davon abhält, den Trade überhaupt durchzuführen, ist das Risiko eines kleinen Verlusts vielleicht besser als das Verpassen einer möglichen starken Kursbewegung. Die Entscheidung liegt bei Ihnen, und sie kann auch vom Marktumfeld abhängen. Denken Sie daran: Wenn der Kerzendocht zu lang ist, können Sie immer noch Ihren Stopp anpassen, indem Sie einen kürzeren Zeitrahmen wählen.

Haben Sie diesen Punkt verstanden? Ich hoffe es jedenfalls, denn wenn Sie wissen, wonach Sie suchen und das Zutrauen haben, dass das Gesuchte tatsächlich das ist, was Sie sehen, dann werden Sie viel schneller lernen, darauf zu vertrauen. Da ich keinen Mentor hatte, musste ich selbst lernen, diesen Setups zu vertrauen, und das dauerte seine Zeit. Sie müssen immer versuchen, möglichst viele entscheidende Punkte zu bekommen: Divergenzen, zeitliche Berechnungen und Fibonacci-Ziele. Da der Markt Ihnen nicht immer perfekte Setups bietet, entscheiden Sie sich vielleicht für den Einstieg, wenn keine Divergenz vorliegt (vor allem wenn Sie zu den aggressiveren Tradern zählen). Beim Einstieg ohne Divergenz sollten Sie allerdings einen kürzeren Zeitrahmen wählen und sich darauf vorbereiten, viel schneller wieder auszusteigen. Wenn Sie einen Stundenchart beobachten und ein Fibonacci-Ziel sowie einen Zeitbalken im Sinn haben, müssen Sie vielleicht zum 15-Minuten-Chart wechseln, um eine Divergenz zu entdecken. Wenn man zu einem kürzeren Zeitrahmen wechselt, findet man immer eine Divergenz, aber der Trade und der Gewinn fallen dann kleiner aus.

Trader-Tipp

Sie können mit beweglichen Stopps in Hausse-Phasen Ihre Long-Positionen und in Baisse-Phasen Ihre Short-Positionen aufrechterhalten. Lassen Sie sich vom Markt ausstoppen und lassen Sie Ihre Gewinner laufen.

Die Berechnung von Kurszielen mit hoher Erfolgswahrscheinlichkeit

Die Messung von Ausdehnungspunkten von verschiedenen Retracement-Niveaus aus ist nicht so verbreitet wie Divergenz-Trades, aber sie ist sehr zuverlässig. Sehen wir uns einige einschlägige Fallstudien an.

Arch Coal

Eine der wichtigsten Übungen zum Setzen von Kurszielen ist die Messung von B-Wellen, um das Ende der C-Wellen abschätzen zu können. In *Abbildung 11.7* ist das zu sehen. An den Fibonacci-Linien erkennen Sie, dass wir bei 26 ein sehr gutes Ziel für das Tief haben. Wir haben bisher noch nicht viel über Ausstiegsstrategien gesprochen, aber Sie können mit beweglichen Stopps in Hausse-Phasen Ihre Long-Positionen und in Baisse-Phasen Ihre Short-Positionen aufrechterhalten. Lassen Sie sich vom Markt ausstoppen und lassen Sie Ihre Gewinner laufen.

Wenn Sie schon sehr frühzeitig das Fibonacci-Ziel 1,61 eingezeichnet haben, dann haben Sie eine sehr genaue Vorstellung davon, wo der Boden liegen könnte. Und am Tief gibt es ein Cluster von Fibonacci-Kurszielen, Zeit und einem Morning-Star-Muster. Das ist ein guter Hinweis darauf, wo Sie Ihre Leerverkaufspositionen glattstellen sollten, falls Sie nicht schon zuvor durch die starken Kursschwankungen bis zum Erreichen des Bodens ausgestoppt worden sind.

Hier ist auch noch ein weiterer Faktor im Spiel. Wenn Sie die erste Welle nach unten von etwa 40 bis 34 nehmen und an der 90-Stunden-Marke vom Hoch der zweiten oder B-Welle aus messen, erkennen Sie eine Projektion bis 26. Dieses Gebiet repräsentiert auch die übliche 1,618-fache Ausdehnung, die wir im ersten Teil dieses Buchs erörtert haben. Die normalen Fibonacci-Ausdehnungen stehen nicht zwangsläufig im Einklang mit diesen fortgeschrittenen Fibonacci-Berechnungen, die die Ausdehnung von Kurskorrekturen messen. Manchmal tun sie es aber doch, und wenn es ein Cluster beider Methoden an derselben Stelle im Chart gibt, dann handelt es sich um eine Trendwende mit hoher Erfolgswahrscheinlichkeit. Gewöhnen Sie sich daran, die Extensionen

Abbildung 11.7:
Arch Coal;
das 1,618-fache
der B-Welle führt
zum Ende der
C-Welle

der normalen und der fortgeschrittenen Fibonacci-Berechnungen einzuzeichnen. Wenn an einer bestimmten Stelle alles miteinander im Einklang steht, dann haben Sie Ihren Wendepunkt mit hoher Gewinnwahrscheinlichkeit gefunden.

Abbildung 11.8 zeigt die vergrößerte Darstellung der Kursentwicklung in der Nähe des Bodens im selben Chart. Beachten Sie die Morning-Star-Kerze in der 260. Stunde des Musters und wie die große weiße Kerze die vorherigen fünf schwarzen Kerzen auf dem Weg nach unten umfasst. In diesem Fall ergibt sich ein Kursziel größeren Ausmaßes durch zwei Fibonacci-Ausdehnungspunkte, einen Stundenbalken und eine schöne positive MACD-Divergenz. Es gibt auch einen Kerzendocht, und man kann einsteigen, wenn das Hoch des 260. Balkens überschritten wird, das bei etwa 26,60 liegt.

Viele Trader haben noch nie so detailliert dargestellte Setups gesehen. So sehen Sie aus. Andere Bücher zeigen Ihnen die normalen Fibonacci-Ausdehnungen, manche zeigen sogar die Ausdehnungen nach der B-Welle früher im Muster. Aber kein anderes Buch kombiniert dies mit der 260. Stunde des Musters. Einige Bücher über Candlestick-Analyse zeigen Ihnen den Morning Star, was in Ordnung ist, und andere zeigen Ihnen die MACD-Divergenz, die für sich selbst ge-

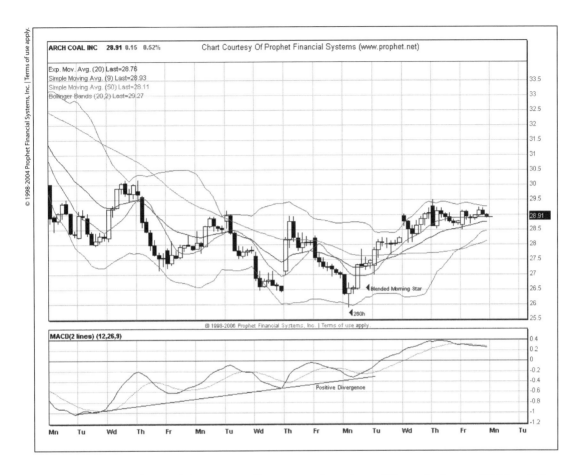

Abbildung 11.8:
Arch Coal; Darstellung der Kursentwicklung in der Nähe der Bodenbildung

nommen kein Signal ist, auf dessen Grundlage man agieren kann. Wenn wir aber alle Faktoren in diesem Chart miteinander kombinieren, erhalten wir ein unglaublich starkes System zur Mustererkennung. Es ist fast unschlagbar. Ich sage das, weil es an der Börse niemals eine eiserne, 100-prozentige Erfolgsgarantie gibt, aber näher als mit diesem System wird man ihr nicht kommen.

Beazer Home

Bei Beazer *(Abbildung 11.9)* sehen wir ein Cluster von zwei Ausdehnungspunkten nach Korrekturen. Wie bei der B-Welle liefert uns die Messung der Ausdehnung nach einer zweiten Welle oft einen Kurspunkt, der auf das Ende des gesamten Musters abzielt. Wir haben das schon zuvor gesehen, als die Messung nach der B-Welle ein sehr genaues Ziel für die gesamte Baisse an der NASDAQ von 2000 bis 2002 ergab. Dieser Chart spricht für sich selbst. Beachten Sie, wie sich das Muster genau in der 161. Stunde der zweiten Hälfte dieses Musters und am 165. Tag des gesamten Musters vervollständigt. Beachten Sie, dass es auch eine kleine Divergenz mit dem Tief der A-Welle in der Nähe des 14. August in

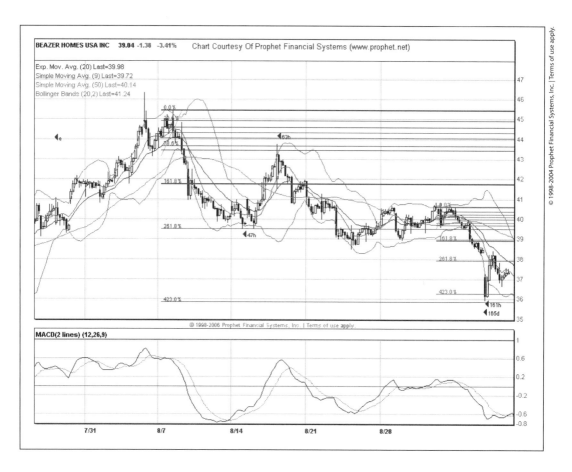

Abbildung 11.9:
*Beazer;
Cluster von zwei
Extensionspunkten
nach Korrekturen*

der 47. Stunde gibt. Es gibt eine weitere Divergenz in der Woche vom 21. August in der 39. Stunde. Dieser spezielle Balken ist eine High-Wave-Kerze. Sie impliziert an diesem Punkt Unsicherheit über den Abwärtstrend, und es beginnt eine kleine Korrekturbewegung nach oben. Nur die aggressivsten Trader sollten solche Trades durchführen. Am Ende zeigen die zwei weißen Kerzen am Boden (ein bullishes Muster) den Punkt, an dem Sie einen Long-Trade starten können. Der Einstieg erfolgt knapp über 37, ein wenig oberhalb der weißen Kerze, wo die schwarze Kerze überstiegen wird.

Rohöl, Dow Transportation Average

Wenn Sie sehen wollen, wie zuverlässig diese Berechnung ist, dann schauen Sie sich den Rohölchart in *Abbildung 11.10* an. Die 4,23-fache Ausdehnung der zweiten oder B-Welle erwischte ein Tief am 34. Tag des Musters. Das war ein unglaublich heftiger Abwärtstrend, aber dennoch gab es Erholungsphasen. Wenn man für längere Zeit als für einen Intraday-Trade eine Long-Position aufgebaut hätte, wäre man ausgestoppt worden. Man wird ausgestoppt! Aber das ist

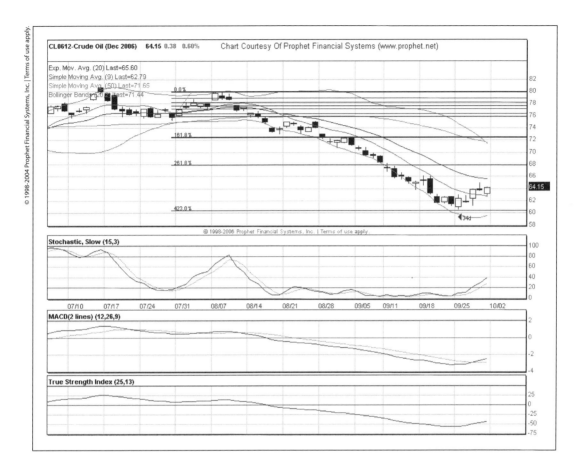

eine Extremsituation, die nicht oft vorkommt. In den meisten Fällen bietet eine 4,23-fache Extension zumindest eine schöne Reaktion gegen den Trend. Im Chart des Dow Transportation Average *(Abbildung 11.11)* ist das der Fall. Dieser Chart bietet eine Variation über das Thema, wie man solche Berechnungen messen sollte. Bei Dreiecksformationen besteht die Fibonacci-Praxis in der Regel darin, den breitesten Teil des Dreiecks zu messen und dies als Maß für die Abschätzung der Kursbewegung nach dem Ende der Formation zu verwenden. Wir haben dieses Konzept schon am Anfang des Buchs erörtert, haben dabei aber auch festgestellt, dass es nicht gut funktioniert, wenn das Dreieck eine B-Welle und keine vierte Welle ist.

In *Abbildung 11.11* messen wir den Beginn des Dreiecks nicht bis zum Tief, sondern bis zum Ende des Dreiecks. Von dort aus kann man die verschiedenen Ausdehnungspunkte sehen und einen Chart, der sein Top genau bei der 4,23-fachen Ausdehnung erreicht. Im Gegensatz zum eben besprochenen Rohölchart bot diese Entwicklung eine gute Tradingchance in die andere Richtung. Die Wellen in diesem Chart sind schwer zu zählen, aber der 123. Tag nach dem April-Tief und der 262. Tag am Hoch sollten Hilfe bieten.

Abbildung 11.10:
Rohöl;
4,23-fache
Ausdehnung

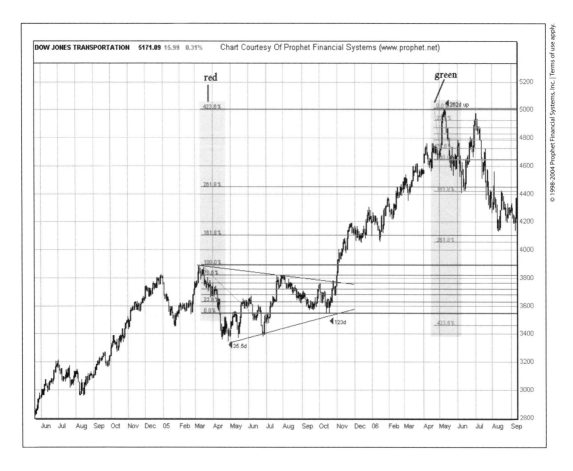

Abbildung 11.11:
Dow Transportation Average

Während wir über diesen Chart sprechen, möchte ich Ihnen noch eine weitere Situation mit hoher Gewinnwahrscheinlichkeit vorstellen, die Sie davor bewahren kann, am Boden der ersten Welle eines neuen Musters leerzuverkaufen. Folgen Sie den grünen Ausdehnungslinien in der Nähe des Tops. Wir messen den allerletzten Abschnitt des alten Aufwärtstrends, um ein angemessenes Ziel für den Boden der ersten Welle des neuen Trends zu erhalten. Wie Sie sehen, ist die 1,618-fache Ausdehnung des letzten Trendabschnitts nach oben ein guter Zielpunkt für den Boden der ersten Welle. Wir sehen das auf vielen Charts. Dieses Wissen bringt Ihnen zwei Vorteile. Erstens wird es Sie davon abhalten, bei einem erneuten Test des Hochs leerzuverkaufen. Zweitens: Wenn es eine erste oder A-Welle nach unten gibt, die genau dem 1,618-fachen des letzten kleinen Trendabschnitts nach oben entspricht, dann ist dies ein unglaublicher Punkt, was die Mustererkennung betrifft. Im Gegensatz zu Pullbacks, nach denen sich der Trend fortsetzt, sind Trendabschnitte mit solchen Maßen ein Hinweis darauf, dass das vorherige Muster vorbei ist und dass ein neues Muster begonnen hat. Einfach ausgedrückt: Wenn ein Rückschlag nach einem Hoch dem 1,618-fachen des letzten Abschnitts des vorherigen Trends entspricht,

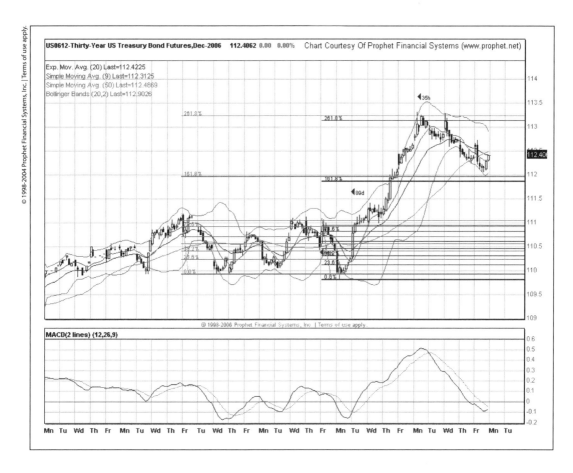

dann ist es sehr wahrscheinlich, dass der umfassendere, längerfristige Trend von aufwärts zu abwärts gedreht hat.

US-Staatsanleihen, Stundenchart

Abbildung 11.12 zeigt noch einmal das Konzept der Messung von Ausdehnungen nach Korrekturen, diesmal am Beispiel eines Stundencharts der US-Staatsanleihen. Auch hier handelt es sich um eine flache ABC-Korrektur innerhalb eines Aufwärtstrends, wobei die Ausdehnung das Top der Bewegung erreicht. Der letzte Trendabschnitt dauerte 35 Stunden. Er sank dann bis in den Bereich von 110, seit dieser Chart ins Buch aufgenommen wurde. Denken Sie daran: Wenn wir diese Charts in Echtzeit beobachten, wissen wir nicht, ob es zu einer Ausdehnung um das 1,618-fache, das 2,618-fache oder das 4,23-fache kommen wird.

Als der Kurs auf dem Weg nach oben bei 112 das Niveau der 1,618-fachen Ausdehnung überstieg, wuchs die Wahrscheinlichkeit einer 2,618-fachen Ausdehnung. Natürlich braucht man in der Hitze des Geschehens ein gewisses Maß

Abbildung 11.12: US-Staatsanleihen; Stundenchart, 2,618-fache Ausdehnung

Denken Sie daran

Warten Sie auf einen Hinweis darauf, dass der Chart die Tendenz respektiert.

Wenn es ein Cluster aus Zeit (37 Stunden), Kurs (2,618-fache Ausdehnung) und Kerze (Morning Star) gibt, sollte das der entscheidende Hinweis für Sie sein.

an Geduld, um einem solchen Trade treu zu bleiben, vor allem, wenn es sich um eine Bewegung mit starken Ausschlägen nach oben und unten handelt. Wenn Sie schon längere Zeit engagiert gewesen wären, dann hätten Sie höchstwahrscheinlich mit einem beweglichen Stopp gearbeitet und wären nicht ausgestoppt worden. Zudem waren die gleitenden Durchschnitte in dieser starken Bewegung nicht gefährdet.

Eine weitere Beobachtung bei diesem Chart besteht darin, dass alles zusammenpasst, mit Ausnahme einer Divergenz. Außerdem handelt es sich um eine Doppeltop-Situation. Beachten Sie, wie der MACD angesichts des zweiten Hochs zurückgeht. Man hätte zum 15-Minuten-Chart übergehen müssen, um eine gute MACD-Divergenz zu erwischen. Das bedeutet natürlich auch, dass Sie diesen Trade auf einer kürzeren Zeitskala hätten beginnen müssen, unabhängig von der späteren Entwicklung.

Harley Davidson

Hier sind einige weitere Beispiele dafür, was passiert, wenn wir den letzten Abschnitt eines Musters gegen den Beginn eines neuen Trends messen. *Abbildung 11.13* zeigt den Stundenchart von Harley Davidson. Sehen Sie sich die Entwicklung beim letzten kleinen Trendabschnitt nach oben an, den ich mit einem kleinen Dreieck gekennzeichnet habe. Wie Sie sehen, gibt es eine große weiße Kerze am Kurspunkt 64,50, der uns direkt bis zum Top führt. Wenn Sie dann den neuen Abwärtstrend betrachten, sehen Sie die Vollendung einer A-Welle ganz in der Nähe der roten 2,618-Extensionslinie des letzten kleinen Trendabschnitts nach unten.

Vielleicht fragen Sie sich, warum es keinen Boden an der 1,618-Extensionslinie gab. Die Antwort lautet, dass wir hier über Tendenzpunkte mit hoher Eintrittswahrscheinlichkeit sprechen. Es handelt sich hier nicht um ein Wunschkonzert, wie ich schon mehrmals ausgeführt habe. Wenn Sie nach dem Punkt der 1,618-fachen Ausdehnung als Ende der ersten Welle nach unten suchen, bekommen Sie sie vielleicht. Aber wie wollen Sie das wissen? Sehen Sie sich *Abbildung 11.13* an. Als bei etwa 63,60 der Punkt der 1,618-fachen Ausdehnung erreicht wird, geschieht dies bei einer großen schwarzen Kerze, nicht wahr? Das Wichtigste, wonach man suchen muss, ist ein Kerzen-Trendwendebalken. Wenn er nicht auftritt, dann gibt es dort wahrscheinlich auch keinen Boden, sondern allenfalls eine kleine Gegenbewegung. Ich möchte, dass Sie sich Folgendes merken: Warten Sie auf einen Hinweis darauf, dass der Chart die Tendenz respektiert. Es könnte auf 1,618, 2,618 oder 4,23 hinauslaufen. In diesem Fall erhalten wir einen kleinen Morning Star in der Nähe der 2,618-fachen Ausdehnungslinie, die zudem eine Abwärtsbewegung von 37 (Fibonacci 38 – 1) Stunden markiert. Das ist Ihr Hinweis.

Wenn es ein Cluster aus Zeit (37 Stunden), Kurs (2,618-fache Ausdehnung) und Kerze (Morning Star) gibt, sollte das der entscheidende Hinweis für Sie sein. Wenn Sie leerverkauft haben, müssen Sie nun wirklich Ihre Stopp-Kurse nachziehen, um Ihre Gewinne nicht wieder abgeben zu müssen. Wenn Sie hier wegen des Trendabschnitts, der das Hoch erneut testet, eine Long-Position aufbauen wollen, dann ist dies Ihre Chance. Wenn Sie daran denken, an dieser Stelle leerzuverkaufen, dann sollten Sie das vergessen. Führen Sie diese Progression einen Schritt weiter und folgen Sie den grünen Retracement-Linien in die andere Richtung. Wir messen den letzten kleinen Abschnitt des Abwärtstrends und den ersten Abschnitt nach oben beim erneuten Test, der beim 1,618-fachen Ausdehnungspunkt auf bedeutenden Widerstand stößt. Es gibt dort einen wirklich kurzen Kerzendocht; der Einstiegspunkt liegt also gleich oberhalb der schwarzen Kerze vor dem 37-Stunden-Balken, direkt neben der Vollendung des Morning Star.

Abbildung 11.13: *Harley Davidson; Stundenchart, Ausdehnung des letzten Trendabschnitts nach oben*

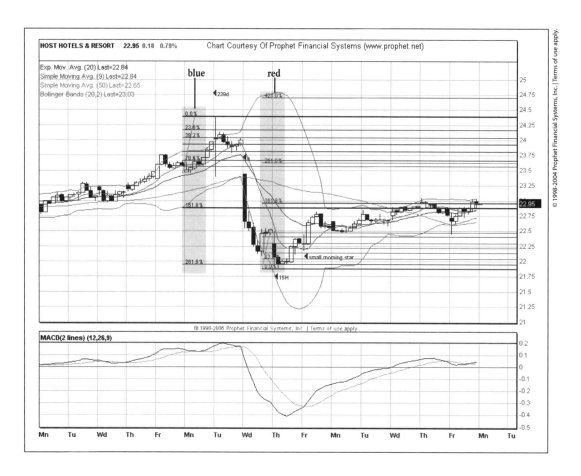

Abbildung 11.14:
2,618-fache Ausdehnung bei Host Hotels, Stundenchart

Host, Stundenchart

Abbildung 11.14 hat den gleichen Schwerpunkt. Es handelt sich um einen Stundenchart von Host Hotels. Er misst den letzten Abschnitt des Aufwärtstrends, der an einer lehrbuchmäßigen High-Wave-Kerze endet. Zur Erinnerung: High-Wave-Kerzen (kleiner Körper, lange Dochte in beide Richtungen) stellen für den vorherrschenden Trend eine große Gefahr dar. Trends leben von Sicherheit und Überzeugung. High-Wave-Kerzen sprechen für Unsicherheit und Konfusion unter den Marktteilnehmern. Hier beginnt ein Pullback, die große schwarze Kerze durchbricht die 1,618-fache Ausdehnung, und es ist ganz offensichtlich, dass sie dort nicht Halt machen wird. In diesem Fall spricht vieles dafür, dass das nächste Niveau (2,618) erreicht wird. Und genau das passiert auch. Der Kurs erreicht ein Tief im 15- bis 16-Stunden-Fenster. Drei Balken später sehen wir eine schöne weiße Kerze, die sich als Morning-Star-Muster herausstellt.

Sehen wir uns auf der anderen Seite die roten Retracement-Linien an. Wenn wir den letzten Trendabschnitt nach unten messen, erhalten wir ebenfalls einen 1,618-Ausdehnungspunkt, der sich auf dem erneuten Weg nach oben als Wider-

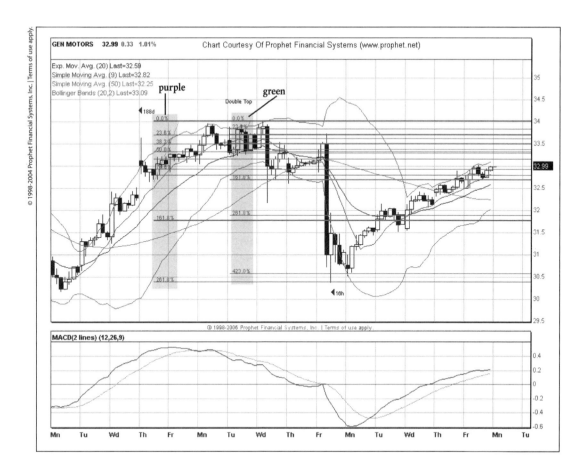

Abbildung 11.15:
2,618-fache Ausdehnung bei General Motors, Stundenchart

stand herausstellt. Der Kurs erreicht auf dem Weg nach oben in der 34. Stunde diese rote 1,618-Widerstandslinie. Wieder haben wir ein Cluster aus Kurs (Fibonacci-Ausdehnungspunkt) und Zeit (34 Stunden). Was fehlt hier? Es gibt kein Kerzen-Trendwendemuster, also wird diese Linie unvermeidlicherweise erneut getestet. Wenn Sie an solchen Linien Trades beginnen wollen, dann brauchen Sie möglichst viele Argumente, die dafür sprechen. Sie brauchen nicht zu befürchten, dass Sie einen Setup verpassen. Es kommt immer wieder ein neuer, aber Sie brauchen das nötige Kapital, um davon profitieren zu können.

General Motors

Unser letztes Beispiel für dieses Konzept ist ein Stundenchart von General Motors *(Abbildung 11.15)*. Sie sehen hier ein echtes Doppeltop, weil es am Montag eine dunkle Wolke bei 33,97 und zwei Tage später ein finales Hoch bei 34 gibt. In der zeitlichen Zählung (hier nicht gezeigt) liegt das erste Hoch am 190. Tag des Trends (Fibonacci-Ableitung 189 + 1) und das Doppel in der 48. Stunde des letzten Trendabschnitts. Wir messen hier die Ausdehnungen nach beiden fina-

Denken Sie daran
Das entscheidende Element bei diesen fortgeschrittenen Fibonacci-Ausdehnungstechniken ist Geduld. Sie müssen bereit sein zu warten, bis der Chart Ihnen entgegenkommt.

len Trendabschnitten (grün und purpur). Dies ist eine sehr komplizierte Situation, und ich zeige sie hier, weil ich Ihnen schon genug leicht zu erkennende Setups präsentiert habe und weil Ihnen der Markt in den meisten Fällen Komplizierteres präsentieren wird. Sie werden wissen, was Sie tun müssen, wenn Sie am Marktgeschehen teilnehmen wollen.

In diesem Fall entscheidet sich der Markt für eine Bodenbildung bei der 2,618-fachen Ausdehnung, die durch die purpurfarbene Linie nach dem ersten finalen Trendabschnitt nach oben bezeichnet wird. Sehen Sie, wie nahe diese 2,618-fache Ausdehnung den grünen 4,23-Extensionslinien nach dem zweiten und letzten Hoch sind. Wenn sich der Trend dreht, müssen Sie diese Ausdehnungslinien einzeichnen und warten, bis der Kurs Ihnen entgegenkommt. Der Einstieg für einen Leerverkauf liegt direkt unterhalb dieser letzten weißen Kerze am Mittwoch, wenn sich die große schwarze Kerze entwickelt.

Das entscheidende Element bei diesen fortgeschrittenen Fibonacci-Ausdehnungstechniken ist Geduld. Sie müssen bereit sein zu warten, bis der Chart Ihnen entgegenkommt. Wie schafft man das am besten? Stellen Sie sich im Voraus eine Beobachtungsliste aus 10 bis 15 Charts zusammen, die Sie ständig aktualisieren. Das funktioniert wie ein Riesenrad. Bei einigen Charts können Sie sofort einsteigen, bei anderen müssen Sie warten, bis sich das Rad gedreht hat.

Was passiert, wenn Sie warten, bis ein Chart auf 1,618 läuft, der sich dann aber weiterbewegt? Warten Sie darauf, dass er bis 2,618 läuft. Und wenn es dort keine Trendwende gibt? Warten Sie, dass er bis 4,23 läuft. Und wenn er dann immer noch nicht dreht? Vergessen Sie ihn und suchen Sie sich einen anderen Chart. Und wenn er irgendwo zwischen 1,618 und 2,618 dreht? Allgemein würde ich dazu raten, hier nicht einzusteigen. Wahrscheinlich handelt es sich um einen kurzfristigen Kursausschlag, der dazu führen würde, dass Sie schließlich ausgestoppt werden. Einen solchen Trade sollten Sie nur dann starten, wenn es einen perfekten Zeitbalken und ein Kerzen-Trendumkehrmuster gibt. Denken Sie daran: Die Märkte tun, was sie wollen und wann sie es wollen. Sie müssen diesen Tendenzen nicht folgen. Ich zeige Ihnen in diesem Kapitel, die Tendenzen mit der höchsten Erfolgswahrscheinlichkeit, die Ihnen die besten Chancen auf Gewinne bieten. Sie wollen bei jedem Trade die besten Erfolgschancen haben.

Kauf bei Rückschlägen und Verkauf in Rallyes

In den Kapiteln über Wellenrotation und im Abschnitt über O'Neils *Investors Business Daily* haben wir gesehen, dass Ihnen diese Zyklen die Möglichkeit bieten, die einzigartigen Rhythmen der Finanzmärkte zu verstehen. Sie müssen dazu eine Menge Geduld entwickeln. Am besten ist es, auf ein Cluster von Zeitbalken in einem Zyklus von Hoch zu Hoch oder von Tief zu Tief zu warten. Und dann warten Sie auf ein Kerzensignal, das Ihnen zeigt, dass die Kursentwicklung dieses Zeitfenster tatsächlich respektiert.

S&P-500

Sie sehen hier zwei Wochencharts des S&P-500 *(Abbildungen 11.16 und 11.17)*. *Abbildung 11.18* ist eine detailliertere Darstellung der Indexentwicklung. Sehen Sie sich die Charts nacheinander an und sehen Sie, wie die Konzepte zusammenwirken. Wieder einmal beziehen sich diese Konzepte auf sämtliche Zeitrahmen. Wir sehen hier eine exzellente Entwicklung nach einem sehr wichtigen Trendwende-Tief im August 2004. Der erste Rückschlag endet nach einem elfwöchigen Zyklus von Tief zu Tief, aber das Kaufsignal wäre der Zeitzyklus in Kombination mit der großen weißen Kerze. Ihr Einstiegspunkt liegt dort, wo die weiße Kerze die schwarze Kerze aus der 10. Woche übersteigt.

Die nächste Kaufgelegenheit gibt es nach einer siebenwöchigen Korrektur, die mit einem Harami-Muster endet. Dieser siebenwöchige Pullback bildet ein Cluster mit einem längeren 26-wöchigen Zyklus von Tief zu Tief nach dem letz-

Abbildung 11.16: Wochenchart des S&P-500

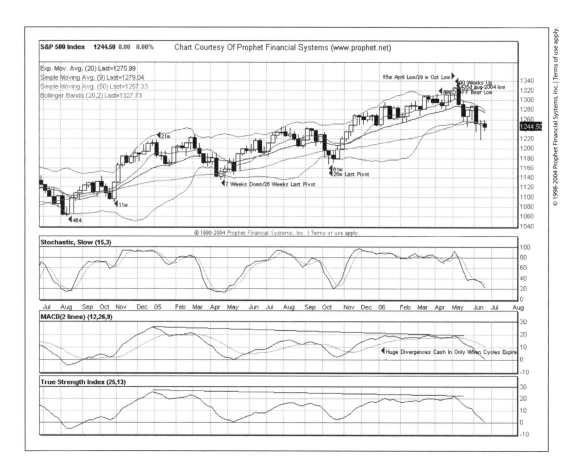

Abbildung 11.17: Wochenchart des S&P-500 mit technischen Indikatoren.

ten wichtigen Wendepunkt. Braucht man dieses Cluster unbedingt? Nein, aber die Erfolgswahrscheinlichkeit steigt exponentiell, wenn es eine Kombination von zwei Zeitperioden gibt und dann auch noch eine passende Kerzenformation auftritt. Wo liegt der Einstiegspunkt? Es handelt sich um einen schwierigen Harami mit einem kleinen weißen Balken neben einer großen schwarzen Kerze. In solchen Situationen ist es das Beste, zum täglichen Zeitrahmen überzugehen. Die nächste Gelegenheit kommt, als in der 61. Woche des Musters ein Tief auftritt, das zudem 26 Wochen nach dem letzten Trendwendetief liegt. Hier endet auch eine elfwöchige Korrektur. Sie haben also jede Menge Munition, aber noch kein Kaufsignal. Zwei Wochen später, am 63. Balken, tritt die schöne weiße Kerze auf, die bestätigt, dass man jetzt den Trade starten sollte.

Sie haben gesehen, dass die Zeitbalken funktionieren, und sollten sich nun die Fibonacci-Kurs-Retracements ansehen. Es gibt hier drei verschiedene Situationen. Zunächst gibt es nach dem Tief ein 61-prozentiges Retracement der ersten Welle nach oben. Die zweite Beschleunigung ist ein Pullback von etwas mehr als 61 Prozent der Bewegung nach dem Tief von Welle 2. Der dritte Pullback (nur grüne Linien) ist ein Retracement von etwas mehr als 61 Prozent der

Bewegung nach dem Tief vom April. C entspricht 1,618*A, gemessen vom Hoch der B-Welle.

Ich habe Ihnen das auf zwei separaten Charts gezeigt, weil ich möchte, dass Sie in Begriffen von Kurs-Retracements und in Begriffen von Zeit denken. Das sind die Situationen, nach denen Sie Ausschau halten sollten. Oft sehen Sie eine bestimmte Kombination dieser Signale, die nicht perfekt ist, und vielleicht werden Sie ein, zwei Mal ausgestoppt, während Sie versuchen, in einen Trade einzusteigen.

Wir haben diesen Chart ja schon einmal gesehen. Vergleichen Sie, wie diese Zeitzyklen zu den gleitenden Durchschnitten passen, die von professionellen Tradern verwendet werden. Wir werden gleich zu einer Strategie kommen, die gleitende Durchschnitte verwendet, aber Sie können sehen, welch wichtigen Beitrag die zeitlichen Balken dazu leisten, bei einer Kursreaktion einzusteigen. Diese Charts geben den Trendfolgern, die auf gleitende Durchschnitte achten, die Chance zu sehen, wie ihre Methode mit der Fibonacci-Kurs- und Zeitdisziplin funktioniert. Ebenso erhalten die Elliott- und Fibonacci-Anhänger eine neue Perspektive dessen, wie die Trendfolger eine solche Situation beurteilen.

Abbildung 11.18:
Wochenchart des S&P-500, detailliertere Darstellung der Indexentwicklung

Die Zeitbalken sind die einzigartige Sprache des Markts und helfen beiden Gruppen.

NASDAQ-E-mini

Der nächste Chart, der NASDAQ-E-mini, betrifft ein ähnliches Konzept *(Abbildung 11.19)*. Wir kombinieren hier lediglich die Elemente von Kurs und Zeit. Wir wechseln vom wöchentlichen zum Intraday-Zeitrahmen. In diesem Fall sehen wir eine einfache ABC-Entwicklung nach oben. Wir zeichnen die Kurs-Retracements nach beiden Wendepunkten ein. In bullishen Bewegungen endet ein Pullback im Bereich des 38-prozentigen Retracement-Niveaus. In diesem Beispiel sehen wir ein Cluster von zwei 38-prozentigen Retracement-Punkten.

Das Zeitelement ist aus folgendem Grund wichtig: Wenn Sie mit 5-Minuten-Charts arbeiten, dann wissen Sie, wie schnell die Entwicklung verläuft und wie leicht einem Fehler unterlaufen, die von Emotionen verursacht werden. Es handelt sich um einen Aufwärtstrend, und Sie wollen dabei sein. Der Kurs muss aber nicht am 38-Prozent-Cluster drehen. Letztlich erhalten wir ein Kurs-Clus-

Abbildung 11.19:
NASDAQ-E-mini;
5-Minuten-
Fibonacci-Cluster

ter, und ohne einen guten Zeitbalken wird der Kurs weiterlaufen. Ich möchte Sie hier auf die Bedeutung des Zusammenwirkens von Kurs und Zeit hinweisen. Es handelt sich um einen Trade mit sehr hoher Gewinnwahrscheinlichkeit. Balken 14 bestätigt die Kursentwicklung mit einer schönen weißen Kerze. Innerhalb der folgenden Stunde erfolgt eine Bewegung, die 13 Punkte umfasst. Je nachdem, wie viele Kontrakte Sie traden, könnten Sie an diesem Tag zwischen 260 und 1300 Dollar verdienen.

Abbildung 11.20 zeigt einen weiteren Intraday-Chart. Das gleiche Konzept gilt auch hier. Wie Sie sehen, gibt es ein doppeltes 38-Prozent-Cluster, wenn wir die Fibonacci-Retracement-Linien ab den beiden niedrigeren Trendwendepunkten einzeichnen. Sie können leicht erkennen, dass es zwei 38-Prozent-Linien gibt. Als dieser Pullback beginnt, wissen wir dann schon, für welche von beiden sich der Chart entscheiden wird? Hier in diesem Buch können wir sehen, was geschah, aber mein wahres Anliegen besteht darin, Ihnen Tendenzen mit höherer Erfolgswahrscheinlichkeit aufzuzeigen. Wenn Sie sich nur auf die Kursentwicklung verlassen, werden Sie verwirrt sein und die Gelegenheit vielleicht nicht erkennen, wenn sie sich bietet. Candlestick-Experten sagen Ihnen sogar

Abbildung 11.20: *NASDAQ-E-mini; doppeltes 38-Prozent-Cluster*

mit Recht, dass man sich auf ein einzelnes Kerzenmuster nicht verlassen kann. Wir haben das in Kapitel 4 erörtert.

Sehen wir uns an, was dann geschah. Wir erreichen die erste 38-Prozent-Linie, als wir zum Zyklusfenster zwischen dem 60. und dem 62. Balken gelangen. Dies ist der Grund, warum wir im ganzen Buch die Zeitdimension erörtert haben. Zudem gibt es eine bullishe Trendwende genau am richtigen Punkt. Der Einstieg sollte direkt über dem Hoch des schwarzen Balkens des Trendwendemusters erfolgen. Hier treffen Kurs, Zeit und Kerzenformation zusammen. Wenn Sie diese Art von Setup sehen, müssen Sie gar nicht mehr nachdenken. Sie sollten automatisch agieren. Die Zeitdimension ist Ihr Werkzeug zur Mustererkennung, die das Kurs-Retracement bestätigt. Hinzu kommt die Kerzenformation. Sie müssen nicht darüber nachdenken, dass es sich hier um eine Falle handeln könnte. Als Trader wollen wir gewinnbringende Situationen erkennen und in der Lage sein, aktiv zu werden.

Die andere Seite der Medaille: Trader neigen dazu, zur falschen Zeit am falschen Ort aktiv zu werden, weil sie keine gute Methode zur Mustererkennung haben. Daher handeln sie emotional. Genau dies führt zu Verlusten. Nach einer Reihe von Verlusten schwindet das Selbstvertrauen dahin und verabschiedet sich dann vollständig. Gleiches gilt für Ihr Tradingkonto und Ihre Karriere als Trader. Und genau das möchte ich verhindern!

Der Kauf nach Korrekturen

Die letzten Charts zeigen Ihnen die Strategie des Kaufs nach einer Korrektur oder einem Kursrückgang. Sie sind insofern simpel, als Sie nichts weiter tun müssen als die Retracement-Linien einzuzeichnen und die Balken zu zählen. In der Regel gibt es im Chart einen Punkt mit höherer Erfolgswahrscheinlichkeit, den man erkennen kann. In Märkten mit starken Trends gibt es eine Tendenz zu Retracements um 38 Prozent. Und es gibt noch eine weitere einfache Möglichkeit, nach Kursrückgängen oder Korrekturen zu kaufen.

Altria Group

Viele Trader beobachten zwei gleitende Durchschnitte, um einen Trend zu definieren. Der gleitende 50-Perioden-Durchschnitt ist ausgezeichnet, aber kurzfristig ist auch der gleitende 20-Perioden-Durchschnitt sehr gut, wie wir schon früher dargelegt haben. Manche Leute bevorzugen einen exponentiellen, andere einen einfachen gleitenden Durchschnitt. Die verschiedenen Charts in diesem Buch legen nahe, dass dies keinen großen Unterschied ausmacht. Wir konzentrieren uns hier ohnehin auf die Kursbalken. Die gleitenden Durchschnitte verwenden wir, weil sie visuell weniger Berechnungen erfordern.

In diesem Tageschart von Altria Group *(Abbildung 11.21)* gab es eine 21-tägige Korrektur, die sich im September vervollständigte. Hier handelt es sich um eine Ak-

Abbildung 11.21: Altria Group; Tageschart, Trend mit gleitendem 20-Tage-Durchschnitt

tie in einem starken Trend, die am 35. Tag des Trendabschnitts einen Pullback zum 20-Tage-Durchschnitt vollzog. Am nächsten Tag gab es ein Gap nach oben, das ein Kaufsignal war. Ich habe dies zwar nicht in diesen Chart aufgenommen (den Trendfolgern zuliebe), aber die kleine Korrektur am 35. Tag endet am 38-Prozent-Retracement der Aufwärtsbewegung bis zu diesem Punkt. Beachten Sie, wie sich der Trend fortsetzt, und dass es am 56. und am 63. Tag Pullbacks bis zum 20-Tage-Durchschnitt gibt. Die Australier unter Ihnen kennen eine etwas andere Version von Altria Group an der Börse Sydney, aber die Prinzipien sind die gleichen.

Biotech HOLDRs

Wir haben diesen BBH-Chart in diesem Buch schon mehrmals gesehen. Zum besseren Verständnis habe ich die 20- und 50-Tage-Durchschnitte hinzugefügt *(Abbildung 11.22)*. In einem Markt mit starkem Trend gibt es am 21., 34., 61. und 79. Zeitbalken Pullbacks zum gleitenden 20-Perioden-Durchschnitt. Jede dieser Situationen bietet die Möglichkeit, nach einem Kursrückgang zu kaufen. Wir haben viel Zeit mit der Erörterung verbracht, was man tun soll, wenn es eine MACD-Divergenz gibt. Hier sehen Sie einen Trade mit hoher Erfolgswahrscheinlichkeit in einem reinen Trendumfeld ohne Divergenz. Balken 34 des gleitenden Durchschnitts ist auch ein 38-Prozent-Retracement nach dem Sekundärtief dieses Trends Anfang April.

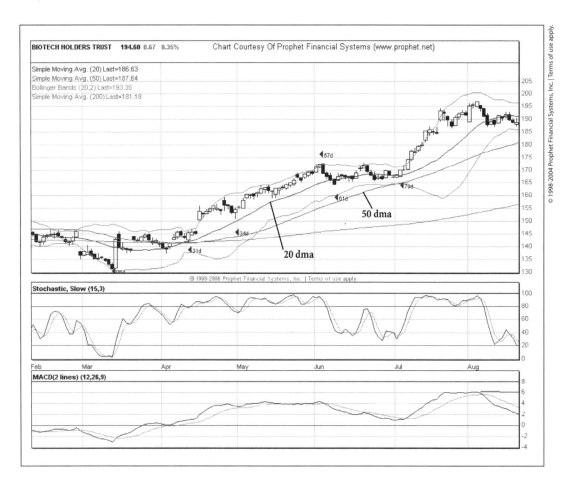

Abbildung 11.22: BBH; starker Trend mit 20- und 50-Tage-Durchschnitt

Ich habe Ihnen in diesem Kapitel mehrere Chartsituationen gezeigt. Die Märkte sind so dynamisch, dass sich die Muster von einem Tag zum anderen und von einer Welle zur nächsten ändern. Wenn wir einen wichtigen Wendepunkt erreichen, kann sich das Umfeld schon wieder verändert haben. Was gestern funktioniert hat, funktioniert heute oder morgen vielleicht nicht mehr. Dennoch sind die in diesem Kapitel vorgestellten Prinzipien zeitlos. Ich habe Ihnen auf Kurs und Zeit bezogene Retracements vorgestellt. Wir haben die üblichen Fibonacci-Berechnungen ebenso erörtert wie fortgeschrittene oder ungewöhnliche Berechnungen. Wir haben sie kombiniert und mit einzelnen Berechnungen gearbeitet. Und schließlich habe ich auch Tradern aus verschiedenen Disziplinen eine neue Perspektive darüber geliefert, wie die Gegenseite die Dinge sieht. Für welchen Stil Sie sich auch entscheiden, die Zeitbalken werden in jedem Fall Ihre Fähigkeiten zur Mustererkennung verbessern. Welche Methode Sie auch anwenden – ich habe Ihnen einfache Strategien aufgezeigt, mit größerem Selbstvertrauen nach Tops oder Böden einzusteigen. Und Sie werden auch mehr Zutrauen haben, wenn Sie in Trendmärkten agieren.

KAPITEL 12

Zusammenfassung

Da Sie mich nun verlassen und auf eigenen Füßen stehen werden, möchte ich, dass Sie voller Zuversicht darauf vertrauen, mit den meisten Marktbedingungen umgehen zu können, die Ihnen je begegnen werden. Im Sport müssen Meistermannschaften flexibel sein und gegen verschiedene Gegner verschiedene Taktiken anwenden können. Sie müssen sich im Lauf der Saison ständig anpassen. Wer das kann, gewinnt Meisterschaften. Wer es nicht kann, bekommt niemals den ganz großen Pokal. Sie können sich verschiedenen Marktbedingungen anpassen. Sie können bei Pullbacks die Retracement-Strategie und bei Tops oder Böden die Divergenz-Strategie anwenden. Sie können auch fortgeschrittene Berechnungen verwenden, um längerfristige Ziele zu erreichen. Und schließlich können Sie auch ein Cluster aus gleitenden Durchschnitten und zeitlichen Relationen verwenden, um Signale der Trendfortsetzung mit hoher Erfolgswahrscheinlichkeit zu erkennen.

Wir haben nun eine sehr lange Reise hinter uns, und wenn Sie hier immer noch weiterlesen, möchte ich Ihnen dazu gratulieren! Wenn Sie dieses Buch durchgelesen haben, ohne allzu sehr auf die Charts geachtet zu haben, dann müssen Sie noch einmal zurückgehen und sie einen nach dem anderen studieren. Nehmen Sie sich dazu so viel Zeit, wie Sie brauchen. Dies ist ein Buch, das Sie immer wieder zur Hand nehmen werden. Immer wenn Sie sich diese Charts ansehen, werden Sie etwas Neues lernen und etwas erkennen, das Sie beim letzten Mal noch nicht gesehen haben. Und Sie werden dieses Wissen in Echtzeit auf Ihre Lieblingscharts anwenden.

Sie werden bemerken, dass Sie desto besser werden, je mehr Sie üben. Die Ergebnisse werden in direktem Zusammenhang mit der Arbeit stehen, die Sie in dieses Projekt investieren. Wenn Sie dieses Niveau erreichen, nachdem Sie einige Wochen lang jeden einzelnen dieser Charts studiert haben, bin ich wirklich stolz auf Sie. Sie haben nun eines der besten Mustererkennungssysteme der Welt zur Verfügung. Wie Sie wissen, ist es nicht perfekt, weil die Märkte tun, was sie wollen und wann sie wollen. Wir können die Natur nicht kontrollieren, aber wir können uns selbst kontrollieren. Ich habe in diesem Buch versucht, die existierenden Methoden der Technischen Analyse wesentlich zu verbessern. Die

Technische Analyse des 20. Jahrhunderts ist sehr gut, aber sie weist doch viele Lücken auf. Wir haben die Fehlermargen reduziert. Hoffentlich habe ich dazu beigetragen, dass Sie seltener ausgestoppt werden, weil Sie nun die Setups mit der höchsten Erfolgswahrscheinlichkeit erkennen werden.

Die Neulinge unter Ihnen haben nun von Anfang an gelernt, wie die Finanzmärkte wirklich funktionieren. Ich habe dieses Buch Schritt für Schritt geschrieben und dabei auf Fibonacci- und Elliott-Konzepten aufgebaut, die viele von Ihnen schon aus anderen Quellen kennen. Sie funktionieren auch immer noch, aber leider nicht so oft, wie andere Autoren Ihnen erzählt haben. Im Lauf der Jahre habe ich in der Elliott- und in der Fibonacci-Methode klaffende Lücken entdeckt. Die Elliott-Gemeinde hat einen wichtigen Beitrag zur Erklärung der Grundstruktur der Finanzmärkte geleistet, aber im 21. Jahrhundert brauchen wir etwas Besseres.

Daher denke ich, dass die Zeitzyklen für jeden wichtig sind, nicht nur für die Fibonacci- oder Elliott-Anhänger. Meine Hoffnung: Sobald Sie mit dem Zählen der Balken beginnen, werden Sie ein besseres Verständnis der Finanzmärkte entwickeln, bis hin zu dem Punkt, dass Sie nie wieder einen Chart anschauen werden, ohne die Balken zu zählen. Sobald Sie das tun, werden Sie, wie ich hoffe, sehr profitabel traden und alle Ihre Ziele erreichen. Lassen Sie mich wissen, wie Sie abschneiden.

Literaturverzeichnis

Anderson, Matt, Frazier, Jeffrey, and Popendorf, Kris. 1999. »Édouard Lucas.« http://library.thinkquest.org/27890/biographies2.html

Assael, Shaun. »Brainball.« *ESPN The Magazine*. (January 15, 2007): 75–84.

Carlstedt, Roland A. January 20, 2007. *The Carlstedt Protocol*. Available at: http://mentalgame.mostvaluablenetwork.com/

CTV News Staff. »Former NHL Coach Demers Admits Illiteracy.« November 3, 2005. http://www.ctv.ca/servlet/ARTICLENEWS/story/CTVNEWS/20051102/jacguesdemers_illiteracyadmission_20051102?hub = TopStories

Dispenza, Joe. *Doing and Being: The Cerebellum and Whole Brain Activity*. http://dr.joedispenza.com/

Douglas, Mark. 2000. *Trading in the Zone*. New York, New York: New York Institute of Finance.

Dwoskin, Hale. 2003. *The Sedona Method*. Sedona, AZ: Th e Sedona Press.

Ericsson, K. Ander ed., Neil Charness ed., Paul J. Feltovich ed., and Robert R. Hoffman ed. 2006. *The Cambridge Handbook of Expertise and Expert Performance*. Cambridge, UK: Cambridge University Press.

Flora, Carlin. 2005. »The Grandmaster Experiment.« *Psychology Today*. (August): 75–84.

Hoggartt, Verner E. Jr. 1969. *Fibonacci and Lucas Numbers*. Boston, MA: Houghton Mifflin.

»Introduction to Candlesticks.« http://stockcharts.com/school/dokuphp?id = chart_school: chart_analysis :introduction_to_candlesticks

Kaltbaum, Gary. 2004. *The Investor's Edge*. Los Angeles: Trading Markets Publishing Group.

Kimberling, Clark. »Édouard Lucas (1842-1891) number-theorist.« http://faculty.evansville.edu/ck6/bstud/lucas.html

Knott, Ron. 1996-2007. *The Mathematical Magic of the Fibonacci Numbers*. http://www.mcs.surrey.ac.uk/Personal/R.Knott/Fibonacci/fi bmaths.html

Magee, John. *Mit Charts zum Erfolg. Angewandte Chartanalyse für Einsteiger und Fortgeschrittene*, FinanzBuch Verlag, 2007.

Malkiel, Burton. 1973. *A Random Walk Down Wall Street*. New York, New York: WW Norton and Company, Inc.

»Munehisa Homma.« http://en.elliottgann.com/forex-trading/Munehisa_Homma

Nison, Steve. *Technische Analyse mit Candlesticks*, FinanzBuch Verlag, 2003.

O'Neil, William J. 1995. *How to Make Money in Stocks*. New York, New York: McGraw Hill.

Pesavento, Larry. 1997. *Fibonacci Ratios with Pattern Recognition*. Greenville, SC: Traders Press.

Prechter Jr., Robert R. 1999. *The Wave Principle Of Human Social Behavior and the New Science of Socionomics*. Gainesville, GA: New Classics Library.

Prechter Jr., Robert R., and Alfred John Frost. *Das Elliott-Wellen-Prinzip*, FinanzBuch Verlag, 2003.

»Random walk theory.« http://www.investopedia.com/university/concepts/concepts5.asp

Robbins, Anthony. 1986. *Unlimited Power*. New York, New York: Ballantine Books.

Siebold, Steve. 2005. *177 Mental Toughness Secrets of the World Class*. Hongkong: London House.

Swannell, Rich. 2003. *Refined Elliott Wave Secrets*. http://www.elliottician.com/

Williams, Bill M. 1998. *New Trading Dimensions: How to Profit FromChaos in StocksBonds and Commodities*. New York, New York: Wiley.

Wordsworth, Chloe Faith. *Holographic Repatterning Association*. http://www.Repatterning.org/

Glossar

Abwärtstrend
Eine Reihe von Rückgängen des Kurses eines Wertpapiers oder des Markts in seiner Gesamtheit. Das Muster kann kurzfristig sein und weniger als einen Tag lang dauern oder ausgedehnter und Tage, Wochen oder sogar Monate umfassen. Unabhängig von der Zeitdauer ist der Trend definiert als Serie von immer niedrigeren Schlusskursen oder als Zickzack-Muster immer niedriger Hochs und Tiefs. Ein extrem langer und heftiger Abwärtstrend, der die Kurse um mindestens 20 Prozent sinken lässt, kann als Baisse bezeichnet werden. Das Gegenteil ist der Aufwärtstrend.

Aufwärtstrend
Eine Reihe von Anstiegen des Kurses eines Wertpapiers oder des Markts in seiner Gesamtheit. Das Muster kann kurzfristig sein und weniger als einen Tag lang dauern oder ausgedehnter und Tage, Wochen oder sogar Monate umfassen. Unabhängig von der Zeitdauer ist der Trend definiert als Serie von immer höheren Schlusskursen oder als Zickzack-Muster immer höherer Hochs und Tiefs. Ein extrem langer und heftiger Aufwärtstrend, der die Kurse um mindestens 20 Prozent steigen lässt, kann als Hausse bezeichnet werden. Das Gegenteil ist der Abwärtstrend.

Ausbruch nach oben
Eine bullishe Bewegung. Die Kurse durchbrechen ein starkes Widerstandsniveau und lösen somit einen weiteren deutlichen Anstieg aus. Ausbrüche nach oben signalisieren oft eine Trendwende und markieren den Beginn einer längeren Aufwärtsbewegung oder sogar einer Hausse.

Ausbruch nach unten
Eine bearishe Bewegung. Die Kurse durchbrechen ein starkes Unterstützungsniveau und lösen somit einen weiteren deutlichen Rückgang aus. Ausbrüche nach unten signalisieren oft eine Trendwende und markieren den Beginn einer längeren Abwärtsbewegung oder sogar einer Baisse.

Baisse
Ein längerer Zeitraum, in dem die Aktien- oder Anleihekurse stark sinken und die Investoren immer pessimistischer werden; das Gegenteil einer Hausse. Allgemein spricht man von einer Baisse am Aktienmarkt, wenn die Kurse um mindestens 20 Prozent sinken. Eine solche Bewegung wird in der Regel durch die Erwartung einer nachgebenden Konjunktur und demzufolge sinkenden Unternehmensgewinnen ausgelöst. Eine Baisse dauert zwar meist nicht so lange wie eine Hausse, kann aber doch über Monate und sogar Jahre anhalten.

Baisse-Phase
Ein Zyklus, in dem der Gesamtmarkt oder ein bestimmtes Wertpapier ein neues Hoch erreicht, dann auf ein Niveau unterhalb des Mittelwerts oder des gleitenden Durchschnitts für diese Periode sinkt, ehe er zum ursprünglichen Hoch zurückkehrt. Auch bekannt als Zyklus von Hoch zu Hoch.

Bollinger-Bänder
Ein Hilfsmittel, das Technische Analysten anwenden, um die Volatilität eines Markts oder eines Wertpapiers zu messen und Unterstützungs- sowie Widerstandsniveaus zu bestimmen. Zunächst wird ein gleitender Kursdurchschnitt in einen Chart eingezeichnet, danach zusätzliche Linien oder »Bänder«, die zwei Standardabweichungen unterhalb und oberhalb des gleitenden Durchschnitts liegen. So wird ein Trading-Kanal definiert, der bei hoher Volatilität breiter und bei niedriger Volatilität enger ist. Wenn der aktuelle Kurs sich dem oberen Band nähert, gilt der Markt oder die Aktie als überkauft. Nähert er sich dem unteren Band, gilt er als überverkauft.

Candlestick-Charts
Ein Chart, den Technische Analysten anwenden, um die Veränderungen von Wertpapierkursen in einem bestimmten Handelszeitraum aufzuzeichnen, der von zehn Minuten bis zu einem vollen Börsentag reicht. Candlestick-Charts zeigen das Hoch, das Tief, den Eröffnungs- und den Schlusskurs. Sie wurden von japanischen Reishändlern erfunden und werden verwendet, um Kursmuster zu identifizieren und Trendlinien zu konstruieren, die den Eröffnungskurs, das Hoch, das Tief und den Schlusskurs einer bestimmten Handelsperiode zeigen. Die grafische Darstellung nennt man Candlesticks (Kerzen), weil sie wirklichen Kerzen ähnelt. Es gibt eine vertikale Ausdehnung (Kerzenkörper), die Eröffnungs- und Schlusskurs miteinander verbindet, und »Schatten« oder Kerzendochte, die die Kursextreme unten und oben zeigen. Wenn sich die Aktie im Betrachtungszeitraum nach oben bewegt, ist der Kerzenkörper weiß, wenn der Kurs niedriger schließt, ist er schwarz.

Chance-Risiko-Verhältnis
Eine Berechnung, die von Investoren verwendet wird, um den erwarteten Gewinn eines Investments mit dem Risiko zu vergleichen, das man eingehen muss, um diese Rendite zu erreichen. Das Verhältnis wird mathematisch ermittelt, indem man den erwarteten Profit durch die Summe teilt, die man verlieren würde, wenn sich der Kurs entgegen der erwarteten Richtung bewegt. In kurzfristigen oder mechanischen Tradingsystemen kann man das Chance-Risiko-Verhältnis definieren als Gewinn vom Einstieg bis zum Kursziel, verglichen mit dem Verlust vom Einstiegspunkt bis zum Stopp-Kurs.

Cluster

Auch als Fibonacci-Cluster bekannte technische Indikatoren, die dazu verwendet werden, um bedeutende Niveaus von Unterstützung und Widerstand in längerfristigen Charts zu definieren. Sie zeigen eine Anzahl von bestimmten Kursbewegungen nach oben oder unten und die späteren Retracements dieser Bewegungen. Cluster findet man in der Regel an der Seite von Kurscharts. Repräsentiert werden sie durch horizontale Balken mit verschiedenen Schattierungsgraden, wobei ein neuer Balken dann entsteht, wenn ein Retracement das Niveau eines früheren Retracements überlappt. Wenn immer mehr Überlappungen auftreten, wird die Schattierung der Balken dunkler, wobei die dunkelsten Balken des Fibonacci-Clusters die wichtigsten Unterstützungs- und Widerstandsniveaus anzeigen.

Doppelboden

Dieses Chartmuster entsteht, wenn eine abwärts tendierende Aktie ein Tief bildet, sich erholt, wieder in die Nähe dieses Tiefs zurückfällt und sich dann erneut erholt. Ein Doppelbodenmuster, das dem Buchstaben »W« ähnelt, wird von technischen Analysten als Zeichen interpretiert, dass eine Aktie eine wichtige Unterstützungszone getestet hat und nun vor einer starken Aufwärtsbewegung steht. Allerdings gilt ein durch ein Doppelbodenmuster verursachtes Unterschreiten der Unterstützungslinie als extrem bearish. Das Gegenteil ist ein bearishes Doppeltop-Muster, bei dem die Kursbewegung im Chart ein »M« hinterlässt.

Dow-E-mini

Ein elektronisch gehandelter Futures-Kontrakt, geschaffen und verwaltet vom Chicago Board of Trade. Der Kurs der Futures vollzieht die Bewegungen des Dow Jones Industrial Average nach. Die Bewertung ermittelt man, indem man den aktuellen Stand des DJIA mit 5 Dollar multipliziert. Er entspricht damit einem Fünftel des normalen DJIA-Futures, dessen Dollarkurs dem Indexstand multipliziert mit 25 entspricht.

Dow Jones Industrial Average

Der älteste noch existierende und der am häufigsten erwähnte amerikanische Aktienindex, allerdings nicht der repräsentativste Indikator der Marktperformance. Der DJIA besteht aus 30 großen, sehr bekannten Aktien, die in vielen Bereichen Marktführer sind und entweder an der New York Stock Exchange oder an der NASDAQ gehandelt werden. Der DJIA wurde 1896 von Charles Dow konzipiert, der Herausgeber des Wall Street Journal und Gründer von Dow Jones & Co. war. Er ist ein nach Kursen gewichteter Index, was bedeutet, dass eine 80-Dollar-Aktie die Indexentwicklung stärker beeinflusst als eine 25-Dollar-Aktie.

Elliott-Methode
Ein Analysesystem der Marktzyklen, das auf der Elliott-Wellentheorie basiert. Dieses wurde in den 1920er-Jahren von Ralph Nelson Elliott auf der Grundlage von Trends in den Sozialwissenschaften und des Studiums der Massenpsychologie konzipiert, die damals populär war. Elliotts Ziel war es, eine organisierende Methode zu finden, die das ansonsten chaotische Geschehen am Aktienmarkt erklären und prognostizieren kann. Nach seinen Erkenntnissen zeigt jeder bullishe Marktzyklus – unabhängig von seiner Zeitdauer – ein Kursmuster aus fünf nach oben und drei nach unten gerichteten Wellen, obwohl niemals zwei Muster exakt gleich sind. In einer Baisse zeigt der vorherrschende Trend nach unten, und daher ist das Muster umgekehrt – fünf Wellen nach unten und drei nach oben. Seit Elliotts Arbeiten war die Wellentheorie mal mehr und mal weniger populär. Durch das Aufkommen einer effektiveren Computeranalyse von Kursmustern ist ihr Ansehen nun wieder gestiegen.

Endendes diagonales Dreieck
Als Teil der Elliott-Methode entsteht dieses Muster, indem man Trendlinien entlang einer Kursspanne einzeichnet, die wegen niedrigerer Hochs und höherer Tops immer enger wird, was ihr die Form eines Keils verleiht. Es handelt sich um das einzige Muster in der Elliott-Wellenanalyse, das als Impulswelle gilt, obwohl es eine Überlappung der Kursbewegungen gestattet.

Fibonacci-Reihe
Eine Serie von Zahlen, in der jede Zahl der Summe der beiden vorhergehenden Zahlen entspricht, mit Ausnahme der beiden ersten Zahlen. (Beispiel: 0, 1, 1, 2, 3, 5, 8, 13, 21, 34). Fibonacci-Serien werden in der Technischen Analyse verwendet, um das wahrscheinliche Ausmaß von Kursbewegungen und wahrscheinliche Trendwendepunkte zu bestimmen.

Fibonacci-Zahlen
Eine Sequenz mathematischer Relationen, die in der Technischen Analyse verwendet werden, um die Wahrscheinlichkeit einzuschätzen, dass eine Aktie einen großen Teil einer früheren Kursbewegung wieder aufholen bzw. an einem bestimmten Niveau auf Widerstand oder Unterstützung stoßen und dann ihre Bewegung in die ursprüngliche Richtung fortsetzen wird. Die wichtigsten Unterstützungs- und/oder Widerstandslinien in jeder Bewegung werden bestimmt, indem man eine Trendlinie zwischen zwei Extrempunkten einzeichnet und dann die vertikale Distanz durch die wichtigen Fibonacci-Relationen von 23,6 %, 38,2 %, 50 %, 61,8 % und 100 % dividiert. Neben den Retracement-Relationen gibt es auch andere weit verbreitete Fibonacci-Studien – benannt nach Leonardo Fibonacci aus Pisa, der sie im 13. Jahrhundert konzipiert hat. Sie beziehen sich auf Muster wie Bögen, Fächer und Zeitzonen.

Flach
Ein Kursmuster, das weder einer ansteigenden noch einen absinkenden Trend zeigt.

Fließender Geisteszustand
Aus psychologischer Sicht ein mentaler Zustand, in dem eine Person alle Ablenkungen und Ängste ausblendet und vollständig in dem aufgeht, was sie gerade tut, um ihr Potenzial vollständig auszuschöpfen. Beim Aktienhandel bezeichnet dies den Zustand, in dem man seine ganze Energie auf das verwendet, was man gelernt und geübt hat, um in Echtzeit beim Trading erfolgreich zu sein.

Forex (FX)
Der globale Finanzmarkt, an dem Wechselkurse festgelegt und Währungen von Einzelpersonen, Finanzinstitutionen und Regierungsbehörden gehandelt werden. Der Devisenmarkt, an dem an sechs Tagen pro Woche rund um die Uhr gehandelt wird, ist die größte Finanz-Arena der Welt. Die täglichen Umsätze liegen derzeit bei fast drei Billionen Dollar.

Gartley-Muster
Ein komplexes Kursmuster auf Basis der Fibonacci-Relationen, das Larry Pesavento bekannt gemacht hat. Es wird dazu verwendet, optimale Kauf- und Verkaufspunkte zu ermitteln, indem man die Retracements von Aufwärts- und Abwärtsbewegungen der Aktienkurse misst.

Gleitender Durchschnitt
Ein weitverbreiteter technischer Indikator, der dazu verwendet wird, den durchschnittlichen Kurs einer Aktie oder eines Index über einen bestimmten Zeitraum zu zeigen – in der Regel von zehn Tagen (kurzfristig) bis zu 200 Tagen (langfristig). Er wird berechnet, indem man jeweils den ältesten Kurs des Beobachtungszeitraums durch den jüngsten Schlusskurs ersetzt und die Summe sämtlicher Kurse durch die Zahl der Intervalle (Tage) dividiert. Man wendet gleitende Durchschnitte an, um das Momentum zu messen und mögliche Unterstützungs- und Widerstandszonen zu definieren. Man kann gleitende Durchschnitte auch auf exponentieller oder logarithmischer Basis berechnen. Sie betonen den jeweils vorherrschenden Trend und glätten Kurs- und Umsatzschwankungen (»Nebengeräusche« oder »Lärm« genannt), die die Chartanalyse unübersichtlich machen.

Harami-Kreuz
Eine aus zwei Perioden bestehende Candlestick-Chartformation, bei der auf eine Kerze mit einem umfangreichen Körper eine Kerze mit einem kleineren Körper folgt, deren Hoch niedriger und deren Tief höher liegt als bei der ersten Kerze. Ein Harami gilt allgemein als Signal dafür, dass sich der bislang vorherr-

schende Trend ändern oder umkehren wird. Das kann ein bullishes oder ein bearishes Signal sein, je nach Richtung des vorherigen Trends.

Hausse
Ein längerer Zeitraum, in dem Aktien- oder Anleihekurse immer stärker steigen und der Optimismus der Anleger zunimmt. Das Gegenteil einer Baisse. Eine Aktien-Hausse wird in der Regel durch steigende Wirtschaftsleistung oder sinkende Zinsen ausgelöst. Beide Faktoren tragen zu steigenden Unternehmensgewinnen bei.

Hausse-Phase
Ein Zyklus, in dem der Gesamtmarkt oder ein bestimmtes Wertpapier ein neues Tief erreicht, dann auf ein Niveau oberhalb des Mittelwerts oder des gleitenden Durchschnitts für diese Periode steigt, ehe er zum ursprünglichen Tief zurückkehrt. Auch bekannt als Zyklus von Tief zu Tief.

Komplexe Seitwärtskorrektur
Ein allgemein flaches Muster, das man in Aktien-Stundencharts findet, bei denen der Kurs eine längere Sägezahnbewegung von etwa gleicher Länge und Ausdehnung zeigt.

Holografische Resonanztherapie
Eine Methode der Selbsttherapie, die annimmt, dass jeder Mensch mit einem bestimmten Frequenzmuster schwingt, vergleichbar mit Funkfrequenzen. Die Lehre besagt, dass man durch Anwendung bestimmter therapeutischer Mittel wie Licht und Klang das negative Resonanzmuster einer Person verändern und durch Schwingungen ersetzen kann, die mit dem Erreichen der aktuellen Lebensziele kompatibel sind.

Impulswellen
Eines der zwei grundlegenden Muster, nach denen Elliott-Wellentheoretiker bei der Analyse von Aktienkurstrends suchen. Impulswellen reflektieren die starken Bewegungen eines Aktienkurses, die mit der Hauptrichtung des vorherrschenden Trends übereinstimmen, also entweder nach oben oder nach unten. Impulswellen sind nicht auf einen bestimmten Zeitraum beschränkt, können also von wenigen Stunden bis zu mehreren Jahren oder sogar Jahrzehnten dauern. Unabhängig von ihrer Länge folgen sie aber stets der Richtung des Haupttrends.

Intraday
Jede Aktivität und jedes Kursmuster, das innerhalb eines einzigen Tages oder während einer einzelnen Handelssitzung stattfindet.

Korrektur
Ein vorübergehendes Absinken eines Aktienkurses oder des Gesamtmarkts, das einen ausgedehnten Kursanstieg unterbricht. Im Gegensatz zu einer Baisse oder einem Crash umfassen Korrekturen nur prozentual relativ geringe Kursbewegungen – zehn Prozent oder weniger –, die allmählich und über einen kürzeren Zeitraum erfolgen. In starken Aufwärtstrends gelten Korrekturen als gesund, weil sie dem Markt Zeit zum »Atemholen« geben, ehe er seinen Anstieg fortsetzt. Daher sehen Investoren Korrekturen oft als Möglichkeit, zu besseren Kursen zu kaufen.

Korrekturwellen
Eines der beiden grundlegenden Wellenmuster, nach denen die Anwender der Elliott-Wellen suchen, wenn sie Aktienkurstrends analysieren. Korrekturwellen bewegen sich entgegengesetzt zum Primärtrend, der entweder nach oben oder nach unten gerichtet sein kann.

Lucas-Reihe
Eine Zahlenreihe, die große Ähnlichkeit mit der Fibonacci-Reihe aufweist, außer dass die Zahlen mit 2 und 1 statt mit 1 und 1 beginnen. Beispiel: 2, 1, 3, 4, 7, 11, 18, 29). Sie wird ebenfalls dazu verwendet, die Wahrscheinlichkeit abzuschätzen, dass sich eine Aktie oder ein Index nach einer starken Bewegung nach oben oder unten durch ein Retracement zu einer Widerstands- oder Unterstützungszone bewegt.

MACD (Moving Average Convergence Divergence)
Der von Gerald Appel in den 1960er-Jahren konzipierte MACD ist eine Kombination der Linien von gleitenden Durchschnitten und einem Momentum-Indikator, um die Kursschwankungen von Aktien, Futures und anderen Wertpapieren vergleichen zu können. Der MACD enthält gleitende 12- und 26-Tage-Durchschnitte und setzt sie zueinander in Beziehung, um das Marktmomentum entlang einer »Signallinie« prognostizieren zu können. Überkreuzungen, Divergenzen und dramatische Bewegungen entlang der Signallinie helfen bei der Identifikation bullisher oder bearisher Tendenzen und weisen auf potenzielle Kauf- und Verkaufspunkte hin.

Morning Star
Ein bullishes Candlestick-Muster, das eine große schwarze Kerze inmitten eines etablierten Abwärtstrends zeigt. Es folgen eine schwarze oder weiße Kerze mit kleinem Körper und dann eine große weiße Kerze mit Schlusskurs oberhalb des Kerzenkörpers des ersten Balkens. Das Muster gilt allgemein als frühes Zeichen dafür, dass sich der aktuelle Abwärtstrend bald drehen wird.

NASDAQ
Ursprünglich ein Kursfeststellungssystem für Aktien, die außerbörslich (»over the counter«) gehandelt wurden, wurde die NASDAQ (Abkürzung für National Association of Securities Dealers Automated Quotation System) zur größten elektronischen Börse der Welt, an der jeden Tag hunderte Millionen Transaktionen durchgeführt werden. Die NASDAQ wurde 1968 gegründet und 1971 reorganisiert. Sie wurde berühmt dafür, die Börsennotierung von Unternehmen zu ermöglichen, die ansonsten keinen Zugang zu den Kapitalmärkten gehabt hätten. 1997 wurden die Zulassungsvorschriften allerdings erheblich verschärft, und die NASDAQ teilte sich in den NASDAQ National Market (NASDAQ NM) für große Unternehmen, zu denen auch viele Technologieführer in den USA gehören, und den NASDAQ Small-Cap (NASDAQ SC) für kleinere Unternehmen. Wegen Bedenken der Aufsichtsbehörde SEC über Interessenskonflikte trennte sich die NASD 2002 von allen Anteilen an der NASDAQ, die somit zu einem börsennotierten und gewinnorientierten Unternehmen wurde. Die Aktie wird am NASDAQ NM gehandelt. 2006 wurde der NASDAQ NM zu einer offiziell anerkannten globalen Aktienbörse, die unter dem Namen The NASDAQ Stock Market operiert.

Neurolinguistische Programmierung (NLP)
Eine Selbsttherapiemethode, bei der Menschen dazu trainiert werden, ihre bewussten und unbewussten mentalen und verhaltensbezogenen Prozesse zu entdecken, zu entwickeln und zu konzentrieren, um negative Denkmuster in positivere und produktivere zu verwandeln. Die Methode wurde entwickelt, indem man die Denkmuster und Kommunikationsstrategien sehr erfolgreicher Personen untersuchte. Das Ziel von NLP besteht in der Vermittlung spezifischer Fähigkeiten, um eine Veränderung des Selbst zu bewirken und anderen dabei zu helfen, effektiver zu werden und ihre Möglichkeiten besser zu nutzen. Diese Ziele lassen sich auch darauf anwenden, Investoren bessere Tradingfähigkeiten zu vermitteln.

Pullback
Der Rückgang eines Aktienkurses oder eines Index ab dem letzten Höchststand. Eine solche Kursbewegung kann man als kleine Reaktion innerhalb des vorherrschenden Aufwärtstrends interpretieren, die eine gewisse Schwächung des Aufwärtsmomentums signalisiert. Manchmal werden Pullbacks auch als Retracements bezeichnet, wenn bestimmte mathematische Anforderungen erfüllt werden.

Relative Stärke
Ein Indikator, der von Technischen Analysten verwendet wird, um das Momentum einer bestimmten Aktie abzuschätzen, indem die Kursveränderung im Lauf der Zeit gemessen und mit der Entwicklung eines wichtigen Index verglichen

wird, wobei es sich in der Regel um den S&P-500 handelt. Die relative Stärke einer Aktie wird als Prozentsatz ausgedrückt, der zeigt, wie sie im Vergleich zu anderen Wertpapieren abgeschnitten hat. Wenn eine Aktie zum Beispiel eine relative Stärke von 60 aufweist, dann hat sie über einen bestimmten Zeitraum, in der Regel zwölf Monate, besser abgeschnitten als 60 Prozent der anderen Aktien. Manche Analysten sehen eine hohe relative Stärke als bullishen Indikator zukünftiger Kursanstiege, während andere sie als Zeichen interpretieren, dass die Aktie »überkauft« und reif für eine Korrektur ist.

Retracement
Ein dem aktuellen, vorherrschenden längerfristigen Trend entgegengesetzte Kursbewegung. Welchen Teil der vorherigen Hauptbewegung ein Retracement abdecken wird, kann man mit der Fibonacci-Analyse ermitteln und so die wichtigsten wahrscheinlichen Niveaus von Widerstand und Unterstützung bestimmen.

Rotation
In der Technischen Analyse versteht man darunter das von den Kursbalken gebildete Muster in einem Balkenchart, wenn sich eine Aktie oder ein Index durch die verschiedenen Phasen eines Kurszyklus bewegt, zum Beispiel Aufwärtstrend, Korrektur, Abwärtstrend, Konsolidierung und so weiter. Im weiteren Sinn versteht man unter Rotation die Bewegung von Investoren von einem oder mehreren Marktsektoren oder Branchen in andere, weil man veränderte ökonomische oder Börsenbedingungen erwartet. Man spricht in diesem Zusammenhang auch von Sektorenrotation.

RSI (Relative-Stärke-Index)
Ein populärer Trendfolge-Oszillator, der im Gegensatz zur relativen Stärke nicht die relative Performance zweier verschiedener Wertpapiere miteinander vergleicht, sondern die innere Stärke eines einzelnen Wertpapiers misst. Eine beliebte Methode zur Interpretation des RSI ist es, nach Divergenzen zu suchen; zum Beispiel wenn der Aktienkurs ein neues Hoch erreicht, der RSI aber an seinem vorherigen Hoch scheitert. Eine Divergenz zwischen dem Kurs und dem RSI gilt allgemein als Anzeichen einer bevorstehenden Trendwende. Der RSI weist eine Spanne von 0 bis 100 auf, erreicht aber in der Regel sein Top oberhalb von 70 und seinen Boden unterhalb von 30. Bei den aktuellen Kursen kann die Durchdringung von Widerstands- und Unterstützungszonen vor einer bevorstehenden Trendwende warnen.

Sedona-Methode
Eine Methode der Selbsttherapie, die Menschen zeigt, wie sie durch einen Prozess der Selbstbefragung ihre natürlichen Fähigkeiten entdecken und schmerzhafte oder unangenehme Gefühle loslassen können, um effektiver in der Ge-

genwart zu leben. Es handelt sich um eine Trainingsmethode für Trader, die ihre Selbstdisziplin verbessern wollen.

S&P-500 (Standard & Poor's 500-Aktienindex)
Ein international anerkannter Index aus 500 führenden amerikanischen Unternehmen aller Branchen. Obwohl er sich hauptsächlich auf Unternehmen mit hoher Marktkapitalisierung konzentriert, gilt der S&P-500 allgemein als bester Repräsentant des gesamten amerikanischen Aktienmarkts und als ideale Darstellung der Gesamtmarktperformance, da er 80 Prozent des Gesamtmarkts umfasst.

Stochastik
Ein technischer Momentum-Indikator, der den Schlusskurs eines Wertpapiers mit seiner Kursspanne über einen bestimmten Zeitraum vergleicht. Dieses Modell, ein oszillierender Indikator, beruht auf der Überzeugung, dass, wenn ein Aktienkurs sinkt oder fällt, die Schlusskurse dazu tendieren, sich immer enger den Hochs oder Tiefs eines bestimmten Zeitraums anzupassen. Man kann die Sensitivität dieses Indikators gegenüber Marktbewegungen reduzieren, indem man den Zeitraum anpasst oder einen gleitenden Durchschnitt des Ergebnisses verwendet.

Stopp-Kurs
Ein bestimmtes Kursniveau, auf dem ein Investor plant, eine existierende Aktienposition zu liquidieren, um seine Verluste zu begrenzen, oder ein Kursniveau, das einem möglichen Ausbruch entspricht und signalisiert, dass eine Aktie nun kaufenswert ist.

Tasse-mit-Henkel-Muster
Eine Reihe von Kursbewegungen, die ein Chartmuster bilden, das einer Tasse mit einem nach unten gerichteten Henkel auf der rechten Seite ähnelt. Das Muster bildet ein kurzfristiges Top, gefolgt von einem allmählichen Retracement, das einen seichten, aber ausgedehnten Boden bildet und dann zu einem weiteren geringfügigen Rückgang führt. Das Muster gilt als charakteristisch für Bodenbildungsphasen.

Technische Analyse
Eine Methode zur Kursprognose von Aktien, Anleihen, Futures, Indizes oder anderen Finanzinstrumenten auf Basis von Chartmustern, Kurs- und Umsatzentwicklungen sowie zahlreichen anderen Indikatoren wie Open Interest, gleitenden Durchschnitten, Oszillatoren und Zyklenanalyse. Die Theorie hinter der Technischen Analyse lautet, dass jeder Einfluss auf den Markt schon in den aktuellen Kursniveaus eingepreist ist – die sogenannte Theorie vom effizienten Markt. Technische Analysten glauben, dass sich Kurse in Trends bewegen, dass sich die Geschichte wiederholt und dass der Markt alles diskontiert.

Trend
Die allgemeine Richtung, in die sich der Gesamtmarkt oder der Kurs einer einzelnen Aktie bewegt. Die Zeitdauer von Trends reicht vom sehr kurzfristigen bis zum sehr langfristigen Bereich. Allgemein ist es am besten, mit dem Trend zu traden, weil Trends dazu tendieren, sich fortzusetzen – in die gleiche Richtung. Daher kommt die Börsenweisheit: »Der Trend ist dein Freund«. Aus ebendiesem Grund ist es auch gut, sehr vorsichtig zu sein, wenn man Positionen erwirbt, die auf eine Trendwende bauen oder auf Kursbewegungen, die dem Trend zuwiderlaufen.

Trendlinie
Eine Chartformation, die gebildet wird, indem man eine gerade Linie zieht, die zwei oder mehr Kurspunkte miteinander verbindet und dann weiter in die Zukunft reicht, um als Unterstützungs- oder Widerstandslinie zu fungieren. Die Kurspunkte repräsentieren in der Regel eine Reihe ansteigender Tops, ansteigender Böden, sinkender Tops oder sinkender Böden. Ein Ausbruch nach oben oder nach unten durch eine Trendlinie gilt allgemein als Trendwendesignal.

Überlappungsregel
Als Schlüsselelement der Elliott-Wellenmethode besagt diese Regel, dass in einer validen Fünf-Wellen-Sequenz Welle 1 Welle 4 nicht überlappen darf. Sonst handelt es sich um ein Drei-Wellen-Muster. Techniker sehen die strenge Anwendung der Überlappungsregel als unerlässlich für die korrekte Wellenanalyse und für Prognosen, weil man sich fast jedes Szenario zusammenfantasieren kann, wenn eine Überlappung ignoriert wird, wodurch die Wellentheorie jeden Wert verlieren würde.

Unterstützung
Ein Kursniveau – in der Regel markiert durch eine vorherige Reihe von Tiefs, eine Trendlinie oder einen gleitenden Durchschnitt –, das den weiteren Kursverfall einer Aktie aufhält. Der Verkaufsdruck kann in einer solchen Situation nachlassen und das Kaufinteresse kann steigen, wenn sich ein Aktienkurs einem anerkannten Unterstützungsniveau nähert. Der Durchbruch unter ein wichtiges Unterstützungsniveau gilt allerdings als Zeichen für einen zukünftigen Kursrückgang.

Wahre-Stärke-Index (WSI)
Ein technischer Momentum-Indikator, der dabei hilft, überkaufte und überverkaufte Situationen bei einzelnen Aktien zu erkennen. Der WSI ist eine Variante des Relative-Stärke-Index, der exponentielle gleitende Durchschnitte (EGDs) dazu verwendet, Aktienkurse zu vergleichen und potenzielle Trendwendepunkte zu prognostizieren. Die Spanne des WSI reicht von – 100 bis + 100, wobei Werte von – 25 und + 25 in der Regel bevorstehende Trendwenden anzeigen.

Wellenprinzip
Auch als Elliott-Methode bekannt. Ein Mustererkennungssystem, das von vielen Technischen Analysten verwendet wird. Obwohl niemals zwei Muster genau gleich sind, haben alle Muster wiederholbare Tendenzen mit einer genauen Anzahl von Aufwärts- und Abwärtswellen. Innerhalb dieser primären und Korrekturwellen gibt es allgemeine Berechnungen, die in den Begriffen von Kurs und Zeit gemessen werden. Elliott schuf sein Wellenprinzip auf der Grundlage, dass sich die kollektive Psychologie der Anleger (oder die Massenpsychologie) vom Optimismus zum Pessimismus und wieder zurück bewegt. Diese Schwingungen führen zu Mustern, die sich in den Kursbewegungen eines Markts nachweisen lassen und daher mit einiger Genauigkeit prognostizierbar sind.

Whipsaw
Eine Aktie macht eine scharfe Bewegung in eine bestimmte Richtung – nach oben oder nach unten – und ändert dann abrupt die Richtung. Anleger verlieren immer wieder Geld, wenn sie eine schnell steigende Aktie kurz vor einer Trendwende nach unten kaufen oder eine sinkende Aktie kurz vor einer Trendwende nach oben leerverkaufen. Whipsaw-Bewegungen tendieren dazu, aktive Trader zu bestrafen, indem sie falsche Kauf- oder Verkaufssignale senden. Nicht besser ergeht es längerfristig orientierten Investoren, die »dem Markt nachjagen«.

Widerstand
Ein Kursniveau – eventuell markiert durch ein früheres Hoch, eine Trendlinie oder einen gleitenden Durchschnitt –, das dem Kursanstieg einer Aktie im Weg steht. Wenn sich der Kurs einem Widerstandsniveau nähert, kann das Kaufinteresse nachlassen, und Gewinnmitnahmen von Kurzfristtradern können einsetzen. Das Durchbrechen eines wichtigen Widerstandsniveaus gilt allerdings als sehr bullishes Zeichen.

Zeitlicher Widerstand
Ein Widerstandsniveau oder eine Widerstandszone, die in Charts grafisch durch eine vertikale Linie dargestellt wird. Zeitliche Widerstandszonen bilden sich meist dann, wenn die Kurse in der Nähe neuer Hochs oder Tiefs liegen, was genaue Projektionen von Fibonacci-Retracements schwierig macht. In solchen Fällen können Kurse knapp unter wichtige Retracement-Niveaus fallen, drehen aber meist bei Fibonacci-Zeitzyklen.

Register

A

ABC-Korrekturen
    flache Muster *251-253*
    Pullback *138-139*
    scharfe ~ *28-30, 46, 53, 72, 91, 157, 196*
    ~ und Fibonacci-Relationen *150-151*
    ~ und Preis-Projektionen *162-163*
    ~ und Überlappungsregel *55-57*
    Übersicht *27-29*
    Zeitliche Relationen *46-56*

Aktienauswahl *147*

Alternierungsregel *28*

Alcoa *157-161, 179-180*

Altria Group *270-271*

Amgen *166-168, 181*

Anleihencharts *259*

Appel, Gerald *106*

Apple Computer *168-169*

Arch Coal *185-186, 253-255*

Armuts-Mentalität *223-225*

Ausdehnung *siehe Extension*

Ausdehnungsprojektion *181, 183*

Ausgedehnte flache Korrektur *50-52*

Ausgedehntes flaches Muster *31-33, 51-52*

Australischer Dollar *209-214*

B

Baisse-Phasen *10, 64, 179, 253*

Balken von Handelstagen
    siehe Balkenzählung; Zeitbalken

Balkenzählung *siehe auch Zeitbalken*
    achten auf ~ *113-114, 125-126, 168-169*
    Bestätigung von ~ *67-68*
    Position im Trend und ~ *75*
    ~ und Korrekturbewegungen *72*
    Übersicht *17-18, 65-66, 77-78, 274*

Barrick Gold *248-249*

Bärenmarkt
    Dominanz des Zyklus von Hoch
        zu Hoch *65-67, 76-77*
    Dreiecksmuster *33-34*
    gleitende Durchschnitte von Bull
        zu ~ *135-137*
    Rotationszyklus von Bull zu ~ *70-71*
    Rotationen *65-70*
    ~ und Cluster *130-133*
    ~ und Sentiment *34-35*

Bärenmarkt Crash *102-103*

Bartiromo, Maria *235*

Baruch, Bernard *75*

Bearishe Rotation *65, 70*

Beazer Homes *255-256*

Berechnungen *siehe auch Fibonacci-Reihe;*
    Lucas-Reihe
    Effekt von Ausdehnungen *176-177*
    fortgeschrittene ~ *196-201*
    ~ für Kursziele mit hoher Erfolgs-
        wahrscheinlichkeit *253-267*
    komplizierte ~ *157-158, 161-162*
    ~ mit Balken der Handelstage gegen
        Kalendertage *17-19*
    Thrust Measurement *33-34, 53-55, 191-192*
    zeitliche Berechnungen *46-48, 157-158, 197-199, 209-210, 273-274*

Beyond Candlesticks (Nison) *86*

Billiton *197-199*

Biogen *187*

Biotech Holders Trust *107, 245, 271*

Biotech-Index *82-83*

Bollinger-Bänder *86, 125,*

Bradshaw, Terry *226*

Bullenmarkt
    Dominanz des Zyklus von Tief zu
        Tief *64-65, 76-77*
    Dreiecksmuster *33-34*
    gleitende Durchschnitte von bear to ~
        135-137

Rotationen *64-66, 75-81*
Rotationszyklus von bull to bear *70-71*
~ und Sentiment *34-37*
Butterfly-Muster *177*

C

Cambridge Handbook of Expertise and Expert Performance, The (Ericsson, Feltovich und Hoffman) *229*
Candlesticks
    Bestätigung von Unterstützungen *94-96*
    Evening Star Muster *53, 89, 100, 124-125, 161*
    High-Wave *100, 116, 206-208, 215, 221, 256, 262*
    ~ in komplexen Seitwärtskorrekturen *48-50*
    Morning-Star-Muster *254-255, 260-261*
    Polaritätslinien und -zonen *94-98*
    scharfe Korrekturen *47*
    Scheitern am Widerstand *49-50, 87, 90-93, 100, 103*
    ~ und Trendwenden *91-94, 119*
    Unterstützung und Widerstand *86-96*
    Übersicht *85-90*
    zeitlicher Widerstand *91-94, 103-104*
Carlstedt, Roland *226-229, 234-235*
Chance/Risiko-Verhältnis
    Beispiel von *70-71*
    Disziplin, Geduld und *67-69*,
    Trades mit niedrigen Risiken und großen Chancen *52-53, 89, 103, 156, 168-169, 180, 188*
    ~ und Gaps *74-75*
Chaostheorie *42, 170, 236, 240*
Charts *Siehe auch Candlesticks; Intraday-Charts; Minutencharts; Stundencharts; Tagescharts; Wochencharts; Zeitbalken*
    Unterstützung und Widerstand *86-96*
    Wechsel zu *69*
Cisco *182-183*
Citigroup *49, 52, 87-90, 94*
Cluster *siehe auch Zeitliches Cluster*
    Fibonacci-Retracement Clusters *164-165, 269-270*

Kaufsignale in Wochencharts *143-146*
mehrere Relationen *86, 89, 93, 98-99, 103, 135-136, 144-146, 253, 266-268*
Preiscluster *42-43, 49-50*
Retracement-Cluster *150-151*
Spike und Pullback *73-74, 115-116*
~ und Bärenmarkt *130-133*
Colgate Palmolive *249-250*
CTV News *221, 275*

D

Day Trading *79*
Demers, Jacques *221*
Dezember-Bondfutures *90*
Diagonale Dreiecke *35, 59, 210*
Dispenza, Joe *230*
Divergenz *siehe auch MACD*
    Balkenzählung in Seitwärts-Märkten im Vergleich zu *126-127*
    Dow E-mini *113-116, 123-127*
    Halliburton *120-122*
    Rohöl *116-118*
    US-Dollar *118-120*
    Übersicht *105-106, 112-113, 253*
Doji *124, 132, 186*
Dreieck
    ausgedehnte flache Korrektur im Vergleich zu *50-52*
    Diagonale Dreiecke *35, 59-61*
    Kurs- und Zeitrelationen *46-47, 209-210*
    symmetrische und invers symmetrische *32-34*
    Thrust-Measurement *53-55*,
    Trends als ~ *64-65*
    ~ und vierte Wellen *32*
    ~ und Zeitbalken *42-46*
    Übersicht *32-34, 52-55*
Douglas, Mark *12, 100-101, 220-221, 232*
Dow *36-37, 41, 43, 54, 57-58, 79, 91, 98-100, 109-110*
Dow-E-mini *113, 115, 123-126*
Dow Transportation Average
    Übersicht *256-258*
Dupont *250*

E

Edwards, Robert D.   22, 25-26

Ein-Minuten-Charts   *siehe Minutencharts*

Einstiegspunkt   *siehe auch Cluster; Leerverkäufe; Zeitcluster*
  ~ beim Docht   251-253, 261-262
  ~ in Harami Trendwenden   265
  Kauf bei Rückschlägen und Verkauf in Rallys   264-270
  Kauf nach Korrekturen   270-272
  Umsatz und ~   139-145
  ~ und Divergenz   256-257
  Übersicht   68-70, 74-75
  Warten auf ~   245-246, 248, 250, 265

Elliott, Ralph Nelson   25

Elliott-Wellentheorie   *siehe auch Fibonacci-Reihe; Wellenmuster*
  ~ bei diagonalen Dreiecken   59
  ~ bei Impuls-Wellen   27-29
  Fehler der ~   38-39, 158-159, 168-169, 274
  Lern-Prozess   129
  Random-Walk-Theorie im Vergleich zur ~   38-39
  ~ und Fibonacci-Relationen   26, 75
  ~ und Rotationen   72
  Überlappungsregel   55-61
  Übersicht   25-26, 41-42
  Zeitzyklen im Vergleich zur ~   141-143

Emotionen   *siehe Nachrichten; Sentiment*

Energiearbeit   238-239

Ericsson, Anders   230

Erschöpfungsgap   139

Euro/Yen-Wechselkurs   204-208

Evening Star   53, 89, 100, 124, 125, 161

Expandierendes Dreieck   33

Extension/Ausdehnung
  Hinzufügen des Zeitelements   183-190
  Korrekturen als Basis für ~   176-183
  nach Ausbrüchen aus Dreiecksformationen   191-193
  Szenario mit geringerer Wahrscheinlichkeit   166-169
  ~ und Fibonacci-Zahlen   151-157, 162-166, 247, 250
  Übersicht   167-168

  ~ von Impuls-Wellen   28-29, 37-38, 44-45, 54-55

F

Fibonacci Forecaster   20, 75, 77, 170

Fibonacci-Zahlen   *siehe auch Preis-Projektionen*
  ~ ohne Zeitzyklen   151-153
  ~ und gängige Relationen   157-161, 188
  ~ und Extensionen   151-157, 162-166, 247, 250
  Übersicht   149-151, 166-168

Fibonacci-Reihe
  ~ als Fenster mit hoher Wahrscheinlichkeit   60-61
  Umfang der Bewegung und ~   51-52
  ~ und Lucas-Reihen   26, 44-45
  ~ und NASDAQ-Crash   103
  ~ und Spikes   65-66

Fibonacci-Relationen
  gängige ~   43-45, 51, 93, 157-165, 187-188
  Richtlinien der Zeitprinzipien   42-43
  Sequenz von Impulsen   29
  ~ und ABC-Korrekturen   150-151
  ~ und Elliot-Wellentheorie   26, 75,
  ~ und Zeitzyklen   43-45

Fibonacci-Retracement   *siehe auch Preis-Retracement; Retracement*
  Clusters   164-165, 269-270,
  ~ und gleitende Durchschnitte   145-147, 150-151
  ~ und Pullbacks   164-165, 213-214

Fibonacci-Zeitprinzipien   43

Flache Korrektur   28-31, 50-51, 77

„Fließender" Geisteszustand   13, 220, 222

Forex Markt
  Australischer Dollar   208-215
  Euro/Yen Wechselkurs   204-208
  USD Chart   118-120
  Übersicht   203-204, 216-217
  Yen   215-217

Fortschreitende Wellen   182

Fünf-Wellen-Sequenz
  Analyse der Charts   43-45, 65-67, 118-121, 157-162, 164-167

~ im Vergleich zur scharfen ABC-Korrektur 157
~ in symmetrischen Dreiecken 33
~ mit Drei-Wellen Korrekturbewegung 209
~ und Extensionspunkte 165-166
~ und MACD 106-109
~ und Kursentwicklung 155-156
~ und Top der Welle 213-214

Futures 9, 20, 65, 80, 90, 112, 116-117, 204, 217, 235-236, 252

G

Gann, W. D. 10-11, 22, 25, 40, 156, 169, 206, 213

Gann-108-Balken-Zyklus 169, 206

Gap
  Erschöpfungsgap 139
  ~ in Unterstützung und Widerstand 86-87, 95
  Komplexität hervorgerufen durch ~ 189-190
  kurzlebiger Aufwärtsschub 165
  Prüfung und Bestätigung des Widerstands 53, 56-58, 120-121, 136-137
  ~ und Rotation 74-76
  ~ und Zeitelement 54-55
  Übersicht 26, 40

Gartley-Muster 177

Geduld
  Abwarten des Einstiegspunktes 245-246, 248-249, 250-251
  besser aussehende Setups 201, 216-217
  Gier im Vergleich zu ~ 95
  Massenpsychologie 110
  ~ und Chance/Risiko-Verhältnisse 68-69, 127
  Übersicht 242-244
  Überwinden von Fehlern 105-106

General Motors 263-264

Gesetz der Impulswellen 27

Geometrische Elemente 162

Gleitende Durchschnitte siehe auch MACD
  Beobachtung von Aufwärts- und Abwärtstrends 135-137,
  Markt mit starkem Trend und ~ 108-109

Umsatz, Zeitcluster und ~ 133-135
~ und Abwärtstrend des Australischen Dollars 210-213
~ und Aufwärtstrend des Australischen Dollars 208-210, 213-214
~ und Aufwärtstrend des Euro/Yen-Wechselkurses 204-208
~ und Fibonacci-Retracements 145-147, 150-151
~ und O'Neil Philosophie 129-130
~ und Unterstützung und Widerstand 86
~ und Zeitcluster 110-112, 130-132

Gold 11, 50, 116, 153-156

Goldaktien 11, 154

Google 46-48, 53, 54, 130-133

Gove, Bill 228

Gretzky, Wayne 81, 150

H

Halliburton 120-122

Harami Trendwenden 88-89

Harley Davidson 260-261

Herdenmentalität 221, 233, 240

High-Wave-Kerze 100, 116, 206, 208, 215, 256, 262

Hoggatt, Verner E. 26

Hologic Inc. 138-141

Holografische Resonanztherapie 240

Homma, Munehisa 86

Host Hotels & Resorts 262

Hurrikan Katrina 219

Hypnose 239

I

IBD (Investors Business Daily) 129-130, 141, 143-144, 147, 151

IBM 185

Impulswelle siehe Fünf-Wellen-Sequenz

Impulswellen-Überlappungsregel 29, 55-61, 86

Institutionelles Trading 20, 109-110

Intel 67-68, 70, 133-134

Intelligenztests 226

Interwave Kalkulationen 25-26, 72, 170-171, 189-190, 194-196, 213-215

Interwave Extensionen 151-153, 168-169
siehe auch Extensionen

Intraday-Charts siehe auch Minutencharts; Stundencharts
~ der Indizes 146-147
Dow E-mini 113-115, 123-127
Halliburton 120-122
Position im Trend 75
Rohöl 116-117
Täglicher Zeitrahmen im Vergleich zu ~ 83-84
~ und Dreiecke 33, 83
~ und Umfang der Bewegung 52
US Dollar 118-121
~ und Widerstand 98-99
Übersicht 41-43, 112-113, 213-215

Intraday-Prognosen 112

Investors Business Daily (IBD) 129-130, 141, 143-144, 147, 151

Irreguläres flaches Muster 31

J

Japanische Candlesticks 86

Joe Gremlin Phänomen 234-238

K

Kakao 59

Kaltbaum, Gary 15, 130

Katrina und 219

Keilartige Muster 35

Keithley Instruments 141-142

Kendall, Maurice 39

Kerzenchart 85-86

Kimberling, Clark 26

Komplexe Seitwärtskorrektur 48-50

Kontrahierende Dreiecke 34

Korrekturen siehe auch ABC-Korrekturen; Dreiecke; Pullbacks; Retracements
~ als Basis für Extensionen 176-184
ausgedehnte flache ~ 50-52
flache ~ 30-34, 42-43, 50-52, 251-253
~ in XAU 110-112

Kauf nach ~ 270-271

Komplexe Seitwärtskorrektur 30-34, 42-43, 48-50

Prognosen des Endes von ~ 156

Projektion der Korrekturausdehnung 183-188

Seitwärts-Korrektur 75-77
~ und Balkenzählung 72
~ und Zeitbalken 42-45
Übersicht 46-48
Wellen folgend 176-177

Korrekturwellen siehe auch ABC-Korrekturen
Relationen zur ~ 194-196
~ und Dreiecke 32-34
~ und Gartley-Muster 177-182
~ und Überlappung 30, 117-118, 158-159
Wellenmuster 27, 30-33

Kursbalken 70, siehe auch Rotation

Kurs-Cluster 45, 163, 205, 208

Kursentwicklung
~ und Bollinger-Bänder 125
~ und gemeinsames Auftreten mehrerer Relationen 93-94, 136, 266
~ und gleitende Durchschnitte 124-125, 127, 134-138
~ und Kurspunkte 60-61
~ und MACD Divergenzen 106-108, 113-114, 116-117
~ und Zeitbalken 64-65, 103
~ und Zeitfaktor 269-270

Kursprojektion siehe auch Fibonacci-Zahlen
Ausdehnungen nach Ausbrüchen aus Dreiecksformationen 190-193
Extensionen auf der Basis von Korrekturen 176-177
~ mit Tagescharts 158-160, 208-210
~ mit Zeitfaktor 183-190
Projektionen größeren Ausmaßes 193-197
~ und ABC-Korrekturen 162-163
~ und Gartley-Muster 177-182

Kurspunkt 153, 176, 177, 186, 260

Kurs-Retracement siehe auch Fibonacci-Retracements; Retracements
~ und Fünf-Wellen-Sequenz 158-160
~ und Zeitzyklus 103, 268-271
Übersicht 92-94

L

Laufende Korrektur 140

Leerverkauf
- Cluster und ~ 133
- ~ durch Divergenz 120-121
- Ende von ~ 253-254, 262-263
- ~ in bearisher Divergenz 163
- ~ in bear Rotationen 66, 68
- ~ und letzter Trendabschnitt und Relation der ersten Welle 187-188
- ~ und MACD-Divergenzen 245-246
- ~ und Unterstützungslinie 95
- ~ und zeitliche Trendwenden 130-131

Leidenschaft 228-229, 233

Levenson, Lester 240

London (Bomben) 160-161

Low-to-Low-Zyklen 64-65, 77

Lucas, Francois Edouard Anatole 26

Lucas-Reihe
- ~ als Ergänzung zu Fibonacci 26-27
- ~ als Fenster mit hoher Wahrscheinlichkeit 60-61
- Umfang der Bewegung und ~ 52
- ~ und Korrekturen 44-46
- ~ und NASDAQ-Crash 103,
- ~ und scharfe ABC-Korrekturen 91-94
- ~ und Spikes 66
- ~ und Zeitzyklen 43-45, 99-100, 209

Lucas-Zeitbalken 10, 33

M

MACD (Moving Average Convergence Divergence)
- bearishe Divergenz 162-163
- Dauer von Divergenzen 108-110
- Setups mit hoher Erfolgswahrscheinlichkeit 245-253
- ~ und Abwärtstrend des Australischen Dollar 210-212
- ~ und Aufwärtstrend des Australischen Dollar 208-210, 213-215
- ~ und Aufwärtstrend des Euro/Yen-Wechselkurs 204-208
- ~ und Forex 216
- ~ und Intraday-Divergenzen 112-126
- ~ und Kerzendochte 251-253
- ~ und Kursentwicklung 106-108, 113, 116-117
- Übersicht 106-109
- Zeitliche Cluster zur Vorhersage 110-112
- zweites Hoch und ~ 260

Magee, John 9, 22, 25-26

Malkiel, Burton 38-39

Marktposition 251, 261, 265, 266, siehe auch Einstiegspunkt

Mentale Zähigkeit siehe auch Geduld
- Die Zone 225-228,
- Leben in der Gegenwart 235-237
- Methoden zur Entwicklung 228-229
- „Niemals aufgeben" Einstellung 174-176
- Umgang mit Verlusten 231-232
- ~ und meisterliche Fähigkeiten 229-231
- Übersicht 219-220, 228-229, 241, 272-273
- Verantwortung akzeptieren 233

Meisterliche Fähigkeiten durch Übung 23, 229-230, siehe auch Geduld; Mentale Zähigkeit

Minutencharts
- Bestätigung von Unterstützung mit 93-94
- Rotation und 70-71, 79-82
- und Divergenz 113-115, 123-127, 253, 260
- und Elliott-Wellentheorie 39-40
- und Forex 207-209, 215-217
- und Zeitelement 268-269

Momentum 37, 108, 111, 125, 162, 211

Momentum-Divergenz 106

Momentum-Indikatoren 106, 127, 147, siehe auch MACD

Morning-Star-Muster 83, 89, 93, 96, 165, 253-254, 260-262

Motorola 43-44

Muster 137, 177

Mustererkennungssysteme 13, 22, 25, 38, 41, 85, 137, 243, 255, 273, siehe auch Elliot-Wellen-Theorie; Wellenzählung

N

Nachrichten *11, 113, 196, 203, 204*

Nachlaufende Indikatoren *110,*
siehe auch MACD

NASDAQ
Bärenmarkt *195-196*
Bärenmarkt-Crash *102-103*
Gartley-Muster *178*
Hoch des Zyklus *77*
mittelfristiges Hoch *55-57*
Polaritätslinien *94-98*
~ und Fibonacci-Relationen *169-170,*
verschiedene Projektionen *194-195*

NASDAQ-E-mini (NQ) *16, 45, 268-270*

National Football League (NFL) *63, 105, 127, 173, 226*

NDX *55, 56, 79, 94*

Negative Divergenz *77, 107*

Neurolinguistische Programmierung (NLP) *238-239*

Neuronales Netz *230*

New Trading Dimensions (Williams) *12, 220*

Newmont Mining *65-66*

NFL (National Football League) *63, 105, 127, 173, 226,*

Nison, Steve *22, 86, 93, 95*

NLP (neurolinguistische Programmierung) *238-239*

O

O'Neil, William *129-130, 137, 264,*

Orr, Leonard *236*

P

Pesavento, Larry *177*

Polaritätslinien und -zonen *96-98*

Polaritätsprinzip *95, 103*

Positive Divergenz *211, 248, 254*

Prechter, Robert *25, 27-28, 33, 36, 37, 234*

Projektion *11, 54, 156, 157, 173- 201*

Prognose siehe Fibonacci Preis-Projektionen; Preis-Projektionen

Psychologie des Tradings *12, 102, 220*

Pullback siehe auch Korrektur
~ als vierte Welle *28*
~ auf Intraday Basis *113-115*
Cluster *73-74, 116*
Interpretation *55-56, 75*
~ mit Dreifachboden *208*
~ und Umsatz *30, 37, 46, 144*
~ und Überlappungsregel *71-72*
Wichtigkeit des ersten *69-71*

Q

Qualcomm *135*

R

A Random Walk Down Wall Street
(Malkiel) *38, 39*

Random-Walk-Theorie *38, 39, 149-150*

Retracement siehe Fibonacci-Retracement; Preis-Retracement

Retracement-Cluster *151, 157*

Rohöl *56, 57, 116-118, 256, 257*

Rotation
Bärenmarkt *65-69*
Bullenmarkt *75-81*
Ein-Minuten-Charts studieren *79-81,*
Gaps und ~ *74-76*
Seitwärtsmärkte *81-84*
~ und Elliot-Wellentheorie *71-72,*
Übersicht *63-66, 72-74*
Zyklus von bull zu bear *70-71*

RSI *39, 127, 179*

S

Safeway Stores *162-164, 165*

Schabacker, Richard W., 25

Scharfe Korrektur „sharps"
ABC sharps *46-48, 72, 91-94, 157, 160, 166, 191-193, 207*
Übersicht *30-31*

Scheitern am Widerstand *49, 50, 87, 90, 92, 93, 100, 103*

Schnelle bearishe Rotation *67-69*

Sedona-Methode *238, 240-241*

Seitwärtskorrektur *48-50, 64*

Seitwärtsmärkte *81-84, 127*

Seitwärtstrend *82*

Semiconductors Holder Trust *193, 200,*

Sentiment *36-38, 110, 126, 133, 155, 185*

Siebold, Steve *228*

Silber *251-253*

Skechers *141-146, 164-166*

SMH *193, 200*

SOX *61, 97-98, 192-193*

S&P-500 *43, 79, 91, 151-153, 199, 265-267*

Spikes *69, 73*

SPX *77, 78, 83, 98, 100, 108*

Starbucks *188-189, 200*

Stochastik *108-110, 127*

Strategies for Profiting with Japanese Candlestick Charts (Nison) *86*

Stress *222*

Stundencharts
    Dreiecks-Ausdehnung *192-194*
    ~ für Swing-Trading *68*
    Kerze und bearishe Konvergenz *132-133*
    Komplexe Seitwärtskorrektur *48-50*
    MACD Divergenz *109-110, 118-119, 210, 245-250, 258, 260-265*
    Thrust Measurement *53-55*
    ~ und Überlappungsregel *56-58*

Swannell, Rich *30*

Swing-Trading
    Benutzung von stündlichen Zeitrahmen *68-69,*
    Mustererkennung und ~ *180, 187*
    ~ und Cluster *113*
    ~ und Geduld *201, 217*

T

Tageschart
    Bullishe Rotationspunkte *75-76*
    Dreiecks-Muster *81-83*
    Kauf nach Korrekturen *268-271*
    Kursprojektion *158-160, 208-210*
    Intraday-Charts im Vergleich zu *112*
    MACD-Divergenz *107-111, 204-206*
    Position im Trend *75*
    schnelle Baisse-Bewegung *67-69*
    Seitwärts-Korrekturen *76-77*
    Stundencharts im Vergleich zu ~ *132-133*
    Umsatz und gleitende Durchschnitte *133-135*

Tasse-mit-Henkel-Muster
    Hologic Inc. *138-140*
    Keithley Instruments *140-142*
    Skechers *142-145*
    Übersicht *137-138*

Thrust Measurement *53-55*

Trading in the Zone (Douglas) *12, 220*

Trend
    mittlere 80% des ~ *75*
    Organisation von Balken und Stärke des ~ *63-65, 74, 77-79, 84, 91*
    Tendenz des Tages und ~ *111-113, 124-125, 126*
    Zeitrahmen von ~ *38-40, 69-70, 75-78, 84, 92*

Trendgrade *39, 44*

Trendkanallinie *86*

Trendwende
    abstürzende ~ *90, 114*
    Bestätigung von ~ *199*
    Beispiel von ~ *130-133*
    Candlesticks und das Zeitelement *91-94, 120*
    Evening-Star *53, 100-101, 137, 161, 208-209*
    Harami *88-90, 119-120, 121-122, 209, 266*
    in der ersten Handelsstunde des Trading *112, 126*
    Rotation und *64, 69-71*
    Scheitern am Widerstand *49, 89-93, 101, 103, 124*
    ~ und Cluster *73, 131-132*
    ~ und Retracementlevel *180*
    Unterstützung, Widerstand und ~ *91-94*
    ~ von gut organisiertem Hoch *79,*
    Warten auf ~ *245-246*
    Zeitliche Trendwende und Leerverkäufe *131-132,*
    Zeitrahmen *120*

Trendwendemuster 88, 89, 104, 115, 120, 209, 263, 270

U

Überlappung
  Charts mit ~ 87, 94-95
  ~ in diagonalen Dreiecken 34-35,
  ~ und Impulswellen 28, 30, 165-166
  ~ und Korrekturwellen 30, 117, 158-160
Überlappungsregel 55-61, 86,
Umfang der Bewegung
Umfassende Trendwendemuster 88, 89, 104, 115, 120, 209, 263, 270
Umsatz
  aufeinander aufbauende Böden, Zeitzyklen und ~ 141-142
  Beobachtung von Aufwärts- und Abwärtstrends 135-137
  gleitende Durchschnitte und ~ 133-135
  Pullbacks und ~ 30, 37, 46-47, 144
Unsicherheitsprinzip 100, 101
Unterstützung und Widerstand
  bestätigende Unterstützung 94-95
  Scheitern am Widerstand 49, 89-93, 101, 103, 124-125
  ~ und Trendwenden 91-94
  Übersicht 86-88
US-Dollar 118-120
US-Staatsanleihen Chart 259-260

V

Vermeil, Dick 63
Vertrieb, die Extrameile gehen 174-176
Volatilität 70, 207
Vorbereitung 13, 165, 173, 227, 230, 233
Vorherrschender Trend 27, 31, 33, 53, 106, 262

W

Walsh, Bill 64
Wellenzählung siehe auch Fünf-Wellen-Sequenz; Zeitbalken

bestätigende ~ 29-30
Genauigkeit der ~ 40, 72, 167-168
Momentum-Indikatoren 106-108
Muster und ~ 33
widersprüchliche Strömungen 37
Zeitdimension 41, 44-45, 65-66
Wellenmuster siehe auch Dreiecke; Fünf-Wellen-Sequenz; Impulswellen; Korrekturwellen; Rotation
  fortschreitende Wellen 183
  Impulswellen 27-30, 32-35, 55-61
  Impulswellen-Überlappungsregel 28-30, 55-61, 66, 86, 164-165, 185-186
  komplette Sequenzen 30-31, 43-45
  ~ nach Korrekturen 176
  ~ und Sentiment 35-38
  ~ und zeitliche Relationen 45-54
  Übersicht 54-55
  Wert von ~ 40
Wellenprinzip 25-27, 38-39, 64, 75, 236, 240, siehe auch Elliot-Wellentheorie
Wellenrotation und Trendwechsel 65, 80, 264
Wellensequenz 30
Wendepunkte siehe auch Pullbacks; Widerstand
  ~ als Dreiecke 64
  Beobachtung von Balken und ~ 73,
  gut organisiertes Hoch und ~ 79
  ~ in bullishen Rotationen 75-77
  Spikes 66-69, 73, 75
  ~ und Fibonacci oder Lucas-Balken 68
  Übersicht 60-61
Widerstand siehe auch Unterstützung und Widerstand
  ~ in dritten Wellen 36
  ~ in flachen Korrekturen 31
  Retracements und ~ 161
  Scheitern am ~ 49, 89-93, 101, 103, 124-125
  Testen und Bestätigen 53, 56-57
  Zeit, Kurscluster und ~ 41-43, 49-50
Williams, Bill 12, 37, 220, 234, 235, 237
Wochenchart
  Cluster Kaufsignale 143-147
  Hoch des Zyklus 76-79
  MACD Divergenz 107-110

Polaritätslinien und -zonen 94-96
Tageschart im Vergleich zu ~ 76-77, 83-84
~ und Elliot-Wellentheorie 58

X

XAU 28

Y

Yahoo 189-190

Yen 118, 204-208, 215-216

Yen/Euro-Wechselkurs 204-208

Young, Vince 226

Z

Zeitbalken siehe auch Balkenzählung; Charts
aggressives Trading basierend auf ~ 113, 121-122
Bestätigung von Mustern mit ~ 33, 42-44
das Timing von Zyklen und ~ 64-66, 74-75, 87-88, 97-98, 124-125,
Elliot-Wellen oder Fibonacci gegen ~ 167-168
~ im Forex-Markt 203-204
Stärke des Trends und Organisation von ~ 63-64, 75, 88, 97-98, 124-125
~ und Dreiecke 42-47
~ und gleitende Durchschnitte 144-147
~ und Stärke des Trends 136

Zeitfenster 60, 73, 77, 112, 143, 231, 246, 248, 251, 265

Zeitliche Berechnungen 48, 158, 198, 210, 252

Zeitliche Relation siehe auch Fünf-Wellen-Sequenz; Zeitcluster
~ geometrischer Natur 162
~ in ABC-Korrekturen 46-52
~ in Clustern 90
~ in diagonalen Dreiecken 59-61
~ in Dreiecksmustern 44-46
~ und Überlappung 57-58
~ und Wellenmuster 46-54
Übersicht 84

Zeitliche Trendwende und Leerverkäufe 130

Zeitlicher Widerstand 91, 93, 98-104

Zeitliches Cluster siehe auch Clusters
~ beim Widerstand 49
Divergenz 205-206
Effekt von ~ 106-107
erneute Tests und ~ 79
Größenordnungen von Trends 75-76
Kursrelationen und ~ 42-43, 73
Umsatz, gleitende Durchschnitte und ~ 133-134
~ und gleitende Durchschnitte 130-132, 144-145
~ zur Vorhersage von Divergenzen 110-112
Zyklus von Hoch zu Hoch 67-68

Zeitsegment 42, 49

Zeitstudien 26

Zeitzyklus siehe auch Zyklen
Elliot-Wellentheorie im Vergleich zu ~ 141-142
~ für das Zählen von Wellen 28-29
gleitende Durchschnitte und ~ 267
Umsatz, aufeinander aufbauende Böden und ~ 141-143
~ und Fibonacci-Serien 43-45
~ und Kaufsignale 265-266
~ und Kurs-Retracement 103, 266-269
~ und Lucas-Serien 43-45, 98-100, 209
~ und Thrust-Measurement 54-55
~ und Zeitbalken 64-66, 74-75, 87-88, 97-98, 124-125
Verhindern von starken Marktschwankungen mit ~ 82-83, 135-136

Zielpunkt 167-168, 258

Zone 225-228

Zurückweisung 223

Zyklen siehe auch Zeitzyklus
High-to-High 48, 53, 58, 66, 77, 83
Komplettiert 64-65, 107
Low-to-Low 60, 77, 209
Rotationszyklus vom Bullen zum Bären 70-71

Über den Autor

Jeff Greenblatt ist seit acht Jahren Privattrader. Er ist Herausgeber des *Fibonacci Forecaster*, eines Börsenbriefs über Markttiming, der unter Tradern und Vermögensverwaltern in 17 Ländern verbreitet ist und sich mit Aktien, Anleihen, Edelmetallen, Devisen und Rohöl beschäftigt.

Jeffs technische Expertise umfasst die Elliott-Wellentheorie, Fibonacci-Studien und Candlesticks. Er hat diese Methoden durch die Einführung der Lucas-Reihe erweitert, die in enger Verbindung zur Fibonacci-Sequenz steht. Jeff hat eine Timing-Methode entwickelt und getestet, die man auf viele Disziplinen der Technischen Analyse anwenden kann. Sie erlaubt Tradern und Vermögensverwaltern eine wesentlich höhere Präzision bei Trading- und Investitionsentscheidungen.

Jeff hat einen Universitätsabschluss in Wirtschaftswissenschaften von Cal State Northbridge und einen MBA von der University of Phoenix vorzuweisen. Er verbrachte viele Jahre in kleinen Unternehmen, und nach dem Abschluss seiner Studien wandte er sich seiner wahren Leidenschaft zu – den Finanzmärkten.

Jeff schreibt regelmäßig für Futuresmag.com und die Zeitschrift *Futures*. Zudem hat er Artikel in den Zeitschriften *Your Trading Edge* aus Australien und *The Trader's Journal* aus Singapur veröffentlicht. Er tritt als Redner bei Trader-Konferenzen und bei KFNN 1510 Financial News Radio in Phoenix, Arizona, auf, wo er mit seiner Frau Jeanne und seinem Sohn Josh lebt.

Weitere Titel unserer Tradingreihe:

   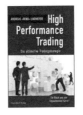 

 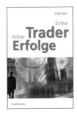   

Fordern Sie unseren kostenlosen und umfangreichen Katalog an!
Diese und viele andere Bücher sind im Handel erhältlich oder können bestellt werden bei:

FinanzBuch Verlag
www.finanzbuchverlag.de

Nymphenburger Str. 86 | D-80636 München | Telefon: 089 651285-0 | Fax: 089 652096 | E-Mail: bestellung@finanzbuchverlag.de

TRADERS Journal
Mehr Wissen
www.tradersjournal.de

»Das TradersJournal vermittelt Tradern kompaktes und nützliches Börsenwissen.«
Uwe Wagner, Gewinner des National Trader Awards 2004

»Ein ungeheurer Schatz an Anlageideen, mit der richtigen Mischung KnowHow.«
Dr. Gregor Bauer, Vorstandsvorsitzender der VTAD

»Das TradersJournal vermischt aktuelle Analysen mit zeitlosen Erfahrungswerten.«
TradersWorld

KOSTENLOS!
Abonnieren Sie noch heute das **TradersJournal** und Sie erhalten es alle **14 Tage** gratis per eMail!
Das TradersJournal ist vollkommen **KOSTENLOS!**

www.tradersjournal.de

Wenn Sie **Interesse** an **unseren Büchern** haben,

z. B. als Geschenk für Ihre Kundenbindungsprojekte, fordern Sie unsere attraktiven Sonderkonditionen an.

Weitere Informationen erhalten Sie bei Nikolaus Kuplent unter +49 89 651285-276

oder schreiben Sie uns per E-Mail an:

nkuplent@finanzbuchverlag.de

FinanzBuch Verlag